CHRIS KYLE
MIT SCOTT MCEWEN UND JIM DEFELICE

AMERICAN SNIPER

AMERICAN SNIPER

DIE GESCHICHTE DES SCHARFSCHÜTZEN CHRIS KYLE

CHRIS KYLE
MIT SCOTT MCEWEN UND JIM DEFELICE

Bibliografische Information der Deutschen Nationalbibliothek:
Die Deutsche Nationalbibliothek verzeichnet diese Publikation in der Deutschen Nationalbibliografie; detaillierte bibliografische Daten sind im Internet über http://d-nb.de abrufbar.

Für Fragen und Anregungen:
info@rivaverlag.de

8. Auflage 2015
© 2015 by riva Verlag, ein Imprint der Münchner Verlagsgruppe GmbH
Nymphenburger Straße 86
D-80636 München
Tel.: 089 651285-0
Fax: 089 652096

© der deutschen Originalausgabe 2012 by riva Verlag

Die amerikanische Originalausgabe erschien 2012 bei William Morrow, an imprint of HarperCollins Publishers, unter dem Titel *American Sniper: The Autobiography of the Most Lethal Sniper in U.S. Military History*. Copyright © 2012, 2013 by CT Legacy, LLC. All rights reserved. This edition published by arrangement with William Morrow, an imprint of HarperCollins Publishers, LLC.

Alle Rechte, insbesondere das Recht der Vervielfältigung und Verbreitung sowie der Übersetzung, vorbehalten. Kein Teil des Werkes darf in irgendeiner Form (durch Fotokopie, Mikrofilm oder ein anderes Verfahren) ohne schriftliche Genehmigung des Verlages reproduziert oder unter Verwendung elektronischer Systeme gespeichert, verarbeitet, vervielfältigt oder verbreitet werden.

Karte des Irak auf Seite 10: UN Cartographic Section
Umschlaggestaltung: Pamela Machleidt, München
Umschlagabbildung: Motion Picture Artwork © 2014 Warner Bros. Ent. All Rights Reserved.
Satz: Carsten Klein, München
Druck: CPI books GmbH, Leck
Printed in Germany

ISBN Print 978-3-86883-583-0
ISBN E-Book (PDF) 978-3-86413-801-0
ISBN E-Book (EPUB, Mobi) 978-3-86413-802-7

Weitere Informationen zum Verlag finden sie unter
www.rivaverlag.de
Beachten Sie auch unsere weiteren Imprints unter
www.muenchner-verlagsgruppe.de

Ich widme dieses Buch meiner Frau Taya und meinen Kindern, die mir stets eine große Stütze waren. Danke dafür, dass ihr immer noch da seid, wenn ich nach Hause komme.

Ich möchte es außerdem meinen SEAL-Kameraden Marc und Ryan widmen, die unserem Land treu gedient haben. Bessere Freunde kann man sich nicht wünschen. Ich werde ihren Tod mein Leben lang beklagen.

Inhalt

Anmerkung des Autors 9
Prolog: Das Böse im Fadenkreuz 11
Kapitel 1: Pferde zureiten und andere Vergnügen 17
Kapitel 2: In Grund und Boden 33
Kapitel 3: Schiffsdurchsuchungen 71
Kapitel 4: Noch fünf Minuten zu leben 87
Kapitel 5: Scharfschütze 106
Kapitel 6: Den Tod im Marschgepäck 131
Kapitel 7: Knietief in der Scheiße 173
Kapitel 8: Familienangelegenheiten 215
Kapitel 9: Die Punisher 238
Kapitel 10: Der Teufel von Ramadi 272
Kapitel 11: Soldat angeschossen 296
Kapitel 12: Schwere Zeiten 320
Kapitel 13: Sterblichkeit 348
Kapitel 14: Ein neuer Lebensabschnitt 374
Danksagung 396
Bonusmaterial: Einblicke, Interviews und mehr 397

Anmerkung des Autors

Die in diesem Buch geschilderten Ereignisse entsprechen der Wahrheit, ich habe sie nach bestem Wissen und Gewissen wiedergegeben. Das Verteidigungsministerium, darunter hochrangige Mitarbeiter der US Navy, prüften den Text vorab auf inhaltliche Richtigkeit und heikle Informationen. Auch wenn sie das Buch zur Veröffentlichung freigaben, heißt das nicht, dass ihnen alles gefiel, was sie zu lesen bekamen. Aber ich erzähle meine Geschichte, nicht die ihre. Wir haben die Dialoge aus der Erinnerung rekonstruiert, das heißt also, dass sie nicht immer dem genauen Wortlaut der tatsächlichen Gespräche entsprechen. Die Inhalte der Aussagen blieben jedoch unverändert.

Auf die Wiedergabe vertraulicher Informationen wird in diesem Buch verzichtet. Die Freigabestelle für sicherheitsrelevante Unterlagen des Pentagons und die Navy baten darum, aus Sicherheitsgründen gewisse Änderungen vorzunehmen. Diesem Wunsch kam ich entgegen.

Viele Männer, mit denen ich diente, sind nach wie vor als SEALs tätig. Andere versehen ihren Dienst mittlerweile in Regierungsbehörden und schützen unser Land auf diese Weise. Sie alle, mich selbst eingeschlossen, gelten in den Augen unserer Widersacher als Feinde. Deswegen gebe ich in diesem Buch ihre volle Identität nicht preis. Sie wissen, dass sie gemeint sind, und ich hoffe, sie wissen auch, wie sehr ich ihren persönlichen Einsatz schätze.

C. K.

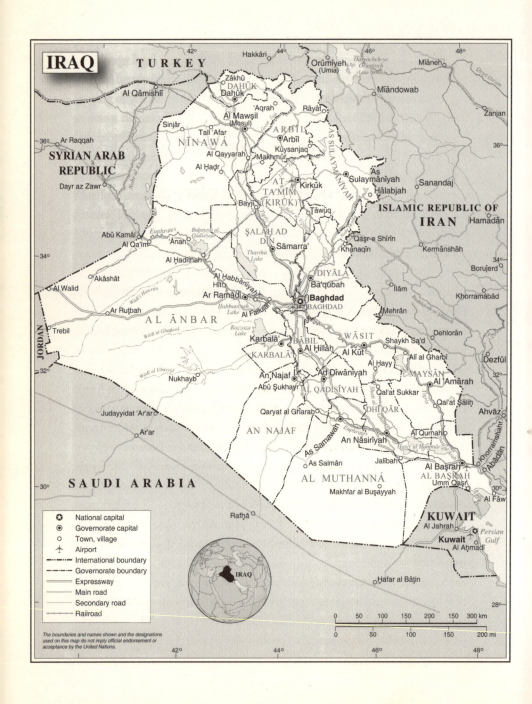

Prolog
Das Böse im Fadenkreuz

Ende März 2003. In der Gegend von Nasiriyya, Irak

Ich blinzelte durch das Zielfernrohr des Scharfschützengewehrs und ließ meinen Blick über die Straße der irakischen Kleinstadt schweifen. In 45 Metern Entfernung erschien eine Frau in der Tür eines kleinen Hauses und trat mit ihrem Kind hinaus.
Ansonsten war die Straße menschenleer. Die Einwohner hatten sich verängstigt in ihren Häusern verbarrikadiert. Nur einige Neugierige lugten hinter Vorhängen hervor. Sie konnten das Donnern der herannahenden amerikanischen Einheit hören und warteten vorsichtig ab. Kurze Zeit später erschien eine Schar Marines auf der Straße; sie waren auf dem Weg nach Norden, um das Land von Saddam Hussein zu befreien.
Ich hatte die Aufgabe, sie zu beschützen. Bereits mehrere Stunden zuvor hatte mein Zug das Gebäude eingenommen und Stellung bezogen – um den Feind von einem Angriff gegen die Marines abzuhalten, deren Einmarsch wir erwarteten.
Diese Aufgabe schien nicht besonders schwierig – vor allem, weil die Marines ganz gut auf sich selbst aufpassen konnten. Ich kannte die Durchschlagskraft ihrer Waffen und hätte mich höchst ungern mit ihnen anlegen wollen. Die irakische Armee war chancenlos und schien die Gegend tatsächlich schon verlassen zu haben.

Der Krieg hatte vor etwa zwei Wochen begonnen. Mein Zug, »Charlie« (später »Cadillac«) vom SEAL-Team 3, leistete am frühen Morgen des 20. März seinen Beitrag dazu. Wir landeten auf der Halbinsel Faw und sicherten die dort gelegene Ölanlage, damit Saddam sie nicht wie im Ersten Golfkrieg in Brand setzen konnte. Nun hatten wir den Auftrag, den Marines zur Seite zu stehen, als diese in Richtung Bagdad marschierten. Ich war ein SEAL, ausgebildet für Spezialeinsätze der US Navy. SEAL steht für »SEa, Air, Land«, und das beschreibt ganz gut unsere vielfältigen Einsatzgebiete. In diesem Fall waren wir weit ins Landesinnere vorgedrungen, viel weiter als sonst. Doch dies sollte immer mehr zur Routine werden, je länger der Krieg dauerte. Ich hatte fast drei Jahre damit zugebracht, mich zum Krieger ausbilden zu lassen, und ich war bereit für diesen Einsatz – so bereit man eben für einen Krieg sein kann.

Mein Scharfschützengewehr war eine Repetierwaffe mit hoher Präzision, die meinem Zugführer gehörte und Patronen vom Kaliber .300 Winchester Magnum verschoss. Er hatte die Straße eine Zeit lang beobachtet und brauchte eine Pause. Ich empfand es als großen Vertrauensbeweis, dass er mich zu seinem Vertreter ernannt und mir das Gewehr überlassen hatte. Immerhin war ich der Neue im Team, ein Anfänger. Nach SEAL-Maßstäben hatte ich meine Feuerprobe noch nicht bestanden.

Zudem stand meine Ausbildung zum SEAL-Sniper noch aus. Ich wollte unbedingt ein Scharfschütze werden, hatte bis dahin aber noch einen weiten Weg vor mir. Indem er mir an jenem Morgen sein Gewehr überließ, wollte der Chief herausfinden, aus welchem Holz ich geschnitzt war. Wir befanden uns auf dem Dach eines alten, heruntergekommenen Gebäudes am Rande einer Stadt, welche die Marines durchqueren mussten. Der Wind wirbelte Staub und Papier über die mit Schlaglöchern übersäte Straße, die sich unter uns erstreckte. Der Ort stank nach Fäkalien – ein ekelhafter Geruch, an den ich mich niemals gewöhnen sollte.

»Marines im Anmarsch«, sagte mein Chief, als das Gebäude zu beben begann. »Augen offen halten.«

Ich sah durch das Zielfernrohr. Die einzigen Menschen, die sich im Freien bewegten, waren die Frau und vielleicht ein oder zwei Kinder in der Nähe.

Prolog: Das Böse im Fadenkreuz

Ich sah zu, wie unsere Truppen eintrafen. Zehn junge, stolze Marines stiegen in voller Montur aus ihren Fahrzeugen und versammelten sich für eine Fußpatrouille. Während sie sich formierten, zog die Frau etwas unter ihrer Kleidung hervor und zerrte ruckartig daran.
Sie hatte eine Handgranate gezündet. Ich erkannte das zuerst nicht.
»Das Ding ist gelb«, gab ich meine Beobachtung an den Chief weiter, während er sich selbst ein Bild machte. »Es ist gelb, der Kopf ...«
»Sie hat eine Handgranate«, sagte der Chief. »Das ist 'ne chinesische Granate.«
»Mist!«
»Du musst schießen!«
»Aber ...«
»Nun schieß endlich! Die Granate darf keinen Schaden anrichten. Die Marines ...«
Ich zögerte. Jemand versuchte die Marines über Funk zu erreichen, aber ohne Erfolg. Sie schritten die Straße entlang, geradewegs auf die Frau zu.
»Schieß!«, sagte der Chief.
Mein Zeigefinger umschloss den Abzug. Die Patrone verließ den Lauf. Ich feuerte. Die Granate fiel zu Boden. Ich schoss erneut und die Granate ging hoch.
Es war das erste Mal, dass ich jemanden mit einem Scharfschützengewehr tötete. Und das erste – und einzige – Mal, dass ich im Irak einen Angreifer unschädlich machte, der kein männlicher Kämpfer war.

Es war meine Pflicht, diesen Schuss abzugeben, und ich bereue es nicht. Die Frau hatte im Grunde Selbstmord begangen. Ich sorgte nur dafür, dass sie keine Marines mit in den Tod riss.
Es war klar, dass sie die Soldaten nicht nur töten wollte, sie scherte sich auch keinen Deut darum, ob unschuldige Personen in der Nähe in Stücke gerissen werden oder in dem anschließenden Schusswechsel umkommen könnten. Kinder auf der Straße, Anwohner aus den umliegenden Häusern, vielleicht *ihr* eigenes Kind ...
In ihrem Wahn verschwendete sie keinen Gedanken daran. Sie wollte nur Amerikaner töten, um jeden Preis.

Es war das schiere, unbeschreibliche Böse, dem wir im Irak den Kampf angesagt hatten. Deswegen nannten viele Militärangehörige, ich eingeschlossen, unsere Feinde »Wilde«. Es gab kein anderes Wort, um treffender zu beschreiben, mit wem wir es zu tun hatten.

Ich werde häufig gefragt, wie viele Menschen ich getötet habe. Meine Standardantwort darauf lautet: »Sinke oder steige ich mit der genauen Anzahl in deinem Ansehen?«

Die Zahl spielt für mich keine Rolle. Ich bedaure nur, nicht noch mehr Feinde erschossen zu haben. Nicht, um damit prahlen zu können, sondern weil ich glaube, dass die Welt ein besserer Ort ist ohne diese Wilden, die einzig darauf aus sind, Amerikanern das Leben zu nehmen. Jeder, den ich im Irak erschoss, versuchte Amerikanern oder Irakern zu schaden, die auf der Seite der neuen Regierung standen.

Ich hatte als SEAL einen Auftrag. Ich tötete den Feind – einen Feind, der tagein, tagaus danach trachtete, meine Landsleute zu töten. Die Erfolge dieses Feindes lassen mich bis heute nicht zur Ruhe kommen. Es gab zwar nur wenige, aber selbst ein einzelnes Leben war ein Leben zu viel.

Ich mache mir keine Gedanken darüber, was andere Leute von mir denken. Das war eines der Dinge, die ich als Jugendlicher an meinem Vater bewunderte. Er scherte sich nicht darum, was andere von ihm dachten. Er war, wie er war. Dieser Eigenschaft habe ich es zu verdanken, dass ich zuweilen nicht den Verstand verlor.

Zu dem Zeitpunkt, als dieses Buch in Druck geht, fühle ich mich immer noch unwohl bei der Vorstellung, meine Lebensgeschichte zu veröffentlichen. Ich habe früher stets die Meinung vertreten, dass jeder, der wissen will, wie das Leben eines SEAL ist, sich selbst den Dreizack verdienen sollte: Erwirb erst einmal unser Abzeichen, das Symbol unserer Identität. Durchlaufe unsere Ausbildung, bringe dieselben physischen und psychischen Opfer. Nur dann wirst du es begreifen.

Der zweite und vielleicht wichtigere Punkt ist: Wen interessiert mein Leben überhaupt? Ich bin wirklich nichts Besonderes.

Ich habe ein paar richtig brenzlige Situationen erlebt. Mir wurde gesagt, dass das interessant ist, aber ich kann diese Haltung nicht ganz nachvollziehen. Der eine oder andere Schreiberling schlug mir bereits früher vor, meine Biografie zu verfassen oder ausgewählte Erlebnisse festzuhalten, die mir widerfahren sind. Ich finde das zwar seltsam, aber da es nun einmal mein Leben ist und meine Geschichte, halte ich es für besser, wenn ich sie selbst zu Papier bringe – und zwar genau so, wie sie sich tatsächlich ereignet hat. Außerdem kommen in meiner Geschichte viele Menschen vor, die große Anerkennung verdienen, aber unerwähnt bleiben könnten, wenn ich diese Geschichte nicht selbst niederschreibe. Diese Vorstellung missfällt mir zutiefst. Meine Kameraden verdienen mehr Lob als ich.

Die Navy schreibt mir mehr tödliche Schüsse zu als jedem anderen Angehörigen der amerikanischen Streitkräfte, der jemals gedient hat. Dann muss es wohl stimmen. Sie ändern die Zahl ständig. In einer Woche liegt sie bei 160 (die »offizielle« Angabe bei Redaktionsschluss, obwohl das nicht viel heißen muss), dann ist sie wieder wesentlich höher oder liegt irgendwo dazwischen. Wenn Sie eine Ziffer haben wollen, dann fragen Sie die Navy – mit etwas Glück sagt man Ihnen vielleicht sogar die Wahrheit. Jeder will immer eine konkrete Zahl hören. Selbst wenn es mir die Navy erlauben würde, würde ich sie nicht nennen. Ich hab's nicht so mit Zahlen. SEALs sind schweigsame Krieger, und ich bin ein echter SEAL. Wenn Sie unbedingt wissen wollen, was das bedeutet, dann verdienen Sie sich selbst den Dreizack. Wenn Sie wissen wollen, wie ich so bin, dann fragen Sie meine ehemaligen Kameraden.

Falls es Sie hingegen interessiert, was ich zu sagen habe, dann lesen Sie weiter. Sie erfahren dann auch ein paar Dinge, die ich lieber für mich behalten hätte.

Ich habe schon immer gesagt, dass ich nicht der beste Soldat oder der beste Scharfschütze der Welt bin. Das sage ich nicht, weil ich gerne tiefstaple. Sondern ich habe hart an mir arbeiten müssen, um meine Fähigkeiten zu erlangen. Ich hatte das Privileg, ausgezeichnete Ausbilder zu haben, die eine Menge Anerkennung verdienen. Und auch meine Kameraden – meine SEAL-Kollegen, die Marines und die Soldaten der US Army, die gemeinsam mit mir in den Kampf zogen und mir halfen, meinen Auftrag zu erfüllen – haben alle zu meinem Erfolg beigetragen. Meine hohe

Trefferquote und mein sogenannter »Ruf« haben aber auch viel mit dem Umstand zu tun, dass ich oft bis zum Hals im Dreck steckte.

Mit anderen Worten: Ich hatte allein schon deshalb mehr Gelegenheiten, Todesschüsse abzugeben als die meisten anderen, weil ich in der Zeit kurz vor dem Irakkrieg bis zu meinem Ausscheiden im Jahr 2009 ständig im Auslandseinsatz war. Und ich hatte das Glück, stets aktiv am Kampfgeschehen teilnehmen zu können.

Eine andere Frage, die ich immer wieder zu hören bekomme, ist: Hat es dich belastet, im Irak so viele Menschen getötet zu haben?

Eine Frage, die ich stets mit Nein beantworte.

Und das meine ich auch so. Wenn man das erste Mal jemanden erschießt, ist man aufgewühlt. Man denkt sich: *Darf ich diesen Kerl wirklich umlegen? Ist das in Ordnung?* Aber nachdem man den Feind getötet hat, merkt man, dass es nicht falsch ist.

Du tust es wieder. Und wieder. Du tust es, damit der Feind dich und deine Landsleute nicht töten kann. Du tust es, bis niemand mehr übrig ist, den du erschießen kannst.

So läuft das nun einmal im Krieg.

Ich habe keinerlei Probleme damit zu sagen, dass ich mochte, was ich tat. Auch heute noch. Unter anderen Umständen – wenn meine Familie mich nicht bräuchte – würde ich sofort zurückkehren. Ich lüge oder übertreibe nicht, wenn ich sage, dass mir meine Arbeit Spaß machte. Ich hatte eine tolle Zeit als SEAL.

Meine Mitmenschen versuchen immer, mich in eine Schublade zu stecken. Entweder bin ich ein Teufelskerl, ein aufrechter Südstaatler, ein Drecksack oder ein Scharfschütze, ein SEAL und möglicherweise noch viele andere Dinge, die lieber nicht gedruckt werden sollten. Je nach Tagesform kann jede der Beschreibungen auf mich zutreffen. Letztlich geht es in meiner Geschichte, ob sie nun im Irak spielt oder in der Zeit danach, um mehr als darum, Menschen zu töten oder für sein Land zu kämpfen. Es geht darum, ein Mann zu sein. Es geht um Liebe ebenso wie um Hass.

Kapitel 1
Pferde zureiten und andere Vergnügen

Ein Cowboy durch und durch

Jede Geschichte hat einen Anfang.
Meine beginnt im nördlichzentralen Texas. Ich wuchs in Kleinstädten auf, in denen ich lernte, wie wichtig traditionelle Werte wie Patriotismus, Eigenständigkeit und die Verbundenheit mit Familie und Nachbarn sind. Ich kann mit Stolz sagen, dass diese Ideale nach wie vor mein Leben bestimmen. Ich habe einen ausgeprägten Gerechtigkeitssinn. Für mich gibt es nur Schwarz und Weiß. Grauschattierungen existieren für mich praktisch nicht. Ich bin der Überzeugung, dass es wichtig ist, andere zu beschützen. Ich scheue keine harte Arbeit. Ich amüsiere mich aber auch ganz gerne. Das Leben ist zu kurz, um auf die angenehmen Dinge zu verzichten.
Ich wuchs im christlichen Glauben auf und bin nach wie vor ein gläubiger Christ. Wenn ich meine Prioritäten setzen müsste, dann lägen sie bei Gott, Vaterland und Familie. Wobei man über die Reihenfolge der letzten beiden Punkte streiten könnte – mittlerweile vertrete ich die Auffassung, dass die Familie unter bestimmten Umständen wichtiger als das Vaterland ist. Aber sie liegen dicht beieinander.
Ich hatte seit jeher eine Vorliebe für Schusswaffen und die Jagd – man könnte gewissermaßen sagen, dass ich schon immer ein Cowboy war. Kaum konnte ich gehen, konnte ich auch schon reiten. Ich würde mich heute nicht mehr als echten Cowboy bezeichnen, weil es schon lange her

ist, dass ich auf einer Ranch gearbeitet habe. Wahrscheinlich bin ich also nicht mehr so sattelfest wie früher. Aber wenn ich schon kein SEAL mehr bin, so bin ich doch zumindest im Herzen noch ein Cowboy, oder wäre zumindest gerne einer. Der Haken ist nur, dass man als Cowboy nicht genügend Geld verdient, um seine Familie ernähren zu können.

Ich erinnere mich nicht mehr, wann ich zum ersten Mal auf die Jagd ging, aber ich muss wohl ziemlich jung gewesen sein. Meine Familie hatte einige Kilometer von unserem Haus entfernt eine Jagdpacht und wir gingen jeden Winter jagen. (Es handelt sich dabei um ein Grundstück, auf dem der Eigentümer Jägern für einen bestimmten Zeitraum gegen eine Gebühr eine Jagderlaubnis erteilt. Die Bedingungen variieren von Ort zu Ort, aber so läuft es bei uns im Süden.) Neben Rotwild jagten wir Truthähne, Tauben und Wachteln – alles, was gerade Saison hatte. Mit »wir« meine ich meine Mutter, meinen Vater und meinen Bruder, der vier Jahre jünger ist als ich. Wir hausten an den Wochenenden in einem alten Wohnwagen. Er war nicht sehr groß, aber wir waren eine Familie, die immer eng zusammenhielt, und wir genossen die Zeit, die wir dort verbrachten.

Mein Vater arbeitete für Southwestern Bell und AT&T – im Laufe seiner Karriere trennten sich die Unternehmen und schlossen sich wieder zusammen. Er war im Management tätig und immer wenn er im Abstand von einigen Jahren befördert wurde, mussten wir umziehen. Ich wuchs also überall in Texas auf.

Obwohl mein Vater sehr erfolgreich war, verabscheute er seinen Job. Nicht die Arbeit selbst, sondern die damit verbundenen Umstände. Die Bürokratie. Die Tatsache, dass er in einem stickigen Büro sitzen musste. Er hatte eine tiefe Abneigung dagegen, jeden Tag Anzug und Krawatte tragen zu müssen.

»Es interessiert mich nicht, wie viel Geld du später einmal verdienst«, sagte mir mein Vater immer. »Es ist es nicht wert, unzufrieden zu sein.« Das ist der wertvollste Rat, den er mir jemals erteilte: Folge deiner Berufung. Bis zum heutigen Tag versuche ich, dieser Maxime treu zu sein.

Als ich aufwuchs, war mein Vater in vielerlei Hinsicht mein bester Freund, aber seine umgängliche Art durchsetzte er mit einer großen Dosis väterlicher Disziplin. Es gab gewisse Grenzen, die man schlichtweg nicht überschreiten durfte. Ich wurde übers Knie gelegt, wenn ich es verdient hatte, aber ich wurde niemals unverhältnismäßig hart oder im Affekt gezüchtigt. Wenn mein Vater wütend war, nahm er sich einige Minuten Zeit, um sich zu beruhigen, bevor er mich bestrafte – und anschließend in den Arm nahm.

Mein Bruder würde wohl sagen, dass er und ich uns die meiste Zeit über in den Haaren lagen. Ich weiß nicht, ob das stimmt, aber wir gerieten oft aneinander. Er war jünger und kleiner als ich, aber er konnte ordentlich austeilen und gab niemals auf. Er ist ein zäher Kerl und bis zum heutigen Tag einer meiner engsten Vertrauten. Wir machten uns oft genug gegenseitig das Leben zur Hölle, hatten aber auch viel Spaß zusammen und wir wussten, dass wir uns immer aufeinander verlassen konnten.

Im Atrium unserer Highschool stand die Statue eines Panthers. Jedes Jahr versuchten die Jugendlichen aus der Oberstufe in einem Aufnahmeritual die neuen Neuntklässler auf den Panther zu setzen. Die Neuntklässler wehrten sich natürlich. Ich hatte die Schule bereits abgeschlossen, als mein Bruder dort anfing, aber an seinem ersten Schultag kehrte ich noch einmal zurück und bot jedem 100 Dollar an, der es schaffte, ihn auf die Statue zu setzen.

Die 100 Dollar habe ich immer noch.

Ich geriet zwar oft in Schlägereien, aber die meisten davon gingen nicht von mir aus. Mein Vater ließ keinen Zweifel daran, dass er mich ordentlich verprügeln würde, falls er jemals herausfand, dass ich ein Handgemenge begonnen hatte. Wir sollten stets über den Dingen stehen.

Selbstverteidigung stand jedoch auf einem anderen Blatt. Und meinen Bruder zu beschützen, war sogar noch besser – sobald jemand ihn provozierte, knöpfte ich ihn mir vor. Ich war der Einzige, der meinen kleinen Bruder verprügeln durfte.

Irgendwann einmal fing ich an, auch andere jüngere Kinder zu beschützen, die zur Zielscheibe von Rowdys geworden waren. Ich hatte das Gefühl, auf sie aufpassen zu müssen. Es wurde zu meiner Pflicht.

Vielleicht suchte ich auch nur nach einem Vorwand, mich zu prügeln, ohne dafür Konsequenzen fürchten zu müssen. Ich denke aber, dass mehr dahintersteckte; der Gerechtigkeitssinn und die Fairness meines Vaters beeinflussten mich schon damals mehr, als mir bewusst war. Und im Laufe der Jahre kamen diese Charakterzüge immer stärker zum Tragen. Aber was auch immer der eigentliche Grund war, ich hatte ausreichend Gelegenheit, mich mit anderen zu prügeln.

Meine Familie war sehr gläubig. Mein Vater war ein Diakon und meine Mutter Lehrerin an der Sonntagsschule. Ich erinnere mich, wie wir in meiner Kindheit jeden Sonntagmorgen, Sonntagabend und Mittwochabend in die Kirche gingen. Wir betrachteten uns nicht als übermäßig religiös, nur als anständige Bürger, die an Gott glaubten und sich in unserer Kirche engagierten. Ich muss allerdings zugeben, dass ich damals nicht besonders gerne hinging.

Mein Vater arbeitete immer sehr hart. Ich vermute, dass das in seinen Genen lag – sein Vater war ein Farmer aus Kansas und die Leute dort arbeiten alle unermüdlich. Ein Job reichte meinem Vater nie aus – in meiner Jugend hatte er eine Zeit lang einen Futterhandel und eine kleine Ranch, auf der wir alle mit anpackten. Er ist jetzt offiziell im Ruhestand, hilft aber immer noch bei einem Tierarzt aus, wenn er nicht gerade auf seiner Ranch arbeitet.

Auch meine Mutter schonte sich nie. Als mein Bruder und ich alt genug waren, um alleine auf uns aufzupassen, arbeitete sie als Beraterin in einer Jugendhaftanstalt. Es war allerdings nicht leicht für sie, den ganzen Tag mit verhaltensauffälligen Jugendlichen zu tun zu haben, weshalb sie die Stelle bald wechselte. Auch sie ist jetzt im Ruhestand, obwohl sie immer noch als Halbtagskraft beschäftigt ist und sich um ihre Enkelkinder kümmert.

Die Arbeit auf der Ranch nahm neben meinen schulischen Pflichten eine Menge Zeit ein. Mein Bruder und ich hatten nach der Schule und an den Wochenenden verschiedene Dinge zu erledigen: die Pferde füttern und versorgen, zu den Rindern reiten, die Zäune kontrollieren und vieles mehr.

1. Pferde zureiten und andere Vergnügen

Rinder können ganz schöne Probleme bereiten. Ich wurde von ihnen schon ans Bein getreten, in die Brust und, ja, auch dorthin, wo die Sonne nicht scheint. Den Kopf verschonen sie aber immer. Schade eigentlich. Vielleicht wäre ich nach einem solchen Tritt ja normal geworden.

In meiner Jugend zog ich Ochsen und Jungkühe für die FFA auf, die Future Farmers of America. (Die jetzt offiziell unter dem Namen The National FFA Organization firmieren.) Ich mochte die FFA und verbrachte viel Zeit damit, Rinder zu pflegen und bei Veranstaltungen vorzuführen, obwohl die Arbeit mit den Tieren auch ziemlich frustrierend sein konnte. Sie trieben mich permanent zur Weißglut. Ich hielt mich damals für den Herrscher der Welt und war bekannt dafür, ihnen notfalls auch eins über ihre dicken Schädel zu ziehen, um sie zur Vernunft zu bringen. Dabei brach ich mir zweimal die Hand.

Wie gesagt, ein ordentlicher Tritt an den Kopf hätte mich möglicherweise zurechtgerückt.

Wenn es um Schusswaffen ging, behielt ich zwar stets die Fassung, aber ich war trotzdem Feuer und Flamme für sie. Wie bei vielen anderen Jungen auch war meine erste »Waffe« ein Luftgewehr der Marke Daisy mit Multi-Pump-System – je mehr man pumpte, umso stärker war der Druck. Später hatte ich einen CO_2-Revolver, der aussah wie ein Colt Peacemaker aus dem Jahre 1860. Seither habe ich eine Schwäche für die Schusswaffen des Wilden Westens, weshalb ich nach meiner Entlassung aus der Navy anfing, einige sehr schöne Replikate zu sammeln. Mein Favorit ist der Nachbau eines Colt Navy Revolvers, Modell 1861, der auf einer originalen alten Drehbank aus jener Zeit hergestellt wurde.

Mein erstes echtes Gewehr bekam ich, als ich sieben oder acht Jahre alt war. Es war ein Karabiner im Kaliber 30-06. Es war ein ordentliches Gewehr – so »erwachsen«, dass ich am Anfang Angst hatte, damit zu schießen. Ich freundete mich mit dem Gewehr zwar rasch an, aber wenn ich zurückdenke, muss ich gestehen, dass es mich *in Wirklichkeit* zur Marlin 30-30 meines Bruders hinzog. Es war ein Unterhebel-Repetierer, wie die Cowboys sie früher benutzten.

Ja, ich hatte eine Schwäche für dieses Thema.

Pferde zureiten

Du bist kein Cowboy, solange du kein Pferd zugeritten hast. Ich fing damit an, als ich in der Highschool war; am Anfang wusste ich allerdings noch nicht viel darüber. Es hieß nur: »Spring auf und reite den Gaul, bis er sich nicht mehr aufbäumt. Und versuche möglichst, nicht herunterzufallen.«

Im Laufe der Zeit lernte ich viele Feinheiten, aber am Anfang erwarb ich mein Wissen in der Berufspraxis – auf dem Pferd also. Das Pferd tat etwas, und ich reagierte darauf. Gemeinsam fanden wir irgendwann einen Konsens. Ich war von Natur aus ungeduldig, aber bei meiner Arbeit mit den Pferden musste ich mir genau diese Tugend aneignen – Geduld. In meinem späteren Leben als Scharfschütze sollte sich diese Eigenschaft noch als extrem hilfreich erweisen – ebenso wie beim Werben um meine Frau.

Im Gegensatz zu Rindern hatte ich nie einen Anlass, ein Pferd zu schlagen. Klar, ich musste sie so lange reiten, bis sie müde wurden und ihren Widerstand aufgaben. Es war enorm wichtig, so lange im Sattel zu bleiben, bis sie erkannten, wer das Sagen hatte. Aber ein Pferd schlagen? Dafür sah ich niemals einen Grund. Pferde sind klüger als Rinder. Man kann ein Pferd sehr wohl dazu bringen mitzuarbeiten, wenn man ihm nur genug Zeit lässt und die Ruhe bewahrt.

Ich wusste nicht, ob ich wirklich Talent dazu hatte, Pferde zu zähmen oder nicht, aber indem ich mich in ihrer Nähe aufhielt, wuchs mein Interesse am Lebensstil der Cowboys. Rückblickend ist es nicht weiter verwunderlich, dass ich schon während meiner Schulzeit an Rodeowettkämpfen teilnahm. In der Highschool war ich auch in der Baseball- und Footballmannschaft, aber nichts war so aufregend wie Rodeoreiten.

In jeder Highschool gibt es verschiedene Cliquen: die Sportler, die Streber und so weiter. Die Gruppe, der ich mich verbunden fühlte, waren die »Ropers«. Wir trugen Stiefel und Jeans und ahmten in Aussehen und Verhalten Cowboys nach. Ich war allerdings kein *echter* Roper – ich hätte damals kein Kalb mit einem Lasso einfangen können – was mich aber nicht davon abhielt, mich bereits im Alter von etwa 16 Jahren auf Rodeowettkämpfen herumzutreiben.

1. Pferde zureiten und andere Vergnügen

Nachdem es bei uns in der Nähe eine entsprechende Trainingsanlage gab, fing ich irgendwann an, Bullen und Pferde nach Rodeoart zu reiten. Man zahlte 20 Dollar und konnte dann so lange auf den bockenden Tieren reiten, wie man es aushielt. Allerdings musste man für seine eigene Ausrüstung sorgen – Sporen, Beinlinge, Zaumzeug. Diesem Zeitvertreib haftete nichts Glorreiches an: Man stieg auf, stürzte und stieg wieder auf. Mit der Zeit blieb ich immer länger im Sattel und irgendwann einmal war ich selbstbewusst genug, um an einigen kleineren Wettkämpfen in der Nähe teilzunehmen.

Einen Bullen zu reiten, ist mit dem Zähmen eines Pferdes nicht vergleichbar. Sie bocken zwar auf ähnliche Weise, aber ihre Haut ist so faltig und lose, dass man nicht nur nach vorne fällt, sondern auch noch seitlich hin- und herrutscht, wenn sie sich aufbäumen. Und Bullen können sich wirklich schnell im Kreis drehen. Sagen wir es einmal so: Es ist eine Kunst, nicht abgeworfen zu werden.

Ich ritt etwa ein Jahr lang Bullen und war nicht besonders erfolgreich damit. Endlich hatte ich ein Einsehen, sattelte im wahrsten Sinne des Wortes um und landete schließlich beim Pferderodeo. Das ist die Paradedisziplin, bei der man nicht nur mindestens acht Sekunden lang auf dem Pferd sitzen bleiben, sondern dabei auch noch souverän und elegant aussehen muss. Aus irgendeinem Grund schnitt ich besser ab als die anderen und so blieb ich eine Weile dabei, gewann eine Menge Gürtelschließen und auch den einen oder anderen aufwendig dekorierten Sattel. Ich war kein Champion, das nicht, aber gut genug, um es mir leisten zu können, einen Teil meiner Preisgelder in der einen oder anderen Bar auszugeben. Ich fiel auch den Groupies auf, die auf Rodeoveranstaltungen häufig zugegen sind. Alles lief bestens. Ich genoss es, von Stadt zu Stadt zu ziehen, zu feiern und zu reiten.

Kurzum: Ich führte das Leben eines modernen Cowboys.

Auch nachdem ich 1992 die Highschool abgeschlossen und mich am College der Tarleton State University in Stephenville, Texas, eingeschrieben hatte, ritt ich weiter. Für diejenigen unter Ihnen, die es nicht wissen:

Tarleton wurde 1899 gegründet und schloss sich 1917 dem Texas-A&M-Universitätssystem an. Es ist die drittgrößte agrarwirtschaftliche Universität im Lande, und sie steht in dem Ruf, hervorragende Ranch- und Farmmanager sowie Lehrer für Agrarwirtschaft hervorzubringen.

Damals hatte ich noch vor, Ranchmanager zu werden. Vor der Immatrikulation hatte ich jedoch auch mit dem Gedanken gespielt, eine militärische Laufbahn einzuschlagen. Der Vater meiner Mutter war ein Pilot in der Army Air Force gewesen und ich liebäugelte eine Zeit lang damit, ebenfalls Pilot zu werden. Dann spielte ich mit dem Gedanken, zu den Marines zu gehen – ich wollte mitten hinein ins Schlachtgetümmel. Mir gefiel der Gedanke, an Kämpfen beteiligt zu sein. Ich hatte auch von diversen Spezialeinheiten gehört und dachte darüber nach, der Fernaufklärung des Marine Corps beizutreten, einer Elitekampftruppe. Aber meine Familie, vor allem meine Mutter, wollte, dass ich das College besuchte. Schließlich gab ich nach: Ich beschloss, zuerst eine akademische Ausbildung abzuschließen und dann zum Militär zu gehen. Ich dachte mir, dass ich auf diese Weise erst einmal eine Weile die Zügel schleifen lassen konnte, bevor der Ernst des Lebens losging.

Ich war immer noch ein Rodeoreiter – und mittlerweile sogar ein richtig guter. Aber meine Karriere fand gegen Ende meines ersten Studienjahres ein jähes Ende, als sich bei einem Wettkampf in Rendon, Texas, mein Pferd in der Startbucht überschlug und auf mich fiel. Die umstehenden Helfer konnten aufgrund der ungünstigen Position des Tieres zunächst das Gatter nicht öffnen, sondern mussten es erst wieder auf die Beine stellen. Ich hatte immer noch einen Fuß im Steigbügel, wurde über den Boden gezogen, mehrmals kräftig getreten und verlor schließlich das Bewusstsein. Erst im Rettungshubschrauber, der mich ins Krankenhaus brachte, kam ich wieder zu mir. Meine gebrochenen Handgelenke mussten verschraubt werden, ich hatte mir eine Schulter ausgekugelt, mehrere Rippenbrüche zugezogen sowie einen Lungenflügel und eine Niere gequetscht.

Die größten Probleme während meiner Genesung bereiteten mir die Schrauben. Sie waren etwa einen halben Zentimeter dick und ragten auf

jeder Seite meiner Handgelenke einige Zentimeter aus der Haut hervor. Das Ganze ähnelte dem Hals von Frankensteins Monster. Die lästigen Dinger juckten und sahen seltsam aus, aber immerhin hielten sie meine Hände zusammen.
Einige Wochen nach meinem Unfall beschloss ich, ein Mädchen anzurufen, mit dem ich schon lange ausgehen wollte. Schließlich wollte ich mir von den Metallstiften in meinen Händen nicht die Laune verderben lassen. Während der Autofahrt blieb allerdings eine der langen Metallschrauben mehrfach am Blinkerhebel hängen. Das ärgerte mich so sehr, dass ich das Ding schließlich dicht an der Haut abbrach. Ich schätze, das machte nicht allzu großen Eindruck auf die junge Dame. Die Verabredung endete vergleichsweise früh.
Meine Rodeokarriere war beendet, aber ich feierte trotzdem weiter, als wäre ich noch aktiv. Meine finanziellen Mittel schwanden ziemlich schnell dahin und so fing ich an, nach den College-Seminaren zu arbeiten. Auf einem Holzplatz fand ich Arbeit als Transporteur, das heißt, ich lieferte Holz und andere Materialien an.
Ich war ein guter Arbeiter und ich nehme an, das fiel auf. Eines Tages kam ein Kollege herein und sprach mich an.
»Ich kenne da einen Typen, der eine Ranch hat und einen Arbeiter sucht«, sagte er. »Vielleicht bist du ja interessiert.«
»Klar doch«, sagte ich. »Ich fahre gleich raus.«
Und so wurde ich Rancharbeiter – also doch so etwas wie ein echter Cowboy – obwohl ich eigentlich immer noch ein Vollzeit-Student war.

Das Leben als Cowboy

Ich arbeitete für David Landrum in Hood County, Texas, und stellte schnell fest, dass ich nicht annähernd der Cowboy war, für den ich mich hielt. David sorgte dafür, dass sich das schnell änderte. Er brachte mir alles bei, was man wissen musste, um eine Ranch am Laufen zu halten. Er war ein harter Bursche und konnte gelegentlich sehr laut werden. Wenn er allerdings mit meiner Arbeit zufrieden war, kam kein einziges Wort des Lobes über seine Lippen. Aber nach einer Weile fing ich wirklich an, den Kerl zu mögen.

Auf einer Ranch zu arbeiten, ist der Himmel auf Erden.

Es ist ein anstrengendes Leben, das einem viel abverlangt, aber dennoch ist es gleichzeitig ein wahres Vergnügen. Man ist die ganze Zeit im Freien. An den meisten Tagen ist man mit den Tieren allein. Man muss sich weder mit Menschen noch Büros oder irgendeinem anderen unwichtigen Mist herumschlagen. Man erledigt einfach seinen Job.

David besaß über 4000 Hektar Land. Es war eine echte Ranch, und sehr altmodisch – wenn wir im Frühjahr das Vieh zusammentrieben, hatten wir sogar einen von Pferden gezogenen Verpflegungswagen dabei.

Es war ein wirklich schöner Ort mit sanften Hügeln, Bächen und weiten Landstrichen, die das Herz höher schlagen ließen, sooft man hinsah. Das Kernstück der Ranch war ein altes Haus, das im 19. Jahrhundert wahrscheinlich ein Gasthof gewesen war. Es war ein großes Gebäude mit geschlossenen Veranden, geräumigen Zimmern und einem großen Kamin, der Körper und Seele wärmte.

Weil ich ein einfacher Rancharbeiter war, war meine Unterkunft natürlich etwas bescheidener. Ich hatte das, was man gemeinhin eine Schlafbaracke nennt, die nur etwas größer war als das Bett. Sie war ungefähr zwei mal vier Meter groß, und mein Bett nahm den meisten Platz darin ein. Es gab keinen Platz für eine Kommode, alle meine Kleidungsstücke, einschließlich der Unterwäsche, musste ich an einer Stange aufhängen. Außerdem waren die Wände nicht isoliert. Zentraltexas kann im Winter ganz schön kalt sein, und obwohl der Gasofen lief und zusätzlich ein elektrischer Heizer neben dem Bett aufgestellt war, pflegte ich in meiner Kleidung zu schlafen. Aber das Schlimmste war, dass es unter dem Fußboden kein Fundament gab. Ich führte einen Kleinkrieg mit Waschbären und Gürteltieren, die es sich direkt unter meinem Bett gemütlich machen wollten. Die Waschbären waren streitlustig und aggressiv; ich musste an die 20 erschießen, bis bei ihnen schließlich der Groschen fiel und sie begriffen, dass sie unter meiner Schlafstatt nicht willkommen waren.

Ich fuhr zunächst Traktoren und pflanzte im Winter Weizen für das Vieh.

1. Pferde zureiten und andere Vergnügen

Dann übernahm ich die Fütterung der Rinder. Als David schließlich zu der Überzeugung gelangt war, dass ich wohl bleiben würde, übertrug er mir verantwortungsvollere Aufgaben. Er erhöhte meinen Lohn auf 400 Dollar im Monat.

Wenn mein letztes Seminar gegen 14 Uhr zu Ende ging, fuhr ich hinüber zur Ranch. Dort arbeitete ich bis Sonnenuntergang, danach lernte ich und ging schlafen. Am Morgen fütterte ich als Allererstes alle Pferde und ging dann zum Unterricht. Der Sommer war das Beste, denn dann konnte ich von 5 Uhr morgens bis 9 Uhr abends im Sattel sitzen.

Schließlich wurde ich ein sogenannter Zweijahresmann, ich trainierte speziell fürs Viehtreiben geschulte Pferde und machte sie bereit für die Auktion. Diese sogenannten Cutting Horses helfen den Cowboys dabei, Kühe von der Herde zu trennen. Als Arbeitstiere sind sie enorm wichtig für eine Ranch und ein gutes Pferd kann viel Geld einbringen.

Erst hier lernte ich wirklich, mit Pferden umzugehen; und ich wurde viel geduldiger. Wenn man bei einem Pferd die Geduld verliert, kann man es dauerhaft ruinieren. Deshalb disziplinierte ich mich selbst dazu, mir Zeit zu lassen und sachte mit ihnen umzugehen.

Pferde sind wahnsinnig intelligent. Sie lernen schnell – wenn man es richtig macht. Man zeigt ihnen eine Kleinigkeit, gönnt ihnen eine Pause und wiederholt das Gezeigte ein zweites Mal. Wenn ein Pferd etwas Neues lernt, leckt es seine Lippen. Auf dieses Zeichen achtete ich. Man beendet die Lektion mit etwas Positivem und macht am nächsten Tag weiter. Natürlich dauerte es eine ganze Weile, bis ich all dieses Wissen erworben hatte, und es gab immer wieder auch Fehlschläge. Immer wenn ich Mist gebaut hatte, ließ mich David das auch spüren. Er fuhr mich sofort an und beschimpfte mich aufs Übelste. Aber ich trug es ihm nie nach. Ich dachte mir nur: *Ich weiß, ich kann's besser und ich werde es dir beweisen.*

Genau diese Einstellung ist zufällig genau das, was man braucht, um ein SEAL zu werden.

Ein »Nein« von der Navy

Da draußen in den weiten Landstrichen hatte ich viel Zeit und Platz, um über meine Zukunft nachzudenken. Lernen und Seminare besuchen waren nicht meine Welt. Nachdem meine Rodeokarriere zu Ende gegangen war, beschloss ich, das College abzubrechen, mit der Rancharbeit aufzuhören und zu meinem ursprünglichen Plan zurückzukehren: nämlich eine militärische Laufbahn einzuschlagen und Soldat zu werden. Da dies mein ursprünglicher Wunsch gewesen war, sah ich nicht ein, noch länger zu warten.

Und so suchte ich eines schönen Tages im Jahre 1996 die Rekrutierungsstelle der US-Streitkräfte auf, um mich zu verpflichten.

Diese Rekrutierungsstelle glich einer kleinen Einkaufspassage. Fein säuberlich nebeneinander aufgereiht befanden sich die einzelnen Büros der Army, der Navy, des Marine Corps und der Air Force. Wenn man eintrat, folgten einem sofort mehrere Augenpaare. Es war klar: Hier herrschte Konkurrenz, und nicht unbedingt eine der sportlich-freundschaftlichen Art.

Ich ging zuerst zur Tür des Marine Corps, aber der Anwerber war gerade beim Mittagessen und nicht anwesend. Als ich mich umdrehte, um wieder zu gehen, sprach mich der Army-Rekrutierer vom anderen Ende des Flurs an.

»Hey«, sagte er. »Warum schauen Sie nicht bei mir vorbei?«, fragte er.

Spricht ja nichts dagegen, dachte ich. Also ging ich hin.

»Warum wollen Sie zum Militär?«, fragte er.

Ich sagte ihm, dass es mich zu den Spezialeinheiten zog, dass die Special Forces der Army einen guten Ruf hatten und ich gerne in diesem Zweig dienen würde – sofern ich denn der Army beitreten würde. (Special Forces oder kurz SF ist eine Eliteeinheit der Army, die eine Reihe von Sondereinsätzen ausführt. Der Begriff »Special Forces« wird manchmal fälschlicherweise verwendet, um alle SEK-Gruppen zu bezeichnen, wenn ich diesen Begriff jedoch verwende, meine ich ausschließlich die Einheit der Army.)

1. Pferde zureiten und andere Vergnügen

Damals musste man ein E5 – also ein Sergeant – sein, bevor man überhaupt den SF beitreten konnte. Ich hatte keine Lust, so lange zu warten, bis ich es mit den wirklich interessanten Dingen zu tun bekam. »Sie könnten auch zu den Rangern gehen«, schlug der Anwerber vor.
Ich wusste nicht viel über die Ranger, aber das, was er mir erzählte, klang ziemlich spannend – aus Flugzeugen springen, Ziele angreifen, ein Experte für Handfeuerwaffen werden. Er zeigte mir die Karrieremöglichkeiten auf, die vor mir lagen, konnte mich aber nicht wirklich restlos überzeugen.
»Ich denke darüber nach«, sagte ich, stand auf und wollte gehen.
Auf meinem Weg nach draußen rief mich der Navy-Typ vom anderen Ende des Flurs zu sich.
»Hey, Sie da«, sagte er. »Kommen Sie doch mal her.«
Ich ging zu ihm.
»Worüber haben Sie denn eben geredet?«, fragte er.
»Ich habe darüber nachgedacht, den SF beizutreten«, sagte ich. »Aber dafür muss man ein E5 sein. Also unterhielten wir uns über die Ranger.«
»Ach ja? Schon mal was von den SEALs gehört?«
Die SEALs waren damals noch relativ unbekannt. Ich hatte zwar schon von ihnen gehört, wusste aber nicht allzu viel. Ich glaube, ich zuckte mit den Achseln.
»Warum treten Sie nicht ein«, sagte der Navy-Mann, »dann erzähle ich Ihnen mehr.«
Er fing an, mir etwas über BUD/S, das Basic Underwater Demolition/SEAL Training, zu erzählen, eine Kampfschwimmer-Grundausbildung, die jeder SEAL durchlaufen muss. Heutzutage gibt es Hunderte von Büchern und Filmen über SEALs und BUD/S; es gibt sogar einen ziemlich langen Artikel über unsere Ausbildung auf Wikipedia. Aber damals war BUD/S noch recht geheimnisumwittert, zumindest für mich. Als ich hörte, wie anstrengend dieses Training war, wie die Ausbilder die Anwärter fertigmachten, und dass weniger als zehn Prozent der Klasse den Kurs bestanden, war ich beeindruckt. Man musste schon ein verdammt zäher Hund sein, um dieses Programm zu bestehen.

Diese Herausforderung gefiel mir. Dann ging der Anwerber dazu über, mir von all den beeindruckenden Einsätzen zu berichten, die die SEALs und ihre Vorgänger, die UDTs, bestritten hatten. (UDTs waren die Mitglieder der Underwater Demolition Teams, die im und nach dem Zweiten Weltkrieg feindliche Strände ausgekundschaftet und Sondereinsätze ausgeführt hatten.) Er tischte mir die fesselndsten Erzählungen darüber auf, wie diese Elitesoldaten durch Hindernisse hindurchschwammen, um Strände zu stürmen, die fest in japanischer Hand waren, und in Vietnam hinter feindlichen Linien in heftige Scharmützel gerieten. Ich fand das alles richtig krass und als ich ging, wollte ich unbedingt ein SEAL werden.

Viele Anwerber, vor allem die guten, sind mit allen Wassern gewaschen, und mit genau einem solchen hatte ich es zu tun. Als ich wiederkam, um die Unterlagen zu unterschreiben, teilte er mir mit, dass ich auf die Eintrittsprämie verzichten müsse, wenn ich sichergehen wollte, als SEAL infrage zu kommen.
Ich ließ mich darauf ein.
Er hatte es natürlich faustdick hinter den Ohren. Mein Verzicht auf die Prämie ließ ihn sicher gut aussehen. Ich bin mir absolut sicher, dass diesem Rekrutierer noch eine blühende Karriere als Gebrauchtwagenhändler bevorsteht.
Die Navy versprach mir nicht, dass ich ein SEAL werden würde; ich musste mir dieses Privileg erarbeiten. Sie garantierte mir jedoch, dass ich die Chance erhielt, mich zu bewerben. Mir reichte das, weil ich mir sicher war, dass ich nicht scheitern würde.
Der einzige Haken daran war, dass ich nicht einmal die Chance erhielt zu scheitern.
Denn die Navy sortierte mich sofort aus, als ans Licht kam, dass ich seit dem Rodeounfall Metallschrauben in einem Arm hatte. Ich versuchte es mit Bitten und Betteln; nichts half. Ich bot sogar an, eine Einverständniserklärung zu unterschreiben, dass ich die Navy nicht haftbar machen würde, falls meinem Arm etwas zustieß.

Sie lehnte mich trotzdem ab.
Und das, folgerte ich, war das Ende meiner Militärkarriere.

Der Anruf

Nachdem das Militär für mich nicht mehr infrage kam, konzentrierte ich mich wieder darauf, eine Laufbahn als Rancher einzuschlagen und Cowboy zu werden. Da ich bereits einen guten Job auf einer Ranch hatte, ergab es keinen Sinn, weiter aufs College zu gehen. Also brach ich das Studium ab, obwohl mir zum Abschluss nur noch wenige Bewertungseinheiten fehlten.

Da ich nun Vollzeit arbeitete, verdoppelte David meinen Lohn und übertrug mir immer größere Verantwortung. Bessere Angebote führten mich später auch zu anderen Ranchs, aber aus verschiedenen Gründen kehrte ich immer wieder zu meiner alten Stelle bei David zurück. Schließlich verschlug es mich kurz vor dem Winter 1997/1998 nach Colorado.

Ich nahm einen Job an, ohne zu wissen, worauf ich mich einließ, was sich im Nachhinein als großer Fehler herausstellte. Ich dachte, es sei sicher einmal eine angenehme Abwechslung, vom texanischen Flachland in die Berge zu ziehen.

Aber die Ranch, auf der ich meinen neuen Job antrat, lag ausgerechnet in der einzigen Gegend von Colorado, die noch flacher ist als Texas. Nur deutlich kälter. Es dauerte nicht lange, bis ich David anrief und ihn fragte, ob er zufällig noch Hilfe benötigte.

»Du kannst jederzeit zurückkommen, wenn du willst«, antwortete er.

Ich fing an zu packen, kam aber nicht weit. Kurz bevor ich zurück nach Texas ziehen konnte, erhielt ich einen Anruf von der Navy.

»Wollen Sie immer noch ein SEAL werden?«, fragte mich der Rekrutierer am anderen Ende der Leitung.

»Warum?«

»Weil wir Sie wollen«, sagte er.

»Was ist mit den Schrauben in meinem Arm?«

»Machen Sie sich darüber mal keine Sorgen.«

Das tat ich auch nicht. Ich fing sofort an, alle nötigen Vorkehrungen zu treffen.

Kapitel 2
In Grund und Boden

Willkommen beim BUD/S

»Runter! 100 Liegestützen! Sofort!«
Etwa 220 Männer in Tarnanzügen und frisch bemalten, grünen Helmen stürzten sich auf den Asphalt und fingen an zu pumpen. Dies war der Anfang unserer BUD/S-Ausbildung und wir waren hoch motiviert, aufgeregt und extrem nervös.
Es war klar, dass man uns hier richtig schleifen würde, aber wir waren so begeistert, dass uns das auch noch gefiel.
Der Ausbilder machte sich nicht einmal die Mühe, sein Büro zu verlassen, das sich in dem nahegelegenen Gebäude befand. Seine tiefe, leicht sadistische Stimme hallte aus dem Flur hinaus auf den Hof, auf dem wir uns versammelt hatten.
»Mehr Liegestützen! 40 Stück! Vieeerzig!«
Meine Arme hatten noch nicht angefangen zu brennen, als ich ein seltsames, zischendes Geräusch hörte. Ich blickte nach oben, um zu sehen, woher es kam.
Und prompt wurde ich für meine Neugier mit einem kräftigen Wasserstrahl belohnt, den man auf mein Gesicht richtete. In der Zwischenzeit waren einige andere Ausbilder erschienen, die uns nun mit Wasserschläuchen bearbeiteten. Jeder, der so dumm war nach oben zu sehen, bekam eine Fontäne ab.

Willkommen beim BUD/S.
»Schnelle Beinscheren! Los!«

BUD/S steht für Basic Underwater Demolition/SEAL. Es handelt sich dabei um einen Grundkurs, den alle Anwärter bestehen müssen, um in die Reihen der SEALs aufgenommen zu werden. Er wird zurzeit am Naval Special Warfare Center in Coronado, Kalifornien, abgehalten und beginnt mit der »Indoc« oder Indoktrination, die die Anwärter mit den Anforderungen vertraut macht, die an sie gestellt werden. Es folgen drei weitere Phasen: Fitnesstraining, Tauchen und Landkriegsführung.
Im Laufe der Jahre erschienen zahllose Berichte und Reportagen über das BUD/S und wie anstrengend es ist. Eine Menge von dem, was gesagt wurde, entspricht der Wahrheit. (Oder zumindest größtenteils. Natürlich nehmen die Navy und die Ausbilder für TV-Dokumentationen und andere Sendeformate schon einen Gang raus, aber selbst die Light-Version gibt bereits einen ganz guten Eindruck davon, wie es dabei zugeht.) Im Grunde genommen muss man es sich so vorstellen: Die Ausbilder machen dich fertig und legen dann noch einmal ordentlich nach. Und gleich im Anschluss daran treten sie nach und knüppeln dich ein weiteres Mal nieder. So ungefähr läuft es.
Ich fand es toll. Ich hasste, verabscheute und verfluchte es ... aber fand es trotzdem toll.

Gähnende Langeweile

Doch bis ich überhaupt an diesen Punkt kam, hatte es bereits etwa ein Jahr gedauert. Zunächst trat ich der Navy bei und meldete mich im Februar 1999 zur Grundausbildung. Das Boot Camp war ziemlich langweilig. Ich erinnere mich daran, wie ich einmal meinen Vater anrief und ihm erzählte, dass die Grundausbildung im Vergleich mit der Arbeit auf der Ranch ein Kinderspiel war. Das war nicht gut. Ich war der Navy beigetreten, um ein SEAL zu werden und mich einer echten Herausforderung zu stellen. Stattdessen nahm ich zu und geriet außer Form.

2. In Grund und Boden

Das Boot Camp soll einen nämlich eigentlich darauf vorbereiten, anschließend auf einem Schiff herumzusitzen. Sie bringen dir eine Menge über die Marine bei, wogegen nichts einzuwenden ist, aber ich wollte eher so etwas wie die Grundausbildung der Marines – eine körperliche Herausforderung eben. Mein Bruder ging zum Marine Corps und verließ das Boot Camp als zäher, durchtrainierter Kämpfer. Ich hätte im BUD/S-Training vermutlich versagt, wenn ich es unmittelbar nach dem Navy Boot Camp absolviert hätte. Der Ablauf hat sich seither geändert. Es gibt jetzt ein eigenständiges BUD/S-Boot-Camp, in dem mehr Wert darauf gelegt wird, in Form zu kommen und auch zu bleiben.

Das BUD/S dauert über ein halbes Jahr und ist körperlich wie mental extrem fordernd; wie ich bereits erwähnt habe, kann die Durchfallquote über 90 Prozent betragen. Der berüchtigtste Teil des BUD/S ist die sogenannte Höllenwoche, die aus 132 Stunden Nonstop-Training und körperlicher Aktivität besteht. Einige Programmpunkte haben sich im Laufe der Jahre geändert und ich kann mir gut vorstellen, dass sie sich auch künftig weiterentwickeln werden.

Aber die Höllenwoche ist immer noch so ziemlich die anspruchsvollste körperliche Prüfung und wird wohl auch in Zukunft ein Höhepunkt der SEAL-Ausbildung bleiben – oder ein Tiefpunkt – je nachdem, wie man die Sache sieht. Bei mir damals folgte die Höllenwoche gleich nach der ersten Phase. Aber mehr dazu später.

Zum Glück kam ich nicht direkt zum BUD/S. Ein Mangel an Ausbildern in den BUD/S-Kursen sorgte dafür, dass ich (wie auch viele andere Anwärter) eine Zeit lang verschont blieb und zunächst eine andere Ausbildung durchlief.

Laut Navy-Richtlinien musste ich mir einen Schwerpunkt aussuchen (auch bekannt als Military Occupation Speciality oder MOS) für den Fall, dass ich das BUD/S nicht schaffen und kein SEAL werden würde. Ich entschied mich für den Nachrichtendienst der Navy – in meiner Einfalt hoffte ich, dass ich wie James Bond durch die Welt jetten würde. Ich war damals wirklich ziemlich naiv.

In dieser Ausbildungsphase begann ich damit, etwas ernsthafter Sport zu treiben. Insgesamt drei Monate verbrachte ich damit, die grundlegenden Fähigkeiten eines künftigen Mitarbeiters des Navy-Nachrichtendienstes zu erwerben und, wichtiger noch, meinen Körper in Form zu bringen. Wie es der Zufall wollte, gab es auf unserem Stützpunkt eine Gruppe waschechter SEALs und ihr Vorbild motivierte mich zum Training. Ich ging in den Kraftraum und widmete mich allen Körperpartien: Beine, Brust, Trizeps, Bizeps usw. Außerdem fing ich an, dreimal in der Woche zu laufen, um die 6 bis 13 Kilometer pro Tag, wobei ich mein Pensum nach und nach in Schritten von jeweils 3 Kilometern erhöhte.

Das Laufen lag mir nicht sonderlich, aber ich eignete mir allmählich die richtige Einstellung eines SEAL an: Tu alles, was nötig ist.

Hier lernte ich auch zu schwimmen, oder zumindest besser zu schwimmen. Ich stamme aus einer Gegend von Texas, in der es weit und breit kein größeres Gewässer gibt. Unter anderem konnte ich – was für einen SEAL sehr wichtig ist – nicht kraulen, sodass ich mir auch das erst aneignen musste.

Als die Nachrichtendienst-Ausbildung endete, war ich schon ganz gut in Form, aber vermutlich immer noch nicht bereit für das BUD/S. Obwohl ich es damals nicht so sah, hatte ich Glück, dass es für das BUD/S zu wenig Ausbilder gab, denn dadurch kamen die Anwärter auf eine Warteliste. Die Navy beschloss, mich einige Wochen lang den SEAL-Detailern zuzuweisen, um ihnen zur Hand zu gehen, bis sich die Lage normalisiert hatte. (Detailer sind Militärangehörige, die sich verschiedener Personalfragen annehmen. Sie sind vergleichbar mit den Angestellten der Personalabteilung in großen Unternehmen.)

Ich arbeitete ungefähr den halben Tag mit ihnen, entweder von 8 bis 12 Uhr oder von 12 bis 16 Uhr. Außerhalb dieser Dienstzeiten trainierte ich mit den anderen SEAL-Anwärtern. Wir trieben Sport oder machten zwei Stunden lang irgendwelche Fitnessübungen – was Sportlehrer alten Schlags wohl als Gymnastik bezeichnen würden. Sie wissen schon: Klappmesser, Liegestützen, Kniebeugen.

2. In Grund und Boden

Vom Hanteltraining ließen wir allerdings die Finger. Es ging darum, möglichst nicht zu viel Muskelmasse zuzulegen; wir wollten zwar stark sein, aber dabei trotzdem möglichst beweglich bleiben.

Dienstags und donnerstags schwammen wir bis zur völligen Erschöpfung – sozusagen bis zum Ertrinken. Freitags unternahmen wir lange Dauerläufe von 16 bis 19 Kilometern. Das war hart, aber für das BUD/S wird erwartet, dass man einen Halbmarathon bewältigen kann.

Meine Eltern erinnern sich noch gut an ein Gespräch, das wir zu dieser Zeit einmal miteinander führten. Ich versuchte sie auf das einzustimmen, was vor mir lag. Sie wussten nicht allzu viel über die SEALs, was vermutlich gut war.

Jemand hatte erwähnt, dass meine Identität aus den offiziellen Akten getilgt werden könnte. Als ich ihnen davon erzählte, konnte ich sehen, wie sie leicht zusammenzuckten.

Ich fragte sie, ob das für sie in Ordnung ginge. Wenngleich sie nicht wirklich ein Mitspracherecht hatten.

»Das ist schon in Ordnung«, versicherte mein Vater. Meine Mutter schwieg. Sie waren beide mehr als nur ein klein wenig besorgt, das konnte ich sehen; aber sie versuchten, sich nichts anmerken zu lassen, und äußerten mir gegenüber nie etwas, das mich möglicherweise davon abgehalten hätte, meinen Weg zu gehen.

Nach etwa sechs Monaten des Wartens, Trainierens und des weiteren Wartens war es dann endlich so weit, ich erhielt die Anweisung, mich zum BUD/S zu melden.

Die volle Breitseite

Ich stieg aus dem Taxi und rückte meine Ausgehuniform zurecht. Dann hob ich meine Tasche aus dem Wagen, schulterte sie, atmete tief durch und ging den Weg zum Achterdeck, dem Gebäude, in dem ich mich melden sollte. Ich war 24 Jahre alt und gerade dabei, meinen Lebenstraum zu erfüllen.

Und dabei eine volle Breitseite abzubekommen.
Es war bereits dunkel, aber noch nicht sonderlich spät – kurz nach 17 oder 18 Uhr. Ich hatte schon damit gerechnet, dass man mich anschrie, sobald ich durch die Tür kam. Es kursierten so viele Gerüchte über das BUD/S und wie hart es war, aber kaum jemand kannte die ganze Geschichte. Die Ungewissheit macht alles nur schlimmer.
Hinter einem Schreibtisch saß ein Mann. Ich trat an ihn heran und stellte mich vor. Er nahm meine Personalien auf, wies mir eine Unterkunft zu und wickelte den ganzen bürokratischen Mist mit mir ab, der erledigt werden musste.
Die ganze Zeit über hatte ich abwechselnd zwei Gedanken im Kopf. Erstens: *So schlimm ist das hier ja gar nicht.*
Und: *Bestimmt greift mich gleich jemand an.*
Entsprechend schwer fiel es mir, an diesem Abend einzuschlafen. Ich rechnete ständig damit, dass die Ausbilder hereinstürmten und mich in die Mangel nahmen. Dass dies nicht passierte, freute mich einerseits, machte mir zugleich aber auch ein wenig Sorgen.
Der Morgen brach ohne die leiseste Störung an. Erst dann stellte ich fest, dass ich noch gar nicht beim eigentlichen BUD/S war. Das hier war die Indoc – die Indoktrinationsphase. Indoc hieß, dass man auf das BUD/S vorbereitet wurde. Eine Art BUD/S mit Stützrädern. Wenn SEALs so etwas wie Stützräder benutzen würden.
Die Indoc dauerte einen Monat. Wir wurden zwar auch in dieser Phase manchmal angeschrien, aber lange nicht so häufig wie später beim BUD/S. Man brachte uns bei, was von uns erwartet wurde, zum Beispiel, wie man den Hindernisparcours zu durchlaufen hatte. Der Gedanke dabei war offenbar, uns zumindest mit den Sicherheitsvorkehrungen vertraut zu machen, bevor es dann losging. Während andere Klassen die eigentliche Ausbildung durchliefen, wurden wir auch schon einmal zu kleineren Hilfstätigkeiten herangezogen.
Alles in allem machte mir die Indoc Spaß. Mir gefiel es zu trainieren, mich an meine Grenzen zu bringen und meine körperlichen Fähigkeiten zu schulen. Gleichzeitig konnte ich beobachten, wie die Anwärter im

2. In Grund und Boden

BUD/S behandelt wurden und ich dachte mir: *Oh Mist, ich sollte wirklich mal in die Gänge kommen und einen Zahn zulegen.*
Ehe ich mich versah, begann dann auch für mich die erste Phase. Und unversehens war die Ausbildung *kein Spaß* mehr. Im Gegenteil, mir wurde *gehörig* in den Hintern getreten. Regelmäßig und mit sehr viel Hingabe.
Was mich zurück zum Anfang dieses Kapitels bringt, als ich beim Training einen Wasserstrahl ins Gesicht bekam. Ich hatte schon seit Monaten hart trainiert und trotzdem war das, womit ich es jetzt zu tun hatte, ungleich härter. Obwohl ich mehr oder weniger wusste, was mich erwartete, war mir nicht richtig klar, wie schwer es werden würde. Bis man etwas wirklich am eigenen Leib erlebt, kann man einfach nicht mitreden.
Zu einem bestimmten Zeitpunkt an jenem Morgen dachte ich jedenfalls: *Verdammter Mist, die Typen bringen mich um. Meine Arme fallen ab und ich zerbrösele einfach jetzt und hier auf dem Asphalt.*
Aber irgendwie kämpfte ich mich durch.
Als mich der Wasserstrahl zum ersten Mal traf, wandte ich instinktiv mein Gesicht ab. Das brachte mir eine Menge Aufmerksamkeit ein – allerdings negativer Art.
»Nicht wegdrehen!«, schrie der Ausbilder, wobei er noch einige Wörter hinzufügte, die sich auf meine Charakterschwäche und mein mangelndes Können bezogen. »Sieh her und steck es weg!«
Ich tat, wie mir geheißen. Ich weiß nicht, wie viele Hunderte Liegestützen und andere Übungen wir an diesem Tag machten. Ich weiß nur noch, ich hatte damals das Gefühl, dass ich es nicht schaffen würde. Aber genau das spornte mich an – ich wollte auf keinen Fall durchfallen.
Ja, ich hatte Angst zu versagen, aber ich stellte mich dieser Angst jeden Tag aufs Neue und gelangte immer wieder zu derselben Erkenntnis; jeden Tag, manchmal sogar mehrmals täglich – ich wollte durchhalten.

Ich werde oft gefragt, wie anstrengend die Übungen waren, wie viele Liegestützen wir machen mussten oder wie viele Klappmesser. Um die erste Frage zu beantworten: Jeweils hundert Stück, aber die Zahlen sind eigentlich unwichtig. Wenn ich mich richtig erinnere, schaffte jeder Anwärter hundert Liegestützen oder auch die anderen Übungen. Es waren die ständigen Wiederholungen, der Druck, und vor allem die Schimpftiraden, denen man während der Übungen permanent ausgesetzt war, die das BUD/S so anstrengend machten. Ich schätze, das ist schwer nachzuvollziehen, wenn man es nicht selbst erlebt hat.

Es besteht der landläufige Irrtum, dass alle SEALs muskelbepackte Modellathleten in körperlicher Bestform sind. Aber nur der letzte Punkt trifft tatsächlich zu – jeder SEAL in jedem Team ist in hervorragender physischer Verfassung. Aber es gibt nicht den Durchschnitts-SEAL. Ich beispielsweise bin 1,88 Meter groß und wog damals 79 Kilogramm; es gab aber auch Kameraden, die 1,70 Meter oder 2,00 Meter groß waren. Uns verband weniger der Körperbau als vielmehr der Wille, alles zu tun, was nötig ist, um unser Ziel zu erreichen.

Das BUD/S zu schaffen und ein SEAL zu werden, ist vor allem eine Frage von mentaler Stärke. Auf stur zu schalten und sich weigern aufzugeben – das ist der Schlüssel zum Erfolg. Und ich bin heilfroh, dass mir das irgendwann bewusst geworden ist.

Auf Tauchstation

In jener ersten Woche verhielt ich mich möglichst unauffällig. Die Aufmerksamkeit der Ausbilder zu erregen, war einfach *nicht gut*. Ob nun beim Sport oder einer Übung, oder auch nur beim Strammstehen, schon die kleinste Kleinigkeit genügte, um ins Visier genommen zu werden. Wenn man beim Appell nicht ganz gerade stand, machten sie sich sofort über einen her. Bei jedem Befehl eines Ausbilders gab ich mir die größte Mühe, ihn so schnell und so gut als möglich zu befolgen. Ich merkte schnell: Wenn ich es richtig machte, ließen sie von mir ab und suchten sich ein anderes Opfer.

Ich schaffte es aber nicht völlig, auf Tauchstation zu gehen. Trotz des vielen Übens, Trainierens und Anstrengens hatte ich große Schwierigkeiten mit Klimmzügen.

2. In Grund und Boden

Ich bin sicher, Sie kennen den Bewegungsablauf – man greift die Stange mit beiden Händen und zieht sich bis zur Brust hoch. Dann senkt man sich wieder ab. Immer und immer und immer wieder.

Das Besondere am BUD/S war, dass wir so lange an der Stange hängen mussten, bis der Ausbilder das Kommando erteilte, dass wir anfangen durften. Als unsere Klasse zum ersten Mal zum Klimmzug-Training antrat, stand er zufällig neben mir.

»Los!«, sagte er.

»Urghh«, ächzte ich und zog mich leidlich hoch.

Großer Fehler. Denn auf diese Weise hatte ich von Anfang an den Ruf weg, ein Schwächling zu sein.

Zu Beginn des BUD/S-Trainings schaffte ich nicht besonders viele Klimmzüge, vielleicht ein halbes Dutzend (was die Mindestvoraussetzung war). Da man mich nun aber mit jeder Menge Aufmerksamkeit bedachte, konnte ich mich nicht einfach so durchmogeln. Ich musste jetzt *perfekte* Klimmzüge ausführen. Und zwar viele. Die Ausbilder pickten mich heraus und ließen mich die Übung einzeln wiederholen, immer und immer wieder.

Das zeigte Wirkung. Meine Leistungen verbesserten sich zusehends und schon bald schaffte ich problemlos 30 Klimmzüge am Stück. Ich wurde zwar nicht Klassenbester, aber ich blamierte mich auch nicht mehr.

Und das Schwimmen? All die Arbeit, die ich vor dem BUD/S investiert hatte, machte sich bezahlt. Schwimmen wurde sogar meine *beste* Disziplin. Ich war einer der schnellsten, wenn nicht gar der schnellste Schwimmer meiner Klasse.

Und auch hier zeigte sich schnell: Die Mindestvoraussetzungen sind nicht sehr aussagekräftig. Um sich zu qualifizieren, musste man etwa einen Kilometer im Meer schwimmen. Beim BUD/S-Training ist man nach einem Kilometer gerade mal warm geworden. Man schwimmt die ganze Zeit. Drei Kilometer waren die Standarddistanz. Und dann gab es noch eine Übung, bei der man in Booten hinaus aufs Meer gebracht und mehrere Seemeilen vom Strand entfernt abgesetzt wurde.

»Es gibt nur einen Weg nach Hause, Jungs«, sagten die Ausbilder. »Also schwimmt los.«

Von Mahlzeit zu Mahlzeit

Jeder, der sich schon einmal mit den SEALs beschäftigt hat, kennt wahrscheinlich den Begriff Höllenwoche. Das sind fünfeinhalb Tage Dauerstress mit dem Ziel herauszufinden, ob man die Ausdauer und den Durchhaltewillen besitzt, um ein Elitesoldat zu werden.

Jeder SEAL erlebt die Höllenwoche anders. Meine Geschichte beginnt ein oder zwei Tage vor der eigentlichen Tortur, draußen in der Brandungszone, auf einigen Felsen. Ich war mit einer Gruppe anderer Rekruten in einem kleinen Sechs-Mann-Schlauchboot unterwegs, das wir an den Felsen vorbei sicher zum Strand bringen mussten. Ich hatte die Aufgabe, als Erster aus dem Boot zu klettern und es festzuhalten, während alle anderen Insassen ausstiegen und es hochhoben.

Gerade als ich auf den Strand gesprungen war, kam eine große Welle, erfasste das Boot und ließ es auf meinen Fuß fallen. Erst tat es wahnsinnig weh und dann wurde der Fuß fast sofort taub.

Ich versuchte den Schmerz möglichst zu ignorieren und ließ mir nichts anmerken. Nach Dienstschluss ging ich mit einem Kameraden zu dessen Vater, der zufällig Arzt war. Er sah sich den Fuß an, ließ ein Röntgenbild anfertigen und teilte mir dann mit, dass er gebrochen war.

Er wollte umgehend einen Gips anlegen, aber ich weigerte mich. Wenn ich mit einem Gips beim BUD/S erschien, würde dies das vorläufige Ende meiner Ausbildung bedeuten. So kurz vor der Höllenwoche würde mich diese Verletzung enorm zurückwerfen – und es kam für mich nicht infrage, wieder ganz von vorne beginnen zu müssen.

(Übrigens: Man darf während des BUD/S den Stützpunkt in seiner Freizeit durchaus verlassen, sofern man sich zuvor eine entsprechende Erlaubnis eingeholt hat. Es ist klar, dass ich nicht zu einem Militärarzt ging, um meinen Fuß untersuchen zu lassen, da dieser mich sofort gemeldet hätte – was meine Zurückstellung zur Folge gehabt hätte, die auch als »Roll Back« bekannt ist.)

2. In Grund und Boden

An dem Abend, an dem die Höllenwoche beginnen sollte, wurden wir in einen großen Raum gebracht, mit Pizza verköstigt und mit einem Filmemarathon unterhalten – *Black Hawk Down*, *Wir waren Helden*, *Braveheart*. Da wir wussten, dass die Höllenwoche unmittelbar bevorstand, versuchten wir uns in der angespannten Situation so gut wie möglich zu entspannen. Es kam mir vor wie eine Feier auf der *Titanic*. Die Filme stachelten uns enorm auf, aber wir wussten, dass irgendwo in der Dunkelheit der Eisberg auf uns lauerte.

Wieder einmal ging die Fantasie mit mir durch. Ich wusste, dass ein Ausbilder früher oder später mit einem M-60-Maschinengewehr durch die Tür stürmen und Platzpatronen verschießen würde, woraufhin ich ins Freie rennen und mich im Hof (einem asphaltierten Trainingsbereich) in Reih und Glied aufstellen musste. Aber wann wäre es wohl so weit?

Jede Minute, die verstrich, verursachte mir mehr Magenschmerzen. Ich saß einfach nur da und dachte: *Oh Gott*. Immer und immer wieder. Ich staune selbst, zu welch tiefsinnigen inneren Monologen ich fähig bin.

Ich versuchte einzuschlafen, war aber zu aufgekratzt, um müde zu sein. Schließlich stürmte jemand herein und eröffnete das Feuer.

Na endlich!, schoss es mir durch den Kopf.

Ich glaube, ich war in meinem Leben noch nie so erleichtert darüber, fertiggemacht zu werden. Eilig rannte ich nach draußen. Die Ausbilder zündeten Flash-Crashes und drehten die Wasserschläuche voll auf. (Flash-Crashes geben ein sehr helles Licht ab und machen einen Höllenlärm, wenn sie detonieren, sind aber unschädlich. Genau genommen gibt es verschiedene Arten von Übungs- und Blendgranaten, die in der Army und Navy Verwendung finden, aber wir benutzen meist nur den Begriff Flash-Crashes.)

Ich war aufgeregt und fühlte mich bereit für das, was einige Leute für den ultimativen Test im Rahmen der SEAL-Ausbildung halten. Zugleich dachte ich mir aber auch: *Was zum Teufel ist hier los?* Denn obwohl ich alles über die Höllenwoche wusste – theoretisch zumindest – hatte ich diese natürlich noch nie zuvor erlebt und verstand nicht wirklich, worum es dabei ging.

Wir wurden in verschiedene Gruppen aufgeteilt. Dann schickte man uns an verschiedene Stationen und wir begannen mit Liegestützen, Klappmessern und Streck-Hocksprüngen …

Danach bildeten wir wieder eine große Gruppe. Mein Fuß? Den spürte ich kaum, so groß waren die Anstrengung und die Erschöpfung während der gesamten Höllenwoche. Wir schwammen, machten Übungen am Strand, brachten die Boote hinaus. Eigentlich ging es nur darum, ständig in Bewegung zu bleiben. Einer meiner Kameraden war irgendwann einmal so müde, dass er ein Kajak, das uns gerade einen Kontrollbesuch abstattete, für einen Hai hielt und eine Warnung ausrief. (In dem Boot saß unser Kommandant. Ich bin mir nicht sicher, ob er das als Kompliment auffasste.)

Vor dem BUD/S riet mir jemand einmal, dass man am besten damit fuhr, wenn man von einer Mahlzeit zur nächsten dachte. Verausgabe dich so lange, bis du wieder etwas zu essen bekommst. Die Essensausgabe erfolgt im Sechs-Stunden-Rhythmus, man kann die Uhr danach stellen. Also konzentrierte ich mich darauf. Die Rettung war somit nie weiter als 5 Stunden und 59 Minuten entfernt.

Trotzdem hatte ich aber immer wieder das Gefühl, ich würde es nicht schaffen. Mehr als einmal geriet ich in Versuchung, aufzustehen und zu der Glocke zu rennen, die meiner Qual ein Ende bereiten würde – wenn man die Glocke läutet, wird man umgehend ins Trockene gebracht und mit einer Tasse Kaffee und einem Donut versorgt. Und man kann sich verabschieden, weil das Läuten der Glocke (oder das Aufstehen und die Worte »Ich gebe auf«) zugleich bedeutet, dass man aufgibt und die Ausbildung abbricht.

Es klingt vielleicht unglaubwürdig, aber meinem gebrochenen Fuß ging es besser, je mehr Zeit verstrich. Vielleicht hatte ich mich einfach nur so sehr daran gewöhnt, dass es für mich zur Normalität wurde. Was ich aber gar nicht ausstehen konnte, das war die Kälte. Halb nackt am Strand im Wasser zu liegen und mir meinen Hintern abzufrieren – das war das

2. In Grund und Boden

Schlimmste. Meine Arme hakte ich bei den Jungs ein, die neben mir lagen, und klapperte am ganzen Leib, mein Körper vibrierte förmlich durch die Kälte. Ich hoffte insgeheim, dass jemand auf mich pinkeln würde.
Das dachte sicher jeder. Urin war so ziemlich das einzig Warme, das uns in jener Situation zur Verfügung stand. Wenn Sie zufällig einen BUD/S-Kurs am Strand beobachten und einen Pulk Männer sehen sollten, die sich dicht zusammendrängen, dann liegt das sicher daran, dass einer gerade pinkelt und die anderen ein bisschen von dieser Wärme zu erhaschen versuchen.
Hätte die Glocke nur ein bisschen näher gehangen, wäre ich vielleicht aufgestanden, hätte den Weg dorthin zähneklappernd zurückgelegt und das gute Stück geläutet, um meinen heißen Kaffee und den Donut abzuholen. Aber ich tat es nicht.
Entweder war ich zu stur, um aufzugeben, oder einfach nur zu faul zum Aufstehen. Sie können es sich aussuchen.

Ich hatte alle möglichen Gründe, nicht aufzugeben. Ich erinnerte mich an jede einzelne Person, die mir zuvor prophezeit hatte, ich würde das BUD/S-Training ohnehin nicht schaffen. Indem ich durchhielt, würde ich ihnen beweisen, dass sie Unrecht gehabt hatten. Der Anblick all der Schiffe, die vor der Küste vor Anker lagen, war ein weiterer Anreiz: Ich fragte mich selbst, ob ich jemals auf einem solchen Dampfer landen wollte.
Auf keinen Fall.
Die Höllenwoche begann an einem Sonntagabend. So gegen Mittwoch begann ich langsam zu glauben, dass ich sie schaffen konnte. Zu jenem Zeitpunkt wollte ich nur noch eines: wach bleiben. (Ich hatte bis dahin etwa zwei Stunden geschlafen, und das nicht einmal am Stück.) Die körperlichen Belastungen hatten inzwischen nachgelassen und waren einer eher geistigen Herausforderung gewichen. Viele Ausbilder behaupten, die Höllenwoche sei zu 90 Prozent reine Kopfsache, und sie haben recht. Man muss beweisen, dass man geistig dazu in der Lage ist, einen Auftrag zu Ende zu bringen, ganz gleich, wie erschöpft man ist. Das ist die Quintessenz, die hinter dieser Bewährungsprobe steckt.

In jedem Fall ist die Höllenwoche aber eine wirksame Methode, die Spreu vom Weizen zu trennen. Um ehrlich zu sein, sah ich das damals allerdings nicht ein. Erst als ich einige Kampfhandlungen erlebt hatte, begriff ich, worum es beim BUD/S-Training wirklich ging. Wenn man im echten Leben unter Beschuss gerät, kann man auch nicht einfach zu einer Glocke spazieren und sie läuten. Man kann dann nicht einfach sagen: »Gebt mir die Tasse Kaffee und den Donut, den ihr mir versprochen habt.« Wenn man aufgibt, stirbt man nicht nur selbst, sondern man reißt seine Kameraden gleich mit in den Tod.

Meine Ausbilder wiederholten während des BUD/S-Trainings immer wieder Sätze wie »Ihr glaubt wohl, das ist schon hart, wie? Na dann wartet erst einmal ab, bis ihr in die Teams kommt. Dann werdet ihr erst recht frieren und müde sein.«

Als ich jedoch während der Höllenwoche am Strand im Wasser lag, dachte ich, unsere Ausbilder würden nur Mist reden. Damals ahnte ich noch nicht, dass einige Jahre später auch ich die Höllenwoche für einen Sonntagsspaziergang halten würde.

Das Frieren bereitete mir die größten Probleme. Ich meine das im wahrsten Sinne des Wortes. Nach der Höllenwoche wachte ich mehrmals am ganzen Leib zitternd auf. Es spielte keine Rolle, ob ich unter mehreren Decken lag oder nicht, mir war immer noch kalt, weil ich im Geiste alles aufs Neue durchlebte.

Es gibt bereits so viele Bücher und Filme über die Höllenwoche, dass ich Ihnen weitere Details ersparen will. Ich sage nur eins: Die Realität ist wesentlich schlimmer als jede noch so schillernde Erzählung darüber.

Rückschlag

Die Woche nach der Höllenwoche heißt Walk Week und dient ganz offiziell der Erholung. Zu jenem Zeitpunkt ist man körperlich so angeschlagen, dass einem buchstäblich alles weh tut und sich jeder Kno-

2. In Grund und Boden

chen geschwollen anfühlt. Man darf Sportschuhe tragen, muss aber ausnahmsweise mal nicht darin rennen – man geht nur in zügigem Tempo von A nach B. Es ist ein Zugeständnis, das nicht sehr lange währt; schon nach wenigen Tagen geht das brachiale Trainingsprogramm weiter.

»Gut, reißt euch zusammen«, brüllen die Ausbilder. »Das war's!«

Beim Militär sagt dir dein Vorgesetzter, wann du Schmerzen hast und wann nicht.

Nachdem ich die Höllenwoche überstanden hatte, fühlte ich mich meinem Ziel schon zum Greifen nah. Ich tauschte das weiße T-Shirt gegen ein braunes und begann mit dem zweiten Teil des BUD/S, dem Tauchtraining. Bedauerlicherweise hatte ich mir in der Zwischenzeit eine Erkältung zugezogen. Kurz nach Beginn der zweiten Phase musste ich in den Tauchturm, ein spezielles Übungsgerät, in dem man einen Tauchgang simuliert. In dieser konkreten Situation musste ich mit einer Taucherglocke einen sogenannten Buoyant Ascent, also ein Auftauchen aus großer Tiefe trainieren, bei dem ich den Druckunterschied zwischen Innen- und Außenohr ausgleichen musste. Dies lässt sich mit verschiedenen Methoden erreichen; etwa indem man den Mund schließt, die Nase zuhält und vorsichtig die Luft nach außen presst. Wenn man es nicht richtig macht, kann es allerdings unangenehm werden …

Das war mir zwar bewusst, aber wegen meiner Erkältung bekam ich es einfach nicht hin. Weil ich unerfahren war und es zum BUD/S gehörte, beschloss ich, die Sache durchzuziehen und es auszuprobieren. Wie sich herausstellte, war das eine schlechte Idee: Durch den hohen Druck unter Wasser riss mein Trommelfell. Und als ich dann wieder an die Oberfläche kam, strömte mir Blut aus Ohren, Nase und Augen.

Ich wurde sofort medizinisch versorgt und dann losgeschickt, um meine Ohren untersuchen zu lassen. Mit dem bereits genannten Ergebnis. Wegen dieser gesundheitlichen Probleme wurde ich vorläufig zurückgestellt. Es wurde beschlossen, dass ich mich einem späteren Kurs anschließen sollte, sobald alles verheilt war.

Wenn man zurückgestellt wird, hängt man quasi in der Luft. Da ich die Höllenwoche schon erfolgreich absolviert hatte, musste ich nicht wieder ganz von vorne beginnen – die Höllenwoche muss man zum Glück nicht wiederholen. Ich wollte aber auch nicht einfach herumsitzen und Däumchen drehen, bis ich in den nächsten Kurs einsteigen konnte. Sobald ich dazu in der Lage war, musste ich den Ausbildern zur Hand gehen, mein tägliches Trainingspensum absolvieren und mit einer Klasse Weißhemden (die in der ersten Phase waren) Laufrunden drehen, während sie ordentlich fertiggemacht wurden.

༄

Jeder, der mich kennt, weiß, dass ich für mein Leben gerne Tabak kaue. Schon als Jugendlicher fing ich damit an. Mein Vater erwischte mich zum ersten Mal beim Tabakkauen, als ich noch in der Highschool war. Er hielt nichts davon und hatte sich vorgenommen, mir diese Angewohnheit ein für allemal auszutreiben. Deshalb zwang er mich eines Tages dazu, eine ganze Dose Tabak mit Minzaroma zu kauen. Auf einmal, versteht sich. Bis heute kann ich nicht einmal mehr Zahnpasta benutzen, die nach Pfefferminz schmeckt.

Andere Geschmacksrichtungen stehen allerdings auf einem anderen Blatt. Heutzutage ist Copenhagen meine Lieblingsmarke.

Als SEAL-Anwärter darf man während des BUD/S-Trainings keinen Tabak besitzen. Aber als Zurückgestellter dachte ich, würde ich damit durchkommen. Eines Tages steckte ich mir etwas Copenhagen in den Mund und schloss mich einer Gruppe für die tägliche Laufeinheit an. Ich hielt mich mitten im Pulk und war überzeugt, dass niemand auf mich achten würde. *Falsch gedacht.*

Ehe ich mich versah, kam einer der Ausbilder zu mir und fing an, mich in ein Gespräch zu verwickeln. Sobald ich den Mund aufmachte, sah er, dass ich Tabak kaute.

»Runter!«

Ich verließ die Formation und ging in den Liegestütz.

2. In Grund und Boden

»Wo ist Ihre Dose?«, wollte er wissen.
»In meinem Strumpf.«
»Her damit.«
Ich musste natürlich in der Liegestützposition bleiben, während ich das tat, also griff ich mit der Hand nach hinten und holte sie hervor. Er öffnete die Dose und stellte sie vor mir ab. »Aufessen.«
Immer wenn ich für den Liegestütz nach unten kam, musste ich einen Bissen von dem Copenhagen nehmen und herunterschlucken. Ich hatte im Alter von 15 Jahren angefangen und hatte meinen Tabak schon öfter heruntergeschluckt, wenn ich fertig war, weshalb das für mich nicht ganz so schlimm war, wie es vielleicht klingt. Es war auf jeden Fall nicht so schlimm, wie es sich mein Ausbilder erhofft hatte. Wäre es Minze gewesen, hätte es vielleicht anders ausgesehen. Er war verärgert, weil ich mich nicht erbrach. Also bearbeitete er mich mehrere Stunden mit allen möglichen Übungen. Ich übergab mich auch *fast* – aber nicht wegen des Copenhagens, sondern vor Erschöpfung.
Schließlich ließ er von mir ab. Von da an kamen wir gut miteinander aus. Es stellte sich heraus, dass er selbst Tabak kaute. Er und ein anderer Ausbilder aus Texas fanden mich gegen Ende des BUD/S sogar ganz sympathisch, und im Laufe des weiteren Kurses lernte ich noch enorm viel von den beiden.

Viele Menschen staunen, wenn sie hören, dass Verletzungen nicht zwingend dazu führen, dass man aus dem Auswahlverfahren für die SEALs fliegt, es sei denn, sie sind so gravierend, dass sie der Karriere in der Navy ein Ende setzen. Das ergibt jedoch Sinn, weil es in der Ausbildung zum SEAL mehr um Willens- als um Körperkraft geht. Sofern man also die mentale Stärke besitzt, eine Verletzung zu überwinden und das Programm zu beenden, hat man eine echte Chance, ein guter SEAL zu werden. Ich persönlich kenne einen SEAL, der sich in der Ausbildung seinen Oberschenkel so unglücklich brach, dass ihm ein künstliches Hüftgelenk eingesetzt werden musste. Er musste anderthalb Jahre bis zu seiner Genesung warten, schaffte dann aber das BUD/S.

Man hört immer wieder, dass Anwärter nur deshalb durch die BUD/S-Ausbildung fallen, weil sie mit ihrem Ausbilder in Streit geraten und ihn verprügeln. Wer auch immer so etwas berichtet, lügt wie gedruckt. Niemand legt sich mit dem Ausbilder an. Das macht man einfach nicht. Glauben Sie mir, selbst wenn man es probieren würde, kämen sofort mehrere seiner Kollegen herbeigeeilt und würden einen so dermaßen verprügeln, dass man nie wieder einen Fuß vor den anderen setzen könnte.

Marcus

Man freundet sich im BUD/S zwar mit seinen Kameraden an, versucht aber trotzdem eine gewisse Distanz zu wahren, zumindest solange die Höllenwoche noch nicht abgeschlossen ist. Denn dort werden sehr viele Anwärter ausgesiebt. Aus meinem Kurs schafften es zwei Dutzend Männer bis zum Ende; weniger als zehn Prozent der ursprünglichen Zahl an Anwärtern.
Ich war einer von ihnen. Ich hatte mit dem Kurs Nummer 231 angefangen, aber durch die Zurücksetzung beendete ich meine Ausbildung schließlich mit Kurs 233.
Nach dem BUD/S beginnt für die SEALs die weiterführende Ausbildung – offiziell bekannt als SQT oder SEAL-Qualifikationstraining. Während dieser Phase kam ich wieder mit einem guten Freund zusammen, den ich während des BUD/S kennengelernt hatte – Marcus Luttrell. Marcus und ich kamen von Anfang an gut miteinander aus. Wie konnte es auch anders sein: Wir stammten beide aus Texas.
Man muss schon ein Texaner sein, um das zu verstehen. Zwischen den Einwohnern dieses Bundesstaats scheint irgendeine besondere Verbindung zu bestehen. Ich weiß nicht, ob es die ähnlichen Erlebnisse sind, vielleicht liegt es auch am Trinkwasser – oder eher am Bier. Wie auch immer, Texaner kommen in der Regel gut miteinander aus und in unserem Fall schlossen wir sofort Freundschaft. Vielleicht ist das auch nicht weiter verwunderlich; wir hatten schließlich viele Gemeinsamkeiten. In unserer Jugend hatten

2. In Grund und Boden

wir beide eine Vorliebe für die Jagd entwickelt, waren der Navy beigetreten und hatten im BUD/S zusammen eine harte Zeit überstanden.

Marcus hatte das BUD/S vor mir absolviert und unterzog sich im Anschluss einer speziellen Weiterbildung, bevor er zum regulären SQT zurückkehrte. Als ausgebildeter Sanitäter war er zufällig derjenige, der mich vor Ort untersuchte, als ich mir bei einem weiteren Tauchgang meinen ersten »O_2-Hit« zuzog. (Ein »O_2-Hit« tritt ein, wenn beim Tauchen zu viel Sauerstoff ins Blut gelangt. Dies kann verschiedene Ursachen haben und ernste Konsequenzen mit sich bringen. Mein Fall war vergleichsweise harmlos.)

Schon wieder gab es also Probleme beim Tauchen. Ich sage immer, ich bin ein »…L« und kein SEAL. Ich bin also ein Landmensch; die Lüfte und das Meer sind nicht unbedingt mein Ding.

Am Tag meines Unfalls absolvierte ich zusammen mit einem Leutnant eine Tauchübung und wir waren beide wild entschlossen, die Goldene Flosse zu erwerben – eine Auszeichnung für den besten Tauchgang des Tages. Im Rahmen der Übung musste man unter ein Schiff tauchen und Haftminen anbringen. (Eine Haftmine ist ein spezieller Sprengsatz, der am Schiffsrumpf angebracht wird. Normalerweise ist er mit einem Zeitzünder bestückt.)

Wir lagen sehr gut im Rennen und befanden uns gerade unter dem Schiffsrumpf, als mir plötzlich schwindlig wurde und ich mehr oder weniger das Bewusstsein verlor. Ich schaffte es gerade noch, eine Pylone zu ergreifen und mich daran festzuhalten. Der Leutnant versuchte mir eine Mine zu reichen, merkte aber, dass ich nicht reagierte, und begann mir Zeichen zu geben. Aber ich starrte nur dumpf vor mich hin. Nach einer Weile kam ich wieder zu Sinnen, konnte die Mine an mich nehmen und wie geplant weitermachen.

Für uns gab es an jenem Tag keine Goldene Flosse. Als ich wieder an der Oberfläche war, nahmen mich Marcus und die Ausbilder gründlich unter die Lupe, aber nachdem es mir wieder gut ging, konnten sie keine gesundheitlichen Probleme erkennen und gaben mir grünes Licht.

Obwohl wir später anderen Teams zugeteilt wurden, blieben Marcus und ich im Laufe der Jahre in Verbindung. Es war fast so, als sei er jedes Mal zur Stelle, wenn ich von einem Auslandseinsatz nach Hause kam. Wir aßen dann immer gemeinsam zu Mittag und tauschten Neuigkeiten aus.

Gegen Ende des SQT war es Zeit, auf die Befehle zu warten, die uns darüber informierten, welchem SEAL-Team man uns in Kürze zuteilen würde. Obwohl wir das BUD/S geschafft hatten, betrachteten wir uns noch nicht als echte SEALs. Erst wenn man einem Team angehört, erhält man nämlich seinen Dreizack – und selbst dann muss man sich erst noch beweisen. (Der SEAL-Dreizack – auch als Budweiser bekannt – ist das Abzeichen der SEALs, das aus Neptuns Dreizack, einem Adler und einem Anker besteht.) Damals gab es nur sechs Teams, und zwar jeweils drei an der Ost- und Westküste; ich liebäugelte mit dem Seal-Team 3, weil es im kalifornischen Coronado stationiert war. Ich entschied mich für dieses Team, weil es bereits im Nahen Osten im Einsatz gewesen war und demnächst voraussichtlich wieder dorthin zurückkehren würde. Ich wollte mich so bald wie möglich ins Kampfgetümmel stürzen. Ich denke, es ging uns allen ähnlich.

Meine nächsten beiden Favoriten waren zwei der an der Ostküste stationierten Teams, weil ich ihren Stützpunkt in Virginia bereits kannte. Ich bin kein großer Fan von Virginia, aber der Bundesstaat gefällt mir wesentlich besser als Kalifornien. In San Diego – der von Coronado nächstgelegenen Stadt – herrscht zwar immer tolles Wetter, aber in Südkalifornien sind auch jede Menge Verrückte unterwegs. Ich wollte irgendwo leben, wo die Leute etwas normaler waren.

Der für mich zuständige Detailer versprach mir, dafür zu sorgen, dass mein Wunsch Berücksichtigung fand. Ich hoffte zwar, dass das in seiner Macht lag, war mir dessen allerdings keineswegs sicher. Aber wenn wir ehrlich sind: Damals hätte ich jede Zuweisung akzeptiert – schon alleine deshalb, weil ich sowieso kein echtes Mitspracherecht hatte.

Die eigentliche Teamzuteilung war dann alles andere als spektakulär. Wir wurden in einen großen Seminarraum gebracht und erhielten die Umschläge mit unseren Befehlen. Mein Wunsch ging in Erfüllung, ich kam zum Team 3.

2. In Grund und Boden

Liebe

In jenem Frühling passierte auch noch etwas anderes, das nicht nur eine enorme Auswirkung auf meine militärische Laufbahn haben sollte, sondern auf mein gesamtes Leben.
Ich verliebte mich.
Ich weiß nicht, ob Sie an Liebe auf den ersten Blick glauben; ich tat es jedenfalls damals nicht – das heißt bis zu jenem denkwürdigen Abend im April 2001, als ich Taya an der Theke einer Bar in San Diego erblickte, während sie sich gerade mit einem meiner Freunde unterhielt. An ihr sah eine schwarze Lederhose scharf *und* stilvoll zugleich aus. Die Kombination gefiel mir.
Ich war dem Team 3 gerade beigetreten. Unser Training hatte noch nicht begonnen und ich genoss eine Woche Urlaub, bevor es richtig ernst wurde und ich mir meinen Platz in einem SEAL-Team verdienen musste.
Taya arbeitete als Referentin für ein Pharmaunternehmen, als wir uns kennenlernten. Sie kam ursprünglich aus Oregon, hatte das College in Wisconsin besucht und war einige Jahre zuvor an die Westküste gezogen. Ich fand sie auf Anhieb sehr hübsch, obwohl sie just in diesem Moment gerade etwas verärgert aussah. Als wir ins Gespräch kamen, stellte ich auch fest, dass sie sehr intelligent war und eine gute Portion Humor besaß. Ich hatte sofort das Gefühl, dass sie jemand war, der in derselben Liga spielte wie ich.
Aber vielleicht sollte sie selbst die Geschichte erzählen; ihre Version klingt nämlich besser als meine:

> **Taya:**
> *Ich erinnere mich an den Abend unserer ersten Begegnung – zumindest teilweise. Eigentlich wollte ich gar nicht ausgehen, Denn ich befand mich gerade in einer Krise. Ich hatte einen Job, den ich nicht mochte.*
> *Und ich war relativ neu in der Stadt und deshalb immer noch auf der Suche nach Anschluss. Zwar hatte ich ab und zu ein Date, aber leider noch nicht den richtigen Mann kennengelernt. Im Laufe der Jahre hatte*

ich ein paar gute Beziehungen gehabt und auch ein paar schlechte, und dazwischen einige wenige Verabredungen. Ich erinnere mich, wie ich vor meiner Zeit mit Chris betete, Gott möge mir einfach nur einen netten Kerl schicken. Alles andere war egal, dachte ich mir. Ich wünschte mir jemanden, der tief in seinem Innersten ein guter, anständiger Kerl war.
Eine Freundin rief mich an und wollte in San Diego um die Häuser ziehen. Ich lebte damals in Long Beach, das etwa 145 Kilometer entfernt war. Ich hatte keine Lust, aber irgendwie überredete sie mich.
Wir zogen also an jenem Abend los und kamen an einem Lokal vorbei, das Maloney's hieß. Aus dem Schuppen dröhnte das Lied »Land Down Under« von Men at Work. Meine Freundin wollte hineingehen, aber der Eintritt war sehr teuer, so zwischen 10 und 15 Dollar.
»Da geh ich nicht rein«, protestierte ich. »Schon gar nicht, wenn sie dort Men at Work spielen.«
»Ach, hab dich nicht so«, sagte meine Freundin. Sie zahlte und wir gingen hinein.
Wir standen an der Theke. Ich hatte schon etwas getrunken und war gereizt. Da kam dieser große, gut aussehende Typ herüber und sprach mich an. Ich hatte mich gerade mit einem seiner Freunde unterhalten, der ein ziemlicher Trottel war. Meine Laune war immer noch im Keller, obwohl ich ihn irgendwie anziehend fand. Er sagte mir, wie er hieß – Chris – und ich nannte ihm meinen Namen.
»Was machst du beruflich?«, fragte ich.
»Ich bin Eisverkäufer.«
»So ein Quatsch«, sagte ich. »So wie du aussiehst, bist du beim Militär.«
»Nein, ehrlich«, widersprach er. Aber nur, um mir dann noch etliche andere Versionen aufzutischen. SEALs geben Fremden gegenüber nie zu, was sie wirklich tun und Chris hatte einige der lustigsten Geschichten parat. Zu den besten gehörte die des Delfinwachsers: Er behauptete, die Haut von Delfinen, die in Gefangenschaft lebten, müsse regelmäßig gewachst werden, um gesund zu bleiben. Ziemlich überzeugend – wenn man eine junge, naive und beschwipste Frau ist.
Zum Glück verschonte er mich mit diesem Märchen – ich hoffe, weil er davon ausging, dass ich es ihm ohnehin nicht abgekauft hätte. Der einen oder anderen jungen Frau hat er wohl auch schon glaubhaft die Geschichte untergejubelt, sein Job sei es, in einem Geldautomaten zu sitzen

2. In Grund und Boden

und die Scheine auszugeben. So betrunken hätte ich allerdings gar nicht sein können, um mir so ein Märchen auftischen zu lassen.
Ich erkannte auf den ersten Blick, dass er dem Militär angehörte. Er war durchtrainiert, hatte den typischen Kurzhaarschnitt und einen Dialekt, an dem man sofort erkannte, dass er nicht aus der Gegend kam.
Schließlich gab er zu, beim Militär zu sein.
»Und was machst du da?«, fragte ich.
Er wich dem Thema zunächst noch eine Weile aus, bis er schließlich mit der Wahrheit herausrückte: »Ich habe gerade das BUD/S abgeschlossen.«
Ich sagte dann so etwas wie, okay, du bist also ein SEAL.
»Ja.«
»Ich kenne euch Typen«, sagte ich. Meine Schwester hatte sich erst kurz zuvor scheiden lassen. Mein Schwager wollte ein SEAL werden – er hatte die Ausbildung teilweise durchlaufen – und daher wusste ich (oder dachte es zumindest), was es mit den SEALs auf sich hatte.
Das sagte ich Chris auch so. Nein, eigentlich sagte ich:
»Du bist überheblich, egoistisch und ruhmsüchtig, du lügst wie gedruckt und denkst, du kannst dir alles erlauben.«
Ja, ich zeigte mich von meiner Schokoladenseite.
Seine Reaktion darauf gefiel mir. Er grinste nicht süffisant, gab keine beleidigte Antwort und reagierte auch nicht angegriffen. Er schien verwundert.
»Warum sagst du das?«, fragte er aufrichtig interessiert.
Ich erzählte ihm von meinem Schwager.
»Ich würde, ohne mit der Wimper zu zucken, für mein Land sterben«, entgegnete er. »Das ist doch nicht egoistisch. Das ist doch eher das genaue Gegenteil.«
Er war so idealistisch und romantisch, wenn es um Dinge wie Patriotismus und den Dienst für sein Land ging, dass ich ihm einfach glauben musste.
Wir unterhielten uns eine Zeit lang, bis meine Freundin herüberkam und ich mich wieder ihr zuwandte. Chris signalisierte, er würde dann nach Hause gehen.
»Warum?«, fragte ich.
»Na ja, du hast doch gesagt, dass du niemals mit einem SEAL ausgehen würdest.«

> »Oh nein, ich sagte nur, dass ich niemals einen heiraten würde. Ich habe nicht gesagt, dass ich nicht mit einem ausgehen würde.«
> Seine Miene hellte sich auf.
> »Wenn das so ist«, sagte er mit einem verschmitzten Lächeln, »schreibe ich mir doch gleich deine Telefonnummer auf.«
> Schließlich blieben wir beide noch eine Weile. Genau genommen sogar, bis das Lokal schloss. Als ich aufstand, um mit meiner Freundin zu gehen, wurde ich versehentlich gegen ihn gedrückt. Er war durchtrainiert und muskulös und roch so gut, dass ich ihm einfach einen kleinen Kuss auf den Hals geben musste. Wir verließen das Lokal und er ging mit uns über den Parkplatz, wo ich mich erbrach, weil ich zu viele Scotch auf Eis getrunken hatte.

Wie könnte man sich wohl *nicht* in eine Frau verlieben, die sich gleich bei der ersten Begegnung übergibt? Ich wusste sofort, dass ich es hier mit einer Frau zu tun hatte, die ich gerne näher kennenlernen wollte. Aber das war zunächst ein Ding der Unmöglichkeit. Ich rief sie gleich am nächsten Vormittag an, um mich zu erkundigen, ob es ihr besser ginge. Wir unterhielten uns und lachten viel. Danach rief ich noch ein paar Mal an und hinterließ ihr Nachrichten auf dem Anrufbeantworter. Aber sie rief nie zurück.

Die Jungs in meinem Team fingen schon an mich aufzuziehen. Sie schlossen Wetten ab, ob sie mich jemals von sich aus anrufen würde. Wir unterhielten uns zwar ein paar Mal, sofern sie überhaupt ans Telefon ging – vielleicht dachte sie, es wäre jemand anderes dran – aber von sich aus rief sie mich nie an. Und nach einer Weile wurde mir das auch klar.

Dann trat plötzlich ein Wandel ein. Ich erinnere mich, wie sie *mich* zum ersten Mal anrief. Wir waren an der Ostküste und trainierten gerade.

Als wir das Gespräch beendet hatten, rannte ich in die Stube und fing an, vor Freude auf den Betten meiner Kameraden herumzuspringen. Ich deutete ihren Anruf als untrügliches Zeichen dafür, dass sie wirklich Interesse an mir hatte. Und es bereitete mir ein unbändiges Vergnügen, die Schwarzseher in meinem Team über diese Tatsache in Kenntnis zu setzen.

2. In Grund und Boden

Taya:
Chris hatte ein gutes Gespür für meine Gefühle. Er ist insgesamt sehr aufmerksam und bemerkt daher jede meiner Gefühlsregungen. Er muss gar nicht viel sagen. Eine kleine Frage oder Geste zeigt, dass er jederzeit ganz genau weiß, wie es mir geht. Er spricht nicht unbedingt gerne über Gefühle, aber er hat ein gutes Gespür dafür, wann es angemessen oder notwendig ist, Dinge anzusprechen, die ich sonst für mich behalten hätte.
Das bemerkte ich schon zu Beginn unserer Beziehung. Wir unterhielten uns oft am Telefon und er war immer sehr fürsorglich.
Wir sind in vielerlei Hinsicht sehr gegensätzlich, aber irgendwie passen wir trotzdem gut zusammen. Eines Tages fragte er mich, warum wir meiner Meinung nach zusammenpassen würden. Ich versuchte ihm zu erklären, was ich an ihm anziehend fand.
»Ich finde, du bist ein anständiger Kerl«, sagte ich ihm, »du bist nett. Und empfindsam.«
»Empfindsam?!?« Er war schockiert und klang aufgebracht. »Was meinst du damit?«
»Weißt du denn nicht, was empfindsam bedeutet?«
»Na ja, bei Filmen zu heulen und so, oder nicht?«
Ich lachte. Ich erklärte ihm, dass ich damit meinte, dass er oft noch vor mir selbst merkte, wie es mir ging. Und er gab mir die Gelegenheit, diese Gefühle auszudrücken und, wichtiger noch, er ließ mir auch meinen Freiraum.
Ich glaube nicht, dass dies dem Bild entspricht, das die meisten Menschen von einem SEAL haben, aber es war und ist, zumindest auf diesen einen SEAL, zutreffend.

11. September 2001

Als unsere Beziehung enger wurde, verbrachten Taya und ich immer mehr Zeit miteinander. Schließlich blieben wir auch nachts zusammen, entweder in ihrem Apartment in Long Beach oder bei mir in San Diego.

Eines Morgens wachte ich auf und hörte sie rufen. »Chris! Chris! Wach auf! Das musst du dir ansehen!«

Schlaftrunken wankte ich ins Wohnzimmer. Taya hatte den Fernseher angeschaltet und die Lautstärke heruntergedreht. Ich sah, wie Rauchschwaden aus dem World Trade Center in New York aufstiegen.

Noch im Halbschlaf verstand ich zunächst nicht, was da gerade vor sich ging.

Wir beobachteten, wie ein Flugzeug von der Seite her in den zweiten Turm stürzte.

»Dreckschweine!«, murmelte ich.

Ich starrte gebannt auf den Fernseher, war wütend und verwirrt und mir nicht ganz sicher, ob das alles überhaupt echt war.

Plötzlich fiel mir ein, dass mein Handy ausgeschaltet war. Ich nahm es in die Hand und sah, dass ich eine Menge Nachrichten verpasst hatte. Die Quintessenz war:

»Kyle, kehre zum Stützpunkt zurück. Sofort!«

Ich schnappte mir Tayas Geländewagen – der im Gegensatz zu meinem Wagen aufgetankt war – und fuhr los. Ich weiß nicht genau, wie schnell ich damals fuhr, ich nehme an, so um die 160 km/h – es war auf jeden Fall viel zu schnell.

Etwa auf Höhe von San Juan Capistrano blickte ich in den Rückspiegel und sah aufblitzende Blaulichter.

Ich hielt an. Der Polizist, der zu mir herüberkam, schien aufgebracht.

»Gibt es einen Grund, warum Sie so schnell fahren?«, wollte er wissen.

»Ja, Sir«, sagte ich. »Es tut mir leid. Ich bin beim Militär und wurde gerade zum Stützpunkt gerufen. Ich weiß, dass Sie mir einen Strafzettel geben müssen. Ich weiß, dass ich mich falsch verhalten habe, aber bei allem gebührenden Respekt, könnten Sie sich bitte beeilen und mir den Strafzettel geben, damit ich weiterfahren kann?«

»Welchem Zweig der Streitkräfte gehören Sie an?«

Vollidiot, dachte ich. *Ich habe doch gesagt, dass ich zum Stützpunkt muss. Kannst du mir nicht einfach den dämlichen Strafzettel geben?* Aber ich bewahrte die Fassung.

2. In Grund und Boden

»Ich bin in der Navy«, sagte ich ihm.
»Und was machen Sie da genau?«, hakte er nach.
Mittlerweile war ich ziemlich gereizt. »Ich bin ein SEAL.«
Er klappte seinen Block zu.
»Ich begleite Sie bis zur Stadtgrenze«, sagte er. »Schnappen Sie sich die Scheißkerle.«
Er schaltete sein Blaulicht wieder an und fuhr vor mir her. Wir waren zwar etwas langsamer als zuvor, aber immer noch deutlich über der Höchstgeschwindigkeit. Er brachte mich bis an die Grenze seines Zuständigkeitsbereichs, vielleicht noch etwas darüber hinaus, und ließ mich dann unbehelligt weiterfahren.

Training

Wir wurden in sofortige Bereitschaft versetzt, aber schon bald stellte sich heraus, dass wir in jenem Augenblick weder in Afghanistan noch anderswo benötigt wurden. Mein Zug musste etwa ein Jahr warten, bevor wir an Kampfhandlungen teilnehmen konnten, und als es dann endlich so weit war, kämpften wir gegen Saddam Hussein, nicht gegen Osama bin Laden.

Unter Zivilisten herrscht allerhand Verwirrung darüber, wie wir SEALs eingesetzt werden. Die meisten Leute glauben, dass wir ausschließlich zu Wasser operieren, dass wir immer von Schiffen aus zuschlagen und nur Ziele angreifen, die sich im Wasser oder in Küstennähe befinden.

Es stimmt natürlich, dass unsere Arbeit oft mit dem Meer zu tun hat – schließlich gehören wir der Navy an. Von einem historischen Standpunkt aus betrachtet sind die SEALs, wie bereits erwähnt, auf die Underwater Demolition Teams der Navy zurückzuführen. UDT-Froschmänner kundeten im Zweiten Weltkrieg Strände aus, bevor diese angegriffen wurden, und waren für eine Vielzahl anderer Aufgaben zu Wasser ausgebildet, wie die Infiltrierung von Häfen und die Anbringung von Haftminen an feindliche Schiffe. Sie waren die zähen, unerschrockenen Kampftaucher des Zweiten Weltkriegs und der

Nachkriegsära, und wir SEALs sind ausgesprochen stolz darauf, in ihren Fußstapfen zu wandeln.

Als sich die Einsatzbereiche der UDT erweiterten, erkannte die Navy, dass militärische Spezialeinsätze in der Regel nicht am Strand endeten oder entschieden wurden. Also wurden die SEALs als neue Einheiten für diese weiter gefassten Aufgabenfelder gebildet und ersetzten nach und nach die älteren UDT-Einheiten.

Obwohl »Land« das letzte Wort im SEAL-Akronym ist, spielt dieses Einsatzgebiet für uns eine durchaus wichtige Rolle. Jede Spezialeinheit der US-amerikanischen Streitkräfte hat ihre besonderen Schwerpunkte. Unsere Ausbildungen überschneiden sich oft und das Spektrum an Missionen ähnelt sich in vielerlei Hinsicht sehr. Aber jede dieser Einheiten hat ihre eigenen speziellen Qualifikationen. Die Army Special Forces – auch als SF bekannt – sind hervorragend darin, fremde Streitkräfte sowohl in konventioneller als auch unkonventioneller Kriegsführung auszubilden. Army-Rangers sind die Männer fürs Grobe – wenn man will, dass ein großes Ziel, wie zum Beispiel ein Flugplatz, in Schutt und Asche gelegt werden soll, sind sie genau die richtigen Fachleute. Die Sondereinsatzkräfte der Air Force – die Fallschirmspringer – eignen sich besonders, um Soldaten zu retten, die sich in feindlichem Gebiet befinden.

Unser Spezialgebiet sind die DAs.

DA steht für »Direct Action« – direkte Angriffe. Damit sind sehr kurze, schnelle Schläge gegen kleine, aber wichtige Ziele gemeint. Und zwar sprechen wir hier von Angriffen mit chirurgischer Präzision. Wie beispielsweise eine wichtige Brücke hinter der feindlichen Linie zu sprengen oder ein Terroristenversteck auszuheben, um einen Bombenbauer unschädlich zu machen. Manche bezeichnen diese Taktik auch als »zuschlagen und ergreifen«. Solche Missionen können zwar völlig unterschiedlich aussehen, aber die zugrunde liegende Idee ist stets die gleiche: Schlage hart und schnell zu, bevor der Feind überhaupt begreift, wie ihm geschieht.

Nach dem 11. September fingen SEALs an, sich auf Einsätze an Orten vorzubereiten, an denen sich islamistische Terroristen am wahrscheinlichsten aufhielten – in erster Linie in Afghanistan, aber auch im Nahen

2. In Grund und Boden

Osten und in Afrika. Wir trainierten immer noch die gängigen SEAL-Aktivitäten – tauchen, aus Flugzeugen springen, Schiffe in die Luft jagen usw. Aber der Schwerpunkt unserer Vorbereitungen lag nun mehr denn je auf Landeinsätzen.

Im Führungsstab wurde viel über die Sinnhaftigkeit dieses Wandels diskutiert. Beispielsweise wurde vorgeschlagen, dass SEALs nur maximal 16 Kilometer ins Landesinnere vordringen sollten. Es hat mich zwar niemand nach meiner Meinung gefragt, aber ich finde, dass es solche Grenzen nicht geben sollte. Ich bewege mich gerne außerhalb des Wassers, aber das ist nebensächlich. Mein Motto war und ist: Lasst mich einfach meinen Auftrag erledigen, ganz gleich, wo er auszuführen ist.

Das Training, zumindest ein Großteil davon, machte bis zu einem gewissen Grad durchaus Spaß, selbst wenn es über die Schmerzgrenze hinausging. Wir tauchten, gingen in die Wüste, arbeiteten in den Bergen. Allerdings wurden wir auch mit Water-Boarding gefoltert und Gas ausgesetzt. Jeder muss sich im Laufe des Trainings einem Water-Boarding unterziehen. Dies dient der Vorbereitung für den Fall, dass man in Gefangenschaft gerät. Die Ausbilder folterten uns mit größtmöglicher Härte, sie fesselten und schlugen uns – es hätte nicht viel gefehlt und sie hätten uns dauerhaft Schaden zugefügt. Es gibt den allgemeinen Grundsatz, dass jeder Mensch eine Schmerzgrenze hat und jeder Gefangene früher oder später einbricht. Aber ich hatte mir vorgenommen, lieber zu sterben, als Geheimnisse preiszugeben.

Das Training mit Gas war eine weitere Herausforderung. Im Prinzip wird man einfach nur CS-Gas ausgesetzt und muss dagegen ankämpfen. CS-Gas (Captor Spray) oder Tränengas ist ein ziemlich aggressiver Reizstoff – und für alle Chemie-Interessierten: Der aktive Wirkstoff nennt sich 2-Chlorbenzalmalondinitril. Am besten kommt man damit zurecht, wenn man hustet und spuckt. Ziel des Trainings ist es zu lernen, die Augen tränen zu lassen; man darf sie sich auf keinen Fall reiben. Die Nase läuft zwar, man hustet und die Tränen fließen, aber mit etwas Übung kann man mit der Situation umgehen und trotzdem noch seine Waffe bedienen. Und genau darum geht es.

Wir fuhren nach Kodiak in Alaska, wo wir einen Navigationskurs zu Land absolvierten. Es war zwar nicht tiefster Winter, aber es lag immer noch so viel Schnee, dass wir Schneeschuhe tragen mussten. Wir fingen mit einigen grundlegenden Übungen an, um nicht zu unterkühlen – mehrere Kleidungsschichten übereinander zu tragen usw. – und erfuhren, wie man einen Unterstand im Schnee baut. Zu den wichtigsten Lektionen dieses Kurses zählte es herauszufinden, wie viel Ausrüstung man im Einsatz tatsächlich benötigte – etwas, das nicht nur in kaltem Klima von großer Bedeutung ist, sondern überall. Man muss herausfinden, ob es sinnvoller ist, leichter und beweglicher zu sein, oder mehr Munition und Körperpanzerung mit sich zu führen.

Ich ziehe eine leichte Ausrüstung vor, um möglichst schnell sein zu können. Wenn wir ausrücken, geht es bei mir nicht um Kilogramm, sondern um Gramm. Je leichter man ist, umso beweglicher wird man. Die kleinen Mistkerle, mit denen wir es oft zu tun bekommen, sind schnell wie der Blitz; man muss mit allen Tricks arbeiten, um ihnen beizukommen.

Das Training war bestimmt von einer unbarmherzigen Konkurrenz. Wir hatten nämlich irgendwann herausgefunden, dass nur der beste Zug im Team nach Afghanistan entsandt werden würde. Von diesem Zeitpunkt an wehte ein anderer Wind. Der Wettbewerbsdruck war groß, nicht nur im Trainingsparcours. Die Offiziere intrigierten auch im Hintergrund, um ihrem Zug einen Vorsprung zu verschaffen, und schreckten nicht davor zurück, zum Kommandanten zu gehen und sich gegenseitig anzuschwärzen: »Haben Sie gesehen, was die Typen dort auf dem Schießplatz zustande gebracht haben? Die taugen einfach nichts ...«

Am Schluss blieben nur noch wir und ein anderer Zug übrig. Wir verloren. Sie durften in den Krieg ziehen; wir blieben zu Hause.

Das ist so ziemlich das härteste Los, das einen SEAL ereilen kann.

Als der Konflikt im Irak düster am Horizont erschien, änderten sich unsere Prioritäten. Wir bereiteten uns auf Wüstengefechte und Häuserkämpfe vor. Wir trainierten hart, aber es gab auch den einen oder anderen heiteren Augenblick.

2. In Grund und Boden

Ich erinnere mich, wie wir einmal einen Häuserkampf in einem echten urbanen Umfeld probten. Unser Führungsstab fand eine Gemeinde, die sich bereit erklärte, uns innerorts trainieren zu lassen und echte Gebäude zu stürmen – ein leeres Lagerhaus zum Beispiel oder ein Wohnhaus – also ein etwas authentischeres Szenario als das, das uns im Stützpunkt zur Verfügung stand. Bei einer dieser speziellen Übungen belagerten wir ein Haus, das wir stürmen sollten. Alles war mit den örtlichen Polizeibehörden abgesprochen worden. Einige »Schauspieler« waren engagiert worden, um im Rahmen der Übung verschiedene Rollen zu übernehmen.
Meine Aufgabe war es, für die Sicherheit im Außenbereich zu sorgen. Ich hielt den Verkehr an und schickte Fahrzeuge fort, während einige Polizisten dem Geschehen aus sicherer Entfernung zusahen.
Während ich also mit umgehängtem Gewehr auf dem Bürgersteig stand und ziemlich finster um mich blickte, kam ein Kerl die Straße entlang, geradewegs auf mich zu.
Und was soll ich sagen – ich hielt mich streng an meine Vorschriften. Zuerst versuchte ich, ihm mit einer Handbewegung anzuzeigen, er solle verschwinden; er kam weiter auf mich zu. Dann leuchtete ich ihn mit der Taschenlampe an; er kam weiter auf mich zu. Ich richtete den Laserpointer auf ihn; er kam weiter auf mich zu.
Je näher er kam, desto mehr war ich natürlich davon überzeugt, dass er ein Schauspieler sein musste, der mich auf die Probe stellen sollte. Ich ging im Geist die Einsatzregeln durch, die vorschrieben, wie ich mich zu verhalten hatte.
»Was bist du denn für ein komischer Vogel, ein Bulle, oder was?«, pöbelte er und rückte mir extrem nah auf den Leib.
Ein solcher Dialog war zwar nicht in den Einsatzregeln festgeschrieben, aber ich ging davon aus, dass er improvisierte. Als Nächstes war vorgesehen, dass ich ihn zu Boden brachte. Also tat ich das. Er fing an Widerstand zu leisten und griff in seine Jacke, in der offenbar eine Waffe steckte. Ein solches Verhalten würde ich von jedem SEAL erwarten, der einen Schurken spielte. Also reagierte ich entsprechend und antwortete auf die gute alte SEAL-Art, nämlich indem ich ihn ordentlich vermöbelte.

Das, was sich unter seiner Jacke befand, zerbrach und Flüssigkeit trat aus. Er fluchte und wehrte sich weiterhin tapfer, aber ich dachte in dieser Situation nicht weiter darüber nach. Als ihn seine Kräfte verließen, legte ich ihm Handschellen an und sah mich um.

Die Polizisten, die ganz in der Nähe in ihrem Polizeiwagen saßen, lachten sich kaputt. Ich trat an sie heran, um herauszufinden, was los war.

»Das ist XY«, sagten sie mir. »Einer der größten Drogenhändler der Stadt. Wir hätten ihn auch gerne so verprügelt, wie Sie es gerade getan haben.«

Offenbar hatte der gute XY alle Warnzeichen in den Wind geschlagen und war geradewegs in die Übung gelaufen. Er dachte wohl, er könne seinen Geschäften wie gewohnt nachgehen. Idioten gibt es wirklich überall – ich nehme an, das erklärt auch, wie er überhaupt in dieses Milieu geraten ist.

Schikane und Heirat

Der Sicherheitsrat der Vereinten Nationen setzte mehrere Monate lang den Irak unter Druck, um das Land dazu zu bewegen, die UN-Resolutionen in vollem Umfang zu erfüllen, vor allem jene, die die Inspektion vermuteter Massenvernichtungswaffen und deren Produktionsanlagen betrafen. Der Krieg wäre vermeidbar gewesen – Saddam Hussein hätte einfach nur nachgeben und den Inspektoren zeigen können, was sie sehen wollten. Aber die meisten von uns wussten schon im Voraus, dass er sich weigern würde. Als wir von unserer Verlegung nach Kuwait erfuhren, freuten wir uns daher. Wir gingen davon aus, dass wir bald in den Krieg ziehen würden.

Es gab eine Menge zu tun. US-Truppen hatten nicht nur die Aufgabe, die irakischen Grenzen zu überwachen und die kurdische Minderheit zu schützen, die Saddam in der Vergangenheit mit Giftgas ermordet hatte, sondern mussten auch dafür sorgen, dass die Flugverbote im Norden und Süden eingehalten wurden. Saddam im- und exportierte heimlich Öl und andere Güter, was jedoch gegen UN-Sanktionen verstieß. Die USA und ihre Verbündeten leiteten Maßnahmen ein, um diesem Treiben ein Ende zu setzen.

2. In Grund und Boden

Bevor es aber losging und ich endgültig in den Krieg zog, beschlossen Taya und ich zu heiraten. Diese Entscheidung überraschte uns beide. Eines Tages kamen wir während einer Autofahrt auf dieses Thema, diskutierten eine Weile darüber und befanden schließlich, dass wir heiraten sollten.
Und obwohl wir den Entschluss gemeinsam fassten, war ich selbst mit am meisten überrascht davon. Verstehen Sie mich nicht falsch, ich wollte Taya heiraten. Es war völlig naheliegend, denn es bestand kein Zweifel daran, dass wir uns liebten. Ich wusste, dass sie die Frau war, mit der ich den Rest meines Lebens verbringen wollte. Und trotzdem dachte ich aus irgendeinem Grund, dass die Ehe nicht halten würde.
Wir wussten beide, dass sich viele SEALs wieder scheiden lassen. Ich habe Eheberater schon sagen hören, dass die Scheidungsrate bei circa 95 Prozent liegt, und ich kann mir das auch gut vorstellen. Vielleicht machte ich mir deswegen Sorgen. Vielleicht war ein Teil von mir einfach noch nicht bereit, eine lebenslange Verpflichtung einzugehen. Und natürlich war mir klar, wie sehr mich meine Arbeit beanspruchen würde, wenn wir uns erst einmal im Krieg befanden. Ich kann die widersprüchlichen Gefühle nicht erklären.
Aber ich wusste auf jeden Fall, dass ich die Frau liebte, ganz gleich, ob Krieg oder Frieden herrsche, und so war die Heirat unser nächster Schritt in eine gemeinsame Zukunft. Zum Glück überstanden wir beides.

Über SEALs muss man eines wissen: Wenn man neu ins Team kommt, wird man anfangs zahlreichen Schikanen und Aufnahmeritualen ausgesetzt. Die Züge sind eng verschweißte Männerbünde. Neuzugänge – die immer als »Frischlinge« bezeichnet werden – werden Tag und Nacht gepiesackt, bis sie bewiesen haben, dass sie es verdienen dazuzugehören. Und das gelingt – wenn überhaupt – am ehesten im Laufe ihres ersten Auslandseinsatzes. So lange bekommen die Frischlinge die undankbarsten Aufgaben, sie werden ständig auf die Probe gestellt und es wird unablässig auf ihnen herumgehackt.
Derlei Schikane kann viele Formen annehmen. Zum Beispiel: Übungen und Manöver finden häufig außerhalb der Stützpunkte statt und sind

sehr anstrengend. Die Ausbilder fordern einem den ganzen Tag lang alles ab. Nach Dienstschluss geht der Zug dann meist geschlossen etwas trinken. Während dieser Trainingsmissionen stehen uns normalerweise Kleintransporter zur Verfügung, in denen zwölf Passagiere befördert werden können. Als Fahrer muss immer der Neuling herhalten. Was natürlich heißt, dass er in den Kneipen niemals Alkohol trinken darf, zumindest nicht nach SEAL-Standards.

Das ist noch die harmloseste Form der Schikane. Sie ist so harmlos, dass man sie gar nicht als echte Schikane bezeichnen kann.

Während man fährt, gewürgt zu werden – *das* ist Schikane.

Eines Abends, ich war meinem Zug gerade zugeteilt worden, zogen wir nach einer Trainingsmission um die Häuser. Als wir aus einer Kneipe kamen, nahmen die alten Hasen hinten im Fond Platz. Ich fuhr nicht, hatte damit aber kein Problem – ich sitze gerne vorne. Wir fuhren schon eine Zeit lang, als ich plötzlich von hinten die Ankündigung »Eins – zwei – drei – vier, gleich gibt es einen Krieg hier« hörte.

Als Nächstes prasselte ein wahrer Hagel an Schlägen auf mich ein. »Krieg hier« (also im Auto) bedeutete, dass man die Frischlinge im Wagen nach Belieben vermöbeln konnte. Ich zog mir dabei eine geprellte Rippe und ein blaues Auge zu, vielleicht auch zwei. Meine Lippe wurde mir in jener Zeit bestimmt ein Dutzend Mal blutig geschlagen.

Ich muss in diesem Zusammenhang erwähnen, dass die Prügeleien während der Fahrten von den Kneipenschlägereien zu unterscheiden sind, die als eine andere SEAL-Spezialität gelten. SEALs sind ziemlich berüchtigt für ihre Kneipenschlägereien, und ich bin da keine Ausnahme. Ich wurde im Laufe der Jahre mehr als einmal verhaftet, obwohl in der Regel niemals Anklage erhoben wurde oder selbige schnell abgewiesen wurde.

Warum prügeln sich SEALs so oft?

Ich habe diese Fragestellung zwar noch nicht wissenschaftlich untersucht, aber ich gehe davon aus, dass dies auf unterdrückte Aggressionen zurückzuführen ist. Wir sind dazu ausgebildet, in die Schlacht zu ziehen und Menschen zu töten. Gleichzeitig wird uns eingeredet, wir seien unbesiegbare Teufelskerle. Eine ziemlich explosive Mischung.

2. In Grund und Boden

Wenn man in eine Kneipe oder Bar geht, gibt es immer jemanden, der einen Besucher anrempelt oder ihm auf andere Weise zu verstehen gibt, er möge sich verziehen. Solche Szenen ereignen sich in jeder Kneipe überall auf der Welt. Die meisten Leute sehen über ein solches Verhalten hinweg. Wenn jemand uns SEALs so kommt, lassen wir uns nicht zweimal bitten und schlagen ihn k. o.
Obwohl SEALs eine Menge Schlägereien beenden, lösen wir in der Regel nicht viele aus. In vielen Fällen sind die Schlägereien das Ergebnis einer Art von Eifersucht oder haben mit dem Bedürfnis irgendeines Vollidioten zu tun, der seine Männlichkeit beweisen und damit prahlen möchte, er habe sich mit einem SEAL geprügelt.
Wenn wir in eine Kneipe gehen, verhalten wir uns allerdings keineswegs unauffällig. Wir treten mit großem Selbstbewusstsein auf. Vielleicht sind wir auch laut. Und weil wir in der Regel jung und durchtrainiert sind, nimmt man uns zur Kenntnis. Junge Frauen fühlen sich zu einer Gruppe SEALs magisch hingezogen und da kann es leicht passieren, dass ihre Freunde eifersüchtig werden. Oder Männer wollen aus irgendeinem anderen Grund etwas beweisen. In beiden Fällen eskaliert die Situation und es kommt zu einem Handgemenge.

Aber ich wollte nicht nur über Kneipenschlägereien sprechen, sondern über das Schikaniertwerden. Und meine Hochzeit.
Wir waren in den Bergen Nevadas; es war kalt – so kalt, dass es schneite. Ich hatte einige Tage freibekommen, um heiraten zu können; mein Flug ging am nächsten Morgen. Die anderen Mitglieder des Zuges mussten noch einige Dinge erledigen.
Wir kehrten am Abend zu unserem vorläufigen Stützpunkt zurück und gingen in den Besprechungsraum. Der Chief hatte angekündigt, dass wir bei einigen Dosen Bier etwas ausspannen würden, während wir den Trainingseinsatz besprachen, der am nächsten Tag stattfinden sollte. Dann wandte er sich zu mir.
»Hey, Frischling«, sagte er. »Hol das Bier und den Schnaps aus dem Bus und bring alles her.«

Ich machte mich auf den Weg.

Als ich wiederkam, hatten die anderen einen Stuhlkreis gebildet. Es war nur ein freier Stuhl in der Mitte übrig, und ich machte mir keine allzu großen Gedanken darüber, als ich Platz nahm.

»Gut, es läuft folgendermaßen ab«, sagte der Chief, der vorne an einem Whiteboard stand. »Der Einsatz simuliert einen Überfall. Das Ziel ist in der Mitte. Wir kreisen es ein.«

Das klingt nach keiner besonders guten Idee, dachte ich. *Wenn wir aus jeder Richtung kommen, schießen wir uns selbst über den Haufen.* Normalerweise erfolgen Angriffe in einer L-Formation, um genau dieses Problem zu vermeiden.

Ich sah den Chief an. Er sah mich an. Plötzlich wich sein ernster Ausdruck einem Grinsen.

Daraufhin stürmte der gesamte Zug auf mich los.

Eine Sekunde später lag ich am Boden. Sie fesselten mich an einen Stuhl und begannen mit einer Scheinverhandlung.

Ich war sehr überrascht, was man mir so alles zur Last legte. Zunächst wurde mir vorgeworfen, ich hätte durchblicken lassen, ich wolle mich zum Scharfschützen ausbilden lassen.

»Der Frischling ist undankbar!«, polterte der Ankläger. »Er will sich vor der Arbeit drücken. Er denkt, er wäre etwas Besseres.«

Ich versuchte zu widersprechen, aber der Richter – kein Geringerer als der Chief höchstpersönlich – wies meinen Einspruch rigoros ab. Ich wandte mich an meinen Strafverteidiger.

»Was erwarten Sie denn auch?«, sagte er. »Er hat ja allerhöchstens einen Baumschulabschluss.«

»Schuldig!«, sagte der Richter. »Nächster Anklagepunkt!«

»Euer Ehren, der Angeklagte ist respektlos«, sagte der Ankläger. »Er hat dem kommandierenden Offizier gegenüber geäußert, er solle sich verpissen.«

»Einspruch!«, sagte mein Anwalt. »Das hat er zum Zugführer gesagt.«

Der kommandierende Offizier ist der Leiter des gesamten SEAL-Teams; der Zugführer ist der Leiter des Zugs. Ein ziemlich großer Unterschied, normalerweise. Außer in diesem Fall.

2. In Grund und Boden

»Schuldig! Nächster Anklagepunkt!«
Für jedes Vergehen, für das ich schuldig gesprochen wurde – und sie dachten sich wirklich eine Menge Vergehen aus – musste ich einen Longdrink Jack Daniels mit Cola trinken, gefolgt von einem Kurzen.
Ich war schon ziemlich betrunken, als wir zu den schweren Vergehen kamen. Irgendwann einmal zogen mich meine Kameraden aus und legten mir Eiswürfel auf die Unterhose. Etwas später war es dann so weit – ich hatte einen Filmriss und verlor das Bewusstsein.
Daraufhin besprühten mich meine Kameraden mit Bräunungscreme und malten mir zur Krönung mit einem dicken Filzstift Playboy-Logos auf Brust und Rücken. Also genau die Art von Körperschmuck, den man in den Flitterwochen seiner Frau zeigen will.
Irgendwann einmal begannen meine Kollegen offenbar, sich Sorgen um meinen Gesundheitszustand zu machen. Also fixierten sie mich splitterfasernackt auf einer Trage, trugen mich nach draußen und stellten mich senkrecht im Schnee auf. Sie ließen mich eine ganze Weile dort stehen, bis ich wieder bei Bewusstsein war. Mittlerweile zitterte ich so heftig wie ein Presslufthammer, sodass ich schon befürchtete, ich würde ein Loch in die gefrorene Erde hämmern und darin versinken. Sie gaben mir eine Infusion – die Kochsalzlösung hilft, den Alkohol aus dem Körper zu transportieren – und brachten mich schließlich, immer noch an die Trage gebunden, zurück ins Hotel.
Ich weiß nur noch, dass ich ein paar Treppenstufen hinaufgetragen wurde. Das müssen einige der Gäste mitbekommen haben, da meine Kameraden »Gehen Sie weiter, hier gibt's nichts zu sehen!« brüllten, während sie mich in mein Zimmer brachten.

☙

Taya wusch einen Großteil der Farbe und der Bunnys ab, als wir uns am nächsten Tag trafen. Aber es war immer noch genug davon unter meinem Hemd sichtbar, sodass ich während der Trauung mein Jackett lieber zugeknöpft ließ.

Zu jenem Zeitpunkt war die Schwellung in meinem Gesicht fast völlig verschwunden. Die Narbe an meiner Augenbraue (von einer freundschaftlichen Rangelei unter Teamkollegen einige Wochen zuvor) verheilte gut. Meine aufgeplatzte Lippe (die ich mir auf einer Übung zugezogen hatte) heilte ebenfalls ziemlich gut ab. Es ist wahrscheinlich nicht unbedingt der Traum einer jeden Braut, mit einem vollgesprühten, übel zugerichteten Bräutigam vor den Altar zu treten, aber Taya schien recht glücklich zu sein.

Die Zeit, die uns für die Flitterwochen blieb, war allerdings tatsächlich ein Problem. Das Team hatte mir, »großzügig« wie es war, drei Tage gegeben, um zu heiraten und zu verreisen. Als Frischling war ich selbst für diesen kurzen Urlaub dankbar. Meine Frau sah das allerdings nicht ganz so und ließ mich das auch wissen. Wir heirateten trotzdem und verbrachten einen wirklich kurzen Kurzurlaub miteinander. Dann ging es wieder an die Arbeit.

Kapitel 3
Schiffsdurchsuchungen

Gewehr im Anschlag

»*Wach auf. Wir haben einen Tanker.*«
Ich richtete mich langsam auf. Trotz des kalten Windes und des unruhigen Wellengangs hatte ich es geschafft, auf der einen Seite des Bootes ein wenig zu dösen; allerdings hatte mich die Gischt trotzdem völlig durchnässt. Obwohl ich ein Frischling war und dies mein erster Kampfeinsatz, beherrschte ich bereits die Kunst, in jeder Situation ein Nickerchen zu machen – eine unterschätzte, aber doch entscheidende Fähigkeit, die jeder SEAL beherrschen sollte.
Vor uns lag ein gewaltiger Öltanker. Ein Hubschrauber hatte ihn gemeldet, nachdem er im Irak illegal Ladung aufgenommen hatte und anschließend in den Golf eingefahren war. Unsere Aufgabe war es nun, an Bord zu gehen, die Frachtunterlagen zu prüfen und das Schiff, falls es gegen UN-Sanktionen verstieß, den Marines oder anderen Sicherheitskräften zu übergeben, die sich dann weiter darum kümmern würden.
Ich rappelte mich auf und machte mich bereit. Unser Schlauchboot sah aus wie eine Kreuzung aus einem Rettungs- und einem Schnellboot und hatte am Heck zwei gewaltige Motoren. Es war elf Meter lang, bot Platz für acht SEALs samt Ausrüstung und schaffte bei ruhiger See 45 Knoten. Die Abgase der Doppelmotoren wehten über uns hinweg und vermischten sich mit der Gischt, während wir Fahrt aufnahmen. Wir holten den

Tanker schnell ein und hielten uns zunächst in seinem Kielwasser, um vom Radar unentdeckt zu bleiben. Ich erhob mich und ergriff die lange Metallstange, die auf dem Boden unseres Bootes lag. Erst jetzt scherten wir aus, platzierten uns neben dem Tanker und passten unser Tempo dann entsprechend an. Die Motoren des iranischen Schiffs dröhnten unter Wasser so laut, dass unsere eigenen Motoren gar nicht auffielen.

Sobald wir mit gleichmäßigem Tempo neben dem Tanker herfuhren, hob ich die Stange hoch und versuchte, mit dem an ihrem Ende befestigten Enterhaken die Reling zu fassen zu bekommen. Sobald mir dies gelungen war, zog ich daran.

Erwischt.

Ein Bungeeseil verband den Haken mit der Stange, sodass ich Letztere nun wegziehen konnte. Zum Vorschein kam eine Hängeleiter aus Stahl, die ihrerseits an dem Haken befestigt war. Jemand hielt sie am unteren Ende fest, während der erste SEAL an der Seite des Schiffes hinaufzuklettern begann. Ein voll beladener Öltanker kann ziemlich tief im Wasser liegen – so tief, dass man manchmal einfach nur die Reling ergreifen muss und hinüberspringen kann. Das war hier jedoch nicht der Fall – die Reling lag wesentlich höher als unser kleines Boot. Ich leide zwar an Höhenangst, aber solange ich nicht allzu sehr darüber nachgrüble, beeinträchtigt sie mich nicht besonders.

Die Leiter schwankte mit dem Schiff und dem Wind; ich zog mich so schnell wie möglich hoch – scheinbar erinnerten sich meine Muskeln an all die Klimmzüge meiner BUD/S-Zeit. Als ich an Deck sprang, hatten sich die Ersten von uns bereits in Richtung Brücke und Brückendeck aufgemacht und ich musste mich beeilen, um sie einzuholen.

Plötzlich fuhr der Tanker schneller. Der Kapitän hatte offenbar bemerkt, dass sein Schiff geentert wurde und versuchte noch schnell, iranisches Gewässer zu erreichen. Hätte er es geschafft, hätten wir von Bord springen müssen – denn wir hatten die strikte Anweisung, uns ausschließlich in internationalen Gewässern zu bewegen.

Ich stieß zum Team, als die Jungs gerade die Tür zur Brücke erreicht hatten. Ein Mitglied der Schiffsbesatzung stürzte von innen ebenfalls zur Tür

3. Schiffsdurchsuchungen

und versuchte sie noch rasch zu verschließen. Er war aber nicht schnell oder stark genug – einer der SEALs warf sich dagegen und stieß sie auf.
Mit dem Gewehr im Anschlag stürmte ich hinter den anderen hinein.
Wir hatten in den Tagen davor Dutzende solcher Einsätze gehabt und stießen nur in den allerseltensten Fällen auf Widerstand. Aber der Kapitän dieses Schiffs war aggressiv, und obwohl er unbewaffnet war, wollte er sich nicht kampflos ergeben.
Er rannte auf mich zu.
Das war keine gute Idee. Ich war nicht nur größer als er, sondern trug auch eine Körperpanzerung. Ganz zu schweigen von der Maschinenpistole, die ich in der Hand hielt.
Ich stieß dem Idioten die Mündung meiner Waffe in die Brust. Er fiel sofort zu Boden.
Irgendwie verlor ich dabei aber das Gleichgewicht und rutschte aus. Ich stützte mich ruckartig auf meinem Ellenbogen ab und landete damit – rein zufällig, versteht sich – in seinem Gesicht.
Und das gleich ein paar Mal.
Das ließ ihn zur Vernunft kommen. Ich drehte ihn kurzerhand um und legte ihm Handschellen an.

Das Entern und Durchsuchen von Schiffen gehört zum Standardrepertoire von SEALs. Während die »normale« Navy speziell geschultes Personal einsetzt, um diese Aufgabe in Friedenszeiten zu erledigen, sind wir dafür ausgebildet, uns Schiffe in Situationen vorzunehmen, in denen mit Widerstand zu rechnen ist. Und in der Zeit unmittelbar vor dem Krieg im Winter 2002/03 war dies im Persischen Golf vor der Küste Iraks sehr wohl der Fall. Die UN äußerte im Nachhinein die Vermutung, dass zu dieser Zeit massiv gegen internationale Sanktionen verstoßen wurde und Öl und andere Güter im Wert von mehreren Milliarden Dollar aus dem Irak geschmuggelt worden waren, wobei das Geld direkt in die Taschen von Saddams Regierung wanderte.
Der Schmuggel konnte vielerlei Gestalt annehmen. Öl zum Beispiel wurde oft in Getreide-Frachtern transportiert. Sehr viel häufiger kam es

jedoch vor, dass Tanker, die im Rahmen des UN-Programms »Öl für Nahrung« legal unterwegs waren, Abertausende von Gallonen zusätzlich geladen hatten, also deutlich mehr als erlaubt.
Es ging aber nicht nur um Öl. Eine der größten Lieferungen von Schmuggelware, die uns in jenem Winter in die Finger kam, waren Datteln, die auf dem Weltmarkt offenbar gerade gute Preise erzielten.

In jenen ersten Monaten meines ersten Einsatzes kam ich auch in Kontakt mit den *Wojskowa Formacja Specjalna GROM im. Cichociemnych Spadochroniarzy Armii Krajowej* – einer polnischen Fallschirmspringer-Elitetruppe, besser bekannt unter dem Namen GROM. Die GROM sind die Special Forces der polnischen Armee und genießen einen ausgezeichneten Ruf, wenn es um Spezialeinsätze geht. Gemeinsam mit ihnen erledigten wir zahlreiche Durchsuchungseinsätze.
Wir starteten unsere Operationen normalerweise von einem großen Schiff aus, das wir als eine Art schwimmenden Stützpunkt für unsere Schnellboote nutzten. Jeweils die Hälfte des Zuges war im Einsatz und absolvierte eine 24-Stunden-Schicht. Dann kam die andere Hälfte des Zugs an die Reihe. Wir fuhren an einen vorab festgelegten Punkt, ließen uns im Dunkeln auf dem Wasser treiben und warteten darauf, dass uns ein Hubschrauber oder Schiff über einen verdächtigen Frachter informierte, der aus dem Irak kam und ziemlich tief im Wasser lag. Alles, was ganz offensichtlich eine nennenswerte Ladung transportierte, musste kontrolliert werden. Also gingen wir an Bord und sahen uns das Schiff genauer an.
Manchmal verwendeten wir dafür Mk-V-Boote. Das Mk-V ist ein Sondereinsatzfahrzeug, das manche schon mit dem PT-Boot des Zweiten Weltkriegs verglichen haben – es handelte sich um wendige, kleine Patrouillenboote, die mit Torpedos bestückt waren. Das Mk-V sieht tatsächlich aus wie ein gepanzertes Schnellboot, hat aber lediglich die Aufgabe, SEALs so schnell wie möglich in Sicherheit zu bringen. Es besteht aus Aluminium und ist ziemlich flott – man sagt, die Boote würden 65 Knoten schaffen. Aber was uns an ihnen besonders gut gefiel, das waren die großzügigen, flachen Achterdecks. Normalerweise transportierten wir dort zwei Zodiac-Schlauchboote.

Aber da die Zodiacs praktisch nie gebraucht wurden, operierte die gesamte Mannschaft von sogenannten RHIBs aus, schnellen Schlauchbooten mit Aluminiumrumpf, und nutzte die Decks der Mk-Vs als Schlafstätte, bis Schiffe gemeldet wurden. Das war sogar vergleichsweise komfortabel im Vergleich zu den Alternativen – wir hätten nämlich sonst auf den Sitzen oder auf den engen Seitendecks nächtigen müssen.

Schiffe im Golf zu durchsuchen, wurde schnell zur Routine. Pro Nacht schafften wir oft Dutzende von Schiffen. Aber unseren größten Fund machten wir nicht vor der Küste Iraks, sondern etwa 1500 Seemeilen entfernt, vor der afrikanischen Küste.

Scud-Raketen

Im späten Herbst heftete sich ein SEAL-Zug auf den Philippinen an die Fersen eines Frachters namens *So San*. Von da an hatten wir das nordkoreanische Schiff im wahrsten Sinne des Wortes im Visier.

Der 3500-Tonnen-Frachter hatte eine interessante Vergangenheit und war bekannt dafür, Güter von und nach Nordkorea zu transportieren. Es ging das Gerücht um, dass das Schiff chemische Stoffe geladen hatte, die verwendet werden konnten, um Giftgas herzustellen. In diesem speziellen Fall führte die *So San* offiziell Zement mit sich.

Tatsächlich transportierte sie allerdings Scud-Raketen – ballistische Boden-Boden-Raketen.

Noch während die Bush-Regierung überlegte, wie mit ihr zu verfahren sei, wurde die *So San* in der Nähe des Horns von Afrika gesichtet. Schließlich befahl der Präsident, das Schiff zu entern und zu durchsuchen: Das war genau die Art von Auftrag, für die wir SEALs ausgebildet sind.

Es gab einen weiteren SEAL-Zug in Djibouti, der dem Schiff wesentlich näher war als wir. Aber aufgrund der Befehlskette und der Zuordnung der Aufgaben – die Einheit arbeitete für die Marines, während wir dem Navy-Kommando direkt unterstanden – erhielten wir den Auftrag, uns den Frachter vorzuknöpfen. Sie können sich sicher vorstellen, wie sehr sich die Kameraden vom anderen Zug darüber freuten, uns zu sehen, als

wir in Djibouti eintrafen. Wir hatten ihnen nicht nur einen Auftrag vor der Nase weggeschnappt, sie hatten auch noch die undankbare Aufgabe, uns beim Ausladen und den anfallenden Vorbereitungen zu helfen.
Sobald ich das Flugzeug verlassen hatte, entdeckte ich einen Kameraden.
»Hey!«, rief ich.
»Verpiss dich«, antwortete er.
»Was ist denn los?«
»Verpiss dich.«
So viel zum Thema herzliche Begrüßung. Ich machte ihm jedoch keinen Vorwurf; an seiner Stelle wäre ich genauso verärgert gewesen. Aber mit der Zeit wurden er und die anderen etwas kooperativer – letzten Endes waren sie ja nicht auf uns wütend, sondern auf die Situation. Zähneknirschend halfen sie uns bei unseren Vorbereitungen für die Mission und verfrachteten uns schließlich in einen Versorgungshubschrauber, der uns zur *USS Nassau* brachte, einem Amphibienschiff, das sich gerade im Indischen Ozean befand.
Amphibien, wie sie kurz genannt werden, sind große Angriffsschiffe, die Einheiten und Hubschrauber transportieren, ab und zu auch Senkrechtstarter. Sie sehen wie altmodische Flugzeugträger aus und besitzen ein langes, gerades Flugdeck. Sie sind recht groß und verfügen über Befehls- und Überwachungseinrichtungen, die im Rahmen von Angriffseinsätzen als Planungs- und Kommando-Stützpunkte verwendet werden können.
Je nach Zielobjekt und den äußeren Umständen gibt es verschiedene Möglichkeiten, ein Schiff zu entern. Theoretisch hätten wir Hubschrauber benutzen können, um auf die *So San* zu gelangen, allerdings wussten wir, dass das Deck mit Drähten bespannt war, die wir vor einer Landung erst hätten entfernen müssen, was wiederum Zeit gekostet hätte.
Uns war bewusst, dass wir das Überraschungsmoment verlieren würden, wenn wir mit Hubschraubern anrückten, deshalb entschieden wir uns für die RHIBs. Wir begannen zunächst mit Enterübungen, die wir neben der *Nassau* mit Booten absolvierten, die uns eine Special Boat Unit herbeigeschafft hatte. (Special Boat Units sind für die SEALs so etwas wie ein Taxiservice. Sie sind für die RHIBs, Mk-Vs und die anderen Fahrzeuge verant-

3. Schiffsdurchsuchungen

wortlich, mit denen SEALs operieren. Außerdem verfügen diese Einheiten auch über die Ausrüstung und Ausbildung, um ins Kampfgeschehen einzugreifen – und so trotzen sie schon einmal feindlichem Beschuss, um SEALs an ihren Einsatzort zu bringen oder auch wieder heraus.)

Die *So San* fuhr in der Zwischenzeit weiter auf uns zu. Als sie langsam in unsere Reichweite kam, hatten wir alle Vorkehrungen für unseren Einsatz getroffen. Aber bevor wir in die Boote steigen konnten, erhielten wir einen Anruf, der uns anwies, vorerst in Bereitschaft zu bleiben – die Spanier waren uns zuvorgekommen.

Wie bitte?

Die spanische Fregatte *Navarra* hatte die *So San* angehalten, die auffällig unauffällig ohne Flagge und mit verdecktem Namenszug unterwegs war, womit sie sich erst recht verdächtig gemacht hatte. Laut späterer Berichte enterten spanische Sondereinsatzkräfte den Frachter, nachdem dieser den Befehlen der Fregatte nicht Folge geleistet und nicht angehalten hatte. Sie benutzten natürlich Hubschrauber, so wie wir es befürchtet hatten, und brauchten eine gewisse Zeit, um die Drähte zu zerschießen. Es wird gemunkelt, dass diese Verzögerung dem Kapitän des Schiffes die Möglichkeit gab, kompromittierende Unterlagen und andere Beweise zu vernichten, zumindest nehme ich das stark an.

Hinter den Kulissen gingen offenkundig viele Dinge vor sich, von denen wir keine Ahnung hatten.

Uns war das aber auch egal.

Allerdings wurde unser Auftrag nun zügig geändert. Statt das Schiff einer üblichen Durchsuchung zu unterziehen, sollten wir es entern, sichern – und die Scud-Raketen finden.

Man kann sich kaum vorstellen, dass sich Raketen so mir nichts, dir nichts verstecken lassen. Aber sie waren tatsächlich unauffindbar. Der Frachtraum des Schiffs enthielt augenscheinlich nichts als Zement – verpackt in 35-Kilogramm-Säcken. Es müssen Hunderttausende gewesen sein.

Die Scuds konnten nur an einem Ort sein: unter dem Zement. Also fingen wir an, Sack für Sack beiseitezuschaffen. Wir benötigten dafür

24 Stunden, in denen wir pausenlos Säcke hin- und herbewegten. Ich alleine muss Tausende getragen haben – und fühlte mich nach diesen schlaflosen 24 Stunden auch entsprechend. Überall war Zementstaub, Gott weiß, wie meine Lungen damals ausgesehen haben. Schließlich fanden wir unter den Zementsäcken die Transportbehälter.

Ich schnappte mir eine der Quickie Saws und machte mich an die Arbeit. Quickie Saws sehen aus wie eine Kreuzung aus Kreis- und Kettensäge und schneiden durch praktisch jedes beliebige Material, einschließlich Scud-Behälter.

Wir fanden insgesamt 15 Scud-Raketen. Ich hatte noch nie eine Scud-Rakete aus der Nähe gesehen und wenn ich ehrlich bin, fand ich sie ziemlich cool. Wir machten Fotos und riefen die Sprengstoffexperten herbei, die überprüfen sollten, ob sie noch intakt waren.

Zu jenem Zeitpunkt war der gesamte Zug zentimeterdick mit Zementstaub bedeckt. Einige der Jungs sprangen kurzerhand über Bord, um den Dreck loszuwerden. Ich nicht. Angesichts meiner Taucherfahrungen wollte ich kein Risiko eingehen. Bei dem vielen Zement konnte man schließlich nicht wissen, was geschah, wenn er mit Wasser in Berührung kam.

Schließlich übergaben wir die *So San* den Marines und kehrten auf die *Nassau* zurück. Die Befehlsleitung ließ uns wissen, dass wir abgezogen wurden und nach Kuwait zurückkehrten, und zwar »umgehend und auf dieselbe zweckdienliche Art, wie Sie dorthin gebracht wurden«, wie es im Marschbefehl so schön hieß.

Natürlich war das absoluter Blödsinn. Tatsächlich blieben wir zwei Wochen auf der *Nassau*. Aus irgendeinem Grund schaffte es die Navy nämlich nicht, einen der unzähligen Hubschrauber freizustellen, die auf dem Flugdeck herumstanden, um uns nach Djibouti zurückzubringen. Also spielten wir Videospiele, trainierten im Kraftraum und warteten ab. Und wir schliefen so viel wir konnten.

Leider war das einzige Videospiel, das wir dabei hatten, *Madden Football*. Im Laufe der Zeit wurde ich sogar richtig gut darin. Bis dahin hatte ich nichts mit Videospielen am Hut gehabt. Jetzt bin ich ein echter Profi – vor allem in *Madden*. Ich glaube, meine Frau verflucht bis heute jene zwei Wochen, die ich auf der *Nassau* verbrachte.

☙

Eine letzte Anmerkung zu den Scuds: Die Raketen, die wir fanden, waren für den Jemen bestimmt gewesen. Zumindest behauptete der Jemen das. Es gab Gerüchte, dass sie zu einer Art Handel mit Libyen gehörten, wobei im Gegenzug der Jemen Saddam Hussein Asyl anbieten sollte, aber ich kann beim besten Willen nicht sagen, ob diese Gerüchte stimmten oder nicht. Jedenfalls wurden die Scuds freigegeben und in den Jemen gebracht, Saddam blieb im Irak und wir kehrten nach Kuwait zurück, um uns auf den Krieg vorzubereiten.

Weihnachten

In jenem Dezember feierte ich Heiligabend zum ersten Mal getrennt von meiner Familie – und das war äußerst deprimierend. Der Tag verstrich, ohne dass er besonders begangen wurde.
Ich erinnere mich aber an die Geschenke, die Tayas Familie in jenem Jahr verschickte: ferngesteuerte Hummer-Geländewagen.
Das waren kleine Spielzeugautos, mit denen man wunderbar in der Gegend herumflitzen konnte. Einige der Iraker, die auf unserem Stützpunkt arbeiteten, hatten so etwas offenbar noch nie gesehen. Wenn ich ein Fahrzeug auf sie zusteuerte, schrien sie auf und sprangen ängstlich zur Seite. Vielleicht dachten sie, dass es sich dabei um eine Art Fernlenkrakete handelte. Ihre spitzen Schreie und ihr hektisches Davonrennen brachten mich jedes Mal zum Lachen. Im Irak waren selbst solche kleinen Vergnügen Gold wert.
Manche der Einheimischen, die für uns arbeiteten, waren nicht unbedingt die Crème de la Crème, auch waren nicht alle den USA wohlgesonnen.

Einmal wurde einer dabei erwischt, wie er in unser Essen ejakulierte. Auf Anweisung der befehlshabenden Offiziere wurde er sofort unter Begleitung vom Stützpunkt gebracht – vermutlich weil sie wussten, dass sein Leben nicht mehr viel wert gewesen wäre, sobald seine Tat ans Licht gekommen wäre.

☙

In Kuwait hielten wir uns abwechselnd an zwei verschiedenen Standorten auf: Ali al-Salem und Doha. Unsere Einrichtungen waren vergleichsweise primitiv.
Doha war ein großer US-amerikanischer Army-Stützpunkt und spielte sowohl im Ersten als auch im Zweiten Golfkrieg eine wichtige Rolle. Dort wies man uns ein Lagerhaus zu, das wir mithilfe einiger Seabees, den Pionieren der Navy, in einzelne Räume unterteilten. Auch künftig verließen wir uns in ähnlichen Situationen immer wieder dankbar auf die Hilfe der Seabees.
Ali al-Salem war noch schlichter, für uns zumindest. Wir erhielten dort ein Zelt und einige Regale; das war's dann auch. Ich schätze, die verantwortlichen Kommandeure dachten wohl, SEALs bräuchten nicht viel mehr.

In Kuwait erlebte ich auch meinen ersten Wüstensturm. Das ist so, als ob innerhalb von wenigen Minuten die Nacht hereinbricht. Erst wirbelt überall Sand herum. Aus der Ferne sieht man eine große, orange-braune Wolke, die direkt auf einen zukommt. Dann plötzlich wird es dunkel und man hat das Gefühl, man befände sich mitten in einem Tunnel oder vielleicht im Spülgang einer Waschmaschine, die statt Wasser Sand verwendet.
Ich erinnere mich noch sehr genau, dass ich in einem Flugzeughangar Unterschlupf suchte und trotz verschlossener Türen enorm viel Staub in der Luft war. Der Sand war feinkörnig und man musste aufpassen, dass er nicht in die Augen kam, weil man ihn nicht einfach herauswischen

konnte. Wir lernten allerdings schnell dazu und trugen fortan ständig Schutzbrillen bei uns; Sonnenbrillen allein reichten nämlich nicht aus, wie diese erste Erfahrung gezeigt hatte.

Meine Zeit als 60-Gunner

Da ich noch immer neu bei den SEALs war, wurde ich zunächst 60-Gunner – also MG-Schütze.
Die Kurzform »60« bezieht sich auf das M-60 Universal-Maschinengewehr, eine Schusswaffe, die man mit Patronengurten füttert und die den amerikanischen Streitkräften bereits seit mehreren Jahrzehnten in einer Vielzahl von Varianten zur Seite steht.
Das M-60 wurde in den Fünfzigerjahren entwickelt, es verschießt Patronen im Kaliber 7,62 mm und ist so flexibel gestaltet, dass es nicht nur als fest installiertes Geschütz für gepanzerte Fahrzeuge und Hubschrauber geeignet ist, sondern auch als leichte Einsatzwaffe, die von einem Mann getragen werden kann. Es bewährte sich besonders im Vietnamkrieg, wo es von den Frontsoldaten als »das Schwein« bezeichnet und wegen des sich schnell überhitzenden Laufs oft verflucht wurde. Dieses Problem ließ sich zwar beheben, indem man den Lauf nach einigen Hundert Schuss mithilfe eines Asbesthandschuhs wechselte – in einer Kampfsituation war das aber nicht gerade praktisch.
Im Laufe der Jahrzehnte nahm die Navy erhebliche Verbesserungen an der Waffe vor und deshalb ist sie bis heute ein hervorragendes Gewehr mit großer Feuerkraft. Die neueste Version weicht dermaßen vom Original ab, dass sie mittlerweile einen anderen Namen trägt: Die Navy nennt sie Mk-43 Mod 0. (Gelegentlich wird die Auffassung vertreten, dass sie inzwischen als völlig andere Waffe betrachtet werden sollte; dazu möchte ich mich aber nicht äußern.) Das Navy-Modell ist vergleichsweise leicht – um die zehn Kilogramm – und hat einen recht kurzen Lauf. Außerdem verfügt die Waffe über ein Schienensystem, mit dessen Hilfe man Zielfernrohre und anderes Zubehör montieren kann.

Zurzeit sind neben dem M-43 auch die Modelle M-240, M-249 und Mk-46 im Einsatz, wobei Letztere eine Variante des M-249 darstellt.

Die Waffen, die wir SEALs bei uns trugen, wurden grundsätzlich *60er* genannt, auch wenn es sich um andere Modelle wie beispielsweise das Mk-48 handelte – ein Modell, das wir in meiner Zeit im Irak immer häufiger verwendeten. Ich bezeichne bis heute jedes Maschinengewehr als 60er, es sei denn, die genaue Unterscheidung spielt eine tragende Rolle.

Das M-60 wird auch immer noch als »Schwein« bezeichnet, mit der Folge, dass die MG-Schützen ebenfalls häufig »Schweine« genannt werden oder aber mit einem ähnlichen Beinamen versehen werden; in unserem Zug wurde meinem Freund Bob diese zweifelhafte Ehre zuteil.

Ich blieb verschont. Mein Spitzname war Tex – einer der wohlwollenderen Spitznamen, mit denen ich seinerzeit bedacht wurde.

༄

Unmittelbar vor dem Krieg begannen wir an der kuwaitischen Grenze zu patrouillieren, um zu verhindern, dass die Iraker mit einem Präventivschlag ins Land einfielen. Und natürlich trainierten wir weiterhin für den bevorstehenden Ernstfall.

Das bedeutete, dass ich viel Zeit in DPVs verbrachte, auch bekannt als SEAL-Wüstenbuggys.

DPVs – »Desert Patrol Vehicles« – sehen von Weitem betrachtet wahnsinnig beeindruckend aus und sind wesentlich besser ausgerüstet als herkömmliche Geländefahrzeuge. Jedes DPV ist vorne mit einem Maschinengewehr im Kaliber .50 sowie einem Mk-19-Granatwerfer bestückt und hinten mit einem M-60 versehen. Dann gibt es noch die LAW-Raketen, einschüssige Waffen zur Panzerabwehr, die als rechtmäßige Nachfahren der Panzerfäuste gelten dürfen, welche schon im Zweiten Weltkrieg zum Einsatz kamen. Die Raketen werden in speziellen Halterungen auf ein Gerüst montiert. Das i-Tüpfelchen in Sachen Coolness ist die Satellitenantenne oben auf dem Fahrzeug, die sich direkt neben einer dicken Funkantenne befindet.

3. Schiffsdurchsuchungen

Auf praktisch jedem Bild von einem DPV brettert das Fahrzeug über Sanddünen hinweg und macht irgendein Kunststück. Es macht einen extrem aggressiven Eindruck.

Und genau das ist der Haken – das Ganze ist mehr Schein als Sein und hat praktisch nichts mit der Realität zu tun.

Soweit ich es verstehe, beruhten die DPVs auf einem Design, das sich in Geländerennen wie dem Baja 1000 bewährt hatte. Ohne überflüssige Ausstattung waren sie zweifelsohne auch beeindruckend leistungsfähig. Das Problem bestand allerdings darin, dass wir jede Menge Ausstattung mit uns führten. Zunächst hatten wir eine beachtliche Anzahl an Waffen dabei, dann unsere Rucksäcke sowie genug Wasser und Nahrung, um einige Tage in der Wüste überleben zu können. Extra-Treibstoff natürlich auch. Ganz zu schweigen von drei voll ausgerüsteten SEALs – einem Fahrer, einem Navigator und einem MG-Schützen. Und dieses ganze Gewicht machte die DPVs natürlich entsprechend schwer.

In unserem Fall wehte zudem eine texanische Fahne am Heck. Sowohl mein Chief als auch ich waren Texaner, was die Fahne zu einem unverzichtbaren Bestandteil des Fahrzeugs machte.

In die DPVs waren relativ kleine Volkswagen-Motoren eingebaut, die meiner Erfahrung nach nichts taugten. In einem normalen PKW waren sie sicher in Ordnung, vielleicht auch in einem Strand- oder Dünenbuggy. Aber wenn wir mit einem Fahrzeug zwei oder drei Tage unterwegs waren, dann verbrachten wir anschließend fast immer genau so viel Zeit damit, es wieder instand zu setzen. Ein Kugellager oder eine Gewindebuchse war praktisch jedes Mal defekt. Bei der Reparatur waren wir weitgehend auf uns selbst gestellt, aber zum Glück gab es in meinem Zug einen ausgebildeten Mechaniker, der die Fahrzeuge so weit wie möglich betriebsbereit hielt.

Der größte Nachteil war, dass sie nur Zweiradantrieb hatten. Das wurde zu einem erheblichen Problem, sobald der Boden auch nur leicht nachgab. Solange wir fuhren, lief in der Regel alles glatt, aber sobald wir anhalten mussten, war der Ärger vorprogrammiert. Wir waren in Kuwait praktisch ständig damit beschäftigt, die Buggys aus dem Sand zu graben.

Wenn sie mal einsatzfähig waren, waren sie allerdings prima. Als MG-Schütze hatte ich meinen Platz auf einem erhöhten Sitz hinter dem Fahrer und dem Navigator, die nebeneinander unter mir saßen. Ausgestattet mit einer ballistischen Schutzbrille und einem Helm, wie ihn Hubschrauberpiloten tragen, fixierte ich mich mit einem Fünfpunktsicherheitsgurt und hielt mich gut fest, während wir durch die Wüste donnerten. Wir fuhren um die 110 km/h. Ich feuerte einige Salven mit dem .50er-MG nach vorn, betätigte dann einen Hebel seitlich am Sitz und drehte mich um 180 Grad, sodass ich nach hinten blickte. Dann griff ich zum M-60 und schoss weiter. Wenn wir einen seitlichen Angriff in voller Fahrt simulierten, konnte ich die M-4 nehmen, die ich bei mir trug, und damit in jede Richtung feuern.

Es macht einen *Mordsspaß*, mit dem großen Maschinengewehr zu schießen! Weniger lustig war jedoch das Zielen, während das Fahrzeug auf den Wüstenpisten durchgeschüttelt wurde. Man kann das Gewehr zwar auf- und abbewegen, um es einigermaßen im Ziel zu halten, aber besonders präzise ist das nicht – im besten Fall deckt man seinen Gegner derart mit einem Geschosshagel ein, dass man schnell das Weite suchen kann.

Neben unseren vier dreisitzigen DPVs hatten wir zwei Fahrzeuge, die je sechs Personen fassten. Das war die gemäßigte Fassung – drei Reihen mit jeweils zwei Sitzen, und als einzige Waffe ein M-60 vorne auf dem Dach. Wir benutzten sie als Einsatzwagen, von denen aus Befehle erteilt und der Missionsablauf verfolgt wurde. Eine sehr langweilige Karre. In etwa so wie der Familienkombi, mit dem Mutter unterwegs ist, während Vater mit seinem Sportwagen die Gegend unsicher macht.

Das Training zog sich einige Wochen hin. Wir erkundeten die Gegend, errichteten Scharfschützennester und unternahmen Aufklärungsfahrten entlang der Grenze. Wir versteckten die Fahrzeuge, bedeckten sie mit Tarnnetzen und versuchten so, sie mitten in der Wüste verschwinden zu lassen. Bei einem DPV nicht eben einfach: Normalerweise sah das Ergebnis ziemlich dilettantisch aus. Wir übten auch das Absetzen von DPVs aus dem fliegenden Hubschrauber, aus denen wir herausfah-

3. Schiffsdurchsuchungen

ren mussten, sobald sie den Boden berührten: ein Rodeo auf Rädern sozusagen.

Als sich der Januar dem Ende zuneigte, fingen wir langsam an, uns Sorgen zu machen – nicht, dass der Krieg ausbrechen könnte, sondern dass er ohne uns losging. Die übliche Dauer von SEAL-Einsätzen betrug damals sechs Monate. Wir waren im September aufgebrochen und sollten schon in wenigen Wochen wieder in die USA zurückkehren.
Ich wollte mich unbedingt im Kampf bewähren, das tun, wofür ich ausgebildet worden war. Die amerikanischen Steuerzahler hatten eine beträchtliche Menge Geld in meine Ausbildung als SEAL investiert. Und ich wollte nun unbedingt meinem Land dienen, meine Pflicht erfüllen und meine Arbeit erledigen.
Mehr als alles andere wollte ich jedoch den Nervenkitzel der Schlacht erleben.
Taya sah das allerdings ganz anders.

Taya:
In der Zeit, als die Situation sich zuspitzte und alle Zeichen auf Krieg standen, hatte ich große Angst. Obwohl der Krieg offiziell noch nicht begonnen hatte, wusste ich, dass sich die SEALs ständig in gefährlichen Situationen befanden. Bei ihnen besteht sogar im Training immer ein gewisses Risiko. Chris versuchte, das Risiko herunterzuspielen, damit ich mir keine Sorgen machte, aber ich war nicht so leichtgläubig und konnte zwischen den Zeilen lesen. Meine Angst äußerte sich auf unterschiedliche Weise. Ich war unruhig. Ich bildete mir Dinge ein, die gar nicht da waren. Ich konnte nur schlafen, wenn im Haus das Licht brannte; ich las jede Nacht so lange, bis mir die Augen von selbst zufielen. Ich tat alles, was in meiner Macht stand, um nicht alleine zu sein oder zu viel Zeit zum Nachdenken zu haben.
Zweimal rief Chris mich an und erzählte, dass er in Hubschrauberunfälle verwickelt gewesen war. Beide Unfälle waren verhältnismäßig harmlos, aber er machte sich Sorgen, dass die Medien darüber berichten würden, ich davon erfuhr und mir Sorgen machte.

»Ich wollte nur Bescheid sagen, für den Fall, dass du in den Nachrichten etwas davon hörst«, sagte er dann. »Es gab einen kleinen Unfall mit dem Hubschrauber, aber mir geht's gut.«
Eines Tages musste er an einer weiteren Hubschrauberübung teilnehmen. Am nächsten Morgen verfolgte ich die Nachrichten, in denen darüber berichtet wurde, dass ein Hubschrauber nahe der Grenze abgestürzt war und alle Insassen umgekommen waren. Laut diesem Bericht handelte es sich dabei um Soldaten der Special Forces.
In den Streitkräften bezieht sich der Begriff »Special Forces« auf die gleichnamige Army-Einheit, aber die Medien unterscheiden oft nicht zwischen Special Forces und SEALs. Sofort ging meine Fantasie mit mir durch.
Ich hatte an jenem Tag nichts von Chris gehört, obwohl er versprochen hatte sich zu melden.
Ich redete mir immer wieder ein, einen kühlen Kopf zu bewahren. Er gehörte sicher nicht zu den Opfern.
Ich stürzte mich in die Arbeit. Gegen Abend, ich wartete immer noch vergebens auf einen Anruf, begann ich nervös zu werden, dann panisch. Ich konnte nicht schlafen, obwohl ich völlig erschöpft war von all der Arbeit und dem Bemühen, die Tränen zurückzuhalten, die ständig an die Oberfläche treten und jeden Anschein der Ruhe zerstören wollten, den ich zu wahren vorgab.
Gegen 1 Uhr nachts döste ich endlich ein.
Das Telefon klingelte. Ich schreckte hoch und griff zum Hörer.
»Hallo, Schatz!«, sagte er, gut gelaunt wie eh und je.
Ich brach in Tränen aus.
Chris fragte immer wieder, was los sei. Ich konnte es ihm nicht einmal erklären. Meine Angst und Erleichterung äußerten sich nur in unverständlichem Schluchzen.
Danach nahm ich mir vor, nie wieder Fernsehnachrichten zu sehen.

Kapitel 4
Noch fünf Minuten zu leben

Wüstenbuggys und Schlamm vertragen sich nicht

Ausgerüstet und festgeschnallt saß ich am Abend des 20. März 2003 im MG-Schützensitz in meinem DPV, während ein Großraumhubschrauber vom Typ MH-53 von der Flugbahn in Kuwait abhob. Wir und unser Fahrzeug waren ins Heck des PAVE-Low-Helikopters geladen worden und nun auf dem Weg zu der Mission, die wir in den vergangenen Wochen durchgespielt hatten. Das Warten hatte endlich ein Ende: »Operation Iraqi Freedom« hatte begonnen.

Da hatte ich nun meinen Krieg.

Ich schwitzte, allerdings nicht nur vor Aufregung. Da wir nicht genau wussten, was Saddam für uns auf Lager hatte, trugen wir die komplette MOPP-Ausrüstung (»Mission Oriented Protective Posture«, manche sagen auch Raumanzüge dazu). Die Anzüge schützten vor chemischen Kampfstoffen, aber sie waren in etwa so bequem wie Schlafanzüge aus Gummi; und die Gasmaske, die selbstverständlich ebenfalls zu diesem Ensemble gehört, ist besonders schlimm.

»Füße nass!«, sagte jemand über Funk. Wir flogen jetzt also über Wasser. Ich überprüfte meine Schusswaffen. Sie waren bereit, auch das .50er-MG. Ich musste nur noch den Hebel zum Durchladen zurückziehen.

Wir blickten geradewegs auf das Heck des Hubschraubers. Die Laderampe war nicht ganz geschlossen, weshalb ich in die Nacht hinaussehen konnte. Plötzlich war der schwarze Streifen, den die Rampe freigab, mit roten Punkten übersät – die Iraker hatten Flugabwehr-Radar und -Waffen aktiviert, die sie laut unserem Geheimdienst gar nicht besaßen, und die Hubschrauberpiloten begannen Leuchtkörper und Scheinziele abzufeuern, um das Feuer von uns wegzulenken.

Dann kamen Leuchtspurgeschosse, die in langen Salven über das schmalen, dunkle Rechteck hinwegzogen.

Mist, dachte ich. *Wir werden abgeschossen, bevor ich überhaupt dazu komme, einen von diesen Kerlen plattzumachen.*

Aber irgendwie schafften die Iraker es, uns zu verfehlen. Der Hubschrauber flog weiter und näherte sich dem Festland.

»Füße trocken!«, sagte jemand über Funk. Wir hatten jetzt wieder festen Boden unter uns.

Dann brach die Hölle über uns herein. Wir gehörten zu einem Team, das die Aufgabe hatte, irakische Ölquellen zu sichern, bevor die Iraker sie in die Luft jagen oder anzünden konnten, wie sie es während des Desert-Storm-Krieges 1991 getan hatten. SEALs und GROM taten also ihr Bestes, um die Gas- und Öl-Inseln (GOPLATs) im Golf sowie die Ölraffinerien und Hafengebiete an der Küste zu besetzen.

Zwölf von uns hatten den Auftrag, zur Ölraffinerie al-Faw vorzudringen, die weiter im Landesinneren lag. Der Flug dorthin dauerte zwar nur wenige Minuten länger, aber wir standen praktisch permanent unter starkem Beschuss, und als der Hubschrauber endlich landete, wurde es nicht besser.

Die Rampe senkte sich und unser Fahrer gab Gas. Ich lud mein MG durch, bereit zu feuern, und wir bretterten die Rampe herunter. Das DPV schlitterte auf den weichen Boden … und sank umgehend ein.

So eine Mistkarre!

Der Fahrer ließ den Motor aufheulen und wechselte von einem Gang in den nächsten, um uns freizubekommen. Immerhin waren wir aus dem Helikopter draußen – eines der anderen DPVs blieb stecken, noch ehe es die Rampe ganz verlassen hatte. Der Helikopter hob und senkte sich ruckartig und versuchte verzweifelt, ihn abzusetzen – Piloten hassen es

4. Noch fünf Minuten zu leben

wie die Pest, beschossen zu werden, und haben nichts anderes im Sinn, als schnellstens wegzufliegen.

Mittlerweile konnte ich hören, wie sich die verschiedenen DPV-Einheiten über Funk meldeten. So ziemlich jeder von ihnen war in dem mit Öl vollgesaugten Schlamm stecken geblieben. Die Geheimdienstmitarbeiterin, die uns in der Vorbereitung beraten hatte, hatte behauptet, der Boden würde bei unserer Landung steinhart sein. Allerdings hatten sie und ihre Kollegen auch versichert, dass die Iraker keine Flakgeschütze besäßen. Wie es immer so schön heißt, verlass dich auf den militärischen Geheimdienst – und du bist verlassen.

»Wir stecken fest!«, sagte unser Chief.

»Ja, wir auch«, antwortete der Leutnant.

»Scheiße, wir müssen raus hier.«

»In Ordnung, alle raus aus euren Fahrzeugen und nehmt eure Positionen ein«, sagte der Chief.

Ich öffnete den Sicherheitsgurt, schnappte mir das 60er von hinten aus der Halterung und hastete in die Richtung des Zauns, der die Ölfabrik umgab. Unsere Aufgabe war es, den Zaun zu sichern, und nur weil wir nicht motorisiert waren, hieß es noch lange nicht, dass wir das nicht auch tun würden. Ich entdeckte einen Kieshaufen in Sichtweite des Tors und stellte das 60er auf. Ein Typ mit einer Carl Gustaf bezog neben mir Stellung. Technisch betrachtet ist die Carl Gustaf eine rückstoßfreie Schusswaffe, aber eigentlich handelt es sich um einen tragbaren Raketenwerfer, der einen Panzer lahmlegen oder ein Loch in ein Gebäude reißen kann. Ohne unsere Erlaubnis würde nichts dieses Tor passieren.

Die Iraker hatten einen Verteidigungsring um die Raffinerie errichtet. Das einzige Problem war, dass wir innerhalb des Rings gelandet waren. Wir befanden uns zwischen Saddams Truppen und der Raffinerie – also hinter ihren Stellungen.

Das gefiel ihnen ganz und gar nicht. Sie drehten sich um und begannen auf uns zu feuern.

Sobald ich erkannte, dass sie kein Giftgas einsetzten, nahm ich meine Gasmaske ab. Ich erwiderte das Feuer mit dem 60er und hatte viele Ziele – zu viele, um ehrlich zu sein. Wir waren deutlich in der Unterzahl. Aber das war kein echtes Problem. Wir baten kurzerhand um Luftunterstützung. Innerhalb von Minuten waren alle möglichen Arten von Flugzeugen über uns: F/A-18, F-16, A-10A, sogar ein AC-130-Gunship.

Die Airforce A-10er, besser bekannt als Warthogs oder Warzenschweine, waren klasse. Sie sind zwar Jets, können aber besonders langsam fliegen, und das ist Absicht – denn sie sind darauf ausgelegt, Bodenziele möglichst wirkungsvoll unter Beschuss nehmen zu können. Die Warthogs sind nicht nur mit Bomben und Raketen bestückt, sondern auch mit einer 30-mm-Gatling-Kanone. Und diese Gatlings gaben dem Feind in jener Nacht ordentlich Zunder. Die Iraker rückten sogar mit Panzern aus der Stadt an, um uns zu erwischen, aber die kamen nicht einmal in unsere Nähe. An einem bestimmten Punkt merkten sie schließlich, dass sie erledigt waren, und versuchten zu fliehen.

Großer Fehler. So waren sie besser sichtbar. Die Flugzeuge kamen immer wieder, nahmen sie ins Visier und schalteten die irakischen Einheiten nacheinander aus. Man hörte, wie die Geschosse durch die Luft schwirrten – *errrrrrrrrrr* – dann hörte man das Echo – *erhrhrrhrh*, dicht gefolgt von den Einschlägen der Explosivgeschosse und dem Unheil, das diese Patronen zu verursachen in der Lage sind.

Scheiße, dachte ich mir, *ist das klasse. Das ist der Hammer. Es ist nervenaufreibend, spannend und einfach nur toll.*

Der Gasangriff

Am Morgen kam eine britische Einheit angeflogen. Mittlerweile war die Schlacht vorbei. Wir ließen es uns natürlich nicht nehmen, sie deswegen ein bisschen aufzuziehen.

»Keine Bange. Der Kampf ist vorbei«, sagten wir. »Euch passiert schon nichts.«

Ich glaube nicht, dass sie das witzig fanden, aber man konnte sich nicht ganz sicher sein. Ihr Englisch klingt so seltsam. Erschöpft zogen wir uns zurück und suchten Unterschlupf in einem Haus, das während des Ge-

4. Noch fünf Minuten zu leben

fechts fast vollständig zerstört worden war. Mitten in den Trümmern ließen wir uns fallen und schliefen sofort ein.

Einige Stunden später standen wir wieder auf und gingen nach draußen, um das Areal um die Ölfelder herum zu kontrollieren. Unterwegs entdeckten wir einige der Flakgeschütze, die die Iraker angeblich nicht hatten. Aber immerhin mussten die Geheimdienst-Informationen diesbezüglich nicht aktualisiert werden – diese Geschütze waren keine Bedrohung mehr. Überall lagen Leichen herum. Wir sahen einen Mann, dem im wahrsten Sinne des Wortes der Hintern weggerissen worden war. Er war verblutet, aber erst hatte er noch versucht, sich vor den Flugzeugen in Sicherheit zu bringen. Deutlich war auf der Erde eine breite Blutspur zu sehen.

Während wir einigen Dingen nachgingen, machte ich in der Ferne einen Toyota-Pick-up aus. Er fuhr die Straße entlang und hielt in gut eineinhalb Kilometern Entfernung an.

Weiße zivile Pick-ups wurden im gesamten Kriegsverlauf von der Irakern als Militärfahrzeuge verwendet. Normalerweise handelte es sich um eine Version des Toyota Hilux, einen kompakten Pick-up, den es in verschiedenen Varianten gab. (In den Staaten wurde der Hilux oft SR5 genannt; das Modell wird hierzulande nicht mehr angeboten, obwohl es in anderen Ländern immer noch verkauft wird.) Da wir nicht wussten, was vor sich ging, beobachteten wir den Truck einige Augenblicke, bis wir ein »Wupp« hörten.

Einige Meter vor uns schlug etwas auf. Die Iraker hatten von der Ladefläche aus eine Panzerfaust abgefeuert. Das Geschoss versank wirkungslos im öligen Schlamm.

»Gott sei Dank ist das Ding nicht hochgegangen«, sagte jemand. »Sonst wären wir jetzt tot.«

Langsam strömte weißer Rauch aus dem Loch, das das Projektil verursacht hatte.

»Gas!«, schrie jemand.

Wir rannten so schnell wir konnten zum Tor zurück. Aber gerade, als wir es erreicht hatten, knallten die britischen Wachen es zu und weigerten sich, es wieder zu öffnen.

»Ihr müsst draußen bleiben!«, rief einer von ihnen. »Wer weiß, was das für ein Gas ist!«

Während schon Cobra-Hubschrauber der Marines über unsere Köpfe hinwegflogen, um sich der Trucks mit den Panzerfäusten anzunehmen, rätselten wir, ob wir nun sterben würden.

Als wir einige Minuten später immer noch atmeten, begriffen wir, dass der Rauch nichts anderes gewesen war als – Rauch. Beziehungsweise Dampf, der aus dem feuchten Schlamm verdunstete. Keine Ahnung. In jedem Fall, also im besten Wortsinn, nur heiße Luft, nichts Gefährliches. Wir waren erleichtert.

Schatt al-Arab

Nachdem die Raffinerie in al-Faw gesichert war, machten wir zwei unserer DPVs startklar und fuhren nach Norden zum Schatt al-Arab, dem Fluss, der den Iran vom Irak trennt und in den Persischen Golf mündet. Dort sollten wir nach Selbstmord-Booten und Minenlegern Ausschau halten, die vielleicht den Fluss hinunter in Richtung Golf fuhren. Wir fanden eine ältere Grenzstation, die von den Irakern verlassen worden war, und errichteten dort einen Beobachtungsposten.

Unsere Einsatzregeln nach Kriegsbeginn waren ziemlich einfach: »Wenn du einen Mann zwischen 16 und 65 Jahren siehst, dann erschieß ihn. Töte jede männliche Person, die dir begegnet.«

Das war zwar nicht der offizielle Wortlaut, aber die dahinterstehende Aussage. Da wir nun aber den Iran beobachteten, hatten wir den strikten Befehl, *nicht* zu feuern, zumindest nicht in Richtung Iran.

Jede Nacht bezog jemand auf der anderen Seite des Flusses Stellung und beschoss uns. Wir riefen pflichtbewusst in der Zentrale an und baten um die Erlaubnis, das Feuer erwidern zu dürfen. Die Antwort war immer ein entschiedenes »Nein!« Rückblickend war das einleuchtend. Unsere schwersten Waffen waren eine Carl Gustaf und zwei 60er. Die Iraner hatten eine Menge schwerer Geschütze – und sie hatten die bessere Schussposition. Es wäre für sie kein Problem gewesen, uns zu treffen.

Wahrscheinlich versuchten sie lediglich, uns zu einer Reaktion zu provozieren, damit sie einen Grund hatten, uns zu töten.

Es ärgerte uns aber gewaltig. Wenn jemand auf dich schießt, willst du natürlich instinktiv zurückschießen.

Nach dem furiosen Kriegsbeginn stellte sich deshalb schnell ein Stimmungstief bei uns ein. Wir saßen einfach nur herum und taten gar nichts. Einer der Jungs hatte eine Videokamera dabei und wir drehten ein Video, in dem wir ein bisschen Unfug trieben. Sonst gab es nicht viel zu tun. Wir fanden einige irakische Waffen, türmten sie zu einem Haufen auf und jagten sie in die Luft. Das war's dann. Vom Irak her kamen keine Boote in unsere Richtung, und die Iraner feuerten hin und wieder einen einzelnen Schuss ab und gingen dann in Deckung, um unsere Reaktion abzuwarten. Das Unterhaltsamste, was wir tun konnten, war ins Wasser zu waten und in ihre Richtung zu pinkeln.

Etwa eine Woche lang wechselten wir uns bei der Wache ab (zwei Jungs hielten Wache, vier hatten frei), überwachten den Funkverkehr und beobachteten das Wasser. Schließlich wurden wir von einer anderen Gruppe SEALs abgelöst und wir kehrten nach Kuwait zurück.

Das Rennen nach Bagdad

Mittlerweile hatte das Rennen nach Bagdad begonnen. Amerikaner und alliierte Einheiten strömten über die Grenze und unternahmen täglich große Vorstöße.

Wir verbrachten einige Tage in unserem Lager in Kuwait, schlugen die Zeit tot und warteten auf einen Auftrag. So frustrierend unser Aufenthalt an dem Grenzposten auch gewesen war, das hier war noch schlimmer. Wir wollten ins Kriegsgetümmel. Es gab eine ganze Reihe von Aufgaben, die wir hätten erledigen können – einige der tiefer im Landesinneren gelegenen, »nicht vorhandenen« Flakstellungen auszuschalten, beispielsweise – aber die Befehlsleitung schien uns nicht einsetzen zu wollen.

Unser Aufenthalt war eigens verlängert worden, damit wir am Kriegsbeginn teilnehmen konnten. Aber jetzt machte plötzlich das Gerücht die

Runde, wir sollten in die USA zurückkehren und durch Team 5 ersetzt werden. Niemand von uns wollte den Irak verlassen – jetzt, da es endlich so richtig interessant wurde. Dementsprechend sank die Stimmung in der Truppe auf einen neuen Tiefpunkt. Wir waren alle genervt.

Als Krönung hatten die Iraker unmittelbar vor Kriegsbeginn einige Scud-Raketen abgefeuert. Die meisten wurden von Patriot-Raketen unschädlich gemacht, aber eine kam durch. Können Sie sich vorstellen, dass sie ausgerechnet das Starbucks traf, das wir während unserer Trainingsphase vor dem Krieg regelmäßig besucht hatten?
Das ist richtig mies, ein Café zu treffen. Es hätte aber noch schlimmer kommen können, nehme ich an. Es hätte auch eine Dunkin'-Donuts-Bude erwischen können.
Der Witz war, dass Präsident Bush den Krieg erst erklärte, nachdem das Starbucks in Rauch aufgegangen war. Man kann sich gegenüber den Vereinten Nationen alle Frechheiten erlauben, aber sobald man jemandem das Recht auf seine tägliche Dosis Koffein nimmt, gibt es mächtig Ärger.

Wir waren nur drei oder vier Tage vor Ort, aber die ganze Zeit über deprimiert und übellaunig. Dann schlossen wir uns schließlich den Marines an, die in der Gegend von Nasiriyya einen Vorstoß wagten. Wir waren wieder im Spiel.

In der Nähe von Nasiriyya

Nasiriyya ist eine Stadt am Euphrat im Südirak, etwa 200 Kilometer nordwestlich von Kuwait. Die Stadt selbst wurde am 31. März von den Marines eingenommen, aber die Kampfhandlungen in der Gegend hielten noch eine Zeit lang an, da kleine Gruppen irakischer Soldaten und Fedajin den amerikanischen Truppen weiterhin Widerstand leisteten und sie immer wieder aus dem Hinterhalt angriffen. In der Nähe von Nasiriyya wurde auch die durch zahlreiche Medienberichte bekannt gewordene Soldatin Jessica Lynch gefangen genommen und in den ersten Kriegstagen festgehalten.

4. Noch fünf Minuten zu leben

Einigen Historikern zufolge waren die Kämpfe in dem Gebiet um Nasiriyya die härtesten, denen sich die Marines in diesem Golfkrieg stellen mussten, in etwa vergleichbar mit den wildesten Gefechten in Vietnam und später in Falludscha. Neben der Stadt selbst nahmen die Marines den Flugplatz Jalibah ein, zahlreiche Brücken, die über den Euphrat führten, sowie einige Autobahnen und Städte, die in der frühen Kriegsphase wichtig waren, um den alliierten Vorstoß nach Bagdad zu sichern. Dabei begegnete ihnen bereits die Art von fanatischer Ablehnung, die den Krieg kennzeichnen sollte, nachdem Bagdad gefallen war.

In dem Konflikt rund um Nasiriyya spielten wir eine extrem kleine Rolle. Wir gerieten in einige sehr heftige Gefechte, aber die Marines erledigten den Großteil der Arbeit. Ich kann daher nicht allzu viel darüber sagen; ich bekam von der gesamten Schlacht nur wenig mit, in etwa so, als würde man ein gewaltiges Gemälde durch einen schmalen Strohhalm hindurch betrachten.

Wenn man mit Einheiten der Army und des Marine Corps zusammenarbeitet, merkt man sofort einen deutlichen Unterschied. Die Jungs von der Army sind ziemlich hart im Nehmen, aber ihre Leistungsfähigkeit kann von Einheit zu Einheit sehr verschieden sein. Manche sind hervorragende, tapfere und beherzte Krieger. Einige wenige sind ein Schandfleck; die meisten sind irgendetwas dazwischen.

Ich habe die Erfahrung gemacht, dass Marines durch die Bank echte Teufelskerle sind. Sie kämpfen alle bis in den Tod. Jeder von ihnen will in den Krieg ziehen und töten. Sie sind zähe, unbeugsame Hunde.

Wir drangen mitten in der Nacht in die Wüste vor, mit zwei dreisitzigen DPVs, die mit 53er-Lasthubschraubern vor Ort gebracht wurden. Diesmal war der Boden fest genug, sodass keines der Fahrzeuge stecken blieb. Wir befanden uns hinter der Spitze des US-amerikanischen Vorstoßes und es gab in der Gegend keine feindlichen Militäreinheiten. Wir fuhren durch die Wüste, bis wir einen Army-Stützpunkt erreichten. Dort ruhten wir uns einige Stunden aus und zogen dann weiter, um die Gegend für die Marines auszukundschaften, die hinter uns im Anmarsch waren.

Die Wüste war nicht völlig verlassen. Getrennt durch lange Strecken einer schier trostlosen Einöde gab es auch immer wieder Städte und sehr kleine Siedlungen. Wir umfuhren die Ansiedlungen in großem Abstand und beobachteten sie aus der Ferne. Unsere Aufgabe war es, eine Vorstellung davon zu bekommen, wo sich mögliche Widerstandsnester befinden könnten und diese per Funk weiterzugeben, damit die Marines entscheiden konnten, ob sie sie angreifen oder ebenfalls umgehen sollten. Üblicherweise fuhren wir dazu auf eine Anhöhe, hielten an und analysierten von dort die Umgebung.

An jenem Tag hatten wir nur einen bedeutsamen Feindkontakt. Wir umfuhren gerade eine Stadt, waren ihr aber offenbar trotzdem zu nahe gekommen, denn plötzlich wurde auf uns geschossen. Ich feuerte einige Salven mit dem .50er-MG, drehte mich dann um und schoss weiter mit dem 60er, während wir zusahen, dass wir Land gewannen.

Wir waren an jenem Tag bestimmt mehrere Hundert Kilometer durch die Wüste gefahren. Am späten Nachmittag hatten wir eine Pause eingelegt und unsere Fahrt erst nach Sonnenuntergang fortgesetzt. Als man in jener Nacht auf uns schoss, änderte man plötzlich unsere Befehle. Die Befehlsleitung rief uns zurück und ließ uns von Hubschraubern abholen. Nun könnte man annehmen, dass es im Rahmen dieser Mission unsere Aufgabe war, den Feind dazu zu provozieren, auf uns zu schießen, weil er dadurch seine Position offenbarte. Man könnte weiterhin annehmen, dass die Tatsache, dass wir dem Feind so nah gekommen waren, bedeutete, dass wir feindliche Streitkräfte entdeckt hatten, die bislang unbekannt gewesen waren. Und daher hätte man mit einigem Recht behaupten können, dass wir unsere Sache gut gemacht hatten.

Aber für unseren kommandierenden Offizier war das alles falsch. Er wollte *nicht*, dass wir mit dem Feind in Berührung kamen. Er wollte keine Todesfälle riskieren, selbst wenn das bedeutete, dass wir unseren Auftrag nicht richtig erfüllen konnten. (Und ich sollte vielleicht hinzufügen, dass

4. Noch fünf Minuten zu leben

unser Team trotz des Schusswechsels und des früheren Feindkontakts keine Toten zu beklagen hatte.)

Uns kochte die Galle über. Wir waren mit der Erwartung losgezogen, mindestens eine Woche lang die Gegend auszukundschaften. Wir hatten eine Menge Benzin, Wasser und Nahrung bei uns und bereits in Erfahrung gebracht, wie wir im Notfall an Nachschub kommen könnten. Verdammt noch mal, wir hätten geradewegs bis nach Bagdad fahren können, das damals noch in irakischer Hand war.

Niedergeschlagen kehrten wir zum Stützpunkt zurück.

Dieser Rückzug bedeutete für uns zwar nicht das Ende des Krieges, aber er war ein schlechtes Vorzeichen für das, was noch vor uns lag.

Ich möchte hier eines klarstellen: Kein SEAL *will* sterben. General Patton hat es einmal so formuliert: Der Zweck des Krieges ist, den anderen dämlichen Schweinehund zu töten. Aber in jedem Fall wollen wir kämpfen.

Ein Teil der Gründe dafür ist persönlicher Natur. Bei Sportlern ist es ähnlich: Ein Sportler will aufgestellt werden, er will sich auf dem Spielfeld oder im Ring beweisen und mit seinem Gegner messen. Aber ein anderer Teil, sehr wahrscheinlich der größere Teil des Wunsches zu kämpfen, ist Patriotismus.

Das gehört zu den Dingen, die man mit Worten nicht erklären kann. Aber vielleicht hilft das:

Eines Nachts, einige Zeit später, waren wir in ein zermürbendes Feuergefecht verwickelt. Zehn von uns hatten etwa 48 Stunden im zweiten Stock eines alten, verlassenen Backsteingebäudes zugebracht und kämpften in voller Montur bei knapp 40 Grad Celsius. Die Kugeln flogen uns pausenlos um die Ohren und zertrümmerten nach und nach die Wände rings um uns. Wir hatten kaum genug Zeit, um nachzuladen.

Als schließlich am Morgen die Sonne aufging, verhallte plötzlich das Geräusch der Geschosse, die in die Mauern einschlugen. Der Kampf war zu Ende. Die Stille war schon beinahe unheimlich.

Als die Marines kamen, um uns abzuholen, fanden sie jeden Mann im Raum entweder an eine zerschossene Wand gelehnt oder auf dem Boden liegend; die einen versorgten ihre Verletzungen, die anderen ließen den Augenblick auf sich wirken.

Einer der Marines draußen nahm eine amerikanische Fahne und hisste sie über dem Posten. Ein anderer spielte die Nationalhymne – ich habe keine Ahnung, woher die Musik kam, aber die Symbolträchtigkeit der Situation und die Gefühle, die sie in mir auslöste, waren überwältigend; diese Erfahrung gehört zu den bewegendsten Augenblicken meines Lebens.

Jeder einzelne der kriegsmüden Männer erhob sich, ging ans Fenster und salutierte. Der Liedtext hallte in jedem von uns wider, als wir dabei zusahen, wie die Stars and Stripes im frühen Morgenlicht wehten – so wie es im Text heißt. Das erinnerte uns daran, wofür wir kämpften, und führte dazu, dass binnen Kurzem nicht nur Blut und Schweiß an uns herunterliefen, sondern auch Tränen der Rührung.

Ich weiß, wovon ich rede, wenn ich vom »Land der Freien« und von der »Heimat der Tapferen« spreche. Für mich sind das keine leeren Worte, ich fühle sie in meinem Herzen, in meiner Brust. Bei jedem Football- oder Baseballspiel, wenn jemand während der Nationalhymne redet oder seine Kopfbedeckung nicht abnimmt, regt mich das auf. Und das lasse ich ihn dann auch wissen.

Für mich und die SEALs, mit denen ich zu tun hatte, standen unser Patriotismus und unser Einsatz im Gefecht in einem engen Zusammenhang. Aber es hängt von den Führungskräften ab, wie entschlossen eine Einheit wie unsere kämpfen kann. In dieser Hinsicht entscheidend ist auch die Befehlsleitung, unsere kommandierenden Offiziere. Es gibt alle möglichen Arten von SEAL-Offizieren. Manche sind gut, manche schlecht. Und manche sind Weicheier.

Sie sind vielleicht zähe Hunde, aber Zähigkeit allein reicht nicht aus, um ein guter Anführer zu sein. Die Methoden und Ziele spielen ebenfalls eine große Rolle.

Unser Führungsstab wollte, dass wir 100-prozentig erfolgreich waren und keine Todesopfer zu beklagen hatten. Das klingt wie ein hehres Ziel – wer will schon versagen, wer verletzt werden? Aber im Krieg ist das

unrealistisch und eigentlich nicht miteinander vereinbar. Wenn das Ziel 100 Prozent Erfolg bei 0 Todesopfern lautet, dann kann man im Grunde auch zu Hause bleiben. Denn dann wird man nicht bereit sein Risiken einzugehen, ganz egal, wie realistisch die Ziele sein mögen.
Im Idealfall hätten wir in und um Nasiriyya Überwachungstätigkeiten und Aufklärungseinsätze für die Marines durchführen können. Wir hätten überhaupt viel enger mit den Marines zusammenarbeiten können. Und wir hätten mit Sicherheit einigen ihrer Leute das Leben retten können.
Wir wollten nachts ausrücken und in die nächstgrößere Stadt vordringen, bevor das Marine Corps sie erreichte. Wir hätten Ziele unschädlich machen und möglichst viele Schurken töten können. Wir absolvierten zwar einige solcher Missionen, aber wir hätten auf jeden Fall mehr tun können.

Hass

Ich wusste nicht viel über den Islam. Ich bin als Christ aufgewachsen und wusste lediglich, dass zwischen beiden Religionen seit Jahrhunderten Glaubenskriege herrschten. Mir waren die Kreuzzüge bekannt und ich wusste, dass sich die Kämpfe und Feindseligkeiten schon ewig hinzogen. Aber ich wusste auch, dass sich das Christentum seit dem Mittelalter weiterentwickelt hatte. Wir töten keine Menschen, nur weil sie einer anderen Religion angehören.
Die Widerständler, die wir im Irak bekämpften, nachdem Saddams Armee geflohen oder bezwungen war, waren Extremisten. Es mag seltsam klingen, aber sie hassten uns alleine deshalb, weil wir keine Moslems waren. Sie wollten uns töten, obwohl wir gerade ihren Diktator in die Flucht getrieben hatten, nur weil wir einer anderen Religion angehörten als sie selbst.
Sollte Religion nicht eigentlich Toleranz vermitteln?

Es heißt oft, dass man sich von seinem Feind distanzieren muss, um ihn töten zu können. Wenn das stimmt, machten es mir die radikalen Aufständischen im Irak wirklich leicht. Meine Geschichte vom Anfang dieses Buches, diejenige von der Mutter, die ihr Kind zum Waisen machte, indem sie den Stift der Handgranate zog, war nur ein einziges grausames Beispiel von vielen.

Für die Fanatiker, die wir bekämpften, galt nichts anderes als ihre verworrene Vorstellung von Religion. Dabei nahmen sie es selbst keineswegs sehr genau mit ihrer Religion – die meisten von ihnen beteten nicht einmal. Und nicht wenige von ihnen brauchten Drogen, um sich uns im Kampf überhaupt stellen zu können.

Viele der Aufständischen waren Feiglinge, die regelmäßig Drogen konsumierten, um sich Mut zu machen. Alleine, ohne deren Hilfe, waren sie zu nichts zu gebrauchen. Ich habe irgendwo eine Videoaufnahme, die einen Vater und seine Tochter zeigt, deren Haus gerade durchsucht wird. Sie befinden sich im Erdgeschoss, und aus irgendeinem Grund geht plötzlich im Stockwerk über ihnen eine Blendgranate los.

Auf dem Video sieht man, wie sich der Vater hinter dem Mädchen versteckt, aus Angst davor, getötet zu werden. Er ist bereit, seine Tochter zu opfern, um mit dem Leben davonzukommen.

Verscharrte Leichen

Die Aufständischen waren vielleicht feige, aber sie wussten sehr wohl, wie man tötete. Denn sie mussten sich auch keine Gedanken über Einsatzregeln und das Kriegsgericht machen. Gnadenlos töteten sie jeden Europäer oder Amerikaner, sobald sie nur die Gelegenheit dazu hatten; ob diese nun Soldaten waren oder nicht.

Eines Tages wurden wir zu einem Haus geschickt, in dem US-amerikanische Geiseln vermutet wurden. Das Gebäude selbst war leer, aber im Keller gab es deutliche Zeichen dafür, dass in der Erde etwas verscharrt worden war. Also stellten wir Lampen auf und fingen an zu graben.

Es dauerte nicht lange, bis ich erst ein Hosenbein, dann eine ganze Leiche sah, die erst vor Kurzem vergraben worden war.

Ein amerikanischer Soldat. Army.

4. Noch fünf Minuten zu leben

Neben ihm lag ein anderer. Dann ein weiterer, seiner Uniform nach zu urteilen ein Marine.
Mein Bruder war kurz vor dem 11. September den Marines beigetreten. Ich hatte eine Weile nichts von ihm gehört und ich war davon ausgegangen, dass er sich ebenfalls im Irak im Einsatz befand.
Als ich dabei half, den Leichnam freizulegen, war ich mir aus irgendeinem Grund sicher, dass dies mein Bruder war.
Er war es nicht. Ich betete in Gedanken und wir gruben weiter.
Ein weiterer Leichnam, wieder ein Marine. Ich beugte mich vor und zwang mich hinzusehen.
Er war es wieder nicht.
Mit jedem Mann, den wir aus dem Massengrab zogen – und es waren einige – war ich immer überzeugter, dass mein Bruder unter ihnen wäre. Mein Magen drehte sich um, aber ich grub weiter und kämpfte gegen die Übelkeit an.
Schließlich waren wir fertig. Er war nicht dabei.
Ich spürte für einen Augenblick Erleichterung, selbst Euphorie – keiner dieser toten Soldaten war mein Bruder gewesen. Dann überkam mich eine enorme Trauer über den Tod der jungen Männer, deren Leichen wir hatten ausgraben müssen.

Als ich schließlich Nachricht von meinem Bruder erhielt, erfuhr ich, dass er zwar ebenfalls im Irak stationiert, aber nicht einmal ansatzweise in der Nähe des Ortes gewesen war, an dem wir die Leichen gefunden hatten. Sicher hatte auch er es im Krieg nicht leicht, aber als ich seine Stimme hörte, ging es mir schon deutlich besser.
Ich war schließlich immer noch sein großer Bruder und hoffte, ihn irgendwie beschützen zu können. Teufel noch mal, er brauchte mich nicht als Beschützer; er war ein Marine, und ein zäher obendrein. Aber irgendwie sind diese alten Gewohnheiten nur schwer totzukriegen.

Bei anderer Gelegenheit fanden wir etliche Fässer mit chemischen Stoffen, wie man sie für biochemische Waffen benötigt. Später hieß es zwar, es habe keine Massenvernichtungswaffen im Irak gegeben, aber offenbar bezieht sich das lediglich auf vollständige Atombomben, nicht auf die vielen todbringenden, chemischen Waffen oder Waffenbestandteile, die Saddam gehortet hatte.

Vielleicht liegt es ja auch daran, dass die Aufschriften auf den Fässern darauf hinwiesen, dass die Chemikalien aus Frankreich und Deutschland stammten, unseren angeblichen europäischen Verbündeten.

Ich habe mich immer wieder gefragt, wie viel von dem Zeug Saddam wohl noch hatte verstecken können, bevor wir einmarschierten. Immerhin hatte es vor Kriegsbeginn so viele Warnungen gegeben, dass er sicher genügend Zeit gehabt hatte, um Tonnen von Material fortzuschaffen und zu vergraben. Wohin es verschwand, wo es eines Tages wieder auftauchen wird, was es vergiften wird – ich glaube, das sind Fragen, die nur die Zeit beantworten kann.

Eines Tages entdeckten wir etwas in der Wüste und dachten zunächst, es wären unbekannte Spreng- und Brandvorrichtungen. Wir riefen das Bombenentschärfungsteam, das umgehend anrückte. Doch man höre und staune – es war keine Bombe, sondern ein Flugzeug.

Saddam hatte eine Reihe seiner Kampfjets in der Wüste vergraben. In Plastik eingepackt und einfach verbuddelt. Vielleicht nahm er an, dass wir wie beim vorherigen Krieg Desert Storm im Schnelldurchlauf durch sein Land rauschen und schnell wieder verschwinden würden.

Aber da hatte er sich getäuscht.

»Wir werden sterben«

Wir arbeiteten weiter mit den Marines zusammen, während sie in Richtung Norden marschierten. Unsere Einsätze bestanden in der Regel darin, die Vorhut für sie zu bilden und nach Widerstandsnestern Ausschau zu halten. Obwohl wir aus zuverlässiger Quelle wussten, dass es in der Gegend feindliche Soldaten gab, rechneten wir nicht mit größeren Einheiten.

4. Noch fünf Minuten zu leben

Mittlerweile operierten wir als ganzer Zug; alle 16 von uns. Wir erreichten einen kleinen Gebäudekomplex am Rande einer Stadt, und kaum waren wir angekommen, wurden wir auch schon beschossen.
Das Feuergefecht schaukelte sich schnell hoch und innerhalb weniger Minuten erkannten wir, dass wir umzingelt waren, unser einziger Fluchtweg war von einem mehrere Hundert Mann starken irakischen Verband abgeschnitten.
Ich tötete an diesem Tag eine Menge Iraker – das taten wir alle – aber für jeden, den wir erschossen, schienen vier oder fünf neue Kämpfer aus dem Nichts zu erscheinen. Dies ging stundenlang so weiter, während der Kampf hin- und herwogte.
Die meisten Feuergefechte im Irak waren eher kurz, sie dauerten meist nur einige Minuten, vielleicht auch einmal eine Stunde oder länger. Sie konnten sehr heftig sein, aber die Iraker zogen sich irgendwann einmal zurück. Oder wir taten es.
Das war hier nicht der Fall. Das Gefecht brandete immer wieder auf und dauerte die ganze Nacht. Die Iraker wussten, dass sie in der Überzahl waren, dass sie uns umzingelt hatten, und sie wollten einfach nicht lockerlassen. Nach und nach näherten sie sich uns, bis schließlich klar war, dass sie uns über kurz oder lang überrennen würden.
Wir waren erledigt. Wir würden sterben. Oder schlimmer noch, man würde uns am Leben lassen und gefangen nehmen. Ich dachte an meine Familie und was das für sie bedeuten würde. Ich war entschlossen, lieber zu sterben, als es dazu kommen zu lassen.
Ich feuerte noch mehr Patronen ab, als plötzlich ein Funkspruch eintraf: »Wir sind gleich bei euch.«

Das war die Kavallerie.
Besser gesagt die Marines. In buchstäblich letzter Minute. Wir würden also nicht sterben. Zumindest nicht in den nächsten fünf Minuten.
Gott sei Dank!

Abzug

Wie sich zeigen sollte, war dies die letzte größere Auseinandersetzung mit dem Feind während dieses Auslandseinsatzes. Der kommandierende Offizier rief uns zum Stützpunkt zurück.

Es war eine Verschwendung. Die Marines rückten jeden Abend in Nasiriyya ein und versuchten, die auflodernden Aufstände einzudämmen. Sie hätten uns leicht einen eigenen Abschnitt zum Patrouillieren zuweisen können. Wir hätten in kleinen Gruppen vorrücken, einzelne Schurken und Widerstandsnester ausschalten können, aber der kommandierende Offizier war dagegen.

Wir erfuhren von dieser Entscheidung noch vor Ort, während wir in diversen Frontstützpunkten herumsaßen und auf neue Aufträge hofften. Die GROM – die polnische Spezialeinheit – rückte regelmäßig aus und erledigte dieselbe Arbeit, die wir ebenfalls gerne ausgeführt hätten. Wir seien Löwen, die von Hunden befehligt würden, verspotteten sie uns.

Die Marines waren nicht besser. Jede Nacht kehrten sie von ihren Einsätzen zurück und zogen uns auf: »Na, wie viele habt ihr heute erwischt? Ach, stimmt ja – ihr wart ja nicht mal draußen.« Drecksäcke. Aber ich machte ihnen keinen Vorwurf. Schuld war unsere Befehlsleitung – in meinen Augen ein nichtsnutziger Haufen von Feiglingen.

Wir hatten uns zu diesem Zeitpunkt bereits darauf vorbereitet, den Mukarayin-Damm nordöstlich von Bagdad einzunehmen. Der Damm war nicht nur wichtig, weil er Teil eines Wasserkraftwerks war. Wenn es dem Feind gelungen wäre, ihn zu öffnen oder zu sprengen, hätte das die alliierten Einsatzkräfte, die die Iraker in der Gegend bekämpften, massiv behindert. Aber die Mission wurde immer wieder verschoben und schließlich wurde das SEAL-Team 5 damit beauftragt, das uns am Ende unseres Turnus ersetzte. (Dieser Einsatz, der gemäß unserer Planung durchgeführt wurde, war übrigens ein voller Erfolg.)

Es gab noch so viele Dinge, die wir hätten tun können. Wie sie sich auf den Kriegsverlauf ausgewirkt hätten, kann ich zwar nicht sagen, aber wir hätten hier und da sicher noch einige Leben retten oder vielleicht

4. Noch fünf Minuten zu leben

sogar einige Konflikte um einen oder mehrere Tage verkürzen können. Stattdessen erhielten wir die Anweisung, uns für die Heimreise bereit zu machen. Unser Einsatz war zu Ende.

Anschließend saß ich noch wochenlang gelangweilt auf dem Stützpunkt herum. Ich kam mir wie ein verdammter Feigling vor, spielte den ganzen Tag Videospiele und musste, zur Untätigkeit verurteilt, darauf warten, dass wir ausgeflogen wurden.

Ich war zu dieser Zeit ziemlich verärgert. Sogar so sehr, dass ich kein SEAL mehr sein wollte und mit dem Gedanken spielte, aus der Navy auszutreten.

Kapitel 5
Scharfschütze

Taya:

Als Chris von seinem ersten Auslandseinsatz zurückkehrte, war er von allem genervt. Vor allem von Amerika.

Auf der Fahrt nach Hause hörten wir im Auto Radio. Niemand sprach über den Krieg; das Leben ging weiter, als wäre im Irak nichts Besonderes passiert.

»Die Leute reden nur über unwichtigen Dreck«, schimpfte er. »Wir kämpfen für unser Land und niemanden interessiert das.«

Chris war sehr enttäuscht gewesen, als der Krieg anfing. Er hatte in Kuwait im Fernsehen gesehen, wie negativ die Medien über die Streitkräfte berichteten. Er rief mich damals an. »Weißt du was? Wenn sie wirklich diese Meinung haben, dann können sie mich mal. Ich bin hier draußen, ich bin bereit, mein Leben zu opfern, und sie tun gar nichts.«

Ich konnte ihn davon überzeugen, dass viele Menschen in Gedanken bei der Truppe und speziell auch bei ihm waren. Er hatte mich, Freunde in San Diego und Texas und seine Familie.

Aber zu Hause fiel es ihm schwer, sich an den Alltag zu gewöhnen. Beim Aufwachen schlug er oft um sich. Er war schon immer etwas sprunghaft gewesen, aber nun gewöhnte ich es mir an, wenn ich nachts aufwachte und ins Bett zurückkehrte, mich vorsichtig zu nähern und zunächst seinen Namen zu flüstern. Ich musste sicherstellen, dass er wusste, wer sich ihm da näherte, da es sonst sein konnte, dass er reflexartig zuschlug.

> *Einmal wachte ich auf und stellte fest, dass er meinen Arm mit beiden Händen umklammert hielt. Eine Hand war auf dem Unterarm und eine knapp oberhalb des Ellenbogens. Er schlief tief und fest und schien drauf und dran, meinen Arm zu verdrehen oder gar zu brechen. Ich hielt so still wie möglich und sprach wiederholt seinen Namen aus, wobei ich jedes Mal lauter wurde, um ihn nicht zu erschrecken, da ich berechtigte Sorge um meinen Arm hatte. Schließlich wachte er auf und ließ los.*
>
> *Es dauerte eine ganze Weile, bis wir uns einige neue Gewohnheiten angeeignet hatten, aber nach und nach passten wir uns an die neuen Umstände an.*

Angst und Schrecken

Natürlich blieb ich bei den SEALs.

Wäre mein Vertrag zu dieser Zeit ohnehin bald ausgelaufen, hätte es allerdings gut sein können, dass ich ausgetreten wäre. Vielleicht wäre ich zu den Marines gegangen. Aber so kam das nicht infrage.

Außerdem hatte ich Anlass zur Hoffnung. Wenn das Team einen Auslandseinsatz hinter sich gebracht hat und nach Hause zurückkehrt, werden die Karten neu gemischt und ein neuer Führungsstab wird aufgestellt. Es bestand also Aussicht darauf, dass unsere neue Befehlsleitung besser als die vorige sein würde.

Ich sprach mit Taya und vertraute ihr an, wie genervt ich war. Sie sah das natürlich anders: Sie war einfach nur froh, dass ich noch lebte und heil nach Hause zurückgekehrt war. In der Zwischenzeit wurden die ranghohen Offiziere in der Navy befördert und zu ihrem maßgeblichen Beitrag zum laufenden Golfkrieg beglückwünscht. Sie bekamen den Ruhm.

Auf den Ruhm pfeife ich, dachte ich bei mir.

Sie heimsten einen zweifelhaften Ruhm ein, da sie selbst nicht gekämpft, sondern sich den ganzen Krieg über nur durch Feigheit ausgezeichnet hatten. Eine Feigheit, die zahlreiche Leben gekostet hatte, die wir hätten retten können, wenn man uns nur gelassen hätte. Aber so läuft es in der Politik: Eine Horde Bürohengste sitzt herum und klopft sich auf die Schulter, während andere ihren Kopf hinhalten müssen.

Ich machte es mir damals zur Gewohnheit, nach der Rückkehr von jedem Einsatz etwa eine Woche lang das Haus nicht zu verlassen. Ich blieb einfach zu Hause. Normalerweise bekamen wir nach dem Ausladen und Wegräumen unserer Ausrüstung etwa einen Monat frei. In der ersten dieser vier Wochen blieb ich mit Taya grundsätzlich zu Hause und schottete mich völlig von der Außenwelt ab. Erst danach begann ich damit, meine Familie und Freunde zu besuchen.
Interessanterweise hatte ich keine sogenannten Flashbacks, also lebhafte Tagträume, in denen man Kriegsereignisse erneut durchlebt. Ich wollte einfach nur für eine Weile alleine sein.
Ich erinnere mich, wie ich nach dem ersten Einsatz einmal so etwas Ähnliches wie einen Flashback hatte, obwohl er nur wenige Sekunden dauerte. Ich saß gerade in dem Zimmer in unserem Haus in Alpine, nahe San Diego, das wir als Büro benutzten. Und als Taya nach Hause kam, löste sie aus irgendeinem Grund versehentlich unsere Alarmanlage aus. Das Geräusch der Sirene erschreckte mich zu Tode. Mit einem Schlag war ich wieder in Kuwait. Blindlings suchte ich unter dem Schreibtisch Schutz, denn ich wähnte mich plötzlich inmitten eines Scud-Angriffs.
Mittlerweile lachen wir über diese Anekdote – aber in jenen Sekunden hatte ich große Angst, mehr noch als damals in Kuwait, als die Scuds tatsächlich über uns hinwegflogen.

✧

Die Alarmanlage bereitete mir noch öfter Freude. Eines Tages wachte ich auf, nachdem Taya zur Arbeit gegangen war. Sobald ich aus dem Bett gestiegen war, ging der Alarm los. Er lief im akustischen Modus, sodass mich eine automatische Stimme warnte:
»Warnung: Eindringling! Eindringling im Haus! Warnung: Eindringling!«

5. Scharfschütze

Ich schnappte mir meine Pistole und wollte den Einbrecher stellen. Kein Mistkerl würde einfach in mein Haus einbrechen und ungestraft davonkommen.
»Eindringling: Wohnzimmer!«
Vorsichtig schlich ich ins Wohnzimmer und sicherte den Raum, wie ich es bei den SEALs gelernt hatte.
Leer. Kluges Bürschchen.
Ich pirschte mich durch den Flur.
»Eindringling: Küche!«
Die Küche war ebenfalls leer. Der Hundesohn rannte von mir weg.
»Eindringling: Flur!«
Dreckskerl!
Ich kann nicht sagen, wie lange es dauerte, bis ich endlich erkannt hatte, dass ich selbst der Eindringling war: Die Anlage verfolgte mich. Taya hatte den Alarm unter der Annahme eingestellt, dass das Haus verlassen war, sodass jede Bewegung aufgezeichnet wurde.
Sie können gerne lachen. Aber bitte mit mir, nicht über mich.

Es schien fast so, als sei ich zu Hause anfälliger als in der Schlacht. Praktisch jedes Mal, sobald ich zu Hause war, stieß mir etwas zu, normalerweise im Training. Ich brach mir einen Zeh, einen Finger und zog mir alle möglichen kleineren Verletzungen zu. Im Ausland, im Kriegseinsatz, schien ich unverwundbar.
»Du ziehst wahrscheinlich immer deinen Superhelden-Umhang aus, sobald du nach Hause kommst«, witzelte Taya.
Nach einer Weile fand ich, dass da durchaus etwas dran war.

༶

Während der gesamten Zeit meines Auslandseinsatzes waren meine Eltern extrem angespannt gewesen. Und sobald ich wieder zu Hause war, wollten sie mich sofort sehen. Deshalb glaube ich auch, dass sie mein Bedürfnis nach Rückzug anfangs mehr kränkte, als sie zugeben wollten.

Als wir sie dann aber schließlich besuchten, war es ein recht schöner Tag. Meinem Vater setzte mein Einsatz besonders schwer zu, er zeigte seine Sorge wesentlich stärker als meine Mutter. Das ist seltsam – manchmal fühlen sich die stärksten Menschen machtlos, wenn die Dinge nicht in ihrer Hand liegen und sie für ihre Lieben nicht da sein können. Das ist mir selbst auch schon so ergangen.

Das war ein Muster, das sich jedes Mal wiederholte, wenn ich im Krieg war. Meine Mutter blieb stoisch; aber mein sonst so stoischer Vater konnte kaum verbergen, welch große Sorgen er sich um mich und meinen Bruder machte.

Auf die Schulbank

Ich opferte einen Teil meines Urlaubs und kehrte eine Woche früher von meinem Heimaturlaub zurück, um mich zum »Sniper«, zum Scharfschützen ausbilden zu lassen. Und glauben Sie mir, für diese Gelegenheit hätte ich sogar noch viel mehr geopfert als eine Woche Urlaub.

Die Sniper-Einheiten der Marines haben im Laufe der Jahre viel Aufmerksamkeit auf sich gezogen – zu Recht – und ihre Ausbildung zählt nach wie vor zu den besten der Welt. SEAL-Sniper wurden früher ebenfalls bei den Marines ausgebildet. Inzwischen haben wir unseren eigenen Lehrplan, wobei wir viel von den Marines übernommen, aber auch eine Reihe anderer Dinge hinzugefügt haben, um unsere Sniper noch gezielter auf unsere Missionen vorzubereiten. Die Scharfschützenausbildung der SEALs dauert deswegen gut doppelt so lange.

Abgesehen vom BUD/S war das die härteste Ausbildung, die ich jemals durchlaufen musste. Nicht zuletzt wegen der Psychotricks, die sie mit uns spielten. Wir arbeiteten bis spät in die Nacht und mussten sehr früh wieder aufstehen. Außerdem hielt man uns ständig in Bewegung, sei es mit langen Laufeinheiten oder anderen anstrengenden Aktivitäten. Das sollte uns permanent unter Stress setzen.

Stress bzw. Druck ist ein enorm wichtiger Bestandteil dieser Ausbildung. Da sie nicht auf dich schießen können, üben sie auf jede andere erdenk-

5. Scharfschütze

liche Weise möglichst viel Druck auf dich aus. Ich habe gehört, dass nur die Hälfte der SEALs die Scharfschützenschule erfolgreich abschließt. Das glaube ich sofort.

Im ersten Teil der Ausbildung wird den SEALs zunächst vermittelt, wie man die Computer- und Kameraausrüstung benutzt, die zu unserem Job gehört. SEAL-Sniper sind nicht nur Schützen. Das Schießen ist nur ein kleiner Aspekt unserer Tätigkeit. Ein ziemlich wichtiger, entscheidender Teil, aber lange nicht alles.

Ein SEAL-Scharfschütze wird dazu ausgebildet zu beobachten. Das ist die grundlegende Fähigkeit, die er beherrschen muss. Vielleicht bildet er einmal die Vorhut für eine Kampftruppe und hat die Aufgabe, möglichst viel über den Feind in Erfahrung zu bringen. Und selbst wenn er die Aufgabe hat, ein wichtiges Ziel auszuschalten, muss er zuallererst in der Lage sein, seine Umgebung zu beobachten. Ebenso wichtig ist es, Hilfsmittel wie GPS-Geräte bedienen zu können und die Informationen, die er gesammelt hat, mit geeigneten Mitteln weiterzugeben. Und deshalb beginnt die Ausbildung genau damit – mit den technischen Hilfsmitteln.

Der nächste Kursabschnitt ist in vielerlei Hinsicht der schwierigste, das Einsickern. Hier fallen die meisten Teilnehmer durch. Einsickern heißt, eine Beobachtungs- oder Schussposition unbemerkt einzunehmen. Das ist leichter gesagt als getan. Man muss sich langsam und vorsichtig an den Ort heranpirschen, der für den jeweiligen Auftrag perfekt geeignet ist. Es geht dabei nicht nur um Geduld. Es geht um professionelle Disziplin.

Ich bin kein besonders geduldiger Mensch, aber ich habe gelernt, dass ich mir Zeit lassen muss, wenn ich beim Einsickern Erfolg haben will. Wenn ich weiß, dass ich jemanden töten muss, warte ich notfalls einen ganzen Tag, eine Woche, wenn es sein muss, auch zwei Wochen.

Und das habe ich auch schon unter Beweis gestellt.

Ich bin bereit, alles zu tun, was nötig ist. Und, sagen wir einmal so: Zwischendurch mal kurz aufs WC zu gehen, ist bei solchen Aktionen nicht drin.

Im Rahmen einer Übung mussten wir einmal durch ein Weizenfeld pirschen. Es dauerte Stunden, bis ich meinen Ghillie Suit, den obligatorischen Tarnanzug der Scharfschützen, mit Gras und Heu zurechtgemacht hatte. Der Tarnanzug besteht aus Sackleinen und ist eine Art Unterlage für den einsickernden Sniper. An den Anzug kann man beliebig Materialien wie Heu, Gras oder Laub befestigen, bis man von der jeweiligen Umgebung nicht mehr zu unterscheiden ist. Das Leinen verleiht dem Ganzen räumliche Tiefe, sodass man nicht aussieht wie ein Kerl, dem Heu aus dem Hintern wächst, während man durch das Feld robbt. Man verschmilzt praktisch mit seiner Umgebung.

Aber in den Anzügen wird es schnell recht heiß und man schwitzt ordentlich. Und man wird auch nicht vollkommen unsichtbar. Sobald man ein anderes Terrain erreicht, heißt es anhalten und seine Tarnung ändern. Logischerweise muss man genau wie die Gegend aussehen, in der man sich gerade bewegt.

Ich erinnere mich, wie ich einmal im Schneckentempo durch ein Feld robbte, als ich das Klappern einer in der Nähe befindlichen Schlange hörte. Klapperschlangen fühlen sich in Feldern wohl. Sie per Gedankenübertragung zum Davonkriechen zu bewegen, funktionierte irgendwie nicht. Da wir benotet wurden und ich meine Stellung dem Ausbilder nicht offenbaren wollte, änderte ich meine Route und schlich mich seitlich davon. Mit manchen Feinden sollte man sich lieber nicht anlegen.

Beim Einsickern wurde nicht unser erster Schuss benotet, sondern unser zweiter. Das Ziel der Ausbildung war nämlich, auch dann noch unsichtbar zu bleiben, nachdem man einen Schuss abgegeben hatte.

Im realen Einsatzfall ist es nämlich durchaus vorstellbar, dass man mehrere Schüsse abfeuern muss, bis ein Ziel ausgeschaltet ist – und danach muss man ja auch noch verschwinden. Und es wäre wünschenswert, beides zu überleben.

Etwas, das man sich immer wieder neu ins Gedächtnis rufen muss, ist der Umstand, dass konzentrische Kreise in der Natur nicht vorkommen, was heißt, dass man alles unternehmen muss, um sein Zielfernrohr und seine Gewehrmündung zu tarnen. Ich beklebte meinen Lauf mit Gewebeband und besprühte das Band dann noch zusätzlich mit Tarnfarbe. Außerdem verbarg ich das Zielfernrohr wie auch die Mündung hinter reichlich Blättern und Zweigen – immerhin musste ich ja außer dem Ziel sonst nicht viel sehen.

Für mich war das Einsickern der schwierigste Teil des Kurses. Wegen meiner Ungeduld wäre ich fast durchgefallen.

Erst als wir das Einsickern beherrschten, durften wir zum Schießen übergehen.

Gewehre

Ich werde oft über Waffen ausgefragt – was ich als Scharfschütze benutzte, welche ich in meiner Ausbildung verwendete, was ich bevorzuge. Normalerweise sucht man sich die Waffe je nach Auftrag und Situation aus. In der Sniper-Schule lernte ich eine Fülle von Waffen kennen, deshalb war ich nicht nur in der Lage, alle zu benutzen, sondern wusste auch, welche ich wann am besten einsetzen konnte.

In der Sniper-Schule wurden wir an vier Basiswaffen ausgebildet. Zwei waren halb automatische Waffen, die mittels Magazinen nachgeladen wurden: das Scharfschützengewehr Mk-12 im Kaliber 5.56 und das Scharfschützengewehr Mk-11 im Kaliber 7.62. (Wenn ich über eine Waffe rede, erwähne ich oft nur das Kaliber, das Mk-12 ist das 5.56er. Ach, und weil es sich hier um Angaben in Millimetern handelt, gibt es keinen »Punkt« vor der Zahl.)

Dann gab es noch meine .300 Win Mag, einen Karabiner mit Magazin (die Kaliberangabe hier in Zoll, und weil das Kaliber kleiner als ein Zoll ist, hier 0,3 Zoll, wird es mit »Punkt« davor geschrieben). Wie die anderen beiden hatte sie einen Mündungsfeuerdämpfer. Also eine Vorrichtung am Ende des Laufs, die das Mündungsfeuer und den Überschallknall der Patrone dämpft, wenn sie die Waffe verlässt. Man muss sich das so ähnlich vorstellen wie einen Auspuffdämpfer. (Ein Feuerdämpfer ist allerdings kein Schalldämpfer, obwohl manche ihn dafür halten. Ohne mich zu sehr in Details zu verlieren, der Mündungsfeuerdämpfer funktioniert, indem er Mündungsfeuer und Explosionsgase, die beim Abfeuern der Patronen entstehen, seitlich aus dem Lauf entlässt. Es gibt grundsätzlich zwei Arten: Eine, die man an den Lauf der Waffe anbringt und eine andere, die bereits ab Werk in den Lauf integriert ist. Der Mündungsfeuerdämpfer eines Scharfschützengewehrs hat überdies den praktischen Vorteil, dass er den Rückstoß reduziert, den der Schütze spürt. Dadurch wird der Schuss präziser.)

Schließlich hatte ich noch ein Gewehr im Kaliber .50 ohne Mündungsfeuerdämpfer.

Sehen wir uns die einzelnen Waffen einmal etwas genauer an.

Mk-12

Offiziell heißt diese Waffe United States Navy Mk-12 Special Purpose Rifle. Das Mk-12 hat einen 40 Zentimeter langen Lauf, gleicht aber sonst dem Sturmgewehr M-4. Es feuert eine Patrone im Kaliber 5,56 × 45 mm aus einem 30-Schuss-Magazin. (Das Mk-12 kann auch mit einem 20-Schuss-Magazin ausgestattet werden.)

Die 5,56 stammt von dem ab, was als die .223-Patrone bekannt wurde und ist daher kleiner und leichter als die meisten frühen Militärpatronen. Das Geschoss hat einen recht kleinen Durchmesser und ist deshalb nicht unbedingt empfehlenswert, wenn man jemanden erschießen will. Man benötigt unter Umständen mehrere Schüsse, um jemanden auszuschalten, vor allem die unter Drogen stehenden, durchgeknallten Typen, mit denen wir es im Irak zu tun hatten – es sei denn, man jagt ihnen gleich eine Kugel durch den Kopf. Und im Gegensatz zu dem, was man landläufig annimmt, tötet man als Scharfschütze die Schurken nicht immer durch Kopfschuss, bei mir war das zumindest nicht der Fall. Normalerweise visierte ich die Mitte an – ein schönes, dickes Ziel irgendwo in der Körpermitte, das bietet den größten Spielraum, was den eigentlichen Treffer angeht.

Das Gewehr war sehr leicht zu handhaben und praktisch alle seine Einzelteile waren mit denen des M-4 austauschbar, das – obwohl kein Scharfschützengewehr – trotzdem eine brauchbare Einsatzwaffe war. Als ich zu meinem Zug zurückkehrte, nahm ich sogar die untere Gehäuse-

hälfte meines M-4 ab und montierte sie auf mein Mk-12. So hatte ich einerseits einen Klappschaft und konnte andererseits die Waffe zu einem Vollautomaten umfunktionieren. (Mittlerweile werden einige Mk-12er ab Werk mit einem Klappschaft ausgestattet.)
Auf Patrouillen bevorzuge ich eine Waffe mit einem kompakten Kolben. Man kann sie schneller an die Schulter bringen und ganz gut instinktiv zielen. Auch im Häuserkampf und in engen Räumlichkeiten haben sich kurze Kolben bewährt.
Eine weitere Anmerkung zu meiner individuellen Konfiguration: Ich benutzte eine Waffe niemals im vollautomatischen Modus. Das macht man nur, wenn man will, dass jemand in Deckung bleibt. Im Dauerfeuer ist man natürlich nicht besonders präzise, aber da man durchaus mal in eine Situation geraten kann, in der eine solche Funktion nützlich sein könnte, wollte ich mir diese Option immer offenhalten.

Mk-11

Offiziell als Mk-11 Mod X Special Purpose Rifle bezeichnet, ist diese überaus vielseitige Waffe auch unter dem Namen SR25 bekannt. Mir gefällt das Konzept des Mk-11, weil ich mit ihm (anstelle des M-4) auf Patrouille gehen und es trotzdem als Scharfschützengewehr benutzen konnte. Das Mk-11 hatte keinen Klappschaft, aber das war auch der einzige Nachteil. Ich trug den Mündungsfeuerdämpfer immer bei mir, montierte ihn aber nur, wenn ich ihn wirklich brauchte – also mit anderen Worten: Wenn ich einen gezielten Schuss aus der Deckung abgeben musste. Aber wenn wir auf der Straße im Fahrzeug oder zu Fuß unterwegs waren, konnte ich auch so jederzeit sofort zurückschießen. Das Mk-11 war eine halb automatische Waffe mit einem 20-Schuss-Magazin, ich konnte also in kurzer Zeit viele Patronen ins Ziel bringen; und es hatte das Kaliber 7,62 × 51 mm, das eine höhere Mannstoppwirkung hatte als die kleineren 5,56er-NATO-Patronen. Ein Schuss reichte, um einen Mann zu töten.
Uns stand grundsätzlich Match-Munition vom Hersteller Black Hills zur Verfügung, die wahrscheinlich beste Scharfschützenmunition überhaupt.

Das Mk-11 hatte allerdings im Feld einen schlechten Ruf, weil es oft klemmte. Im Training hatten wir fast gar keine Ladehemmungen, aber im Einsatz sah die Sache anders aus. Wir kamen schließlich dahinter, dass der Staubschutz auf dem Gewehr etwas damit zu tun haben musste, dass die Waffe gerne einmal zwei Patronen gleichzeitig einzuziehen versuchte, und lösten das Problem, indem wir ihn einfach wegließen. Die Waffe verursachte allerdings auch noch andere Probleme, deshalb gehörte sie nie zu meinen persönlichen Favoriten.

.300 Win Mag
Die .300 spielt in einer ganz anderen Liga.
Ich bin sicher, die meisten meiner Leser wissen, dass sich die Bezeichnung .300 Win Mag (ausgesprochen: »dreihundert Win Mag«) auf die Patrone bezieht, die das Gewehr abfeuert, nämlich die .300 Winchester Magnum Patrone (7,62 × 67 mm). Sie ist eine ausgezeichnete Allzweck-Patrone, die nicht nur extrem präzise ist, sondern auch eine hohe Mannstoppwirkung hat.
Auch die anderen Waffengattungen der amerikanischen Streitkräfte verwenden diese Munition, allerdings in anderen Gewehren; das bekannteste ist zweifellos das M-24 Sniper Weapon System der Army, das auf Remingtons Modell 700 basiert. (Jawohl, dasselbe Gewehr, das auch Zivilisten für die Jagd kaufen können.) In unserem Fall benutzten wir MacMillan-Schäfte, modifizierten die Läufe und benutzten den Originalverschluss der 700er. Das waren richtig schöne Gewehre.
In meinem dritten Zug – dem, mit dem ich nach Ramadi ging – erhielten wir alle neue .300er. Sie waren mit Schäften von Accuracy International ausgestattet, hatten nagelneue Läufe und Verschlüsse. Die AI-Version hatte einen kürzeren Lauf und einen Klappschaft. Die waren richtig klasse.
Die .300 ist von Haus aus ein bisschen schwer, schießt aber absolut präzise. Und zwar auch weit jenseits der 1000-Meter-Marke. Bei kürzeren Distanzen gibt es außerdem keine Probleme mit größeren Flugbahnabweichungen. Man dreht einfach an einem Rädchen, stellt das Zielfernrohr auf

5. Scharfschütze

450 Meter ein und trifft problemlos jedes Ziel in 90 bis 640 Metern Entfernung, ohne sich über Feinjustierungen den Kopf zerbrechen zu müssen. Die meisten meiner Todesschüsse feuerte ich mit einer .300 Win Mag ab.

Kaliber .50
Die »Fünfziger« ist gewaltig, sehr schwer und ich konnte mich nie mit ihr anfreunden. Ich habe sie im Irak nie benutzt.
Trotzdem ist das Kaliber 12,7 × 99 mm offenbar für viele sehr faszinierend – man könnte sogar von einer Art Aura sprechen, die diese Waffen umgibt. Beim US-Militär und anderen Streitkräften der Welt sind verschiedene Scharfschützenwaffen dieses Kalibers im Einsatz, vielleicht haben Sie ja schon einmal von der Barrett M-82 oder dem M-107 gehört, beides Modelle der Firma Barrett Firearms Manufacturing. Diese Gewehre haben enorme Reichweiten und sind, richtig eingesetzt, sicherlich gute Waffen. Ich konnte mich einfach nur nie richtig für sie erwärmen. (Die einzige .50er, die mir gefallen könnte, ist das Modell von Accuracy International, das einen kompakteren Klappschaft hat und etwas zielgenauer ist; nur stand sie uns damals leider nicht zur Verfügung.)
Es wird oft behauptet, die .50er eigne sich perfekt als Antifahrzeugwaffe. Aber Tatsache ist, dass kein Fahrzeug sofort anhält, selbst wenn man mit einer .50er seinen Motor zerschießt. Es treten zwar Flüssigkeiten aus und irgendwann einmal bleibt es dann auch stehen. Aber nicht unverzüglich. Allerdings: Eine .338 und selbst eine .300er schaffen dasselbe. Nein, am besten hält man ein Fahrzeug an, indem man den Fahrer tötet. Und dafür gibt es viele Mittel und Wege.

.338
Während unserer Ausbildung hatten wir keine .338er; wir erhielten sie erst im Laufe des Krieges. Auch hier geht der Name der Waffe auf die Patrone zurück; es gibt eine Vielzahl an verschiedenen Herstellern, einschließlich MacMillan und Accuracy International. Die Patrone schießt weiter und flacher als ein .50er-Kaliber, wiegt weniger, kostet weniger und richtet genauso viel Schaden an. Es sind hervorragende Waffen.

Bei meinem letzten Auslandseinsatz benutzte ich eine .338. Ich hätte sie häufiger genutzt, wenn sie mir früher zur Verfügung gestanden hätte. Der einzige Nachteil für mich war, dass das Modell keinen Mündungsfeuerdämpfer hatte. Wenn man so ein Ding in einem Gebäude abfeuert, ist der Schussknall so laut, dass es weh tut – im wahrsten Sinne des Wortes. Nach einigen Schüssen hatte ich tatsächlich Ohrenschmerzen.

Da wir schon über Waffen sprechen, möchte ich noch erwähnen, dass meine aktuellen Favoriten die Waffensysteme von GA Precision sind, einer sehr kleinen Firma, die 1999 von George Gardner gegründet wurde. Er und seine Mitarbeiter achten auf jedes noch so kleine Detail und seine Waffen sind einfach hervorragend. Leider bekam ich erst eine in die Hand, nachdem meine Dienstzeit vorbei war, aber das sind die Waffen, die ich zurzeit benutze.

Zielfernrohre sind ein wichtiger Bestandteil eines jeden Waffensystems. Im Krieg benutzte ich ein Zielfernrohr mit 32-facher Vergrößerung. (Ohne mich allzu sehr in Details zu verlieren, je stärker die Vergrößerung, umso besser kann der Schütze auf die Entfernung sehen. Aber man muss Kompromisse eingehen, je nach Situation und Zielfernrohr. Zielfernrohre sollten immer ihrem Einsatzzweck angepasst sein; eine 32-fache Vergrößerung wäre beispielsweise an einer Schrotflinte völlig unangebracht.) Situationsbedingt verwendete ich auch Infrarot- sowie sichtbare rote Laser und ein Zielfernrohr mit Nachtsichtfunktion.
Als SEAL benutzte ich Fernrohre der Marke Nightforce. Sie haben sehr klare Linsen und sind extrem widerstandsfähig, auch unter schlechtesten Bedingungen. Ich fand sie immer sehr präzise. Außerdem hatte ich einen Leica-Entfernungsmesser, um meine Distanz zum Zielobjekt exakt zu ermitteln.
Die meisten meiner Gewehrschäfte hatten verstellbare Wangenauflagen. Manchmal auch als Kamm bezeichnet (strikt genommen ist der Kamm die obere Längskante des Kolbens, aber wir wollen nicht kleinlich sein), diese Auflagen dienen der Erhöhung des Auflagepunktes der Wange,

man kann also seinen Kopf bequem auf dem Kolben auflegen und somit längere Zeit durch das Zielfernrohr sehen, ohne die Halsmuskulatur zu überlasten. Bei älteren Waffen benutzte ich notfalls ein Stück festen Schaumstoff, um den Schaft auf die richtige Höhe zu bringen. (Da Zielfernrohre und ihre Montagen unterschiedlich groß bzw. hoch sein können, ist die individuelle Einstellbarkeit der Wangenauflage ein wichtiges Merkmal.) Ich benutzte an meinen Gewehren einen Abzug mit 900 Gramm Widerstand, was ein extrem leichter Abzugswiderstand ist. Ich möchte, dass mich das Brechen des Schusses jedes Mal aufs Neue überrascht. Und vor allem will ich nicht am Abzugshebel zerren müssen, wenn ich abdrücke, weil man damit das Gewehr leicht aus der Ziellinie bringt, was natürlich zulasten der Präzision geht. Mit anderen Worten: Ich möchte praktisch gar keinen Abzugswiderstand.

Auf die Plätze, fertig, den Finger an den Abzug und langsam drücken, bis der Schuss schließlich unvermittelt bricht.

Als Jäger wusste ich natürlich, wie man schießt, also wie man die Patrone dazu bewegt, von Punkt A nach Punkt B zu fliegen. In der Scharfschützenschule brachte man mir dann zusätzlich das theoretische Wissen bei. Es war zum Beispiel interessant zu erfahren, dass der Gewehrlauf den Schaft nirgendwo berühren darf: Er muss frei schweben, damit der Schuss präzise wird. (Der Lauf »schwebt im Schaft«, was durch die spezielle Form des Schafts ermöglicht wird. Er ist nur mit dem Verschlussgehäuse des Gewehrs verbunden.) Wenn man eine Patrone schießt, wird der Lauf in Schwingung versetzt, was als Peitscheneffekt bekannt ist. Alles, was den Lauf berührt, beeinflusst diese Vibration und das wiederum wirkt sich auf die Präzision aus. Dann gibt es noch Dinge wie den Coriolis-Effekt, bei dem die Erdrotation und ihre Wirkung auf die Patrone eine Rolle spielen. (Das ist aber nur bei extrem langen Entfernungen von Bedeutung.)
Alle diese technischen Details lernt man in der Scharfschützenschule kennen und in der Praxis anzuwenden. Man lernt, wie weit man voraus-

zielen muss, wenn sich jemand bewegt – abhängig davon, wie schnell er geht bzw. läuft oder wie weit er entfernt ist. Man übt diese Dinge immer und immer wieder ein, bis sich das Verständnis dafür nicht nur im Gehirn festgesetzt hat, sondern auch im sogenannten Muskelgedächtnis der Arme, Hände und Finger.

Beim Schießen auf längere Distanzen berücksichtige ich nur die Höhen, nicht aber die Seitenabweichung. (Ich stelle das Visier also so ein, dass ich der Flugkurve der Patrone Rechnung trage, nicht aber einer möglichen seitlichen Abweichung durch den Wind, die bei größeren Entfernungen teilweise beachtlich sein kann.) Der Wind ändert sich dauernd. Bis ich das Visier auf den Wind eingestellt habe, hat der sich schon wieder gedreht. Die Höhenabweichung ist eine andere Sache – obwohl man in Kampfsituationen natürlich oft nicht die Zeit hat, Feinjustierungen vorzunehmen. Dann heißt es schießen oder erschossen werden.

Herausforderungen

Ich war nicht der beste Scharfschütze in meinem Kurs. Um ehrlich zu sein, habe ich die praktische Prüfung gründlich vermasselt. Und das konnte unter Umständen das Ende meiner gesamten Scharfschützenausbildung bedeuten.
Im Gegensatz zu den Marines arbeiten wir im Feld nicht mit Beobachtern. Der SEAL-Philosophie nach sollte ein zweiter Kamerad nicht nur zuschauen, sondern ebenfalls schießen. In der Ausbildung selbst haben wir allerdings auch mit Beobachtern gearbeitet.
Nach der vermasselten Prüfung ging der Ausbilder mit mir und dem Beobachter alles noch einmal durch und versuchte zu analysieren, woran ich gescheitert war. Mein Zielfernrohr war in Ordnung, meine Berechnungen waren korrekt, mein Gewehr befand sich in einem technisch einwandfreien Zustand ...
Plötzlich sah er mich an.
»Kautabak?«, sagte er, eher als Feststellung denn als Frage.

5. Scharfschütze

»Oh…«
Natürlich – ich hatte während der Prüfung keinen Kautabak gekaut! Das war die einzige Abweichung von meiner üblichen Routine gewesen … und der Erfolgsfaktor, der mir gefehlt hatte. Ich konnte die Prüfung wiederholen und bestand mit fliegenden Fahnen – und einem Mund voll Kautabak.

Scharfschützen sind ein abergläubisches Volk. Wir sind wie Sportler, die allesamt ihre kleinen Rituale und Bräuche haben. Wenn man ein Baseballspiel genau verfolgt, kann man gut beobachten, dass der Schlagmann immer dieselben Gesten macht, bevor er sich in Position begibt – er bekreuzigt sich, tritt in den Staub, schwingt den Schläger. Scharfschützen sind keinen Deut besser.
In der Ausbildung, und auch danach noch, bewahrte ich meine Waffen stets auf eine bestimmte Weise auf, ich trug dieselbe Kleidung und hatte alles auf die immer gleiche Weise geordnet. Das ist eine Art mentale Vorbereitung und Einstimmung, mit der man versucht, seine Konzentrationsfähigkeit zu verbessern. Dass das Gewehr seinen Dienst tun würde, wusste ich. Und ich wollte sicherstellen, dass ich auch meinen tat.

Um ein SEAL-Scharfschütze zu sein, muss man weit mehr können als nur gut schießen. Im Laufe der Ausbildung brachte man mir vor allem bei, den Einsatzort und seine Umgebung sorgfältig zu studieren. Ich lernte, die Welt mit den Augen eines Scharfschützen zu betrachten.
Wo würde ich mich verschanzen, wenn ich mich selbst erschießen müsste?
Da oben, auf dem Dach. Von dort könnte ich den ganzen Trupp ausschalten.
Wenn ich eine solche geeignete Stelle ausgemacht hatte, nahm ich sie näher unter die Lupe. Meine Augen waren zwar schon zu Beginn des Kurses hervorragend, aber hier ging es weniger um das Sehen als um das Wahrnehmen – zu wissen, welche Arten von Bewegungen ungewöhnlich waren oder Details in der Umgebung zu identifizieren, die eventuell auf einen Hinterhalt hinwiesen.
Eine analytische Beobachtungsgabe will gelernt sein. Ich musste also ständig üben, um in Form zu kommen – und vor allem zu bleiben. Ich

ging ins Freie und trainierte, Dinge in der Ferne auszumachen. Permanent war ich darum bemüht, meine Fähigkeiten zu verbessern, auch im Urlaub. Auf einer texanischen Ranch sieht man Tiere, Vögel – man lernt, in die Ferne zu blicken und Bewegungen, Formen und kleine landschaftliche Unterschiede auch auf größere Entfernungen auszumachen.

Eine Zeit lang schien es, als würde alles, was ich tat, meine Fähigkeiten verbessern, selbst Videospiele trugen dazu bei. Ich hatte ein kleines *Mah-Jongg-Spiel* auf einem tragbaren Gerät, ein Hochzeitsgeschenk von einem Freund. Ich bin mir nicht sicher, ob das ein besonders angemessenes Präsent für den Anlass war – es war ein tragbares Spiel für eine Person – aber als Hilfsmittel war es sehr wertvoll. Bei *Mah-Jongg* muss man die Spielsteine auf gleiche Paare absuchen. Ich spielte oft zeitbegrenzte Spiele gegen den Computer und schärfte so meine Beobachtungsgabe.

☙

Ich habe es schon gesagt und sage es noch einmal: Ich bin nicht der beste Schütze der Welt. Es gibt viele Typen, die besser sind als ich, selbst in meinem damaligen Kurs. Genau genommen lag ich eher im Mittelfeld. Der Klassenbeste unseres Kurses gehörte zufällig unserem Zug an. Schlussendlich kam er aber auf nicht so viele Todesschüsse wie ich, was teilweise daran lag, dass er für einige Monate auf die Philippinen versetzt wurde, während ich meine Zeit im Irak verbrachte. Man sieht also, dass es auf mehr ankommt als auf die rein schießtechnischen Fertigkeiten; auch die jeweiligen Einsatzsituationen bestimmen, wie erfolgreich man als Sniper ist.

Von Delfinen geschlagen, von Haien gefressen

Nachdem ich den gesamten Sommer mit der Scharfschützenausbildung verbracht hatte, kehrte ich zu meinem Zug zurück und durchlief mit meinen Kameraden die restlichen Trainingseinheiten, mit denen wir uns darauf vorbereiteten, binnen Jahresfrist wieder auszurücken. Wie üblich tat ich mir bei den Übungen im Wasser besonders schwer.

5. Scharfschütze

Jeder bekommt feuchte, glänzende Augen, wenn es um Meeressäuger geht, aber meine Begegnungen mit ihnen waren alles andere als angenehm.
Als die Navy ein Programm testete, bei dem Delfine zur Verteidigung von Häfen zum Einsatz kommen sollten, verwendeten sie uns als lebende Angriffsziele – oft genug, ohne uns vorher zu warnen. Die Delfine kamen wie aus dem Nichts auf uns zugeschossen und prügelten uns windelweich. Sie waren darauf abgerichtet, uns seitliche Körpertreffer zu verpassen, und dabei konnten schnell einige Rippen zu Bruch gehen. Und wenn man vor der Übung nicht gewarnt wurde, wusste man nicht, was vor sich ging – die erste Reaktion war, dass man dachte, man würde von Haien angegriffen; zumindest ging es mir so.
Einmal waren wir draußen beim Tauchen und die Delfine knöpften sich uns vor. Da ich ordentlich Prügel von ihnen bezogen hatte, wollte ich ans Ufer schwimmen, um den Mistviechern aus dem Weg zu gehen. Als ich die Stützpfeiler eines Anlegestegs entdeckte, wollte ich dort Schutz suchen – ich wusste, dass sie mir dorthin nicht folgen würden.
Ich wähnte mich in Sicherheit.
Plötzlich spürte ich eine Art Schlag an meinem Bein. Und zwar richtig hart.
Es war ein Seelöwe. Diese possierlichen Tiere waren nämlich dazu ausgebildet, die Anlegestellen zu verteidigen.
Ich kehrte ins offene Gewässer zurück. Lieber von einem Delfin verprügelt als von einem Seelöwen gefressen werden.

Haie waren aber mit Abstand die schlimmsten Meeresbewohner, mit denen ich Bekanntschaft machte.
Eines Abends sollten wir die Bucht vor San Diego im Dunkeln durchqueren und eine Haftmine an einem bestimmten Schiff anbringen. Eine einfache, standardmäßige SEAL-Operation.
Nicht jeder SEAL verabscheut das Wasser so wie ich. Viele von ihnen schwimmen sogar so gerne und so gut, dass sie während der Übungen noch die Zeit finden, ihren Kameraden Streiche zu spielen. Stellen Sie sich vor, jemand bringt seine Mine an und sinkt dann ab, um heim-

tückisch auf den nächsten Kameraden zu warten, der mit seiner Mine angeschwommen kommt. Normalerweise ist die Sicht gut genug, um die Silhouette des sich nähernden Kameraden zu erkennen. Wenn nun also das nichts ahnende Opfer – ich meine natürlich den Taucher – kommt, um seine Mine anzubringen, taucht der erste Taucher auf, greift sich eine Flosse seines Kameraden und schüttelt daran.

Der zweite Taucher erschreckt sich natürlich zu Tode, denn er denkt, dass ein Hai ihn angreift, und verpatzt die restliche Übung. Sein Tauchanzug muss danach vielleicht in die Sonderreinigung.

An diesem speziellen Tag war ich unter dem Schiff und hatte gerade meine Mine angebracht, als mich etwas an der Flosse packte.

Auch mein erster Gedanke war: *EIN HAI!!!*

Dann beruhigte ich mich wieder, denn ich kannte ja all die Geschichten und Warnungen und wusste, zu welchen Streichen meine SEAL-Kameraden fähig waren.

Das ist nur einer der Jungs, die dich aus dem Konzept bringen wollen, sagte ich zu mir selbst. Ich drehte mich um, um ihn abzuschütteln.

Da stellte ich fest, dass ich einem Hai den Stinkefinger zeigte, der großes Interesse an meiner Schwimmflosse hatte. Er biss herzhaft hinein.

Es war kein großer Hai, aber was ihm an Größe fehlte, machte er mit Kaltschnäuzigkeit wett. Ich schnappte mir mein Messer und schnitt meine Flosse ab – es hatte keinen Sinn, sie zu behalten, nachdem sie schon zerfetzt war.

Während der Hai die Überreste der Flosse genüsslich zerkaute, schwamm ich an die Oberfläche und winkte das Sicherheitsboot herbei. Ich hielt mich daran fest und forderte sie auf, mich SOFORT!! mitzunehmen, weil ein HAI!! sich da unten herumtrieb, noch dazu ein ziemlich hungriges Mistvieh.

Im Rahmen einer anderen Trainingseinheit – und zwar schon vor meinem ersten Auslandseinsatz – wurden vier von uns von einem U-Boot vor der kalifornischen Küste abgesetzt. Wir kamen auf zwei Zodiacs am Strand an, bauten uns ein Versteck und übten einige Aufklärungstätigkei-

5. Scharfschütze

ten ein. Als es an der Zeit dazu war, stiegen wir wieder in unsere beiden Zodiacs und kehrten zurück, um das U-Boot zu treffen, das uns nach Hause bringen sollte.

Leider hatte mein Offizier dem U-Boot die falschen Koordinaten für das Rendezvous gegeben. Die Kollegen waren so weit von uns entfernt, dass eine ganze Insel zwischen uns und ihnen lag.

Wir wussten das damals natürlich nicht, sondern fuhren einfach umher und versuchten, Funkverbindung zu einem Schiff herzustellen, das zu weit weg war, um uns zu hören. Irgendwann wurde unser Funkgerät nass oder die Batterien waren defekt und alle Hoffnung auf eine Verbindung war verloren.

Wir verbrachten fast die ganze Nacht draußen auf dem Wasser. Als schließlich der Morgen graute, war unser Treibstoff fast aufgebraucht. Das Schlauchboot verlor langsam Luft. Also beschlossen wir, zur Küste zurückzukehren und zu warten. So konnten wir zumindest ein bisschen schlafen.

Als wir an die Küste kamen, schwamm ein Seelöwe auf uns zu, der sehr harmlos schien. Als Texaner hatte ich noch nie die Gelegenheit gehabt, mir einen Seelöwen genauer anzusehen, weshalb ich neugierig war und dieses Exemplar eingehend in Augenschein nahm. Es war ein ziemlich interessantes, wenngleich hässliches Geschöpf.

Urplötzlich – *plopp* – tauchte er ab.

Ehe ich mich versah, war er – und wir mit ihm – von langen, spitz zulaufenden Rückenflossen umgeben. Offenbar hatte ein Rudel Haie beschlossen, ihn zum Frühstück zu verspeisen.

Seelöwen sind groß, aber es waren einfach zu viele Haie, als dass sie von ihm allein hätten satt werden können. Sie fingen an, mein Schlauchboot enger und enger zu umkreisen, das immer mehr zusammensank und kaum noch über die Wasseroberfläche hinausragte.

Ich blickte zur rettenden Küste. Sie war noch sehr, sehr weit entfernt.

Verdammter Mist, dachte ich. *Ich werde gefressen.*

Mein Kamerad im Boot war ein eher stämmiger Kerl, zumindest für einen SEAL.

»Falls wir untergehen«, warnte ich ihn, »erschieße ich dich. Dann sind die Haie mit dir beschäftigt und ich habe Zeit, ans Ufer zu schwimmen.«
Er warf mir lachend einige üble Beschimpfungen an den Kopf. Vermutlich nahm er an, ich würde scherzen.
Aber es war mein voller Ernst.

Tätowierungen

Wir schafften es an die Küste, ohne gefressen zu werden. Aber in der Zwischenzeit war die gesamte Navy auf der Suche nach uns. Die Nachrichten verbreiteten die Schlagzeile: VIER SEALS IM MEER VERSCHOLLEN. Nicht gerade gute Werbung für uns.
Es dauerte eine Weile, aber ein Suchflugzeug entdeckte uns schließlich und eine Mk-V wurde entsandt, um uns abzuholen. Der Kommandant des Sturmboots kümmerte sich um uns und brachte uns sicher nach Hause.

※

Das war eine der wenigen Gelegenheiten, bei denen ich wirklich froh war, auf ein Boot oder Schiff zu gelangen. Auf See langweilte ich mich immer schnell. Nicht Dienst auf einem Schiff schieben zu müssen, war während des BUD/S einer der größten Motivationsfaktoren für mich gewesen.
U-Boote sind am schlimmsten. Sogar auf den größten von ihnen fühlt man sich eingeengt. Das letzte Mal, als ich an Bord eines solchen Fahrzeugs war, durften wir nicht einmal in den Kraftraum gehen. Der Raum lag jenseits des Nuklearreaktors, fernab von unseren Unterkünften, und wir hatten nicht die Erlaubnis, den Reaktorbereich zu passieren.
Flugzeugträger sind wesentlich größer, aber sie können genauso langweilig sein. Wenigstens haben sie Räume, in denen man Videospiele spielen kann, und es gibt keine Zugangsbeschränkungen, sodass man wenigstens in den Kraftraum gehen kann, um Dampf abzulassen.

5. Scharfschütze

Einmal wurden wir vom kommandierenden Offizier sogar ausdrücklich darum gebeten, den Kraftraum aufzusuchen.

Wir waren auf der *Kitty Hawk*, als es Probleme mit Gangs gab. Offenbar waren unter den Matrosen Bandenmitglieder, die auf dem Schiff einige disziplinarische Probleme verursachten. Der kommandierende Offizier des Schiffs nahm uns zur Seite und teilte uns mit, wann diese Burschen jeweils den Kraftraum benutzten.

Also gingen wir nach unten, um zu »trainieren«, verschlossen die Türen hinter uns und lösten das Bandenproblem nach der guten, alten SEAL-Methode.

Während dieser Vorbereitungen verpasste ich eine Taucheinheit, weil ich krank wurde. Und plötzlich war mir, als wäre ein Licht in meinem Kopf angegangen. Von da an wurde ich regelmäßig schlagartig krank, sobald Tauchen auf meinem Trainingsplan stand. Oder ich musste an einem Scharfschützenkurs teilnehmen, der just zu jenem Zeitpunkt angeboten wurde. Meine Kameraden witzelten, ich könne mich besser in Luft auflösen als jeder Ninja.

Wie konnte ich da widersprechen?

☙

Zu jener Zeit ließ ich mir auch mein erstes Tattoo stechen. Ich wollte den SEALs meinen Respekt bekunden, hatte aber das Gefühl, dass ich eines Dreizack-Tattoos noch nicht würdig war. (Das offizielle SEAL-Emblem zeigt einen Adler, der auf einem Dreizack thront, der die Querstange eines Ankers bildet; im Vordergrund befindet sich eine Steinschlosspistole. Dieses Symbol ist als Dreizack oder inoffiziell als »Budweiser« bekannt, eine Anspielung auf BUD/S … oder das Bier; das hängt davon ab, wen man fragt.)

Ich entschied mich daher für einen »Frog Bone«, eine Tätowierung, die wie ein Froschskelett aussieht. Auch das ist ein traditionelles SEAL- und UDT-Symbol, in diesem Fall eines, mit dem wir unsere verstorbenen Kameraden ehren. Ich habe die Tätowierung auf meiner Schulter – so als ob die, die vor mir ihren Dienst taten, mir zur Seite stehen und mich beschützen.

Geburt

Ich war aber nicht nur ein SEAL, sondern auch ein Ehemann. Und nachdem ich nach Hause zurückgekehrt war, beschlossen Taya und ich, eine Familie zu gründen.
Es lief ziemlich gut. Sie wurde sogleich schwanger, nachdem sie nicht mehr verhütete. Ihre Schwangerschaft verlief fast reibungslos. Die Geburt selbst war allerdings schwierig.
Aus irgendeinem Grund hatte meine Frau einen niedrigen Blutplättchenwert. Leider wurde das erst bemerkt, als es zu spät war, und deshalb konnte man ihr während der Geburt keine Epiduralanästhesie oder andere Schmerzmittel geben. Also musste sie auf natürlichem Wege entbinden, ohne dass sie darauf wirklich vorbereitet gewesen wäre.
Unser Sohn war dreieinhalb Kilogramm schwer, also kein besonders kleines Kind.
Man erfährt viel über eine Frau, wenn sie unter großem Stress steht. Sie ging mich jedenfalls ganz schön an. (Sie behauptet zwar, dass sie nichts dergleichen getan hat, aber wem glauben Sie eher: einem SEAL oder der Frau eines SEAL?)
Taya lag 16 Stunden in den Wehen. Zuletzt beschlossen die Ärzte, ihr Lachgas zu geben, um ihre Schmerzen zu lindern. Aber zuvor warnte man mich, dass mein Sohn dadurch Schaden nehmen könnte, wenngleich die Wahrscheinlichkeit gering war.
Ich hatte nicht wirklich eine Wahl. Taya hatte große Schmerzen, die einfach gelindert werden mussten. Ich sagte ihnen, sie sollten fortfahren, obwohl ich mir Sorgen machte, dass mein Sohn behindert auf die Welt kommen könnte.
Dann sagte mir der Arzt, dass mein Sohn so groß war, dass er nicht durch den Geburtskanal passte. Sie wollten ihn mit einer Saugglocke herausholen. Mittlerweile verlor Taya zwischen den Wehen die Besinnung.

5. Scharfschütze

»Okay«, sagte ich, war mir aber nicht sicher, was das bedeutete.
Der Arzt sah mich an. »Er bekommt dadurch vielleicht einen deformierten Schädel.«
Na toll, dachte ich mir. *Mein Kind ist nicht nur geistig behindert, sondern auch noch körperlich.*
»Verdammt noch mal, holen Sie ihn einfach raus«, sagte ich ihm. »Sie bringen meine Frau noch um. Tun Sie's!«
Gott sei Dank kam mein Junge völlig gesund zur Welt. Aber ich muss sagen, ich war die ganze Zeit über ein Nervenbündel. Ich musste untätig mit ansehen, wie meine Frau schreckliche Schmerzen litt, und habe mich noch nie so hilflos gefühlt.
Ich schwöre, es war für mich wesentlich nervenaufreibender, ihr bei der Geburt zuzusehen, als in Kampfhandlungen verwickelt zu werden.

Taya:
Es war eine sehr emotionale Zeit mit vielen Höhen und Tiefen. Unsere Familien waren zum Zeitpunkt der Geburt größtenteils in der Stadt. Wir waren zwar alle sehr glücklich, zugleich wussten wir aber, dass Chris bald in den Irak aufbrechen würde.
Das trübte die Stimmung doch sehr.
Chris tat sich am Anfang schwer, das Schreien des Babys zu ertragen, was mich ebenfalls belastete – den Krieg kannst du ertragen, aber das bisschen Schreien nicht?
Viele Menschen kommen damit nicht zurecht. Insofern war Chris keine Ausnahme.
Ich wusste, dass ich in den nächsten Monaten alleine für unseren Sohn sorgen würde, während er nicht da war. Ich wusste auch, dass dieser neue Lebensabschnitt und der Zauber, der damit verbunden war, spurlos an meinem Mann vorübergehen würde. Ich war mir nicht sicher, wie ich damit zurechtkommen würde, und war traurig, dass nur ich mich an diese Anfangszeit mit unserem hübschen Sohn erinnern würde und mit Chris diese Erinnerungen niemals würde teilen können.
Ich war wütend, dass er ging, und hatte Angst, dass er nicht wieder zurückkommen würde. Dabei liebte ich ihn trotzdem über alles.

Nav-Schulung

Neben meiner Ausbildung zum Scharfschützen wurde ich von meinem Chief auch als »Freiwilliger« zur Nav-Schulung geschickt, an der ich allerdings nur widerwillig teilnahm.

Navigieren ist eine wichtige Fertigkeit, die man im Gefecht beherrschen muss – denn der Navigator bringt die Soldaten sicher ins Gefecht – und nach getaner Arbeit auch sicher wieder aus der Gefahrenzone. Bei einem Angriffsszenario sieht das dann so aus, dass der Navigator die beste Route zum Ziel finden muss, Alternativen entwickelt und das Team nach dem Einsatz wieder in Sicherheit bringt.

Das Problem ist, dass SEAL-Navigatoren oft nicht die Gelegenheit bekommen, an den Kampfhandlungen teilzunehmen. Wir bereiten alles so vor, dass der Navigator normalerweise im Fahrzeug bleibt, während der Rest der Einheit in das Haus oder eine andere Einrichtung eindringt. Auf diese Weise ist er für den Fall bereit, dass wir schnell verschwinden müssen. Auf dem Beifahrersitz zu sitzen und Zahlen in einen Computer einzugeben, war nicht unbedingt das, was ich mir wünschte. Aber mein Chief wollte jemanden, auf den er sich bei der Routenplanung verlassen konnte, und wenn der Chief dich um etwas bittet, dann tust du es.

Ich verbrachte die ganze erste Woche der Nav-Ausbildung am Schreibtisch vor einem Toughbook-Laptop, machte mich mit den Funktionen des Computers vertraut und erfuhr, wie man eine GPS-Verbindung herstellt und Satellitenbilder bzw. -karten handhabt. Außerdem lernte ich, wie man die Bilder für Besprechungen aufbereitet und zum Beispiel in PowerPoint-Präsentationen einbindet.

Ja, auch SEALs benutzen PowerPoint.

Die zweite Woche war etwas interessanter. Es ging hinaus in die Stadt – wir waren in San Diego. Wir entwickelten Routen und fuhren sie ab. Ich werde nicht behaupten, dass das cool war – wichtig ja, aber nicht sehr aufregend.

Wie es der Zufall wollte, waren es aber schließlich meine Fähigkeiten als Navigator, die mich noch vor meinen Kameraden in den Irak brachten.

Kapitel 6
Den Tod im Marschgepäck

Zurück in den Krieg

Gegen Ende unserer Vorbereitungen stellten wir fest, dass eine neue Einheit in Bagdad aufgebaut wurde, um Angriffe auf mutmaßliche Terroristen und Widerstandskämpfer zu starten. Die Einheit wurde von der GROM geleitet, dem polnischen Spezialeinsatzkommando. Die Polen erledigten zwar den Großteil der Arbeit, brauchten allerdings ein wenig Unterstützung – und zwar in Form von Scharfschützen und Navigatoren. Und so wurde ich im September 2004 von meinem Zug freigestellt und in den Irak entsandt, um der GROM als Navigator unter die Arme zu greifen. Der restliche Zug sollte einen Monat später nachkommen.
Ich hatte ein schlechtes Gewissen, Taya alleine zu lassen. Sie erholte sich immer noch von der Geburt unseres Sohns. Aber gleichzeitig hatte ich das Gefühl, dass meine Pflicht als SEAL Vorrang hatte. Ich wollte wieder an Einsätzen teilnehmen. Ich wollte in den Krieg ziehen. Zu jenem Zeitpunkt liebte ich meinen Sohn zwar, hatte aber noch keine intensive Bindung zu ihm aufgenommen. Ich gehörte nie zu der Sorte Väter, die die Hand auf den Bauch ihrer Frau legen, wenn das Baby strampelt. Ich habe mich mit dieser Art von Intimitätsbezeugungen immer etwas schwer getan und brauchte stets sehr lange, bis ich dazu fähig war – sogar bei denen, die mir am nächsten standen. Das änderte sich mit der Zeit, aber zu jenem Zeitpunkt war mir noch nicht klar, was es wirklich bedeutete, ein Vater zu sein.

Wenn SEALs einen Auslandseinsatz beginnen oder von einem solchen zurückkehren, tun sie dies heimlich, still und leise – schließlich handelt es sich dabei um geheime Operationen. Es sind normalerweise nur sehr wenige Menschen anwesend; in der Regel die unmittelbaren Familienangehörigen, und oft nicht einmal die. Diesmal kam ich auf meinem Weg zum Stützpunkt zufällig an einer kleinen Gruppe von Antikriegsdemonstranten vorbei. Sie hielten Schilder hoch, auf denen etwas von Kindermördern, Mördern und allem Möglichen stand, und protestierten gegen die Soldaten, die in den Krieg zogen.

Meiner Meinung nach richtete sich ihr Groll gegen die falschen Leute. Wir waren es nicht, die im Kongress ihre Stimmen abgegeben und für den Kriegseinsatz im Irak votiert hatten. Ich trat dem Militär bei, um mein Land zu beschützen. Aber ich suche mir die Kriege nicht aus. Gut, ich kämpfe gerne. Aber ich suche mir die Schlachten nicht aus. Das Volk und seine Vertreter schicken mich dorthin.

Unwillkürlich fragte ich mich, warum diese Leute nicht vor den Büros ihrer Kongressabgeordneten oder in Washington demonstrierten. Die Leute zu beschimpfen, die den Befehl hatten, sie zu beschützen – sagen wir mal, das stieß mir übel auf.

Natürlich vertraten nicht alle diese Auffassung. An einigen Häusern habe ich auch Plakate mit aufmunternden Worten für die Truppen gesehen, auf denen »Wir lieben euch« und ähnliche Dinge standen. Und es gab eine Menge tränenreiche und anrührende Verabschiedungen, selbst im Fernsehen. Aber es waren vor allem die einfältigen Demonstranten, an die ich mich auch noch Jahre später mit einem schalen Nachgeschmack erinnerte.

Noch eine Sache, die ich klarstellen möchte: Es stört mich nicht, dass SEALs keine pompösen Verabschiedungen oder Empfänge bereitet werden. Wir sind lautlose Experten; wir sind verdeckt arbeitende Spezialisten – und die Medien zum Flughafen zu bestellen, passt einfach nicht zu unserem Selbstbild.

Trotzdem freut es uns, wenn man sich für unseren Einsatz bedankt.

6. Den Tod im Marschgepäck

Der Irak

Seit ich den Irak im Frühjahr 2003 verlassen hatte, war dort viel geschehen. Mit der Einnahme Bagdads am 9. April jenes Jahres war das Land von Saddam Hussein und seiner Armee befreit worden. Aber dafür war nach der Absetzung Saddams eine Vielzahl von terroristischen Gruppierungen auf den Plan getreten. Sie bekämpften sowohl andere Iraker als auch die US-Streitkräfte, die versuchten, das Land zu stabilisieren. Einige waren ehemalige Angehörige der Armee Saddams und Mitglieder der Baath-Partei, deren Vorsitzender Saddam war. Dann gab es die Fedajin, Mitglieder einer paramilitärischen Widerstandsgruppe, die der Diktator vor dem Krieg gebildet hatte. Und schließlich noch kleine, schlecht organisierte irakische Partisanenverbände, die ebenfalls als Fedajin bezeichnet wurden, strikt genommen aber nicht mit Saddams gleichnamiger Organisation in Verbindung standen. Obwohl fast alle Mitglieder dieser Gruppierungen Moslems waren, war Nationalismus – und weniger Religion – ihr Hauptmotiv und Organisationsprinzip.
Dann gab es Gruppen, bei denen in erster Linie religiöse Überzeugungen im Vordergrund standen. Sie bezeichneten sich selbst als Mudschaheddin, was so viel wie »Heilige Krieger« bedeutet – oder Mörder im Namen Gottes. Sie wollten Amerikaner und Moslems töten bzw. eigentlich alle, die nicht ihre Ansichten über den Islam teilten.
Es gab im Irak auch die al-Qaida, eine in erster Linie ausländische Gruppe, die den Krieg als willkommene Gelegenheit sah, möglichst viele Amerikaner zu ermorden. Ihre Mitglieder bestanden hauptsächlich aus radikalen Sunniten, die sich Osama bin Laden verpflichteten, dem allseits bekannten Terrorführer, den 2011 eine SEAL-Eingreiftruppe stellte und ihm einen gebührenden Abschied bereitete.
Auch der Iran mit seinen Republikanischen Garden mischte kräftig mit – manchmal direkt, manchmal durch Stellvertreter –, um sowohl Amerikaner zu töten als auch Einfluss auf die irakische Politik zu nehmen.

Ich bin sicher, dass es noch eine ganze Menge anderer Gruppierungen gab, die in den Medien als »die Aufständischen« zusammengefasst wurden. Für mich waren sie alle unsere Feinde.

Ich zerbrach mir nie den Kopf darüber, wer von ihnen nun genau eine Waffe auf mich richtete oder mich mit einem Sprengsatz in die Luft jagen wollte. Mir reichte es zu wissen, dass sie mich töten wollten.

Saddam Hussein wurde im Dezember 2003 festgenommen.

2004 übergaben die USA die Staatsgewalt in die Hände der Interimsregierung, wodurch das Land wieder von Irakern gelenkt wurde, zumindest theoretisch. Aber die Aufstände nahmen in jenem Jahr enorm zu. Eine Vielzahl von Gefechten im Frühjahr war so heftig wie jene, die während der ursprünglichen Invasion stattfanden.

In Bagdad bildete ein schiitischer Fundamentalist namens Muktada al-Sadr eine Armee fanatischer Anhänger und stachelte sie dazu auf, uns Amerikaner bei jeder sich bietenden Gelegenheit anzugreifen. Sadr hatte vor allem in jenem Teil Bagdads eine große Anhängerschaft, die als Sadr City bekannt ist, ein Getto das nach seinem Vater, Mohammad Mohammad Sadeq al-Sadr benannt ist, einem Groß-Ayatollah und Gegner der Regierung Saddams in den Neunzigerjahren. Sadr City war selbst für irakische Verhältnisse bettelarm und wurde vor allem von radikalen Schiiten bewohnt. Sadr City soll angeblich halb so groß sein wie Manhattan und lag nordöstlich von Bagdads Grüner Zone, jenseits des Armeekanals und der Imam Ali Street.

Für uns Amerikaner sahen viele Gegenden wie Slums aus – selbst diejenigen, die von der Mittelschicht bewohnt wurden. Saddams jahrzehntelange Herrschaft hatte den Irak, der aufgrund seiner Ölvorkommen ein vergleichsweise wohlhabendes Land hätte sein können, komplett heruntergewirtschaftet. Sogar in den besseren Gegenden vieler Städte sind die Straßen nicht asphaltiert und die Gebäude befinden sich in einem ziemlich desolaten Zustand.

Sadr City ist wirklich ein Slum, selbst für irakische Verhältnisse. Es war ursprünglich ein Sozialprojekt für arme Bevölkerungsgruppen, aber

6. Den Tod im Marschgepäck

nachdem der Krieg über Bagdad hereingebrochen war, war es zu einem Unterschlupf für Schiiten geworden, die zuvor von Saddams von Sunniten dominierter Regierung diskriminiert worden waren. Nach Kriegsbeginn zogen sogar noch mehr Schiiten in die Gegend. Ich habe Berichte gesehen, in denen die Rede davon war, dass über zwei Millionen Menschen auf knapp 21 Quadratkilometern lebten.

Auf dem Reißbrett sind die Straßen 45 oder 90 Meter lang. In den meisten Gegenden gibt es zwei- oder dreistöckige Gebäude oder besser: schlecht zusammengezimmerte Bruchbuden. Selbst bei den repräsentativsten Gebäuden passten beispielsweise die Übergänge von Mauerverzierungen nicht zusammen. In vielen Straßen staute sich das Abwasser und überall lag Müll herum.

Muktada al-Sadr startete im Frühjahr 2004 eine Offensive gegen die amerikanischen Streitkräfte. Seine Verbände hatten bereits eine beachtliche Anzahl amerikanischer Soldaten – und eine noch größere Anzahl an Irakern – getötet, bevor der fanatische Extremist im Juni einen Waffenstillstand bekannt gab. Mit anderen Worten: Seine Offensive war zwar gescheitert, aber zumindest in Sadr City hatten die Aufständischen immer noch das Sagen.

In der Zwischenzeit hatten überwiegend sunnitische Aufständische die Provinz al-Anbar in ihre Gewalt gebracht, ein großes Gebiet westlich von Bagdad. Ihre Macht war vor allem auf die Städte konzentriert, unter anderem Ramadi und Falludscha.

In jenem Frühjahr wurde die amerikanische Öffentlichkeit vom Bild vierer geschändeter Sicherheitsleute erschüttert, die von einer Brücke in Falludscha hingen. Im Nachhinein war dies ein schlechtes Vorzeichen für das, was noch kommen sollte. Kurze Zeit später nahmen die Marines die Stadt ein, aber ihre Einsätze wurden nach heftigen Kämpfen eingestellt. Man schätzte, dass sie damals etwa 25 Prozent der Stadt in ihrer Gewalt hatten. Laut Rückzugsplan sollten anschließend irakische Kräfte in die Stadt kommen, um die Kontrolle zu übernehmen. Ihr Auftrag war es, die Aufständischen auf Abstand zu halten. Theoretisch zumindest. Die Realität sah ganz anders aus. Im Herbst bestand Falludscha nur noch aus Aufständischen. Und für uns Amerikaner war die Situation damals noch gefährlicher als im Frühjahr.

Als ich im September 2004 in den Irak kam, hatte meine Einheit zwar bereits damit begonnen, sich auf einen neuen Einsatz vorzubereiten, um Falludscha ein für allemal zu befrieden. Aber ich ging stattdessen mit den Polen nach Bagdad.

Bei der GROM

»Kyle, Sie kommen mit.«

Der polnische Unteroffizier, der die Einsatzbesprechung leitete, strich sich über seinen dichten Bart, als er auf mich deutete. Ich verstand nicht viel Polnisch und er sprach nicht besonders gut Englisch, aber was er sagte, schien ziemlich eindeutig zu sein – sie wollten, dass ich während des Einsatzes mit ihnen das Haus stürmte.

»Klar doch«, sagte ich.

Er lächelte. Manche Formulierungen versteht jeder.

Nach einer Woche war ich vom Navigator zum Mitglied des Angriffsteams befördert worden. Ich hätte nicht glücklicher sein können.

Navigieren musste ich trotzdem noch. So bestand meine Aufgabe darin, eine sichere Route zum Zielort zu finden und wieder zurück. Obwohl die Aufständischen in und um Bagdad sehr aktiv waren, hatten die Kämpfe nachgelassen und im Gegensatz zu anderen Orten bestand hier eine deutlich geringere Bedrohung durch Sprengsätze und Hinterhalte. Das hieß aber noch lange nicht, dass sich das nicht schlagartig ändern konnte, und ich musste meine Routen besonders sorgfältig planen.

Wir stiegen in unsere Hummer-Geländewägen und fuhren los. Ich saß vorne, neben dem Fahrer. Ich hatte ein wenig Polnisch gelernt und beherrschte zumindest die Richtungsangaben – Prawo kolei: »rechts abbiegen« – so lotste ich ihn durch die Straßen. Der Computer stand auf meinem Schoß; rechts war ein Schwenkarm für ein Maschinengewehr. Wir hatten die Fahrzeugtüren abmontiert, um den Ein- und Ausstieg zu

erleichtern und besser schießen zu können. Abgesehen von den Schwenkarmen, die seitlich und hinten angebracht waren, hatten wir am Heck auch noch einen Geschützturm mit einem .50er-MG.
Wir erreichten das Ziel und stiegen aus. Ich war voller Adrenalin und bereit, mich ins Gefecht zu stürzen.
Die Polen wiesen mir den sechsten oder siebten Platz in der Reihe zu. Das war ein bisschen enttäuschend – so weit hinten in der Gruppe kommt man wahrscheinlich nicht zum Schuss. Aber ich wollte deswegen nicht herumzicken.
Die GROM dringt im Grunde genauso in Häuser ein wie wir SEALs. Es gibt hier und da einige Abweichungen in den Bewegungsabläufen, wie sie zum Beispiel um Ecken gehen und wie sie im Einsatz ihren Kameraden Deckung geben. Insgesamt sind sie wenig zimperlich. Überrasche das Ziel, schlag schnell und hart zu, übernimm die Kontrolle.
Ein Unterschied, der mir besonders gut gefiel, war ihre Version der Blendgranate. Amerikanische Exemplare explodieren mit einem grellen Aufblitzen und einem lauten Knall. Die polnischen Granaten dagegen explodieren mehrmals. Wir nannten sie Siebenfach-Knaller. Sie klingen wie sehr laute Gewehrschüsse. Wie gesagt, sie gefielen mir. Als es an der Zeit war, die GROM wieder zu verlassen, versuchte ich, so viele Granaten wie möglich mitgehen zu lassen.
Wir bewegten uns in dem Augenblick, in dem die Granate losging. Ich kam durch die Tür und fixierte den Unteroffizier, der das Team leitete. Er gab mir mit einer Geste zu verstehen, dass ich mich leise vorwärts bewegen sollte, um ein bestimmtes Zimmer zu klären. Ich rannte los.
Der Raum war leer, die Luft rein.

Also stieg ich wieder die Treppen hinunter. Einige der anderen Jungs hatten inzwischen den Kerl festgenommen, den wir gesucht hatten, und wir waren bereit, ihn in einen der Hummer zu laden. Die anderen Iraker, die im Haus gewesen waren, standen herum und sahen zu Tode verängstigt aus.
Draußen sprang ich in den Wagen und dirigierte das Team zurück zum Stützpunkt. Die Operation war wenig spektakulär gewesen, aber das Eis

zwischen mir und der GROM war gebrochen – von da an galt ich als vollwertiges Mitglied des Teams.

Wodka oder Büffelpisse

In den nächsten zweieinhalb Wochen unternahmen wir noch etliche weitere Einsätze, aber es gab nur einen, bei dem wir richtig Ärger hatten. Wir stürmten ein Haus und irgendein Typ im Inneren legte es offenbar auf einen Kampf an. Dummerweise standen ihm dazu nur seine blanken Fäuste zur Verfügung. Man muss sich das mal vorstellen. Er stand einer Einheit Soldaten gegenüber, jeder schwer bewaffnet und von Körperpanzerung geschützt. Er war entweder dumm oder mutig, oder vielleicht beides.

Bis wir die Situation erfassen konnten, hatte sich die GROM bereits um ihn gekümmert. Ein Verrückter weniger auf der Liste der gesuchten Verbrecher.

Wir verhafteten eine große Bandbreite an Verdächtigen – Finanziers von al-Qaida, Bombenbauer, Aufständische, ausländische Aufständische. Einmal nahmen wir eine ganze Wagenladung von Männern mit.

Die GROM hat viel mit den SEALs gemeinsam: Sie sind sehr professionell bei der Arbeit und in der Freizeit ein trinkfreudiges Partyvolk. Sie hatten stets polnischen Wodka zur Hand und waren vor allem von einer Marke namens Żubrówka angetan.

Żubrówka gibt es schon seit Hunderten von Jahren, obwohl ich die Marke nie in den USA gesehen habe. In jeder Flasche befindet sich ein Halm Büffelgras; jeder Halm stammt aus demselben Feld in Polen. Büffelgras soll Heilkraft besitzen, aber die Geschichte, die mir meine GROM-Kumpels erzählten, war wesentlich blumiger – oder fäkaler. Ihrer Erzählung nach streifen europäische Bisons, auch als Wisente bekannt, über das Feld und pinkeln auf das Gras. Die Destillateure stecken die Halme in die Flaschen, um ihrem Gebräu Extrawürze zu verleihen. (Im Herstellungsverfahren werden bestimmte Bestandteile des Büffelgrases neutralisiert, sodass nur der Geschmack erhalten bleibt. Aber meine Freunde verschwiegen mir das – vielleicht war es ja auch nur zu schwer zu übersetzen.)

6. Den Tod im Marschgepäck

Ich hatte meine Zweifel, aber der Wodka erwies sich als süffiges, starkes Getränk. Es bestätigte ihre Behauptung, dass die Russen keine Ahnung vom Wodka haben und die Polen wesentlich besseren Stoff brauen.

Als Amerikaner durfte ich nicht trinken. (Und *offiziell* tat ich das auch nicht.)
Diese dämliche Regel bezog sich aber nur auf amerikanische Soldaten. Wir konnten nicht einmal Bier kaufen. Jedem anderen Mitglied der alliierten Koalition, seien es Polen oder andere Nationalitäten, war zumindest das erlaubt.
Zum Glück teilten die GROM-Jungs gerne. Sie kauften auch für uns im Duty-free-Geschäft am Flughafen von Bagdad ein, beispielsweise Bier oder Whiskey – und auch alles andere, worum die Amerikaner, die mit ihnen zusammenarbeiten, sie baten.

Ich freundete mich mit einem ihrer Scharfschützen an, der Matthew hieß (sie hatten alle falsche Identitäten, was zu ihren Sicherheitsrichtlinien gehörte). Wir unterhielten uns oft über verschiedene Gewehre und Szenarien. Wir verglichen unsere Aufzeichnungen über Taktiken und Waffen, die wir jeweils benutzten. Später organisierte ich einige Übungen mit ihnen, um ihnen einen Überblick darüber zu verschaffen, wie SEALs arbeiten. Ich zeigte ihnen, wie wir in Häusern unsere versteckten Ansitze bauten, und demonstrierte ihnen einige verschiedene Übungen, die sie auch zu Hause durchführen konnten. Wir arbeiteten viel mit »Snaps« – Zielscheiben, die nach oben klappten, und »Movers« – Ziele, die sich von links nach rechts und umgekehrt bewegten.
Ich staunte immer wieder darüber, wie gut wir auch ohne Worte kommunizieren konnten, selbst während der Einsätze. Sie drehten sich um und winkten mich herbei oder weg, je nachdem. Ein Profi braucht keine sprachlichen Befehle. Man erkennt die Gestik seiner Kollegen und reagiert entsprechend.

Aufgerüstet

Ich werde immer gefragt, welche Art von Ausrüstung ich im Irak verwendete. Die Antwort lautet: Das kam darauf an. Mit anderen Worten: Die Ausrüstung richtete sich nach dem jeweiligen Einsatz. Normalerweise war das meine Grundausstattung:

Pistolen
Das Standardmodell, das an uns SEALs ausgegeben wurde, war die SIG Sauer P226 im Kaliber 9 mm. Sie war zwar eine ausgezeichnete Waffe, ich hatte aber das Gefühl, dass ich eine höhere Mannstoppwirkung benötigte als die 9 mm sie bieten konnten, und so benutzte ich später meine eigene Waffe anstelle der P226. Sind wir ehrlich – wenn man im Gefecht eine Pistole benutzen muss, ist die Kacke schon mächtig am Dampfen. Man hat nicht unbedingt die Zeit, um genau zu zielen. Die größeren Patronen töten deinen Feind vielleicht nicht, aber sie sorgen eher dafür, dass er zu Boden geht, wenn man ihn trifft.
2004 brachte ich eine Springfield TRP Operator im Kaliber .45 mit. Sie hatte im Wesentlichen ein 1911er-Griffstück, maßgefertigte Griffschalen und ein Schienensystem, an das ich eine Taschenlampe und einen Laser anbringen konnte. Sie war schwarz brüniert, hatte einen massiven Lauf und war eine ausgezeichnete Waffe – bis sie in Falludscha einen Granatsplitter für mich abfing.
Ich wollte sie eigentlich reparieren lassen – Springfield-Pistolen sind hart im Nehmen. Aber ich wollte mein Glück nicht überstrapazieren und ersetzte sie durch eine SIG P220. Die P220 sieht ziemlich genauso aus wie die P226, hatte aber ebenfalls das Kaliber .45.

Tragevorrichtung
Bei meinen ersten beiden Auslandseinsätzen verwendete ich ein sogenanntes Drop-Leg-Holster (das seitlich am Oberschenkel anliegt, sodass die Waffe schnell gezogen werden kann). Das Problem mit dieser Art von Holster ist, dass die Dinger sich selbstständig machen. Im Gefecht, oder

auch nur wenn man auf- und abhüpft, rutscht das Holster nach vorne. Nach den ersten beiden Missionen wechselte ich daher auf ein Gürtelholster. So war meine Waffe immer da, wo sie sein sollte.

Medizinische Ausrüstung
Jeder SEAL hat immer ein eigenes Erste-Hilfe-Set mit den wichtigsten Dingen dabei, um Schusswunden zu behandeln – Verbandszeug für verschiedene Wunden, einen Infusionsschlauch, Blutgerinnungsmittel. Es musste leicht erreichbar sein, denn man wollte nicht, dass der Verletzte oder seine Ersthelfer lange danach kramen mussten. Ich bewahrte meines in der rechten Seitentasche meiner Hose auf, unter dem Holster. Wenn ich jemals angeschossen werden würde, konnten meine Kameraden die Tasche aufschneiden und das Set herausziehen. Die meisten machten das so.
Wenn man jemanden im Feld verarztet, bevor der Sanitäter oder Arzt kommt, benutzt man immer das Set der Verwundeten. Wenn man sein eigenes benutzt, hat man keines mehr zur Hand, wenn man selbst oder eine weitere Person verletzt wird.

Körperpanzerung und Zubehör
Bei meinem ersten Auslandseinsatz war meine SEAL-Körperpanzerung mit dem MOLLE-System versehen. MOLLE steht für Modular Lightweight Load-Carrying Equipment, eine aufwendige Bezeichnung für ein Schlaufensystem, mit dessen Hilfe verschiedene Taschen und Ausrüstungsgegenstände an die Uniform angebracht werden können, wodurch man seine Ausrüstung individualisieren kann. Der Begriff MOLLE selbst ist der Produktname für das System, das von der Firma Natick Labs entwickelt wurde und hergestellt wird. Viele benutzen das Wort aber auch, um ähnliche Systeme zu bezeichnen.
Auf den folgenden Auslandseinsätzen trug ich eine Körperpanzerung mit einer separaten Weste, der sogenannten »Rhodesian rig«. Dabei handelt es sich um eine Weste, bei der man wie beim MOLLE-System individuelle Taschen und Kleinteile anbringen kann. Der zugrunde liegende

Gedanke ist der, dass jeder sein Zubehör auf die für ihn bequemste Art und Weise tragen kann.

Die separate Weste hatte den Vorteil, dass ich meine Ausrüstung ablegen konnte, ohne die schusssichere Weste ausziehen zu müssen. So konnte man sich bequem hinlegen und hatte trotzdem alles griffbereit, was man brauchte. Wenn ich hinter meinem Scharfschützengewehr lag und durch das Zielfernrohr blickte, öffnete ich den Verschluss und breitete die Weste flach am Boden aus. So hatte ich leichteren Zugriff auf die Munition, die in den Taschen war. Und ich trug die Weste immer noch auf den Schultern; sobald ich aufstand, war sie wieder am Mann.

(Noch eine Anmerkung zur Körperpanzerung – die von der Navy verwendete Körperpanzerung ist bekannt dafür, dass sie früher oder später auseinanderfällt. Daher kauften mir die Eltern meiner Frau nach meinem dritten Auslandseinsatz großzügigerweise eine Panzerung der Marke Dragon Skin. Sie ist superschwer, aber extrem stabil, die beste, die es gibt.)

Ich trug ein GPS-Gerät an meinem Handgelenk, ein zweites als Reserve in meiner Weste und als zusätzliche Absicherung sogar noch einen altmodischen Kompass. Bei jedem Einsatz habe ich einige Schutzbrillen verschlissen; sie hatten kleine Ventilatoren eingebaut, damit die Brille nicht beschlug. Und ich hatte natürlich auch ein Taschenmesser – direkt nach der BUD/S-Ausbildung hatte ich mir ein Klappmesser von Microtech gekauft – sowie feststehende Messer der Marken Emerson und Benchmade, je nach Einsatz.

Als weitere Ausrüstung trugen wir ein VS-17-Signaltuch mit uns, um Piloten auf uns aufmerksam zu machen, damit sie nicht auf uns feuerten. Theoretisch zumindest.

Am Anfang versuchte ich möglichst keine Ausrüstungsgegenstände um meine Körpermitte herum zu tragen, das ging sogar so weit, dass ich meine Pistolenmagazine in einem zweiten Drop-Leg-Holster am anderen Bein trug. (Ich brachte es ziemlich weit oben an, damit ich immer noch an die linke Seitentasche der Hose kam.)

6. Den Tod im Marschgepäck

Ich trug im Irak nie Gehörschutz. Der Gehörschutz, den wir benutzten, enthielt eine elektronische Geräuschfilterung. Es war also möglich, die Schüsse zu hören, die der Feind abgab, da sie leiser waren als unsere eigenen, allerdings war das Mikrofon, das diese Geräusche aufnahm, multidirektional. Das heißt, dass man nicht genau bestimmen konnte, woher die Schüsse kamen.

Im Gegensatz zu den Vermutungen meiner Frau trug ich meinen Helm hin und wieder sogar. Wenn auch zugegebenermaßen nicht allzu oft. Es war ein herkömmlicher Helm der US-Streitkräfte, unbequem und nur dann nützlich, wenn man es mit schwachen Geschossen oder Schrapnellen zu tun hatte. Damit er nicht auf meinem Kopf hin- und herbaumelte, fixierte ich ihn mit Pro-Tec-Polstern, aber es nervte mich trotzdem, das Teil längere Zeit zu tragen. Es beschwerte meinen Kopf unnötig, und wenn ich an der Waffe war, fiel es mir entsprechend schwer, konzentriert zu bleiben.

Ich hatte mitbekommen, dass selbst Pistolenpatronen leicht durch einen Helm drangen, sodass ich es nicht einsah, das unbequeme Ding zu tragen. Die einzige Ausnahme war nachts. Da trug ich den Helm, damit ich mein Nachtsichtgerät daran befestigen konnte.

Ansonsten hatte ich eine Baseballmütze auf: Eine Mütze mit dem Cadillac-Symbol, das wir zum inoffiziellen Logo unseres Zuges auserkoren hatten. (Wir waren offiziell der Zug Charlie, daher benutzten wir gerne Spitznamen mit demselben Buchstaben oder Laut am Anfang: aus Charlie wurde Cadillac usw.)

Warum eine Baseballkappe?

Cool sein hängt zu 90 Prozent davon ab, dass man cool aussieht. Und mit einer Baseballkappe sieht man erheblich cooler aus.

Neben der Cadillac-Mütze hatte ich noch ein anderes Lieblingsbekleidungsstück – eine Mütze von einer New Yorker Feuerwehreinheit, die während der Einsätze am 11. September einige ihrer Leute verloren hatte. Mein Vater hatte sie mir nach den Anschlägen von einem Besuch der »Lion's Den« (zu Deutsch: Löwengrube), einem historischen Feuerwehrhaus, mitgebracht. Dort hatte er einige Mitglieder der »Engine 23« ken-

nengelernt; als die Feuerwehrleute erfuhren, dass sein Sohn in den Krieg zog, bestanden sie darauf, ihm die Mütze mitzugeben.
»Sagen Sie ihm, er soll es ihnen heimzahlen«, sagten sie.
Wenn sie das jetzt lesen, wissen sie hoffentlich, dass ich genau das tat.

Am zweiten Handgelenk trug ich eine G-Shock. Die schwarze Uhr und ihr Gummiband haben inzwischen die traditionelle Rolex Submariner als Standard-Accessoire der SEALs ersetzt. (Ein Freund von mir fand es schade, dass diese Tradition nicht fortgesetzt wurde, und schenkte mir neulich eine. Es fühlt sich immer noch seltsam an, eine Rolex zu tragen, aber sie ist eine Hommage an die Froschmänner, die vor mir ihren Dienst taten.)
Bei kalten Wetterbedingungen trug ich eine Jacke aus Privatbesitz – eine North Face –, weil ich, ob Sie es glauben oder nicht, Probleme damit hatte, die Jungs von der Kleiderkammer zu überzeugen, Kaltwetterkleidung an mich auszugeben. Aber diese Geschichte hebe ich mir für ein andermal auf.

Meine M-4 und zehn Magazine (also 300 Schuss) befestigte ich an der Vorderseite meiner Weste. Auch das Funkgerät, einige Knicklichter und meine Blinkleuchte verstaute ich in diesen Taschen. (Die Blinkleuchte kann nachts benutzt werden, um andere Einheiten, Flugzeuge, Schiffe, Boote usw. auf sich aufmerksam zu machen. Sie dient aber auch dazu, sich gegenseitig als Verbündete zu erkennen zu geben.)
Wenn ich eines meiner Scharfschützengewehre bei mir hatte, hatte ich zusätzlich so um die 200 Patronen in meinem Rucksack bei mir. Falls ich statt der Win Mag oder der .338er das Mk-11 trug, dann ersparte ich mir die Mitnahme der M-4. In diesem Fall bewahrte ich die Scharfschützenmunition griffbereit in meinen Zubehörtaschen auf. Schließlich hatte ich noch drei Magazine für meine Pistole am Mann.
Und schließlich, um die Beschreibung meiner Ausrüstung abzuschließen, trug ich noch Merrell-Wanderstiefel. Sie waren bequem und robust genug für den Kampfeinsatz.

6. Den Tod im Marschgepäck

Aufstehen, Kyle

Etwa einen Monat nachdem ich zur GROM gestoßen war, wachte ich eines Morgens auf, weil mich jemand an der Schulter schüttelte.
Ich schnellte sofort hoch, bereit, jedem eine zu verpassen, der sich in meine Unterkunft geschlichen hatte.
»Hey, alles in Ordnung«, sagte der Lieutenant Commander, der mich aufweckte. Er war ein SEAL und außerdem mein Vorgesetzter. »Ziehen Sie sich an und kommen Sie in mein Büro.«
»Ja, Sir«, murmelte ich. Ich zog mir Shorts und Flipflops an und tappte den Flur herunter.
Ich dachte, ich hätte mir Ärger eingehandelt, obwohl ich nicht wusste weswegen. Ich kam mit den Polen bestens zurecht und war in keine nennenswerten Schlägereien verwickelt gewesen. Während ich zu seinem Büro ging, grübelte ich und versuchte mir eine passende Allzweck-Rechtfertigung zurechtzulegen. Ich tappte immer noch im Dunkeln, als ich dort ankam.
»Kyle, holen Sie Ihr Scharfschützengewehr und machen Sie sich bereit«, sagte mir der Kapitänleutnant. »Sie gehen nach Falludscha.«
Er setzte mich über die Vorkehrungen in Kenntnis und nannte mir einige Details zum Einsatz. Die Marines planten einen größeren Vorstoß und benötigten einige Scharfschützen als Unterstützung.
Mann, das wird klasse, dachte ich. *Wir werden ganze Horden von Schurken kaltmachen. Und ich mittendrin.*

Eine bewaffnete Festung

Historisch betrachtet gab es zwei Schlachten um Falludscha. Die erste fand, wie bereits erwähnt, im Frühjahr statt. Politische Erwägungen, vor allem hervorgerufen durch völlig verzerrte Medienberichte und eine Menge arabischer Propaganda, hatten dazu geführt, dass die Marines ihre Offensive kurz nach deren Beginn abbrachen und so das Ziel verfehlt wurde, die Aufständischen aus der Stadt zu jagen. Anstelle der Marines sollten Iraker, die der Interimsregierung treu ergeben waren, die Kontrolle übernehmen und die Stadt in ihre Gewalt bringen.

Das klappte aber nicht. So ziemlich sofort, nachdem die Marines sich zurückgezogen hatten, übernahmen die Aufständischen Falludscha. Zahllose Zivilisten, die mit dem Aufstand rein gar nichts zu tun hatten, wurden getötet oder flohen aus der Stadt. Jeder, der Frieden wollte – jeder, der auch nur halbwegs bei Verstand war – , verließ die Stadt oder kam andernfalls zu Tode. Die Provinz al-Anabar, also die Umgebung, in der die Stadt liegt, war mit Aufständischen verschiedenster Couleur nur so übersät. Viele von ihnen waren irakische Mudschaheddin, aber es gab auch viele Ausländer, die Mitglieder der »al-Qaida im Irak« oder anderer radikaler Gruppen waren. Der Anführer der al-Qaida im Irak, Scheich Abdullah al-Janabi, hatte seine Zentrale in Falludscha. Er war ein Jordanier, der mit Osama bin Laden in Afghanistan gekämpft hatte und es sich zur Aufgabe gemacht hatte, möglichst viele Amerikaner zu töten. (Man geht trotz zahlreicher anderslautender Berichte davon aus, dass Scheich Abdullah al-Janabi aus Falludscha fliehen konnte und immer noch auf der Flucht ist.)

Die Aufständischen waren teils Terroristen, teils kriminelle Banden. Sie legten Bomben, entführten Beamte und ihre Angehörigen, griffen amerikanische Konvois an, ermordeten Iraker, die nicht ihrer politischen oder religiösen Meinung waren – alles und jeden, der ihnen in die Finger kam. Falludscha war ihr Stützpunkt geworden, eine Anti-Hauptstadt des Irak, in der man es sich zum Ziel gemacht hatte, die Interimsregierung zu stürzen und freie Wahlen zu verhindern.

Die Provinz al-Anabar und speziell der größere Umkreis um Falludscha wurden in den Medien als das sunnitische Dreieck bekannt. Das ist eine sehr, sehr grobe Verallgemeinerung sowohl der Gegend – der Bereich zwischen Bagdad, Ramadi und Bakuba – als auch der ethnischen Zusammensetzung der Bevölkerung.

(Zum Islam im Irak: Es gibt zwei muslimische Hauptströmungen im Irak, die Sunniten und die Schiiten. Vor dem Krieg lebten die Schiiten überwiegend im Süden und Osten, sagen wir mal von Bagdad bis zur Grenze, und die Sunniten beherrschten die Gegend um Bagdad und den

Nordwesten. Die beiden Gruppen lebten nebeneinander her, hassten sich aber im Grunde genommen. Die Schiiten waren zwar in der Mehrheit, während Saddams Herrschaft wurden sie jedoch diskriminiert und durften keine hohen Ämter bekleiden. Weiter im Norden sind die Kurden die vorherrschende Bevölkerungsgruppe. Trotz ihrer sunnitischen Herkunft haben sie eigene Bräuche und betrachten sich als eigenständiges Volk – und weniger als Iraker. Saddam Hussein hielt sie für minderwertig; im Rahmen seiner politischen Unterdrückung der Kurden befahl er einmal den Einsatz chemischer Waffen und führte eine zutiefst verabscheuungswürdige ethnische Säuberungsaktion durch.)

Während die Aufständischen Falludscha als Ausgangspunkt für ihre Angriffe in den umliegenden Gebieten und in Bagdad nutzten, verbrachten sie eine beachtliche Menge Zeit damit, die Stadt abzuriegeln, damit sie einem weiteren Angriff trotzen konnten. Sie horteten Munition und Waffen, bereiteten Sprengfallen vor und verbarrikadierten sich in Häusern. Minen wurden gelegt und Straßen abgeriegelt, damit man sie für Überfälle nutzen konnte. In Einfriedungsmauern wurden »Rattenlöcher« geschlagen, wodurch sich die Aufständischen von einem Haus zum nächsten bewegen konnten, ohne die Straßen benutzen zu müssen. Viele, wenn nicht alle 200 Moscheen der Stadt wurden in befestigte Anlagen umfunktioniert, da die Aufständischen wussten, dass die Amerikaner Gotteshäuser achteten und diese daher nur ungern angriffen. Die Aufständischen bauten ein Krankenhaus zu einer Zentrale um und benutzten es zugleich als Einsatzbüro für ihre Propagandamaschinerie. Kurzum, die Stadt war im Sommer 2004 fest in der Hand der Terroristen.
Die Aufständischen waren sogar so dreist geworden, dass sie regelmäßig Raketenangriffe gegen US-Stützpunkte in der näheren Umgebung wagten und Konvois überfielen, die auf den Hauptverkehrswegen fuhren. Schließlich hatte das amerikanische Oberkommando genug – Falludscha musste zurückerobert werden.
Der Plan, der entwickelt wurde, nannte sich Phantom Fury. Die Stadt sollte abgeriegelt werden, damit die Feinde keinen Nachschub und Un-

terstützung mehr erhielten. Die Aufständischen in Falludscha sollten ausgerottet und ihre Infrastruktur zerstört werden.

Während die Marines der Ersten Marine-Division das Rückgrat der Angriffsmacht bildeten, nahmen alle anderen Kräfte zusätzliche Schlüsselfunktionen ein. SEAL-Scharfschützen wurden in kleine Angriffstrupps der Marines eingebunden, sollten ihnen Deckung geben und herkömmliche Scharfschützenaufträge erledigen.

Die Marines hatten etliche Wochen damit verbracht, sich auf den Angriff vorzubereiten und eine Vielzahl von Einsätzen geplant, um die Aufständischen aus dem Konzept zu bringen. Die Schurken wussten mit Sicherheit, dass etwas im Busch war; sie wussten nur nicht, wann und wo wir zuschlagen würden. Die Ostseite der Stadt war schwer geschützt und der Feind dachte wohl, dass der Angriff von dort ausgehen würde.

Aber stattdessen würde er von Nordwesten kommen und sich von dort nach unten in Richtung Stadtkern bewegen. Genau dort wollte ich hin.

Die Anreise

Nachdem mich der Lieutenant Commander wegtreten ließ, packte ich sofort meine Sachen und ging nach draußen zu dem Pick-up, der schon auf mich wartete und mich zum Hubschrauber bringen sollte. Eine 60 – also eine Blackhawk H-60 – nahm mich und einen anderen Kerl namens Adam mit, einen Kommunikationsspezialisten, der ebenfalls mit der GROM zusammengearbeitet hatte. Wir sahen uns an und grinsten. Offenbar war ich nicht der Einzige, der sich darauf freute, an einer echten Schlacht teilzunehmen.

SEALs aus allen Teilen des Irak unternahmen zur gleichen Zeit eine ähnliche Reise, sie alle machten sich auf den Weg zum großen Marine-Stützpunkt Camp Fallujah, südlich der Stadt. Als ich eintraf, hatten sie schon ihren eigenen kleinen Stützpunkt innerhalb des Camps errichtet. Ich bahnte mir den Weg durch die engen Flure des Gebäudes, das den Spitznamen Alamo erhalten hatte, und versuchte nirgendwo anzustoßen. Die Gänge waren mit allerlei Ausrüstungsgegenständen und Material

6. Den Tod im Marschgepäck

vollgestellt, mit Gewehr- und Metallkoffern, Kartons und hin und wieder einem Kasten Limonade. Der Menge an Ausrüstung nach zu urteilen, hätten wir auch eine Rockband auf Tour sein können.
Außer dass unsere Pyrotechnik es wirklich in sich hatte.
Nicht nur Scharfschützen von Team 3 kamen zum Einsatz, auch die Scharfschützen der Teams 5 und 8 sollten am Angriff teilnehmen. Ich kannte schon die meisten der Westküstenjungs; die anderen lernte ich in den nächsten Wochen kennen und schätzen.
Die Anspannung war förmlich greifbar. Jeder war bereit, in die Schlacht zu ziehen und den Marines zu helfen.

Die Heimatfront

Als die Schlacht nahte, dachte ich an meine Frau und meinen Sohn. Mein kleiner Junge wurde immer größer. Taya hatte angefangen, mir per E-Mail Fotos und sogar Videos zu schicken, die seine Fortschritte festhielten.
Einige der Videos laufen bis heute immer wieder vor meinem geistigen Auge ab – wie er beispielsweise auf dem Rücken liegt und seine Hände und Füße bewegt, als würde er laufen, und ein strahlendes Lächeln auf seinem Gesicht.
Er war und ist ein sehr aktives Kind. Ganz der Papa.
Thanksgiving, Weihnachten – im Irak bedeuteten mir diese Feiertage nicht allzu viel. Aber nicht dabei zu sein, wenn mein Sohn sie zum ersten Mal bewusst wahrnahm, war etwas anderes. Je länger ich fort war und je größer er wurde, umso mehr wollte ich ihm beim Aufwachsen zur Seite stehen – und die Dinge tun, die ein Vater mit und für seinen Sohn tut.
Während ich auf den Beginn des Angriffs wartete, rief ich Taya an.
Es war ein kurzes Gespräch.
»Hör mal, Schatz, ich kann dir nicht sagen, wohin ich gehe, aber ich bin eine Weile weg«, sagte ich. »Sieh dir die Nachrichten an und du weißt, was los ist. Ich weiß nicht, wann ich dich das nächste Mal anrufen kann.«
Das sollte für eine Weile reichen.

Los geht's

Am Abend des 7. Novembers quetschte ich mich mit einem Dutzend Marines und ein paar SEALs in ein gepanzertes Fahrzeug, so kurz vor der Schlacht standen wir alle unter Hochspannung. Das große Panzerfahrzeug rollte polternd los und setzte sich langsam an die Spitze einer beachtlichen gepanzerten Prozession, die sich aus dem Camp herausbewegte und in den Norden der Stadt aufbrach, in die offene Wüste.

Wir saßen dicht gedrängt nebeneinander, zwei Reihen an den gegenüberliegenden Seiten des spartanisch eingerichteten Fahrzeugs und sahen uns an. Eine dritte Reihe hatte sich in die Mitte gequetscht. Die AAV-7A1 war nicht gerade eine Stretch-Limousine; wir versuchten zwar, uns möglichst klein zu machen, aber zaubern konnten wir nicht. Die Verhältnisse auf dieser Fahrt beengt zu nennen, ist eine Untertreibung. Zum Glück hatten sich die anderen Insassen zuvor geduscht.

Anfangs war es ziemlich kalt – es war November, und für einen texanischen Jungen fühlte es sich an wie tiefster Winter. Doch innerhalb weniger Minuten kochte uns die Heizung gar und wir mussten darum bitten, die Temperatur herunterzuregeln. Ich stellte meinen Rucksack auf dem Boden ab. Mein Mk-11 hatte ich zwischen den Beinen und meinen Helm am Gesäß, als eine Art Behelfskissen. Ich versuchte ein Nickerchen zu machen. Die Zeit vergeht schneller, wenn man die Augen geschlossen hält.

Ich konnte jedoch nicht besonders gut dösen. Immer wieder spähte ich durch die kleinen Fensterschlitze im Heckfenster, aber die Jungs, die dort saßen, versperrten mir die Sicht. Es gab auch nicht viel zu sehen – genau genommen nur den Rest der Prozession, eine Staubwolke und einige Flecken leere Wüste. Wir hatten mit den Marines bereits eine Woche trainiert und waren alle praktischen Aspekte durchgegangen, vom Ein- und Aussteigen aus ihren Fahrzeugen bis zu der Überlegung, welche Treibladungen wir benutzen sollten, um Scharfschützenlöcher durch Gebäude zu sprengen. Zwischendurch arbeiteten wir an der Funkverbindung und der allgemeinen Strategie, tauschten unsere Gedanken aus, wie wir den Einheiten, die wir begleiteten, am besten Deckung gaben und gingen ein

6. Den Tod im Marschgepäck

Dutzend taktischer Überlegungen durch, etwa ob es grundsätzlich besser sei, vom obersten Stockwerk aus zu schießen oder lieber vom direkt darunterliegenden.

Wir waren jetzt bereit, aber wie es so oft beim Militär geschieht: Erst wurden wir zur Eile angetrieben und dann ausgebremst und wieder in Bereitschaft versetzt. Die Kettenfahrzeuge fuhren uns bis nördlich vor Falludscha und hielten dort.

Und dann saßen wir untätig herum, während mehrere Stunden zu vergehen schienen. Jeder Muskel in meinem Körper war angespannt. Schließlich entschied jemand, dass wir die Rampe herunterlassen und uns ein bisschen die Beine vertreten könnten. Ich erhob mich von der Bank und ging zusammen mit einigen der anderen SEALs nach draußen, um ein wenig frische Luft zu schnappen.

Kurz vor Tagesanbruch stiegen wir wieder ein und bewegten uns im Schneckentempo in Richtung Stadtrand. Die Atmosphäre im Wagen war inzwischen am Siedepunkt. Wir brannten darauf, uns ins Gefecht zu stürzen.

Unser Bestimmungsort war ein Apartmentgebäude, von dem aus man den nordwestlichen Teil der Stadt überblicken konnte. Etwa 730 Meter vom eigentlichen Stadtkern entfernt, hatte man von dem Wohnkomplex aus eine perfekte Sicht auf die Gegend, wo unsere Marines ihren Angriff starten würden – eine ausgezeichnete Position für Scharfschützen. Wir mussten nur dorthin kommen und das Gebäude einnehmen.

»Fünf Minuten!«, rief einer der Unteroffiziere.

Ich schulterte meinen Rucksack und hielt mein Gewehr gut fest.

Der Amtrac hielt ruckartig an. Die Heckklappe fiel herab und ich sprang mit den anderen heraus, rannte auf einen kleinen Hain zu, der mit einigen Bäumen und Felsen ausreichend Deckung bot. Ich bewegte mich so schnell ich konnte – und zwar weniger aus Angst davor, angeschossen zu werden, sondern ich machte mir eher Sorgen, dass ich von der Armada, die uns hierher gekarrt hatte, überrollt werden könnte. Die gewaltigen Amtracs sahen nicht unbedingt so aus, als würden sie für irgendjemanden anhalten.

Ich warf mich zu Boden, legte den Rucksack neben mir ab und begann das Gebäude nach irgendwelchen auffälligen Anzeichen abzusuchen. Ich ließ meinen Blick über die Fenster und die umliegende Gegend schweifen und erwartete die ganze Zeit, beschossen zu werden. Die Marines strömten in der Zwischenzeit aus ihren Fahrzeugen. Abgesehen von den Kettenfahrzeugen waren Hummer, Panzer und Dutzende von Hilfsfahrzeugen vor Ort. Die Marines stürmten los und verteilten sich über den gesamten Komplex.

Sie traten Türen ein. Allzu viel konnte ich zunächst nicht hören, nur den lauten Widerhall von Schrotflinten, die sie benutzten, um die Schlösser zu öffnen. Die Marines nahmen einige Frauen fest, die sich im Freien aufgehalten hatten, aber ansonsten war der Hof, der vor dem Gebäude lag, verlassen.

Meine Augen bewegten sich ohne Unterlass. Ich suchte unaufhörlich den gesamten Bereich ab und versuchte irgendetwas Verdächtiges zu entdecken. Unser Funker kam herüber und baute seine Geräte in der Nähe auf. Er überwachte den Vorstoß der Marines, die sich ihren Weg durch das Gebäude bahnten und es klärten. Die wenigen Bewohner, die sie fanden, wurden nach draußen geführt und in Sicherheit gebracht. Im Gebäude selbst gab es keinen Widerstand – wenn es dort Aufständische gegeben hatte, waren sie geflohen, als sie uns sahen, oder gaben sich jetzt als verbündete Iraker und Freunde der USA aus.

Die Marines brachten schließlich etwa 250 Zivilisten aus dem Komplex, ein Bruchteil von dem, was erwartet worden war. Jeder von ihnen wurde zunächst verhört. Die Marines überprüften die Familienoberhäupter auf Schießpulver-Rückstände und wer den Test bestand, nicht gesucht wurde und sich auch sonst unverdächtig verhielt, erhielt 300 Dollar und die Anweisung, den Ort umgehend zu verlassen. Laut einem der Marines-Offiziere durften sie noch einmal in ihre Wohnungen zurückkehren, das Nötigste zusammenpacken und mussten dann gehen.

(Insgesamt wurden im Rahmen des Einsatzes nur einige bekannte Aufständische verhaftet und inhaftiert.)

6. Den Tod im Marschgepäck

Während wir von unserem Plateau aus die Stadt beobachteten, hielten wir auch mit Argusaugen nach einem irakischen Scharfschützen Ausschau, der als Mustafa bekannt war. Unseren Berichten zufolge war Mustafa ein Sportschütze gewesen, der an den Olympischen Spielen teilgenommen hatte und seine Fähigkeiten nun gegen Amerikaner, die irakische Polizei und das einheimische Militär einsetzte. Es waren mehrere Videos von ihm im Umlauf, in denen er mit seinem Können prahlte.

Ich selbst habe ihn nie zu Gesicht bekommen, aber andere Sniper töteten später einen irakischen Scharfschützen, von dem wir annehmen, dass es sich um Mustafa gehandelt haben muss.

Zu den Apartments

»Gut«, sagte der Funker schließlich. »Wir sollen rein.«
Ich rannte von den Bäumen zum Wohnkomplex, wo ein SEAL-Leutnant die Sniper-Standorte verteilte. Er hatte eine Stadtkarte und zeigte uns, wo am nächsten Tag der Angriff stattfinden sollte.
»Wir müssen diesen Bereich abdecken, und zwar hier, hier und hier«, sagte er. »Sucht euch einen Raum, der sich dafür eignet.«
Er wies uns ein Gebäude zu und verschwand. Ich bekam einen Scharfschützen namens Ray als Partner, den ich bereits vom BUD/S her kannte. (Ich verwende hier einen falschen Namen, um seine Identität zu schützen.) Ray ist ein richtiger Waffennarr. Er liebt Waffen und kennt sich richtig gut mit ihnen aus. Ich weiß zwar nicht genau, wie gut er als Schütze ist, aber er hat wahrscheinlich schon mehr über Gewehre vergessen, als ich jemals wissen werde.
Wir hatten uns schon Jahre nicht gesehen, aber meine Erinnerungen an das BUD/S überzeugten mich davon, dass wir gut miteinander zurechtkommen würden. Man will im Einsatz nach Möglichkeit das gute Gefühl haben, dass der Typ, mit dem man zusammenarbeitet, jemand ist, auf den man sich verlassen kann – schließlich vertraut man ihm im wahrsten Sinne des Wortes sein Leben an.

Ein Ranger, den wir Ranger Molloy nannten, hatte unsere Gewehre und einiges an Ausrüstung in einem Hummer herbeigeschafft. Er kam herauf und gab mir meine .300 Win Mag. Die 300er hat eine größere Reichweite als das Mk-11 und würde mir gute Dienste leisten, sobald ich erst einmal ein gutes Versteck hatte, von dem aus ich schießen konnte.

Ich rannte die Treppen herauf und vergegenwärtigte mir die Situation. Ich wusste, auf welcher Seite des Gebäudes ich sein wollte und ungefähr auf welcher Höhe. Als ich oben ankam – ich hatte beschlossen, dass ich lieber aus einem Raum als vom Dach aus schießen wollte – ging ich den Flur entlang und hielt Ausschau nach einer Wohnung, von der aus man einen guten Überblick hatte. Ich sah mir mehrere an, denn ich suchte nach einem Apartment mit Möbeln, die ich benutzen konnte.

Für mich war der Wohnraum, in dem ich mich bewegte, ein elementarer Teil des Schlachtfelds. Die Apartments und ihre Einrichtungen waren lediglich Hilfsmittel, um unser Ziel zu erreichen – die Stadt zu räumen. Scharfschützen müssen über einen langen Zeitraum hinweg sitzen oder liegen, also benötigte ich Möbel, die mir dies ermöglichten. Außerdem braucht man etwas, auf dem man das Gewehr ablegen kann. In diesem speziellen Fall würde ich aus einem der Fenster schießen, ich brauchte also eine Erhöhung. Ich durchforstete das Apartment und fand ein Zimmer, in dem ein Kinderbett stand. Das war ein seltener Fund, den ich gut gebrauchen konnte.

Ray und ich nahmen es und drehten es um. So hatten wir eine Unterlage. Dann hoben wir die Zimmertür aus den Angeln und legten sie darauf. Nun hatten wir eine stabile Plattform, von der aus wir arbeiten konnten.

Die meisten Iraker schlafen nicht in Betten; sie benutzen Futons, Matratzen oder dicke Decken, die sie auf den Boden legen. Wir fanden einige davon und platzierten sie auf der Tür. So hatten wir ein einigermaßen bequemes, erhöhtes Bett, auf dem man liegen und das Gewehr bedienen konnte. Eine zusammengerollte Matratze diente uns als Stütze für den Lauf.

Wir öffneten das Fenster und waren schussbereit.

6. Den Tod im Marschgepäck

Wir beschlossen, dass wir Dreistundenschichten schieben und uns dabei regelmäßig abwechseln würden. Ray übernahm die erste Schicht.
Ich begann den Komplex auf der Suche nach coolem Zeug zu durchstöbern – Geld, Waffen, Sprengstoff. Das einzige Interessante, das ich fand, war ein kleines elektronisches *Tiger-Woods-Golfspiel*.
Es war natürlich strengstens untersagt, Dinge mitzunehmen, offiziell zumindest. Wenn ich das gute Stück an mich genommen *hätte*, hätte ich sicher für den Rest meines Auslandseinsatzes damit gespielt. Und das könnte dann auch plausibel erklären, warum ich das Spiel mittlerweile ganz gut beherrsche.
Also – wenn ich es mitgenommen hätte.

Am späten Nachmittag nahm ich meinen Posten an der .300 Win Mag ein. Die Stadt, auf die ich hinunterblickte, war bräunlich-gelb und grau, fast so, als ob alles in das leichte Sepia eines alten Fotos getaucht wäre. Viele, aber nicht alle Gebäude waren aus Backstein oder in derselben Farbe verputzt. Die Steine und Straßen waren grau. Eine feine Schicht Wüstenstaub schien über den Häusern zu flirren. Es gab Bäume und andere Pflanzen, aber die Landschaft sah im Großen und Ganzen so aus, als hätte jemand einige farblose Schachteln in die Wüste gesetzt.
Die meisten Gebäude waren Bruchbuden, zwei Stockwerke hoch, hin und wieder auch drei oder vier. Minarette oder Gebetstürme traten in unregelmäßigen Abständen aus dem grauen Einerlei hervor. Moscheekuppeln waren verstreut – hier ein grünes Ei flankiert von einem Dutzend kleinerer Eier, dort eine weiße Spitze, die in der untergehenden Sonne leuchtete. Die Gebäude waren dicht gedrängt, die Straßen fast geometrisch und schachbrettartig angeordnet. Überall waren Mauern. Es herrschte schon eine Zeit lang Krieg und es gab viel Schutt, der aber nicht nur an den Ortsrändern verstreut lag, sondern auch mitten auf den Hauptstraßen. Direkt vor mir, aber außer Sichtweite, befand sich die berüchtigte Brücke, auf der die Aufständischen ein halbes Jahr zuvor die Leichen der Blackwater-Mitarbeiter geschändet hatten. Die Brücke führte über den Euphrat, der südlich von meiner Stellung eine steile Kurve nahm.

Meine größte Sorge waren Eisenbahngleise, die etwa 730 Meter von dem Gebäude entfernt lagen. Es gab dort eine Böschung sowie, südlich von mir, eine Brücke, die über eine Fernstraße führte. Im Osten, links von mir, wenn ich aus dem Fenster sah, führte eine Eisenbahnlinie zu einem Rangierbahnhof und einem Bahnhof außerhalb des Stadtzentrums.

Der Angriff der Marines würde zunächst über die Schienen hinweg und dann hinein in einen Bereich führen, der sich zwischen dem Euphrat und einer Schnellstraße am östlichen Ende der Stadt erstreckte. Dieser Punkt war auf meiner Karte mit einem Kleeblatt markiert. Dieser ganze Bereich war ungefähr fünfeinhalb Kilometer breit; der Plan war, bis zum 10. November etwa zweieinhalb Kilometer in Richtung dieser Schnellstraße vorzurücken – also innerhalb von knapp drei Tagen. Das klingt nach nicht allzu viel – die meisten Marines können eine solche Strecke in einer halben Stunde zurücklegen – aber der Weg führte durch verminte Straßen und schwer gesicherte Häuser. Die Marines rechneten nicht nur damit, Haus um Haus und Häuserzeile und Häuserzeile einnehmen zu müssen, sondern erkannten auch, dass es mit der Zeit womöglich immer schlimmer werden würde. Man vertreibt die Ratten aus einem Loch und sie verschanzen sich im nächsten. Aber früher oder später gehen ihnen die Verstecke aus.

Während ich aus dem Fenster blickte, fieberte ich dem Beginn der Schlacht gespannt entgegen. Ich wollte ein Ziel. Ich wollte jemanden erschießen.

Und ich musste nicht besonders lange darauf warten.

Von dem Gebäude aus hatte ich einen hervorragenden Blick auf die Gleise und die Böschung, die vor der Stadt lagen.

Kaum hatte ich am Gewehr Stellung bezogen, ging es auch schon mit dem Töten los. Die meisten Ziele waren relativ weit entfernt, in der Nähe der Stadt. Immer mehr Aufständische näherten sich, offenbar um die Marines auszuspionieren oder eine günstigere Position für einen Angriff einzunehmen. Sie waren etwa 800 Meter entfernt, hinter den Gleisen und unterhalb der Böschung, und dachten wohl, man könne sie nicht sehen.

6. Den Tod im Marschgepäck

Großer Irrtum.
Ich habe bereits beschrieben, wie es sich anfühlte, meinen ersten Schuss als Scharfschütze abzugeben; es kann gut sein, dass ich unbewusst kurz gezögert und mich gefragt habe: »Darf ich diesen Menschen töten?«
Aber die Einsatzbefehle waren eindeutig und es bestand kein Zweifel daran, dass der Mann in meinem Zielfernrohr ein Feind war. Dafür sprach nicht nur die Tatsache, dass er bewaffnet war und sich in Richtung der Marines bewegte, obwohl dies die wichtigsten Kriterien für die Einsatzbefehle waren. Sämtliche Zivilisten waren aufgefordert worden, die Stadt zu verlassen; nur eine Handvoll Unschuldiger war geblieben, weil nicht jeder in der Lage gewesen war zu fliehen. Die übrig gebliebenen Männer, die im wehrfähigen Alter und halbwegs bei Verstand waren, waren fast alle Schurken. Sie dachten, sie könnten uns vertreiben, genauso wie sie es schon im April mit den Marines getan hatten.
Nachdem ich den ersten Schuss abgegeben hatte, fielen mir die nächsten leichter. Ich muss mich nicht in einen bestimmten Zustand versetzen oder mich geistig vorbereiten – ich sehe durch das Zielfernrohr, nehme das Ziel ins Fadenkreuz und töte den Feind, bevor er meine Leute erledigt.
An jenem Tag erwischte ich drei; Ray zwei.
Beim Zielen hatte ich immer beide Augen offen. Mit dem rechten Auge blickte ich durch das Zielfernrohr, mit dem linken sah ich auf die übrige Stadt. So behielt ich das Gesamtbild besser im Blick.

Kilo

Die Marines drangen zügig in die Stadt vor und erreichten bald eine Position, an der wir sie von den Wohntürmen aus nicht länger decken konnten. Also verließen wir den Wohnblock und waren bereit für die nächste Phase – die Arbeit in der Stadt selbst.
Ich wurde der Kompanie Kilo zugeordnet und half den Marine-Einheiten am westlichen Ende der Stadt. Sie waren die erste Angriffswelle und durchkämmten Block für Block. Ihnen folgte eine andere Kompanie, sicherte den Bereich und achtete darauf, dass keiner der Aufständischen

von hinten nachrückte. Auf diese Weise sollte Falludscha Block für Block geräumt werden.

Wie auch in vielen anderen irakischen Städten waren die Grundstücke in diesem Stadtteil von den Nachbargrundstücken durch dicke Mauern abgegrenzt. Überall gab es Ecken und Schlupflöcher, in denen sich die Aufständischen verstecken konnten. Die Hinterhöfe, normalerweise mit Böden aus Erde oder Zement, waren rechteckige Irrgärten. Es war ein trockener, staubiger Ort, obwohl ganz in der Nähe der Fluss verlief. In den meisten Häusern gab es kein fließendes Wasser; das hauseigene Wasserreservoir befand sich auf dem Dach.

In der ersten Woche des Vorstoßes arbeitete ich einige Tage mit Scharfschützen der Marines. Die meiste Zeit über war ich mit zwei von ihnen sowie einem JTAC unterwegs, ebenfalls ein SEAL, der Luftangriffe zu unserer Unterstützung herbeirufen konnte. Und dann waren da noch einige weitere Marines, die unserem Schutz dienten und gelegentlich bei verschiedenen Aufgaben aushalfen. Sie wollten ebenfalls Scharfschützen werden und hofften, nach ihrem Auslandseinsatz die Scharfschützenausbildung des Marine Corps absolvieren zu können.

Jeder Morgen begann mit einem etwa 20-minütigen Feuerwerk. Mörser, Kanonen, Bomben, Lenkwaffen, Raketen – eine Menge Material, das auf Schlüsselpositionen des Feindes herunterregnete. Das Feuer vernichtete Munitionslager oder -verstecke und richtete sich gegen Orte, an denen wir mit starkem Widerstand rechneten. Schwarze Rauchschwaden stiegen in der Ferne auf, Waffenlager, die durch die Bombenangriffe zerstört worden waren; die Erde und die Luft bebten unter den Nachexplosionen. Anfangs folgten wir der Angriffsspitze der Marines. Aber wir erkannten bald, dass wir unsere Aufgabe besser erledigen konnten, wenn wir die Vorhut der Bodentruppen bildeten. So kamen wir in eine bessere Position und hatten das Überraschungsmoment auf unserer Seite, sodass wir gezielter gegen Aufständische vorgehen konnten, die der Bodeneinheit zusetzen wollten.

Insofern kamen wir nun auch dichter ans Kampfgeschehen heran. Wir fingen an, Häuser einzunehmen, in denen wir uns ein Versteck einrichteten.

6. Den Tod im Marschgepäck

Sobald die Wohnräume des Hauses geklärt waren, rannte ich die Treppen vom obersten Geschoss zum Dach hinauf und kam in einem kleinen Vorraum an, durch den man üblicherweise auf das landestypische Flachdach gelangte. Nachdem ich mich vergewissert hatte, dass das Dach sicher war, holte ich meine Sachen und richtete an der gemauerten Dachumrandung meinen Posten ein. Normalerweise gab es auf dem Dach etwas, das ich benutzen konnte, um es mir ein bisschen bequemer zu machen, zum Beispiel einen Stuhl oder Teppiche; falls nicht, konnte ich mir etwas von unten holen. Ich wechselte wieder auf das Mk-11, weil ich einsah, dass ich aufgrund der Topografie der Stadt die meisten Schüsse aus vergleichsweise kurzer Distanz abgeben würde. Die Waffe war praktischer als die WinMag und auf diese Entfernung nicht minder tödlich.

Unterdessen arbeiteten sich die Marines am Boden die Straße entlang, normalerweise wechselten sie dabei ständig von einer Seite zur anderen und klärten die Häuser. Sobald sie einen Punkt erreichten, von dem aus wir sie nicht mehr gut decken konnten, brachen wir auf, suchten uns einen neuen Standort und das Ganze fing wieder von vorne an.

Normalerweise schossen wir von Dächern aus. Sie boten die beste Aussicht und waren oft schon mit Stühlen und anderen nützlichen Dingen ausgestattet. Die meisten Dächer in der Stadt waren von niedrigen Mauern umgeben, die Schutz boten, wenn der Feind zurückschoss. Die Dächer hatten außerdem den Vorteil, dass wir unsere Verstecke schnell wechseln konnten; die Bodentruppen konnten schlecht mit dem weiteren Vorrücken warten, bis wir eine gute Position gefunden hatten.

Falls das Dach einmal untauglich war, richteten wir uns im Obergeschoss ein, normalerweise schossen wir dann aus einem Fenster. Hin und wieder mussten wir ein Loch in eine Mauer sprengen, um eine gute Schussposition zu schaffen. Das kam allerdings nur selten vor; in der Regel vermieden wir es, allzu viel unnötige Aufmerksamkeit auf uns zu lenken, was unvermeidlich war, wenn wir eine Explosion verursachten, selbst wenn sie relativ klein war. (Die Löcher wurden übrigens verschlossen, wenn wir gingen.)

Eines Tages errichteten wir unser Versteck in einem kleinen Bürogebäude, das kurz davor evakuiert worden war. Wir zogen die Schreibtische von den Fenstern weg in den hinteren Teil des Raumes; die natürlichen Schatten, die draußen an der Mauer tanzten, halfen dabei, unsere Position zu verschleiern.

Die Schurken

Die Feinde, die wir bekämpften, waren zu allem entschlossen und gut bewaffnet. In nur einem Haus fanden die Marines einmal an die zwei Dutzend Schusswaffen, unter anderem Maschinengewehre und Scharfschützengewehre, ebenso Raketenabschussrampen und einen Mörser.
Und all das befand sich in nur einem einzigen Haus in einer langen Straße. Es war sogar ein schönes Haus – es hatte eine Klimaanlage, Lüster und teure westliche Möbel. Das war ein ausgezeichneter Ruheplatz für unsere Mittagspause.
Die Häuser wurden sorgfältig durchsucht, aber die Waffen waren normalerweise leicht auffindbar. Die Marines gingen hinein und sahen oft schon auf den ersten Blick einen Granatwerfer an der Vitrine lehnen – die Raketen waren neben den Teetassen aufgereiht. In einem Haus fanden die Marines Tauchflaschen – der Widerstandskämpfer, der sich in dem Haus niedergelassen hatte, hatte sie offenbar benutzt, um den Fluss heimlich zu überqueren und einen Anschlag zu verüben.
Russische Ausrüstung war sehr weit verbreitet. Das meiste davon war äußerst alt – in einem Haus gab es Gewehrgranaten, die aussahen, als seien sie während des Zweiten Weltkriegs hergestellt worden. Und wir fanden Ferngläser mit alten Hammer-und-Sichel-Abzeichen. Ebenfalls allgegenwärtig waren IEDs – »Improvised Explosive Devices«, sprich unkonventionelle Spreng- und Brandvorrichtungen. Einige hatte man sogar in Wände einbetoniert.

6. Den Tod im Marschgepäck

In vielen Berichten über die Kämpfe in Falludscha ist davon die Rede, wie fanatisch die Aufständischen waren. Sicher waren sie fanatisch, aber bei Weitem nicht alle in religiöser Hinsicht. Eine ganze Menge von ihnen stand schlicht und einfach unter Drogen.
Im späteren Verlauf unseres Feldzugs nahmen wir ein Krankhaus am Stadtrand ein, das als Unterkunft genutzt worden war. Wir fanden dort Löffel, Fixerbesteck und andere Beweismittel, die uns ein Bild davon vermittelten, wie sich die Aufständischen vorbereiteten. Ich bin kein Fachmann, aber es sah für mich so aus, als würden sie Heroin kochen und es sich vor dem Kampf spritzen. Außerdem kam mir zu Ohren, dass sie verschreibungspflichtige Medikamente und praktisch alles, was sie in die Finger bekamen, benutzten, um ihren Mut zu steigern.
Man konnte das manchmal sehen, wenn man sie erschoss. Manche wurden von etlichen Kugeln getroffen, scheinbar ohne es zu merken. Es trieb sie also mehr als nur der Glaube und Adrenalin an, auch mehr als Blutdurst. In gewisser Weise waren sie schon auf dem halben Weg ins Paradies, zumindest musste es ihnen in ihrem Zustand so vorkommen.

Unter dem Schutt

Eines Tages stieg ich von einem Dach herab, um eine Pause zu machen und ging mit einem anderen SEAL-Sniper in den Garten. Ich klappte das Zweibein meines Gewehrs auf und stellte es ab.
Plötzlich gab es gegenüber von uns eine Explosion, vielleicht drei Meter entfernt. Ich ging in Deckung, drehte mich um und sah, wie eine Betonwand in Schutt und Asche fiel. Auf der anderen Seite kamen zwei Aufständische mit geschulterten Kalaschnikows zum Vorschein. Sie sahen genauso überrascht aus wie wir; auch sie hatten gerade eine Pause gemacht, als eine fehlgezündete Rakete einschlug oder vielleicht eine IED hochging.
Es war wie in einem Wildwestduell – wer zuerst zur Pistole griff, würde überleben.
Ich griff mir meine und fing an zu schießen. Mein Kamerad tat dasselbe. Wir trafen sie, aber die Geschosse erzielten nicht die gewünschte Wir-

kung. Sie flohen, rannten durch das Haus, in dem sie sich zuvor versteckt hatten, und stürmten auf die Straße.
Sobald sie das Haus verlassen hatten, wurden sie von den auf der Straße patrouillierenden Marines erschossen.

Ziemlich am Anfang des Gefechts traf eine Panzerabwehrrakete das Gebäude, in dem ich gerade arbeitete.
Es war ein Nachmittag, als ich an einem Fenster im obersten Stockwerk meinen Posten bezog. Die Marines am Boden wurden von der davorliegenden Straße aus beschossen. Ich gab ihnen Feuerschutz und schaltete ein Ziel nach dem anderen aus. Die Iraker begannen auf mich zu schießen, aber zum Glück nicht besonders präzise, was für sie typisch war.
Dann traf eine Panzerabwehrrakete das Haus. Die Mauer fing den Großteil der Explosion ab, was positiv und zugleich negativ war. Positiv daran war, dass dadurch mein Leben verschont blieb. Negativ war, dass die Explosion ein großes Stück der Mauer absprengte. Selbiges fiel auf meine Beine, sodass meine Knie zwischen dem Mauerwerk und dem Betonboden eingequetscht waren. Für kurze Zeit war mir, als könne ich meine Beine gar nicht mehr bewegen.
Es tat wahnsinnig weh. Ich trat den Schutt so gut es ging weg und schoss auf die Feinde am anderen Ende des Häuserblocks.
»Alles in Ordnung bei euch?«, schrie einer der Kameraden, die bei mir waren.
»Alles bestens, alles bestens«, schrie ich zurück. Aber meine Beine schrien genau das Gegenteil. Sie schmerzten unerträglich.
Die Aufständischen zogen sich zunächst zurück, aber dann kochte die Atmosphäre wieder hoch. So war es immer – zuerst eine trügerische Ruhe, gefolgt von einem intensiven Gefecht, bevor dann wieder Ruhe einkehrte.
Als der Schusswechsel schließlich zu Ende ging, stand ich auf und kletterte aus dem Zimmer. Unten deutete einer meiner Kameraden auf meine Beine.
»Du ziehst das Bein nach«, sagte er.

6. Den Tod im Marschgepäck

»Die Scheißwand ist auf mich gefallen.«
Er sah nach oben. Dort, wo zuvor die Wand gewesen war, war nun ein großes Loch. Bis zu jenem Zeitpunkt war niemandem bewusst gewesen, dass ich in dem Zimmer gewesen war, in dem die Rakete eingeschlagen war.

Ich hinkte noch eine Zeit lang – eine ganze Zeit lang – und später musste ich mir beide Knie operieren lassen; allerdings konnte ich das noch einige Jahre hinauszögern.
Natürlich ging ich nicht zum Arzt. Wer zum Arzt geht, wird aus dem Verkehr gezogen. Ich wusste, dass ich auch so zurechtkommen würde.

Im eigenen Saft schmoren

Man darf keine Angst vor dem Schuss haben. Wenn du jemanden siehst, der sich deinen Leuten mit einer IED in der Hand nähert, dann hast du allen Grund zu feuern. (Der Umstand, dass ein Iraker eine Waffe mit sich führte, bedeutete nicht zwangsläufig, dass er erschossen werden durfte.) Die Einsatzregeln waren klar, und in den meisten Fällen war die Gefahr offensichtlich.
Aber es gab auch Momente, in denen die Sache nicht *ganz* so klar war, in denen zum Beispiel jemand ziemlich sicher ein Aufständischer war, möglicherweise auch Böses im Schilde führte, aber es immer noch Zweifel bezüglich der Umstände oder der Umgebung gab. Etwa wenn er sich in eine andere Richtung als die Truppen bewegte. Oft schien sich ein Mann lediglich vor seinen Freunden produzieren zu wollen, in völliger Unkenntnis darüber, dass ich ihn beobachtete oder dass amerikanische Truppen in der Nähe waren.
In solchen Situationen gab ich keinen Schuss ab.
Das durfte ich auch gar nicht – und ich hatte nicht vor, mich selbst in den Dreck zu ziehen. Wenn man nämlich einen ungerechtfertigten Schuss abgab, lief man Gefahr, wegen Mordes angeklagt zu werden.
Ich saß oft da und dachte mir: *Ich weiß, dass dieser Mistkerl nichts Gutes im Sinn hat; erst neulich sah ich ihn da unten an der Straße diese und jene*

Schandtat begehen, aber jetzt macht er gerade nichts und wenn ich ihn erschieße, dann kann ich das vor den Anwälten nicht rechtfertigen. Da schmore ich lieber im eigenen Saft. Wie gesagt, es gibt für jeden Mist Bürokratie. Jeder bestätigte Todesschuss wurde dokumentiert, mit Beweisen untermauert und musste von einem Zeugen beglaubigt werden.
Also verzichtete ich auf den Schuss.
Das geschah nicht oft, vor allem in Falludscha, aber ich war mir immer der Tatsache voll bewusst, dass ich mich theoretisch für jede Tötung vor Anwälten verantworten musste.
Ich kam zu dem Schluss, dass ein Schuss immer dann nicht infrage kam, wenn ich nur *dachte*, mein Ziel würde etwas Böses im Schilde führen. Die Person musste schon etwas Böses *tun*.
Selbst unter dieser Prämisse gab es noch genügend Ziele. Ich erschoss durchschnittlich zwei bis drei Menschen am Tag, manchmal auch weniger, manchmal deutlich mehr, und es schien kein Ende in Sicht.

Einige Blocks entfernt von den Dächern, auf denen wir uns verschanzt hatten, ragte ein gedrungener Wasserturm in den Himmel. Er sah aus wie eine breite, gelbe Tomate.
Wir hatten den Turm schon vor einer Weile hinter uns gelassen, als ein Marine beschloss, genau dort hinaufzuklettern und die irakische Fahne von dem Gitter zu entfernen. Während er kletterte, begannen die Aufständischen, die sich während des vorausgegangenen Angriffs bedeckt gehalten hatten, auf ihn zu schießen. Binnen weniger Sekunden war er angeschossen und saß in der Falle.
Wir kehrten um und durchkämmten die Straßen und Dächer, bis wir die Männer entdeckt hatten, die auf ihn schossen. Als wir den Bereich gesichert hatten, schickten wir einen unserer Leute hoch, um die Fahne zu holen. Wir schickten sie dem Marine ins Lazarett.

6. Den Tod im Marschgepäck

Hasenfuß zeigt sein wahres Gesicht

Kurze Zeit später waren ein Kerl, den ich Hasenfuß nennen werde, und ich als Team auf der Straße, da kamen wir auch schon in Kontakt mit Aufständischen. Wir suchten Unterschlupf in einer flachen Nische in der Mauer gleich neben der Straße und warteten darauf, dass der Kugelhagel abebbte.
»Wir schlagen uns durch, zurück zum Ausgangspunkt«, sagte ich zu Hasenfuß. »Du zuerst. Ich gebe dir Deckung.«
»Alles klar.«
Ich lehnte mich nach vorne und gab ihm Feuerschutz, wodurch ich die Iraker zurückzwang. Ich wartete einige Sekunden, um Hasenfuß ausreichend Zeit zu geben, eine gute Position einzunehmen, damit er nun mich decken konnte. Als ich dachte, dass genug Zeit verstrichen war, sprang ich aus meinem Versteck und rannte los.
Es flogen jede Menge Kugeln umher, die aber nicht von Hasenfuß stammten. Sie kamen alle von den Irakern, die mit den Kugeln ihre Namen in meinen Rücken zu schreiben versuchten.
Ich fand Deckung, warf mich gegen eine Wand und glitt in Richtung eines Tors. Für einen Augenblick war ich verwirrt und fragte mich: »Wo ist Hasenfuß?«
Er hätte in der Nähe bleiben und auf mich warten sollen, damit wir uns zusammen unseren Weg freischießen konnten. Aber er war nirgends in Sicht. Hatte ich ihn auf der Straße übersehen?
Nein. Der Mistkerl war vollauf damit beschäftigt, sich seinen Spitznamen zu verdienen.
Ich saß in der Falle, festgenagelt von den Aufständischen und ohne meinen neuen Freund, der sich auf mysteriöse Weise in Luft aufgelöst hatte. Das irakische Feuer wurde so heftig, dass ich Verstärkung anfordern musste. Die Marines entsandten einige Hummer und mit ihrer Feuerkraft, die mir Deckung gab, war ich schließlich in der Lage zu verschwinden.
Aber dann fand ich heraus, was geschehen war. Als ich Hasenfuß etwas später wieder traf, war ich drauf und dran, ihn zu erwürgen – was ich

vielleicht getan hätte, wäre nicht zufällig ein ranghöherer Offizier anwesend gewesen.
»Warum zum Teufel bist du abgehauen?«, wollte ich wissen. »Du bist die ganze Straße entlanggelaufen, ohne mich zu decken.«
»Ich dachte, du wärst gleich hinter mir.«
»Schwachsinn.«
Das war bereits das zweite Mal in einer Woche gewesen, dass der Ausreißer mich im Feuerhagel sitzen gelassen hatte. Das erste Mal sah ich es ihm nach und war im Zweifel für den Angeklagten. Aber jetzt wurde deutlich, dass er ein Feigling war. Wenn er beschossen wurde, kniff er. Die Einsatzleitung trennte uns. Eine weise Entscheidung.

»Wir schießen einfach alle drauflos«

Kurz nach dem kleinen Abenteuer mit Freund Hasenfuß verließ ich meinen Posten auf einem der Dächer, weil ich hörte, dass in der Nähe eine Menge Munition verschossen wurde. Ich rannte nach draußen, konnte aber kein Mündungsfeuer entdecken. Dann empfing ich einen Funkspruch, dem ich entnahm, dass mehrere Männer verletzt worden waren. Ein Kerl, den ich an dieser Stelle Adler nenne, und ich rannten die Straße hoch, bis wir einer Gruppe von Marines begegneten, die den Rückzug angetreten hatten, nachdem sie etwa einen Block entfernt beschossen worden waren. Sie teilten uns mit, dass eine Gruppe Aufständischer nicht allzu weit entfernt einige Marines festgenagelt hatte und wir beschlossen, einen Versuch zu starten und sie zu befreien.
Wir wollten von einem nahegelegenen Haus aus ins Geschehen eingreifen, aber es war nicht hoch genug. Adler und ich drangen weiter vor und versuchten es mit einem anderen Haus. Auf dessen Dach fanden wir vier Marines, von denen zwei verletzt waren. Ihre Darstellungen waren widersprüchlich und wir konnten von dort auch keine Schüsse platzieren. Daher beschlossen wir, sie mitzunehmen, damit die Verletzten versorgt werden konnten; der junge Soldat, den ich nach unten begleitete, hatte einen Bauchschuss davongetragen.

6. Den Tod im Marschgepäck

Unten auf der Straße erhielten wir von den zwei unverletzten Marines präzisere Informationen und erkannten schließlich, dass wir das falsche Haus ins Visier genommen hatten. Wir gingen eine Gasse entlang in die Richtung der Aufständischen, aber nach einer kurzen Strecke stießen wir auf Hindernisse, die wir nicht überwinden konnten, und machten kehrt. Gerade als ich auf die Hauptstraße einbog, hörte ich eine Explosion hinter mir – ein Aufständischer hatte uns gesehen und eine Granate auf uns geworfen.

Einer der Marines, der hinter mir lief, ging zu Boden. Adler war nicht nur Scharfschütze, sondern auch Sanitäter und versorgte den Verletzten, nachdem er ihn von der Gasse weggezogen hatte. In der Zwischenzeit nahm ich die restlichen Marines und ging mit ihnen nun erneut die Straße hinunter in Richtung des Verstecks der Aufständischen.

Wir fanden eine zweite Gruppe Marines, die sich in einer Straßenecke verschanzt hatte und sich nicht weiterbewegen konnte, weil sie aus dem Haus heraus heftig unter Beschuss genommen wurde. Diese Marines waren aufgebrochen, um die erste Gruppe zu retten, saßen nun aber selbst fest. Ich rief alle zusammen und sagte ihnen, dass eine kleine Gruppe unserer Leute die Straße hinauflaufen solle, während die anderen ihnen Feuerschutz gaben. Die festgesetzten Marines waren etwa 45 Meter von uns entfernt.

»Es spielt keine Rolle, ob ihr den Feind sehen könnt oder nicht«, sagte ich ihnen. »Wir schießen einfach alle drauflos.«

Ich stand auf, um loszulaufen. Da sprang plötzlich ein Aufständischer auf die Straße und fing an, uns mit einem vollautomatischen MG die Hölle heiß zu machen. Wir erwiderten das Feuer so gut es ging und zogen uns wieder in unsere Deckung zurück. Jeder suchte sich nach Löchern ab; aber wie durch ein Wunder waren wir alle unverletzt geblieben.

Mittlerweile waren 15 bis 20 Marines bei mir.

»Na gut«, sagte ich ihnen. »Wir versuchen es noch mal. Diesmal ziehen wir's durch.«

Ich sprang aus der Ecke hervor und schoss im Laufen. Der irakische Maschinengewehrschütze war durch unser vorangegangenes Feuer getroffen und getötet worden, aber es gab die Straße entlang noch eine Menge weiterer Finsterlinge.

Nach nur wenigen Schritten bemerkte ich, dass keiner der Marines mir gefolgt war.

Mist. Ich lief weiter.

Die Aufständischen nahmen nun verstärkt mich ins Visier. Ich klemmte mein Mk-11 unter den Arm und erwiderte im Laufen das Feuer. Das halb automatische Mk-11 ist eine tolle, vielseitige Waffe, aber in diesem konkreten Fall erschien das 20-Schuss-Magazin wahnsinnig klein. Ich verschoss ein Magazin, lud nach und schoss weiter.

Ich entdeckte vier Männer, die nicht weit von dem besagten Haus voller Aufständischer an einer Mauer kauerten. Es stellte sich heraus, dass zwei von ihnen Reporter waren, die den Marines zugeteilt worden waren; nun, sie bekamen einen besseren Einblick ins Kampfgeschehen, als ihnen lieb war.

»Ich decke euch«, rief ich. »Verschwindet von hier.«

Ich sprang auf und feuerte, was das Zeug hielt. Der letzte Marine klopfte mir beim Vorbeigehen auf die Schulter, um mir zu signalisieren, dass er der letzte Mann war. Ich war bereit, ihm zu folgen und blickte kurz nach rechts, um meine Flanke zu kontrollieren.

Aus dem Augenwinkel heraus sah ich, dass dort jemand am Boden lag. Er trug einen Tarnanzug der Marines.

Ich habe keine Ahnung, woher er kam, ob er schon da war, als ich eintraf, oder ob er von irgendwo hergekrochen war. Ich rannte zu ihm herüber und sah, dass ihm beide Beine zerschossen worden waren. Ich lud ein neues Magazin in mein Gewehr, ergriff ihn am Nacken seiner schusssicheren Weste und zog ihn mit, als ich den Rückzug antrat.

Während ich lief, warf einer der Aufständischen eine Handgranate. Sie explodierte irgendwo in der Nähe. Mauerstücke knallten gegen meine rechte Seite, vom Gesäß bis zum Knie. Es war purer Zufall, dass meine Pistole das größte Fragment abbekam. Es war reines Glück – das Ding hätte ein schönes, großes Loch in mein Bein reißen können.

Mein Hintern tat mir noch eine Weile weh, aber er verrichtet seinen Dienst bis heute weitgehend klaglos.

6. Den Tod im Marschgepäck

Wir schafften es ohne weitere Verwundete zu den anderen Marines zurück.

Ich erfuhr nie, wer der verletzte Typ war. Ich habe gehört, er sei ein Leutnant gewesen, aber ich bekam später keine Gelegenheit, ihn ausfindig zu machen.

Die anderen Marines behaupteten, ich hätte sein Leben gerettet. Aber das war nicht allein mein Verdienst. All diese Jungs in Sicherheit zu bringen, war eine Gemeinschaftsaktion von uns allen gewesen.

Das Marine Corps war dankbar, dass ich geholfen hatte, einen ihrer Leute zu retten, und einer der Offiziere schlug mich für den Silver Star vor. Später wurde mir zugetragen, dass die sesselpupsenden Generäle an ihren Schreibtischen beschlossen hatten, dass sie keinen SEAL für einen Silver Star nominieren würden, nachdem für den Falludscha-Vorstoß kein einziger Marine eine solche Auszeichnung erhalten hatte. Stattdessen bekam ich einen Bronze Star mit einem V (für Valor, also Tapferkeit).

Allein bei dem Gedanken an diesen ganzen Zirkus muss ich immer wieder den Kopf schütteln.

Orden sind schon in Ordnung, aber sie haben viel mit Politik zu tun und ich bin kein Freund von Politik.

Ich beendete meine Laufbahn als SEAL letztlich mit zwei Silver Stars und fünf Bronze Medals, alle für Tapferkeit. Ich bin stolz, meinem Land gedient zu haben, aber Orden waren nie ein Anreiz für mich. Ich bin dadurch weder besser noch schlechter als jeder andere Soldat, der seinen Dienst versah. Orden erzählen nie die ganze Geschichte. Und wie ich schon sagte, am Ende geben sie mehr Auskunft über politische Befindlichkeiten als über die eigentlichen Taten. Ich habe Männer kennengelernt, die wesentlich mehr Auszeichnungen verdient hätten, und Männer, die im Grunde gar keine verdient hätten, aber trotzdem welche bekamen, weil irgendjemand in der Führungsetage gerade eine bestimmte politische Agenda verfolgte. Aus all diesen Gründen sind meine Orden weder zu Hause noch in meinem Büro ausgestellt.

Meine Frau will mich immer dazu überreden, die Urkunden herauszusuchen und zu rahmen und die Orden in einer Vitrine auszustellen. Politik

hin oder her, sie ist einfach der Meinung, dass sie zu meiner Dienstzeit gehören.
Vielleicht mache ich es ja eines Tages.
Wahrscheinlich aber eher nicht.

☙

Meine Uniform war von dem Angriff so blutverschmiert, dass mir die Marines eine ihrer Uniformen besorgten. Von diesem Zeitpunkt an sah ich mit meinem Digi-Tarn wie ein Marine aus.
Es fühlte sich etwas seltsam an, eine fremde Uniform zu tragen. Aber es war auch eine Ehre, als Mitglied ihres Teams betrachtet zu werden, und nichts anderes besagte die Uniform. Das Beste war allerdings, dass sie mir eine Fleece-Jacke und eine Fleece-Mütze gaben – es war kalt da draußen.

Taya:
Nach einem Auslandseinsatz fuhren wir gerade im Wagen und Chris sagte aus heiterem Himmel »Wusstest du, dass es seltsam riecht, wenn jemand auf eine bestimmte Weise stirbt?«
Und ich antwortete »Nein. Das wusste ich nicht.«
Und schließlich erfuhr ich die Hintergrundgeschichte.
Sie war ziemlich grausam.
Die Geschichten kamen einfach so aus ihm heraus. Oft erzählte er bestimmte Dinge auch nur, um herauszufinden, ob ich damit zurechtkam. Ich versicherte ihm, dass es mir wirklich egal sei, was er im Krieg getan habe. Ich unterstützte ihn vorbehaltlos. Trotzdem brauchte er seine Zeit und konnte sich nur vorsichtig an das Thema herantasten. Ich glaube, er wollte zunächst die Gewissheit haben, dass ich ihn nicht mit anderen Augen betrachten würde. Und, was vielleicht wichtiger war, er wusste ja, dass er wieder würde ausrücken müssen und deshalb wollte er mir mit seinen Kriegserlebnissen keine Angst einjagen.
Soweit ich das sehe, ist jeder, der ein Problem damit hat, was die Jungs dort drüben gemacht haben, zur Empathie nicht fähig. Wenn wir in den Krieg ziehen, erwartet jeder, dass die amerikanischen Streitkräfte

6. Den Tod im Marschgepäck

ein makelloses Bild abgeben. Ich nehme aber stark an, dass sich diese Gutmenschen deutlich weniger Gedanken über einen „sauberen Krieg" machen würden, wenn Familienangehörige in ihren Armen verbluten müssten, während der Feind sich hinter seinen Kindern versteckt oder sich tot stellt und eine Granate wirft, sobald man näher kommt – ein Feind, der keine Hemmungen hat, sein Kleinkind in den Tod zu schicken, indem er eine Handgranate zündet und sie ihm in die Hand drückt.

Chris befolgte die Einsatzregeln, weil er es tun musste. Einige der allgemeineren Einsatzregeln sind in Ordnung. Das Problem mit ihnen ist, dass sie jede Menge unabwägbarer Details umfassen, während die Terroristen sich keinen Deut um die Genfer Konventionen scheren. Jede einzelne Handlung eines Soldaten auf die Goldwaage zu legen, der gegen einen heimtückisch agierenden, kranken und hemmungslosen Feind antritt, ist mehr als lächerlich; es ist verabscheuungswürdig.

Mein Mann ist mir wichtig, ebenso wie jeder andere Amerikaner, der heil nach Hause kommt. Ich machte mir also in erster Linie um sein Wohlergehen Sorgen und hatte nicht wirklich Angst vor dem, was er mir erzählen wollte. Auch bevor ich die Geschichten zu hören bekam, glaube ich nicht, dass ich jemals der Illusion unterlag, dass Krieg schön oder angenehm ist.

Als er mir einmal erzählte, wie es war, jemanden im Nahkampf zu töten, war mein einziger Gedanke: Gott sei Dank geht es ihm gut.

Dann dachte ich: Du bist ein ganz schön zäher Bursche. Wow.

Wir sprachen aber nicht oft übers Töten oder den Krieg. Aber es ließ sich nicht ständig ausblenden.

Nicht immer war das aber negativ behaftet: Eines Tages fuhr er zu einer Werkstatt, um das Öl wechseln zu lassen. Zusammen mit ihm warteten noch einige andere Leute auf ihre Fahrzeuge. Der Typ hinter dem Tresen rief Chris' Namen. Chris bezahlte seine Rechnung und setzte sich wieder. Ein Mann kam auf ihn zu und fragte: »Sind Sie Chris Kyle?«

Und Chris sagte »Ja.«

»Waren Sie in Falludscha?«

»Ja.«

»Das gibt's doch nicht, Sie sind der Typ, der unseren Hintern gerettet hat.«

Der Vater des Kunden kam ebenfalls herüber, um Chris zu danken und seine Hand zu schütteln. »Mensch, Sie waren toll. Sie haben mehr Leute getötet als jeder andere.«
Chris war peinlich berührt und sagte, bescheiden wie er ist: »Ihr habt ja meinen Hintern auch gerettet.«
Und damit war die Sache erledigt.

Kapitel 7
Knietief in der Scheiße

Auf der Straße

Der junge Mann sah mich mit einer Mischung aus Begeisterung und Ungläubigkeit an. Er war ein junger Marine, motiviert, aber auch ernüchtert von den Kampfhandlungen der letzten Woche.
»Willst du ein Scharfschütze werden?«, fragte ich ihn. »Jetzt sofort?«
»Und wie!«, rief er.
»Gut«, sagte ich, und gab ihm mein Mk-11. »Gib mir dein M-16. Du nimmst mein Scharfschützengewehr. Ich gehe durch den Vordereingang.« Und mit diesen Worten begab ich mich hinüber zu der Einheit, mit der wir zusammenarbeiteten, und teilte den Kameraden mit, dass ich ihnen helfen würde, die Häuser zu stürmen.

Im Laufe der letzten Tage hatten die Aufständischen aufgehört, sich offen ausgetragene Feuergefechte mit uns zu liefern. Dementsprechend nahm die Anzahl der Todesschüsse, die wir als Sicherungsposten abgeben konnten, deutlich ab. Die Schurken blieben in den Häusern, weil sie wussten, dass wir sie erschießen würden, sobald sie vor die Tür traten.

Aber sie hatten deshalb keineswegs aufgegeben. Sie hatten sich vielmehr in den Häusern verschanzt und fielen in kleinen Zimmern und Fluren über die Marines her, die die Gebäude durchsuchten. Mehr oder weniger tatenlos musste ich zusehen, wie viele unserer Leute herausgetragen und medizinisch versorgt wurden.

Ich hatte schon eine Weile mit dem Gedanken gespielt, ein bisschen im Häuserkampf mitzumischen, bis ich schließlich den Entschluss fasste, diesen Vorsatz in die Tat umzusetzen. Als vorläufigen Ersatz für mich wählte ich einen der Gefreiten aus, der dem Sniper-Team bereits geholfen hatte. Er schien in Ordnung zu sein und hatte Potenzial.

Langeweile war ein Grund, weshalb ich lieber auf den Straßen kämpfen wollte. Ich hatte vor allem das Gefühl, dass ich die Marines besser beschützen konnte, wenn ich bei ihnen war. Sie mussten die Gebäude notgedrungen durch den Vordereingang betreten und holten sich regelmäßig blutige Nasen. Ich hatte es schon mehrfach beobachtet: Sie gingen hinein, dann folgten Schüsse und kurze Zeit später wurde jemand auf einer Trage weggebracht, weil er angeschossen worden war. Das ärgerte mich maßlos. Ich verehre die Marines, aber das Problem ist, dass diese Jungs im Gegensatz zu mir niemals gelernt haben, Gebäude zu klären. Das ist keine Spezialität der Marines. Sie waren alle zähe Kämpfer, aber sie mussten noch einiges über den Häuserkampf lernen. Dabei war vieles davon recht einfach: Wie man sein Gewehr hält, wenn man ein Zimmer betritt, damit es niemand entreißen kann; wohin man sich bewegt, sobald man in den Raum kommt; wie man sich in einer Stadt vor Angriffen aus allen Richtungen schützen kann – solche Dinge lernen wir SEALs so lange, bis wir sie im Schlaf beherrschen.

Die Einheit hatte keinen Offizier; der ranghöchste Mannschaftsgrad war ein Sergeant, ein E6 im Marine Corps. Ich war ein E5, unterstand ihm hierarchisch also, aber es machte ihm nichts aus, dass ich bei den Einsätzen die Führung übernahm. Wir hatten schon eine Weile zusammengearbeitet und ich denke, ich hatte mir den Respekt der Jungs verdient. Außerdem wollte auch er nicht, dass seine Leute angeschossen wurden.

»Ich bin ein SEAL, ihr seid Marines«, sagte ich. »Ich bin nicht besser als ihr. Der einzige Unterschied zwischen mir und euch ist, dass ich mehr Zeit damit verbracht habe, solche Dinge gezielt einzuüben. Deshalb würde ich euch gerne helfen.«

7. Knietief in der Scheiße

Wir trainierten in der Pause ein wenig. Ich gab einem Mitglied der Einheit, das sich damit auskannte, einige meiner Sprengsätze. Wir übten, wie man Schlösser sprengt. Bis zu jenem Zeitpunkt hatten sie nur wenig Sprengstoff zur Verfügung gehabt, weshalb sie die Türen kurzerhand eintraten, was natürlich Zeit kostete und sie angreifbar machte.
Nach der Pause folgte die praktische Anwendung.

Im Haus

Ich ging voran.
Als ich vor dem ersten Haus wartete, dachte ich an die Jungs, die auf Tragen abtransportiert worden waren.
Auf gar keinen Fall wollte ich einer von ihnen sein.
Die Wahrscheinlichkeit bestand allerdings.
Es fiel mir nicht leicht, diesen Gedanken aus meinem Kopf zu bekommen. Ich wusste auch, dass ich knietief im Dreck stecken würde, sollte ich angeschossen werden – denn auf den Straßen zu patrouillieren, gehörte nicht zu meinen Aufgaben, zumindest offiziell betrachtet. Es war auf jeden Fall das Richtige – schon weil ich das Gefühl hatte, es tun zu müssen –, aber ich war sicher, die Befehlsleitung wäre nicht begeistert.
Andererseits wäre das im Fall einer Verwundung wohl mein geringstes Problem.
»Los geht's«, sagte ich.
Wir sprengten das Türschloss. Ich ging voran, meine Bewegungen liefen wie ferngesteuert ab. Ich klärte den ersten Raum, machte Platz, dirigierte die übrigen Teammitglieder. Das Tempo war schnell und automatisch. Während die Aktion ablief und ich mich durch das Haus bewegte, war ich wie weggetreten. Ich machte mir überhaupt keine Sorgen mehr über Opfer. Ich dachte nur noch an die Tür, das Haus, das Zimmer – das reichte voll und ganz.

Beim Betreten eines Hauses wusste man nie, was einen erwartete. Selbst wenn man die Zimmer im Erdgeschoss problemlos unter Kontrolle hatte, hieß das noch lange nicht, dass das restliche Haus sicher war. Kam man dann in den ersten Stock, ging man oft schon leichtfertig davon aus, dass die Zimmer leer sein würden oder dass man mit keinen Problemen mehr rechnen müsse, aber das war oft eine trügerische Sicherheit. Man wusste nie genau, was kam. Jedes Zimmer musste gesichert werden und selbst dann musste man noch auf der Hut sein. Oft hatten wir ein Haus gerade gesichert, da flogen uns von außerhalb Patronen und Granaten um die Ohren.

Viele Häuser waren klein und beengt, aber im Laufe des Vorstoßes drangen wir auch in die wohlhabenderen Gegenden der Stadt vor. Hier waren die Straßen gepflastert und die Gebäude sahen von außen aus wie kleine Paläste. Aber wenn man die Fassade überwunden hatte und in die Räume sah, fand man nur Chaos und Schutt vor. Jeder Iraker, der so viel Geld besessen hatte, war geflohen oder tot.

In unseren Pausen ging ich mit den Marines einige Übungen durch. Während die anderen Einheiten zu Mittag aßen, brachte ich ihnen alles bei, was ich über das Klären von Räumen gelernt hatte.

»Ich will keinen einzelnen Mann verlieren!«, schrie ich sie an. Ich duldete in dieser Hinsicht keine Widerworte. Ich nahm sie hart ran und forderte ihnen alles ab, während sie eigentlich Pause machen sollten. Aber das ist die große Stärke der Marines – man knüppelt sie nieder und sie verlangen nach mehr.

☙

Eines Tages drangen wir in ein Haus mit einem großen Vorraum ein und stolperten unversehens über eine Gruppe überraschter Männer. Ich selbst war nicht überrascht – ich stürmte hinein und sah mich lauter Gestalten in Wüstentarnkleidung gegenüber, und zwar das alte gesprenkelte Muster aus dem Ersten Golfkrieg. Alle waren uniformiert, scheinbar europäischer Herkunft, einer oder zwei waren sogar blond, also offensichtlich keine Iraker oder andere Araber.

7. Knietief in der Scheiße

Was zum Teufel …?!
Wir sahen uns an. Dann machte es Klick in meinem Gehirn, ich drückte den Abzug des M-16 durch und mähte sie nieder.
Eine halbe Sekunde später und ich wäre derjenige gewesen, der blutend am Boden gelegen hätte. Nachdem wir das gesamte Haus durchsucht hatten, fanden wir ihre Pässe. Es stellte sich heraus, dass sie Tschetschenen waren, Moslems, die offenbar für einen Heiligen Krieg gegen den Westen rekrutiert worden waren.

Alter Mann

Ich habe keine Ahnung, wie viele Häuserblöcke oder Häuser wir durchkämmten. Die Marines hielten sich an einen sorgfältig erarbeiteten Plan – bis zum Mittagessen mussten wir einen bestimmten Ort erreicht haben, und bis zum Einbruch der Dämmerung einen weiteren Fixpunkt. Die gesamte Invasionsmacht bewegte sich genau abgestimmt durch die Stadt und achtete penibel darauf, dass es keine Schlupflöcher oder Schwachstellen gab, die die Aufständischen hätten nutzen können, um uns hinterrücks anzugreifen.
Hin und wieder stießen wir auf Gebäude, die immer noch von Familien bewohnt wurden, aber in der Regel waren die einzigen Leute, mit denen wir es zu tun bekamen, Aufständische.
Wir durchsuchten jedes Haus bis ins Detail. Und als wir an diesem Tag in diesem Haus in den Keller kamen, hörten wir ein leises Stöhnen. Dort hingen zwei Männer in Ketten an der Wand. Einer war tot; der andere schon mehr tot als lebendig. Beide waren mit Elektroschocks und Gott weiß was gefoltert worden. Sie waren beide Iraker und offenbar geistig zurückgeblieben. Vermutlich wollten die Aufständischen sichergehen, dass sie uns nichts verraten konnten, hatten aber offenbar beschlossen, sich zuerst ein wenig an ihnen auszutoben.
Der zweite Mann starb, noch während unser Sanitäter ihn versorgte.
Auf dem Boden lag eine schwarze Fahne, eine von der Sorte, wie sie islamistische Fanatiker in ihren Videos benutzen, in denen sie Amerikaner

oder Europäer köpfen. Überall lagen dort amputierte Gliedmaßen herum und der Boden war mit mehr Blut bedeckt, als man sich vorstellen kann. Es roch entsetzlich dort.

Nach einigen Tagen beschloss einer der Scharfschützen der Marines, sich mir anzuschließen und wir begannen das Einsatzteam gemeinsam zu leiten.
Wir nahmen jeweils erst das Haus auf der rechten Seite der Straße ein, überquerten sie dann und drangen dann in das gegenüberliegende Haus ein. Immer im Zickzack. Das dauerte sehr lange. Wir mussten zunächst die Tore überwinden, an die Tür gelangen, sie sprengen, und erst dann konnten wir ins Haus stürmen. Der Abschaum, der drinnen auf uns wartete, hatte also eine Menge Zeit, sich auf uns vorzubereiten. Ganz zu schweigen davon, dass uns trotz meiner großzügigen Spende der Sprengstoff langsam ausging.
Ein Panzerfahrzeug der Marines begleitete uns und bewegte sich, während wir vorrückten, mitten auf der Straße. Es hatte als einzige Waffe ein .50er-MG an Bord, aber seine eigentliche Stärke lag in seiner Größe. Keine irakische Mauer würde ihm trotzen, sobald es erst einmal in Fahrt war. Ich ging also hinüber zum Fahrer.
»Ich schlage Folgendes vor«, sagte ich. »Uns geht der Sprengstoff aus. Fahren Sie durch die Gartenmauer und jagen Sie mit dem .50er fünf Schuss durch die Eingangstür. Setzen Sie dann zurück und wir erledigen den Rest.«
Er stimmte zu und wir übernahmen diese Methode, wodurch wir viel Sprengstoff sparten und außerdem schneller vorwärtskamen.
Wir rannten die Treppen auf und ab, inspizierten das Dach, kehrten ins Erdgeschoss zurück und stürmten kurz darauf schon das nächste Haus – statt wie zuvor 50 Häuser am Tag zu klären, schafften wir nun 100.
Die Marines kamen kaum außer Puste, aber ich verlor in den sechs Wochen, in denen ich in Falludscha war, fast zehn Kilogramm. Das meiste davon schwitzte ich aus. Häuserstürmen war eine anstrengende Arbeit.
Die Marines waren deutlich jünger als ich – manche von ihnen waren noch Teenager. Ich schätze, ich muss noch recht jugendlich gewirkt ha-

ben. Wenn wir uns unterhielten und ich aus irgendeinem Grund mein Alter nannte, starrten sie mich an und fragten ungläubig: »So alt bist du schon?«
Ich war 30. Ein alter Mann in Falludscha.

Ein Tag wie jeder andere

Als die Bodentruppen der Marines den südlichen Stadtrand erreichten, ließen die Kampfhandlungen in unserem Abschnitt allmählich nach. Ich kehrte auf die Dächer zurück und begann wieder damit, das Geschehen von oben zu beobachten, weil ich dachte, ich könnte von dort aus mehr Ziele treffen. Im Laufe des Vorstoßes hatte sich das Blatt gewendet. Die USA hatten einen Großteil der Stadt in ihrer Gewalt, und es war nur eine Frage der Zeit, bis der Widerstand in sich zusammenbrach. Aber da ich selbst noch mitten im Kampfgeschehen steckte, konnte ich das nicht genau einschätzen.

Da die Aufständischen wussten, dass wir Friedhöfe achteten, versteckten sie ihre Waffen und Sprengstoffe dort. Einmal beobachteten wir aus einem Versteck heraus einen großen umzäunten Friedhof mitten in der Stadt. Er war etwa drei Fußballfelder lang und zwei Fußballfelder breit, also praktisch eine betonierte Totenstadt, die mit Grabsteinen und Grüften übersät war. Wir bezogen auf einem Dach in der Nähe eines Gebetsturms und einer Moschee Stellung und hatten so freien Blick auf den Friedhof.

Das Dach war ziemlich aufwendig gestaltet. Es war mit einer Steinmauer umgeben, auf dem ein eiserner Zaun befestigt war, wodurch wir hervorragende Schießmöglichkeiten hatten; ich setzte mich hin, legte mein Gewehr in einer Mulde im Gitter ab und behielt die Wege zwischen den Grabsteinen in einigen 100 Metern Entfernung sorgfältig im Auge. In der Luft war jede Menge Staub und Dreck, sodass ich meine Schutzbrille aufbehielt. In Falludscha hatte ich es mir auch zur Angewohnheit gemacht, meinen Helm festgezurrt zu tragen, weil ich keine Lust hatte, von Splittern und Betonbrocken getroffen zu werden, die bei Schusswechseln regelmäßig vom Mauerwerk abgesprengt wurden.

Ich suchte mir einige Gestalten aus, die durch den Friedhof gingen. Ich visierte eine an und schoss.

Innerhalb von Sekunden brach ein wilder Schusswechsel aus. Wie Klappziele in einem Schießparcours tauchten überall Aufständische hinter den Grabsteinen auf – ich weiß nicht, ob es dort einen Tunnel gab oder woher sie kamen. Neben mir spuckte ein .60er-MG seine leeren Hülsen aus. Ich achtete auf jeden meiner Schüsse, während die Marines in der Umgebung ebenfalls das Feuer eröffneten. Ich konzentrierte mich, bis der Lärm um mich herum in den Hintergrund trat, blickte durchs Zielfernrohr und nahm sorgfältig mein Ziel ins Visier. Es gelang mir, zur Ruhe zu kommen, und ich drückte den Abzug immer weiter sachte durch. Als der Schuss brach, war ich fast überrascht.

Mein Ziel fiel um. Ich suchte ein neues. Und ein neues. Und so ging es immer weiter.

Bis schließlich keines mehr übrig war. Ich stand auf und ging einige Meter weiter zu einer Stelle, an der die Mauer uns völlig vom Friedhof abschirmte. Dort nahm ich meinen Helm ab und lehnte mich gegen die Wand. Das Dach war von leeren Hülsen übersät – Hunderte, wenn nicht gar Tausende.

Jemand reichte mir eine große Wasserflasche. Einer der Marines legte seinen Rucksack so zurecht, dass er ihn als Kopfkissen benutzen konnte, um sich etwas auszuruhen. Ein anderer ging die Treppen hinab in das Geschäft, das im ersten Stock des Gebäudes lag. Es war ein Tabakladen; er kehrte mit einigen Schachteln aromatisierter Zigaretten zurück, zündete ein paar an und das Kirscharoma vermischte sich mit dem Gestank, der wie immer über dem Irak lag; ein Gemisch aus Abwasser, Schweiß und Tod.

In Falludscha ein ganz normaler Tag.

༄

Die Straßen waren mit Splittern und verschiedenen Trümmern übersät. Die Stadt war nie wirklich schön gewesen, aber jetzt war sie völlig zerstört. Zerquetschte Wasserflaschen lagen mitten auf der Straße, daneben Holzbretter und verbogenes Metall. Wir arbeiteten an einem Gebäudekomplex mit dreistöckigen Bauten, in denen im Erdgeschoss Ladengeschäfte untergebracht waren. Ihre Markisen waren mit einer dicken Schicht von Staub und Geröll bedeckt, wodurch sich die grellen Farben der Stoffe in ein undefinierbares Einheitsgrau verwandelt hatten. Vor die meisten Ladenfenster hatte man Metallplatten gestellt; sie waren mit Schrapnellstücken übersät. Auf einigen waren Steckbriefe mit den Bildern gesuchter Aufständischer angebracht, die von der gesetzmäßigen Regierung gesucht wurden.

Ich habe noch einige Fotos aus dieser Zeit. Selbst in den alltäglichsten und am wenigsten dramatischen Szenen sind die Auswirkungen des Krieges unübersehbar. Hin und wieder lassen sich einige Überreste des Alltagslebens vor dem Krieg erkennen, etwas, das gar nichts damit zu tun hat: ein Spielzeug zum Beispiel.

Krieg und Frieden passen einfach nicht zusammen.

Der beste Scharfschützenschuss aller Zeiten

Die Air Force, das Marine Corps und die Navy unterstützten uns regelmäßig aus der Luft. Wir hatten so großes Vertrauen in sie, dass wir Luftangriffe zu Zielen dirigierten, die nur etwa einen Häuserblock entfernt waren. Einer unserer Funker arbeitete mit einer Einheit zusammen, die eine Straße weiter von einer Horde Aufständischer unter starken Beschuss genommen wurde; diese hatten sich jedoch in einem Gebäude verschanzt, sodass man sie nicht vom Boden aus bekämpfen konnte. Also ging er ans Funkgerät und rief die Marines zu Hilfe. Er bat um die Erlaubnis, einen Flugzeugangriff anzufordern. Sobald dieser bewilligt war, wurde er mit dem Piloten verbunden, dem er die Koordinaten und Details übermittelte.

»Gefahr im Verzug!«, warnte er uns über Funk. »Geht in Deckung.«

Wir befanden uns in einem Gebäude, duckten uns aber trotzdem. Ich weiß nicht, wie groß die Bombe war, die der Pilot abwarf, aber die Explosion erschütterte das gesamte Mauerwerk. Mein Kumpel erzählte mir später, dass sie 30 Aufständische in den Tod riss – was bewies, wie viele

Menschen uns zu töten versucht hatten und wie wichtig die Luftunterstützung gewesen war.

Ich muss sagen, dass alle Piloten ziemlich exakt arbeiteten. Es kam nicht selten vor, dass wir Bomben und Raketen anforderten, die nur wenige 100 Meter von uns entfernt einschlagen sollten. Das ist verdammt nah, wenn man bedenkt, dass durchaus auch 500-Kilo-Bomben dabei sein konnten. Aber es gab niemals Unfälle und ich war mir stets sicher, dass sie ihrer Arbeit gewissenhaft nachgingen.

Eines Tages wurde eine Gruppe Marines in unserer Nähe von einem Minarett aus beschossen. Wir fanden zwar heraus, von wo aus der Heckenschütze feuerte, aber wir konnten ihn nicht ins Visier nehmen. Er hatte eine perfekte Position und war in der Lage, einen Großteil der Stadt unter Feuer zu nehmen,

Normalerweise hätten wir die Finger von allem gelassen, was auch nur annähernd mit einer Moschee zu tun hatte, aber die Anwesenheit des Snipers rechtfertigte eine Ausnahme. Wir forderten einen Luftangriff auf den Turm an, der oben eine hohe, mit Fenstern versehene Kuppel hatte und von zwei Laufgängen umrundet wurde, die ihn wie einen Kontrollturm aussehen ließen. Das Dach bestand aus Glasscheiben, auf denen eine Spitze thronte. Wir gingen in Deckung, als das Flugzeug angeflogen kam. Die Bombe segelte durch die Luft, traf die Minarettspitze und fiel durch eine der großen Scheiben. Dann schlug sie in einer Gasse in der näheren Umgebung des Turms ein, wo sie explodierte, scheinbar ohne allzu großen Schaden zu verursachen.

»Mist«, sagte ich. »Das ging daneben. Los, Jungs – den Kerl schnappen wir uns selbst.«

Wir rannten einige Blocks weit und drangen in den Turm ein. Drinnen ging es eine anscheinend endlos lange Treppe hinauf. Wir erwarteten, dass jeden Augenblick Wachleute oder der Scharfschütze selbst auftauchten und auf uns schossen.

Aber da war niemand. Als wir oben ankamen, wussten wir warum. Der Heckenschütze war allein im Gebäude gewesen und von der Bombe enthauptet worden, als diese durch das Fenster flog.

7. Knietief in der Scheiße

Aber die Bombe hatte noch mehr angerichtet. In der Gasse hatten sich zufällig etliche Aufständische aufgehalten; wir fanden ihre Leichen und Waffen kurze Zeit später.

Ich denke, das war der beste Scharfschützenschuss, den ich jemals miterleben durfte.

Umverteilung

Ich hatte etwa zwei Wochen mit der Kompanie Kilo zusammengearbeitet, als die kommandierenden Offiziere die SEAL-Sniper zurückriefen, damit sie uns dort hinverteilen konnten, wo wir gebraucht wurden.

»Was zum Teufel machst du eigentlich da draußen?«, fragte einer der ersten SEALs, denen ich begegnete. »Wir haben gehört, dass du am Boden mitmischst.«

»Ja, stimmt. Es traut sich ja keiner mehr raus auf die Straße.«

»Was denkst du dir eigentlich dabei?«, fragte er und nahm mich beiseite. »Wenn unser Kommandant Wind davon bekommt, fliegst du in hohem Bogen raus.«

Er hatte recht, aber ich nahm seine Einwände gelassen zur Kenntnis. Ich wusste tief im Inneren, was ich zu tun hatte. Und ich vertraute auch der Urteilskraft des Offiziers, der mein unmittelbarer Vorgesetzter war. Er war sehr direkt und vertrat wie ich die Auffassung, dass man anstehende Arbeiten möglichst zügig und effektiv zu erledigen hatte.

Ganz abgesehen davon hatte ich so wenig mit der Einsatzleitung zu tun, dass es sehr lange gedauert hätte, bis sie hinter mein Treiben gekommen wären und mich aus dem Verkehr hätten ziehen können.

Ein paar andere Jungs kamen herüber und gaben mir recht: Im Straßenkampf waren wir viel besser aufgehoben. Ich habe keine Ahnung, wofür sie sich letztlich entschieden; offiziell zumindest blieben sie alle als Scharfschützen auf den Dächern.

»Statt die M-16 der Marines zu benutzen«, sagte einer der Jungs von der Ostküste, »habe ich mein M-4 mitgebracht. Du kannst es dir ausleihen, wenn du willst.«

»Wirklich?«

Ich nahm es und im weiteren Verlauf des Krieges gingen einige meiner bestätigten Todesschüsse auf dieses Gewehr. Das M-16 und das M-4 sind gute Waffen. Aus verschiedenen Gründen, die mit ihrem normalen Vorgehen zu tun haben, verwenden die Marines am liebsten dieses neueste Modell des altbewährten M-16. In den beengten Verhältnissen, mit denen ich es im Häuserkampf zu tun hatte, lernte ich das M-4, das einen kurzen Lauf hatte, sehr zu schätzen und ich war froh, für den Rest meiner Zeit in Falludscha die Waffe meines Freundes benutzen zu können.

Ich wurde der Kompanie Lima zugeteilt, die einige Häuserblocks von der Kompanie Kilo entfernt operierte. Der Job der Kompanie Lima war es, Löcher zu stopfen – also kleine Nester mit Aufständischen auszuräuchern, die nachgerückt oder übersehen worden waren. Dementsprechend waren sie oft in Kämpfe verwickelt.

Noch am selben Abend stellte ich mich bei der Kompanieleitung vor, die in einem Haus untergebracht war, das sie im Laufe des Tages übernommen hatten. Der Kommandant der Marines hatte schon gehört, welche Aufgaben ich bei den Jungs von Kilo übernommen hatte, und nach einem kurzen Gespräch fragte er mich, was ich mir denn so vorstellte.

»Ich würde gerne mit euch auf der Straße sein.«

»Nichts dagegen.«

Auch die Kompanie Lima sollte sich als eine großartige Truppe erweisen.

Sag es meiner Mama nicht

Einige Tage darauf klärten wir gerade einen Häuserblock, als ich von einer Straße in der Nähe Schüsse hörte. Ich befahl den Marines, mit denen ich unterwegs war, dass sie an Ort und Stelle bleiben sollten, und rannte los, um zu sehen, ob ich helfen konnte.

Ich fand eine weitere Gruppe Marines, die in einer kleinen Gasse heftig beschossen wurden. Sie hatten sich schon zurückgezogen und waren in Deckung gegangen, als ich dort eintraf.

7. Knietief in der Scheiße

Ein junger Soldat hatte sich allerdings nicht in Sicherheit bringen können. Er lag einige Meter entfernt auf dem Rücken und schrie vor Schmerzen. Ich erwiderte das Feuer und rannte los, ich griff nach ihm und schleifte ihn zurück. Als ich bei ihm angelangt war, sah ich sofort, dass es nicht gut um ihn stand, er hatte einen Bauchschuss. Ich ging in die Knie, umklammerte seinen Oberkörper und fing an, ihn rückwärts zu schleifen. Irgendwie rutschte ich aus. Ich fiel nach hinten, wobei ich ihn auf mich zog, sodass er nun auf mir lag. Mittlerweile war ich so erschöpft und außer Atem, dass ich einige Minuten einfach nur da lag, während die Kugeln über meinem Kopf hinwegpfiffen.
Der Junge war etwa 18 Jahre alt und wirklich schwer verletzt. Ich wusste, dass er es nicht schaffen würde.
»Bitte, sag meiner Mama nicht, dass ich unter Schmerzen gestorben bin«, flüsterte er.
Mist, Junge, ich weiß nicht mal, wer du bist, dachte ich. *Ich sag deiner Mama gar nichts.*
»Schon gut«, sagte ich. »Keine Sorge. Wir werden es richtig gut klingen lassen. Richtig gut.«
In diesem Augenblick starb er. Wahrscheinlich lebte er nicht einmal lange genug, um meine Lüge noch zu hören.
Eine Gruppe Marines eilte herbei. Sie hoben ihn von mir herunter und legten ihn hinten in einen Hummer. Wir riefen Luftunterstützung und hoben die Stellungen aus, von denen die Schüsse gekommen waren.
Dann kehrte ich zu meinem Block zurück und kämpfte weiter.

Thanksgiving

Ich dachte an die Opfer, die ich gesehen hatte, und machte mir Gedanken darüber, dass ich jederzeit der Nächste sein konnte. Aber ich wollte trotzdem nicht aufhören.
Ich würde keinesfalls damit aufhören, Gebäude zu klären oder meine Leute von den Dächern aus zu unterstützen. Ich konnte die jungen Marines, mit denen ich unterwegs war, nicht hängen lassen, auf gar keinen Fall.

Immer wieder sagte ich zu mir selbst: *Ich bin ein SEAL. Ich bin härter und besser als diese Jungs. Und deshalb lasse ich sie nicht im Stich.*
Ich dachte nicht wirklich, dass ich härter oder besser war als sie. Aber ich wusste, dass man das von uns erwartete. Und ich wollte dieses Bild aufrechterhalten. Ich wollte nicht versagen – vor anderen oder vor mir selbst.
Als SEAL wird einem vor allem eines immer wieder eingeimpft: Wir sind die Besten der Besten. Wir sind unbesiegbar.
Ich wusste nicht, ob ich wirklich zu den Allerbesten gehörte. Aber ich wusste, dass ich auf jeden Fall nicht dazu gehörte, wenn ich jetzt aufgab. Ich fühlte mich gewiss nicht unbesiegbar. Aber wenn man bedenkt, was für einen Mist ich schon erlebt habe, ohne getötet zu werden … dann war da schon etwas Wahres dran.

Thanksgiving verging wie im Flug, denn wir waren gerade mitten in einer Schlacht.
Ich erinnere mich an das Festmahl an jenem Tag. Sie hielten den Angriff kurz an – vielleicht eine halbe Stunde – und brachten uns Essen auf das Dach, auf dem wir uns positioniert hatten.
Truthahn, Kartoffelbrei, Füllung, grüne Bohnen für zehn Personen – alles in einer großen Schachtel.
Alles zusammen und wild durcheinander. Keine Abtrennungen, keine Einzelportionen. Alles auf einem Haufen. Auch keine Teller, Gabeln, Messer, Löffel.
Wir tauchten unsere Hände in die Masse und aßen mit den Fingern. Das war Thanksgiving.
Verglichen mit den Rationen, die wir üblicherweise aßen, war es trotzdem ein Festschmaus.

Angriff auf den Sumpf

Ich blieb etwa eine Woche bei Lima und kehrte dann zu Kilo zurück. Es war schrecklich zu hören, wer in meiner Abwesenheit verletzt und wer getötet worden war.

7. Knietief in der Scheiße

Nachdem der Vorstoß beinahe abgeschlossen war, erhielten wir einen neuen Auftrag: Wir sollten eine Absperrung errichten, damit die Aufständischen nicht wieder zurückkehren konnten. Unser Sektor war jenseits des Euphrats, auf der Westseite der Stadt. Von diesem Zeitpunkt an war ich wieder als Scharfschütze im Einsatz. Und da ich davon ausgehen konnte, dass ich nun wieder mehr Distanzschüsse abgeben würde, wechselte ich erneut zur .300 Win Mag.

Wir ließen uns in einem zweistöckigen Haus nieder, von dem aus man die Blackwater-Brücke und den Fluss noch einige 100 Meter weit überblicken konnte. Unmittelbar in Flussnähe war ein Sumpfgebiet, das mit Dickicht und anderen Pflanzen überwuchert war. Es lag in der Nähe eines Krankenhauses, das die Aufständischen vor unserem Angriff in ein Hauptquartier umfunktioniert hatten, und auch jetzt schien der Bereich die Wilden magisch anzuziehen.

Jede Nacht versuchte jemand, von dort aus einen Angriff zu starten. Und jede Nacht erschoss ich ein oder zwei Aufständische, manchmal auch mehr.

Die neue irakische Armee hatte in der Nähe ein Lager errichtet. Und aus irgendeinem Grund hatten es sich diese Idioten scheinbar ebenfalls zur Aufgabe gemacht, täglich ein paar Schüsse in unsere Richtung zu feuern. Jeden einzelnen Tag. Wir schwenkten ein Signaltuch über unserer Position – mit der wir zu verstehen gaben, dass wir auf ihrer Seite waren –, aber sie schossen weiter auf uns. Wir funkten ihre Befehlshaber an. Sie schossen trotzdem weiter auf uns. Wir riefen immer wieder an und beschimpften ihre Befehlshaber aufs Übelste. Sie schossen trotzdem weiter auf uns. Wir unternahmen fast alles, um sie dazu zu bringen, das Feuer einzustellen – mit Ausnahme eines Luftangriffs. Alles vergeblich.

Hasenfuß kehrt zurück

Bei Kilo lief mir prompt Hasenfuß wieder über den Weg. Ich hatte mich mittlerweile abgeregt und riss mich am Riemen, obwohl sich meine Gefühle ihm gegenüber nicht geändert hatten.

Hasenfuß selbst hatte sich aber leider auch nicht geändert. Es war erbärmlich.

Eines Nachts war er mit uns auf dem Dach, als Aufständische von irgendwoher anfingen, uns zu beschießen.

Ich suchte Schutz hinter der gut einen Meter hohen Dachmauer. Sobald das Schießen eingestellt wurde, erhob ich mich leicht und spähte über die Mauer hinweg, um herauszufinden, woher die Schüsse kamen. Aber es war zu dunkel.

Es folgten weitere Schüsse. Wieder duckten sich alle. Ich ging nur leicht in die Hocke, weil ich hoffte, im Dunkeln das Mündungsfeuer der nächsten Schüsse ausfindig machen zu können. Aber ich konnte rein gar nichts entdecken.

»Komm schon, hilf mir mal«, sagte ich. »Sie zielen schlampig. Von woher schießen die Kerle?«

Keine Antwort von Hasenfuß.

»Hasenfuß, schau mal nach dem Mündungsfeuer«, sagte ich.

Keine Antwort. Es folgten noch zwei oder drei Schüsse, deren Herkunft ich aber nicht bestimmen konnte. Ich drehte mich schließlich um, um ihn zu fragen, ob er überhaupt etwas gesehen hatte.

Von Hasenfuß war weit und breit keine Spur. Er war nach unten gegangen – soweit ich weiß, hätte er sich sogar im Keller verkrochen, wenn die Tür nicht von Marines zugeschlossen worden wäre.

»Ich hätte dort oben erschossen werden können«, sagte er, als ich ihn fand.

Ich ließ ihn unten und sagte ihm, er solle einen der Marines nach oben schicken, um seine Aufgabe zu übernehmen. Bei dem konnte ich wenigstens sicher sein, dass er nicht Reißaus nahm.

Hasenfuß wurde schließlich irgendwohin versetzt, wo er nicht in Kampfhandlungen verwickelt werden konnte. Seine Nerven waren einfach nicht für den Dienst an der Waffe geschaffen. Am besten wäre es gewesen, er hätte sich selbst für dienstuntauglich erklärt. Das wäre zwar peinlich gewesen, aber sehr viel schlimmer ging es ja ohnehin nicht mehr. So musste

er sich nun alle Mühe geben, jeden davon zu überzeugen, dass er kein Feigling war, obwohl die Fakten ihrerseits für sich sprachen.
Hasenfuß, der große Kriegsheld, erklärte den Marines, dass SEAL-Scharfschützen auf den Dächern von Falludscha völlig fehl am Platz waren. »SEALs haben hier nichts verloren. Das ist doch kein Spezialeinsatz«, sagte er ihnen. Aber seiner Meinung nach waren nicht nur die SEALs das Problem. »Die Iraker werden sich neu formieren und uns überrennen.«
Seine Vorhersage war, sagen wir mal, nicht ganz zutreffend. Aber vielleicht steht ihm ja als militärischer Stratege eine glänzende Karriere bevor.

Der Sumpf

Unser eigentliches Problem war, dass die Aufständischen den Sumpf auf der anderen Flussseite als Deckung benutzten. Am Flussufer entlang gab es zahlreiche kleine Inseln, auf denen Bäume und Gestrüpp wuchsen. Hier und da ragte ein altes Fundament oder ein Erdhaufen und ein Stein zwischen den Büschen hervor.
Die Aufständischen sprangen wie aus dem Nichts aus der Vegetation hervor, platzierten ihre Schüsse und verkrochen sich wieder ins Gebüsch, wo man sie nicht sehen konnte. Die Vegetation war so dicht, dass sie nicht nur nah an den Fluss herankamen, sondern auch an uns – oft waren sie nur knapp 100 Meter von uns entfernt, ohne dass man sie sah. Selbst die Iraker konnten aus dieser Entfernung ein Ziel treffen.
Um die Sache noch zu erschweren, hauste eine Herde Wasserbüffel in dem Sumpf und sie durchquerten den Sumpf sehr häufig. Man hörte etwas oder sah, wie sich das Gras bewegte, und man wusste nicht, ob es sich dabei um einen Aufständischen handelte oder ein Tier.
Wir versuchten kreativ zu werden und forderten einen Napalm-Angriff auf den Sumpf an, um die Vegetation mit Stumpf und Stiel niederzubrennen.
Dieser Vorschlag wurde abgelehnt.
Im Laufe der Zeit bemerkte ich, dass die Anzahl der Aufständischen wuchs. Es war offensichtlich, dass ich auf die Probe gestellt werden sollte.

Früher oder später würden die Aufständischen so viele Männer zusammenbekommen, dass ich sie nicht alle töten konnte.
Ich würde allerdings einen Mordsspaß dabei haben, es zu versuchen.

Die Marines bestellten einen FAC (Forward Air Controller oder Fliegerleitoffizier), der die Luftunterstützung gegen die Aufständischen herbeirufen sollte. Der Kerl, den sie herüberschickten, war ein Pilot der Marines, der in einem Rotationssystem regelmäßig Dienst am Boden schieben musste. Er versuchte mehrmals Luftangriffe anzufordern, aber weiter oben in der Befehlskette wurden seine Anfragen stets abgelehnt.
Damals wurde mir gesagt, in der Stadt sei bereits so viel Verwüstung angerichtet worden, dass man weitere Kollateralschäden nach Möglichkeit vermeiden wollte. Ich konnte nicht nachvollziehen, dass das Sprengen von Gestrüpp und Schlamm Falludscha noch sehr viel schlimmer aussehen lassen würde, aber ich bin eben nur ein SEAL und verstand diese komplizierten Fragestellungen offensichtlich nicht.
Nun ja, der Pilot selbst war ein anständiger Kerl. Er hielt sich nicht für etwas Besseres; man sah ihm nicht einmal an, dass er ein Offizier war. Wir mochten und respektierten ihn alle. Und um ihm zu zeigen, dass wir ihn als einen von uns betrachteten, überließen wir ihm regelmäßig das Scharfschützengewehr, damit er die Umgebung durch das Zielfernrohr betrachten konnte. Er landete allerdings nie einen tödlichen Treffer.
Neben dem Fliegerleitoffizier sandten die Marines uns außerdem eine schwer bewaffnete Einheit, noch mehr Scharfschützen sowie Mörserschützen. Die Mörserschützen brachten einige weiße Phosphorgranaten mit und versuchten damit das Gebüsch abzubrennen. Bedauerlicherweise setzten die Granaten immer nur kleine Flecken des Sumpflands in Brand – sie brannten kurz, dann zischte es und sie gingen aus. Im Sumpfland war es schlichtweg zu feucht.
Als Nächstes versuchten wir Thermalgranaten abzufeuern. Thermalgranaten sind Brandmittel, die 2200 Grad Celsius heiß werden und sich in wenigen Sekunden durch zentimeterdicken Stahl fressen können. Wir gingen zum Fluss hinunter und schossen sie hinüber ans andere Ufer. Das funkti-

onierte auch nicht, deshalb begannen wir, unsere eigenen selbstgemachten Spezialmischungen zusammenzustellen. Die Scharfschützen und Mörserschützen der Marines ließen sich allerhand einfallen, um dem Sumpfgebiet beizukommen. Zu meinen Lieblingsplänen gehörte die kreative Verwendung von »Käseladungen«, die die Mörserschützen normalerweise trugen. (Der »Käse« besteht aus Nitroglyzerin und Bienenwachs und wird als Treibladung benutzt, um Mörsergranaten abzufeuern. Die Schussweite kann durch die Menge des Käses verändert werden, die benutzt wird, um das Projektil abzufeuern.) Wir stopften etwas Käse in ein Rohr, fügten etwas Zündschnur, Diesel und einen Zeitzünder hinzu. Dann schossen wir die Vorrichtung über den Fluss und warteten ab, was geschah.

Es gab ein paar hübsche Blitze, aber keine unserer Mixturen schien zu helfen.

Wenn wir doch nur einen Flammenwerfer gehabt hätten …

Der Sumpf blieb ein Brennpunkt voller Aufständischer – beziehungsweise voller Scharfschützenziele. Ich muss in jener Woche 18 oder 19 erwischt haben; die anderen Jungs waren ebenfalls erfolgreich und so stieg die Zahl der Toten in dem Bereich auf 30 oder mehr.

Der Fluss schien auf die Schurken eine große Faszination auszuüben. Während wir Mittel und Wege zu finden versuchten, um den Sumpf niederzubrennen, dachten sie sich alle möglichen Methoden aus, den Fluss zu überqueren.

Bei der bizarrsten dieser Methoden spielten Strandbälle eine Rolle.

Strandbälle und Distanzschüsse

Eines Nachmittags beobachtete ich vom Dach aus, wie eine Gruppe von etwa 16 schwer bewaffneten Aufständischen aus der Deckung hervorkam. Sie trugen Körperpanzerung und schwere Ausrüstung. (Wir fanden später heraus, dass es sich um Tunesier handelte, die scheinbar von einer anderen militanten Gruppe angeworben worden waren, um die Amerikaner im Irak zu bekämpfen.)

Das war nichts Ungewöhnliches, außer dass sie auch vier sehr große und bunte Strandbälle mit sich führten.

Ich konnte nicht glauben was ich da sah: Sie teilten sich in Gruppen auf und gingen ins Wasser, vier Mann pro Ball. Sie hielten sich an den Bällen fest, um nicht unterzugehen, und überquerten den Fluss.

Ich hatte die Aufgabe, das nicht zuzulassen, aber das hieß nicht unbedingt, dass ich jeden Einzelnen erschießen musste. Außerdem musste ich für künftige Einsätze Munition sparen.

Ich schoss auf den ersten Strandball. Die vier Männer fingen an mit den Armen zu rudern und versuchten, einen der anderen drei Bälle zu erreichen.

Knall.

Ich schoss auf Strandball Nummer zwei.

Irgendwie machte das Spaß.

Was sage ich da – es machte einen Riesenspaß. Die Aufständischen gerieten in Streit, jeder dachte nur daran, seine eigene Haut zu retten. Ihr brillanter Plan, Amerikaner zu töten, hatte sich nun gegen sie selbst gewandt.

»Das müsst ihr euch anschauen«, rief ich den Marines zu, als ich auf Strandball Nummer drei schoss.

Sie kamen an meine Seite des Dachs und beobachteten, wie die Aufständischen um den letzten Strandball kämpften. Diejenigen, die ihn nicht erreichten, sanken umgehend und ertranken.

Ich beobachtete eine Weile, wie sie um den letzten Ball stritten, bevor ich auch ihn zerschoss. Die Marines erlösten die übrig gebliebenen Aufständischen von ihren Leiden.

Das waren in jedem Fall die seltsamsten Schüsse, die ich jemals abgegeben habe. Mein längster Distanzschuss ereignete sich etwa zur selben Zeit.

Eines Tages erschien eine Gruppe von drei Aufständischen am flussaufwärts gelegenen Ufer. Sie waren etwa anderthalb Kilometer entfernt und somit eigentlich außer Schussweite. Einige andere hatten sich vorher schon in dieser Entfernung hervorgewagt und deshalb waren sie sicher,

Hände hoch, Yankee ...

Junge Jäger und ihre Beute. Mein Bruder *(links)* ist immer noch einer meiner besten Freunde.

Ich war schon von klein auf ein Cowboy. Man achte auf die schicken Stiefel, die ich als Vierjähriger trug.

Hier als Jugendlicher mit meiner Ithaca-Vorderschaftrepetierflinte. Seltsamerweise haben mir Schrotflinten aber nie besonders gelegen.

Man ist kein echter Cowboy, solange man nicht mit dem Lasso umzugehen weiß.

Aber es gelang mir schließlich, diese Kunst halbwegs zu beherrschen.

Es ist zwar ein hartes Brot, aber ich werde im Herzen immer ein Cowboy sein.

Falludscha 2004. Ebenfalls im Bild meine .300 WinMag sowie einige der Scharfschützen, mit denen ich zusammenarbeitete. Einer war ein SEAL, die anderen waren Marines (was an den Tarnanzügen erkennbar ist).

Mit dem Mk-12, dem Scharfschützengewehr, das ich dabei hatte, als ich den Marines und Reportern in Falludscha zu Hilfe kam.

Das Scharfschützenversteck, das wir einrichteten, um die Marines beim Angriff auf Falludscha zu sichern. Ich liege auf einem hochkant aufgestellten Kinderbett.

General Peter Pace, Vorsitzender des vereinigten Generalstabs, überreicht mir den Grateful Nation Award der JINSA, des Jewish Insitute for National Security Affairs. JINSA verlieh mir den Preis 2005 als Zeichen der Anerkennung für meinen Militärdienst und meine Leistungen in Falludscha.

Zug Charlie vom SEAL-Team 3 während der Zeit in Ramadi. Die einzigen erkennbaren Gesichter sind die von Marc Lee *(links)*, Ryan Job *(Mitte)* und mir *(rechts)*.

Marc Lee geht in Ramadi mit dem Zug auf Patrouille. Mithilfe der Marines konnten wir den Fluss benutzen, um etliche Operationen gegen Aufständische durchzuführen.

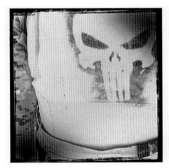

Wir schufen unser eigenes Logo, das dem des »Punishers« aus dem gleichnamigen Film ähnelt. Wir sprühten es auf unsere Westen und viele Ausrüstungsgegenstände. Wie die Filmfigur sühnten wir begangenes Unrecht. *Foto mit freundlicher Genehmigung von 5.11*

Die Jungs und ich 2006, kurz nach der Rückkehr von einer Operation. Mit im Bild mein Scharfschützengewehr Mk-11.

Auf einem Dach in Ramadi. Das Sonnensegel bot zumindest ein klein wenig Schutz vor der sengenden Hitze.

Ein anderes Versteck, das ich in derselben Schlacht verwendete.

Wir suchten uns in Ramadi Dächer mit einer guten Aussicht aus. Manchmal kamen wir aber auch mit unseren Scharfschützengewehren nicht weiter – der schwarze Rauch im Hintergrund ist eine feindliche Position, die von einem unserer Panzer zerstört worden ist.

Marc Lee

Ryan Job

Nach Marcs Tod entwarfen wir ein Abzeichen zum Gedenken an ihn. Wir werden ihn niemals vergessen.

Eine Ganzaufnahme meiner Lapua .338, das Gewehr, mit dem mir mein weitester Schuss gelang. Gut erkennbar auch mein »Spickzettel« – ein Stück Karton mit den Einstellungen für Fernschüsse. Das Ziel war allerdings knapp zwei Kilometer entfernt, zu weit für die Karte, ich musste daher schätzen.

Wenn ich nicht selbst an der Waffe bin, helfe ich anderen gerne dabei, ihre Fähigkeiten zu verbessern. Dieses Bild entstand während meines letzten Auslandseinsatzes, als ich für einige Scharfschützen der Army einen kleinen Kurs hielt.

Hier leite ich eine Trainingseinheit bei Craft International, der Firma, die ich nach meiner Zeit in der Navy gegründet habe. Wir schulen SEK- und Polizeikräfte und gestalten unsere Übungen so realistisch wie möglich. *Foto mit freundlicher Genehmigung von 5.11*

Hier bin ich bei einem Hubschrauber-Trainingskurs für Craft. Hubschrauber bereiten mir keine Probleme – ihre Flughöhe jedoch schon. *Foto mit freundlicher Genehmigung von 5.11*

Unser Firmenlogo und -slogan (»Egal was dir deine Mama erzählt hat … Gewalt ist manchmal doch eine Lösung.«) ist eine Hommage an meine SEAL-Brüder, vor allem meine gefallenen Kameraden. Ich werde sie niemals vergessen.

Mit Taya, meiner besseren Hälfte und der Liebe meines Lebens. *Foto mit freundlicher Genehmigung von 5.11*

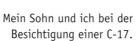

Mein Sohn und ich bei der Besichtigung einer C-17.

7. Knietief in der Scheiße

dass wir aufgrund der großen Entfernung nicht auf sie schießen würden. Unsere Einsatzregeln gestatteten es uns zwar, sie zu erledigen, aber die Entfernung war so groß, dass es keinen wirklichen Sinn ergab zu schießen. Scheinbar waren sie sich ihrer Sache sehr sicher, weil sie anfingen, uns wie eine Horde jugendlicher Straffälliger zu provozieren.

Der FAC kam zu mir herüber und lachte, als er sah, wie ich durch das Zielfernrohr spähte.

»Chris, die erwischst du nicht.«

Ich hatte eigentlich nicht vor, es auszuprobieren, aber ich fasste seine Worte schon fast als eine Herausforderung auf. Einige der Marines gruppierten sich ebenfalls um mich und stimmten dem FAC zu. Immer wenn mir jemand sagt, dass ich etwas nicht kann, werde ich vom Ehrgeiz gepackt. Aber knapp zwei Kilometer waren eine so weite Strecke, dass mein Zielfernrohr nicht einmal mehr eine Markierung dafür hatte. Also ging ich im Kopf einige Zahlen durch und justierte mein Fernrohr mithilfe eines Baums, der hinter einem der drei grinsenden und feixenden Idioten stand.

Ich feuerte.

Der Mond, die Erde und sämtliche Sterne standen günstig für mich. Das Geschoss verließ den Lauf und streckte den Esel mit einem Bauchschuss nieder.

Seine zwei Kumpels suchten das Weite.

»Mach sie platt! Mach sie platt!«, riefen die Marines. »Töte sie!«

Ich schätze, zu jenem Zeitpunkt war ich wirklich überzeugt, ich könne alles auf Gottes grüner Erde treffen. Aber in Wirklichkeit hatte ich wahnsinniges Glück, den Kerl zu erwischen; rein technisch war es fast unmöglich, auf diese Entfernung ein bewegliches Ziel zu treffen.

Es stellte sich heraus, dass dies einer meiner längsten tödlichen Schüsse im Irak war.

Missverständnisse

Viele Menschen glauben, dass Scharfschützen ständig auf so wahnsinnig weite Entfernungen schießen. Wir schießen zwar auf längere Entfernungen als die meisten Soldaten im normalen Kampfeinsatz, aber oft sind die Ziele näher, als man gemeinhin annimmt.

Ich zerbrach mir nie den Kopf darüber, wie weit mein Schuss tragen sollte. Die Entfernung hing von der Situation ab. In den Städten, wo ich meine meisten Todesschüsse abgab, schießt man nur auf Entfernungen zwischen 180 und 360 Metern. Schlicht und ergreifend, weil die Ziele nie weiter entfernt sind.

Auf dem Land ist das anders. Dort draußen schoss ich auch schon mal auf Distanzen zwischen 730 und 1100 Metern. Hier waren Langstreckengewehre wie die .338 nützlich, die für weitere Entfernungen geeignet sind. Ich wurde einmal gefragt, ob ich eine Lieblingsdistanz hatte. Meine Antwort war einfach: je näher, desto besser.

Wie ich bereits vorher erwähnt habe, ist eine weitere Fehleinschätzung im Zusammenhang mit Scharfschützen diejenige, dass sie immer auf den Kopf zielen. Ich persönlich ziele fast nie auf den Kopf, es sei denn, es ist klar ersichtlich, dass ich den Schuss auch sicher anbringen kann. Und das ist in der Schlacht sehr selten.

Ich ziehe es vor, auf den Körperschwerpunkt zu zielen – in die Mitte. Dann habe ich viel Spielraum. Ganz gleich, wo ich die Person dort treffe, sie stirbt sehr wahrscheinlich an den inneren Verletzungen.

Zurück in Bagdad

Nach einer Woche am Fluss wurde ich abkommandiert und tauschte meinen Posten mit einem anderen SEAL-Sniper, der kurz zuvor im Einsatz verletzt worden, aber nun wieder einsatzbereit war. Ich hatte als Scharfschütze bereits eine Menge Todesschüsse abgegeben; es war an der Zeit, einem anderen die Chance zu geben, seine Fähigkeiten unter Beweis zu stellen.

7. Knietief in der Scheiße

Die Befehlsleitung beorderte mich für einige Tage nach Camp Fallujah. Das war eine der wenigen Pausen im Krieg, die ich wirklich begrüßte. Nach dem rasanten Tempo der Schlacht in der Stadt kam mir dieser Kurzurlaub mehr als gelegen. Die warmen Mahlzeiten und Duschen taten mir verdammt gut.
Nach einigen Tagen Erholung wurde ich dann zurück nach Bagdad gerufen, um wieder mit der GROM zusammenzuarbeiten.
Wir waren gerade auf dem Weg dorthin, als unser Hummer von einer vergrabenen IED, einer improvisierten Sprengvorrichtung, getroffen wurde. Die IED explodierte allerdings erst hinter uns. Fast alle im Fahrzeug erschreckten sich zu Tode – außer mir und einem anderen Typen, der ebenfalls seit dem Beginn des Vorstoßes in Falludscha gewesen war. Wir sahen uns an, grinsten, schlossen unsere Augen und schliefen weiter. Im Vergleich zu dem Monat voller Explosionen und anderer brisanter Situationen, die wir eben durchlebt hatten, war das gar nichts.

Während ich bereits im Irak diente, war mein Zug auf den Philippinen auf einer anderen Mission, bei der es darum ging, das einheimische Militär auszubilden, das radikale Terroristen vor Ort bekämpfen sollte. Das war nicht gerade der spannendste Auftrag, den ein SEAL sich vorstellen konnte. Erst als diese Mission beendet war, wurden sie nach Bagdad geschickt. Ich zog mit einigen anderen SEALs los, um sie am Flughafen in Empfang zu nehmen. Und um ehrlich zu sein, hatte ich mit einer herzlichen Begrüßung gerechnet – immerhin trudelte endlich meine Familie ein. Stattdessen begrüßten sie mich mit einer Fluchtirade.
»Hey, du Arschloch.«
Und das war noch eines der milderen Schimpfwörter, die sie für mich auf Lager hatten. SEALs sind Meister der Extreme, auch was das Fluchen angeht.
Eifersucht, dein Name ist SEAL!
Ich fragte mich, warum ich in den letzten Monaten nichts von ihnen gehört hatte. Und mir war auch nicht ganz klar, warum sie sich überhaupt derart eifersüchtig gebärdeten – immerhin hatten sie nichts von mir ge-

hört und konnten daher auch nicht wissen, was ich in der Zwischenzeit so getrieben hatte.

Es stellte sich allerdings heraus, dass mein Chief ihnen regelmäßig Berichte über meine Scharfschützentätigkeit in Falludscha hatte zukommen lassen. Und sie saßen auf den Philippinen fest, hielten Händchen mit dem dortigen Militär und waren todunglücklich, während ich den ganzen Spaß hatte.

Sie kamen darüber hinweg. Nach einer Weile fragten sie mich sogar, ob ich einen kleinen Vortrag über meine Einsätze halten könnte, mit Laserpointer und allem Drum und Dran. Fein, wieder eine Gelegenheit, meine PowerPoint-Kenntnisse anzuwenden.

Spaß mit der Prominenz

Da meine Kollegen nun endlich da waren, schloss ich mich ihnen an und wir gingen gemeinsam auf die Jagd nach Bösewichten. Der Geheimdienst identifizierte einen Bombenbauer oder einen Geldgeber, gab uns die notwendigen Informationen und wir zogen los, um die Burschen einzukassieren. Wir schlugen früh am Morgen zu, jagten seine Tür in die Luft, stürmten hinein und nahmen ihn mit, bevor er überhaupt aus dem Bett steigen konnte.

Das ging etwa einen Monat so weiter und irgendwann wurden diese Einsätze fast zur Routine; was sicher auch daran lag, dass sie in Bagdad deutlich ungefährlicher waren als in Falludscha.

Wir campierten in der Nähe des BIAP – Bagdad International Airport – und operierten von dort aus. Eines Tages kam mein Chief herüber und grinste mich an.

»Ich habe einen besonderen Leckerbissen für dich, Chris«, sagte er. »Du wirst ein bisschen PSD machen.«

Ein schönes Beispiel für den sarkastischen SEAL-Humor. PSD steht für »Personal Security Detail« – also Leibwächtertätigkeiten. Der Zug hatte den Auftrag erhalten, hohe irakische Beamte zu schützen. Die Aufständischen waren dazu übergegangen, diese zu entführen und so die Stabilität

7. Knietief in der Scheiße

der neuen Regierung zu erschüttern. Es war ein ziemlich undankbarer Job. Bislang war ich in der Lage gewesen, ihn zu vermeiden, aber offenbar ließen meine Ninja-Fähigkeiten mich nun im Stich. Also ging ich los ans andere Ende der Stadt, in die Grüne Zone. (Die Grüne Zone war ein Abschnitt der Innenstadt Bagdads, der als sicherer Bereich für die Alliierten und die neue irakische Regierung geschaffen worden war. Sie war vom Rest der Stadt durch Betonmauern und Stacheldraht abgetrennt und es gab nur wenige Zu- und Ausgänge, die streng kontrolliert wurden. Die Botschaften der USA und der Alliierten waren hier untergebracht, ebenso die irakischen Regierungsgebäude.)

Das ging genau eine Woche lang gut.

Die sogenannten irakischen Beamten waren dafür berüchtigt, ihren Begleitern nicht mitzuteilen, was auf ihrem Tagesplan stand bzw. uns Informationen darüber vorzuenthalten, wer mit ihnen unterwegs sein würde. Angesichts der hohen Sicherheitsstufe, die in der Grünen Zone herrschte, war das ein echtes Problem.

Ich fungierte als Vorhut. Das bedeutete, dass ich vor dem offiziellen Konvoi herfuhr, dafür sorgte, dass die Route sicher war, und mich vorab an den Checkpoints postierte, um die Fahrzeuge des Konvois gegenüber den Wachen anzukündigen und zu identifizieren. Auf diese Weise konnten die irakischen Fahrzeuge die Checkpoints zügig durchfahren, ohne zur Zielscheibe von Angriffen zu werden.

Eines Tages bildete ich die Vorhut für einen Konvoi, in dem der irakische Vizepräsident mitfuhr. Ich hatte die Route schon ausgekundschaftet und erreichte soeben einen Checkpoint der Marines, der kurz vor dem Flughafen lag.

Dieser befand sich jenseits der Grünen Zone am anderen Ende der Stadt. Die Anlage selbst ist zwar sicher, der umliegende Bereich und die Straße, die zum Zufahrtstor führte, wurden jedoch gelegentlich beschossen. Der Flughafen war ein wichtiges Ziel für die Terroristen, da den Aufständischen natürlich bewusst war, dass jeder, der hinein- oder hinausging, irgendetwas mit den Amerikanern oder der neuen irakischen Regierung zu tun haben musste.

Ich stand mit einem der Jungs im Konvoi in Funkverbindung, der mich darüber informierte, wer in der Gruppe mitfuhr, wie viele Fahrzeuge unterwegs waren und so weiter. Er teilte mir mit, dass am Anfang und am Ende des Konvois jeweils ein Army-Hummer fuhr – eine nützliche Information, die ich an die Wachleute weitergeben konnte.

Der Konvoi kam angeschossen, ein Hummer vorneweg. Wir zählten die Fahrzeuge und siehe da, ein zweiter Hummer bildete das Schlusslicht.

So weit, so gut.

Plötzlich erschienen zwei weitere Fahrzeuge, die sich dem Konvoi in hohem Tempo von hinten näherten.

Die Marines sahen mich an.

»Die gehören nicht zu mir«, sagte ich.

»Was sollen wir deiner Meinung nach tun?«

»Rückt mit eurem Hummer aus und richtet das .50er auf sie«, rief ich und zückte mein M-4.

Mit angelegter Waffe sprang ich auf die Straße und hoffte, sie würden das zur Kenntnis nehmen.

Sie hielten nicht an.

Hinter mir hatte der Hummer Position bezogen und der Schütze war einsatzbereit. Da ich mir immer noch nicht sicher war, ob ich es mit einer geplanten Entführung zu tun hatte oder mit Fahrzeugen, die sich einfach nur verfahren hatten, gab ich einen Warnschuss ab.

Das half, die Fahrzeuge drehten ab und suchten das Weite.

Eine verhinderte Entführung? Selbstmordattentäter, die den Mut verloren hatten?

Nein. Es stellte sich heraus, dass es sich um zwei Freunde des Vizepräsidenten handelte. Er hatte allerdings vergessen uns mitzuteilen, dass sie sich dem Konvoi anschließen würden.

Er war nicht allzu erfreut. Meine Befehlsleitung übrigens auch nicht. Ich wurde meiner Tätigkeit als Leibwächter entbunden, was nicht sonderlich schlimm gewesen wäre, wenn ich nicht auch noch die darauf folgende Woche in der Grünen Zone mit Nichtstun hätte verbringen müssen.

Meine unmittelbaren Vorgesetzten innerhalb des Zugs versuchten zwar, mich umgehend wieder für unsere Kampfeinsätze anzufordern. Die Befehlsleitung hatte allerdings beschlossen, mir eine Lektion zu erteilen, sodass ich weiter Däumchen drehen musste. Das ist die größte Folter für einen SEAL – im Krieg zu sein und nicht daran teilnehmen zu können. Zum Glück dauerte diese Tortur nicht allzu lange.

Haifa Street

Im Dezember 2005 bereitete sich der Irak auf die anstehende Parlamentswahl vor, die erste seit dem Sturz Saddams – die ersten freien, demokratischen Wahlen, die jemals in diesem Land abgehalten wurden. Die Aufständischen unternahmen alles in ihrer Macht stehende, um sie zu sabotieren. Viele Wahlleiter wurden entführt, andere mitten auf den Straßen hingerichtet.
So viel zum Thema negative Wahlwerbung.
Die Haifa Street in Bagdad war ein besonders gefährlicher Ort. Nachdem drei Wahlleiter dort ermordet worden waren, erstellte die Army einen Plan, um die Beamten in dieser Gegend besser zu schützen.
Im Rahmen der entwickelten Maßnahmen sollten erneut Scharfschützen als Sicherungsposten eingesetzt werden.
Ich war ein Scharfschütze und ich stand zur Verfügung. Ich musste mich nicht einmal freiwillig dafür melden.
Man teilte mich einer Army-Einheit der Nationalgarde von Arkansas zu, ein toller Haufen, alles gute Soldaten.

Leute, die es gewohnt sind, die verschiedenen Zweige der Streitkräfte gesondert zu betrachten, finden es vielleicht seltsam, dass ein SEAL mit der Army zusammenarbeitet, oder auch den Marines. Aber während meiner Zeit im Irak unterstützen wir uns alle, so gut wir konnten.
Jede Einheit konnte einen Antrag auf Unterstützung stellen. Diese Anfrage wurde an jede Einheit weitergegeben, die zur Verfügung stand. Wenn eine Einheit also Scharfschützen benötigte, wie es jetzt der Fall war, wurden diese von überall angeboten.

Auf diese Weise wurden Soldaten der Navy, der Army und des Marine Corps andauernd hin- und hergeschoben. Und es war festzustellen, dass die Mitglieder der verschiedenen Zweige sehr respektvoll miteinander umgingen, zumindest wenn gekämpft wurde. Die meisten Marines und Soldaten, mit denen ich zusammenarbeitete, waren erstklassige Krieger. Ausnahmen bestätigen die Regel – was auch für die Navy gilt.

Als ich mich am ersten Tag bei meinen neuen Kollegen meldete, dachte ich, ich bräuchte einen Dolmetscher. Manche Leute ziehen mich gerne mit meinem texanischen Akzent auf, aber diese Hinterwäldler aus Arkansas – die verstand selbst ich nicht. Alle wichtigen Informationen erhielt ich von den Offizieren, die normales Englisch sprachen. Aber die Gefreiten und Offiziersanwärter, die offenbar aus den tiefsten Wäldern kamen, die hätten genauso gut auch Chinesisch sprechen können.
Wir begannen uns der Haifa Street anzunehmen, ganz in der Nähe der Stelle, an der die drei Wahlleiter ermordet worden waren. Die Nationalgarde sicherte ein Apartmenthaus, das wir als Unterschlupf benutzen konnten. Dann ging ich hinein, suchte mir ein Apartment aus, und richtete mich dort ein.
Die Haifa Street war nicht gerade der Hollywood Boulevard, obwohl es genau der richtige Ort war, wenn man als Schurke sein Unwesen treiben wollte. Die Straße erstreckte sich über mehr als drei Kilometer vom »Attentätertor« am Ende der Grünen Zone hinauf in Richtung Nordwesten. Sie war der Schauplatz zahlreicher Schusswechsel und Feuergefechte, aller möglichen Arten von Sprengstoffanschlägen, Entführungen und Hinrichtungen – all das und mehr geschah auf der Haifa Street. Die amerikanischen Soldaten gaben ihr deshalb den Beinamen Purple Heart Boulevard.
Die Gebäude, die wir für unsere Sicherungsposten nutzten, waren 15 bis 16 Stockwerke hoch und boten einen guten Überblick über die Straße. Wir bewegten uns umher, so gut es eben ging, und änderten ständig unsere Position, damit die Aufständischen niemals genau wussten, wo wir waren. Jenseits der nahe gelegenen Schnellstraße gab es eine ungemein

7. Knietief in der Scheiße

große Anzahl an Verstecken in den kleinen Gebäuden, die die Straße in beide Richtungen säumten. Die Schurken hatten es nicht weit zur Arbeit. Die Aufständischen waren ein bunter Haufen; manche waren Mudschaheddin, ehemalige Mitglieder der Baath-Partei oder der alten irakischen Armee. Andere waren der al-Qaida im Irak oder Sadr treu ergeben oder irgendeinem der anderen Wirrköpfe, die da draußen aktiv waren. Zu Beginn trugen sie Schwarz oder manchmal auch grüne Schärpen, aber als sie erkannten, dass sie sich dadurch von der Masse abhoben, gingen sie dazu über, sich wie ganz normale Zivilisten zu kleiden. Sie wollten in der friedliebenden Bevölkerung untertauchen, damit es für uns schwieriger war, sie zu erkennen. Sie waren Feiglinge, aber wahrscheinlich hofften sie, dass wir Frauen und Kinder töten würden, um sie zu erwischen; sie dachten wohl, dass dies ihren Zielen nutzen würde, indem es uns schlecht aussehen ließ.

Eines Nachmittags beobachtete ich, wie ein junger Halbwüchsiger unterhalb meines Verstecks auf den Bus wartete. Als der Bus hielt, stieg eine Gruppe älterer Halbwüchsiger und junger Erwachsener aus. Urplötzlich drehte sich der Junge, den ich beobachtete, abrupt um und begann in die entgegengesetzte Richtung zu gehen.

Die Gruppe holte ihn schnell ein. Einer zückte eine Pistole und legte seinen Arm um den Hals des Jungen.

In diesem Augenblick feuerte ich. Der Junge, den ich soeben gerettet hatte, rannte weg. Ich erwischte noch zwei oder drei seiner potenziellen Entführer; die anderen kamen davon.

Die Söhne von Wahlleitern waren beliebte Ziele. Die Aufständischen benutzten Familienangehörige, um Druck auf die Beamten auszuüben. Oder aber sie töteten Familienangehörige als Warnung für andere, die Regierungswahlen nicht zu unterstützen bzw. überhaupt zur Wahl zu gehen.

Das Anzügliche und das Surreale

Eines Abends übernahmen wir ein Apartment, das wir für verlassen hielten, da es leer war, als wir dort ankamen. Ich wechselte mich mit einem anderen Scharfschützen ab und als ich weg war, stöberte ich ein wenig, um zu sehen, ob es etwas gab, das ich verwenden konnte, um mein Versteck gemütlicher zu machen.

In einer offenen Kommodenschublade sah ich Reizwäsche. Slips ouvert, Negligés – sehr aufreizende Sachen.

Passten mir nur dummerweise nicht.

Oft fand ich in den requirierten Gebäuden und Wohnungen eine seltsame, surreale Mischung verschiedenster Dinge vor; Gegenstände, die völlig deplatziert wirkten. Wie zum Beispiel die Autoreifen, die wir auf einem Dach in Falludscha sahen, oder die Ziege, die wir im Badezimmer eines Apartments an der Haifa Street entdeckten.

Oft fiel mir etwas derart Surreales auf und dann verbrachte ich den Rest des Tages damit, darüber nachzudenken, was wohl hinter dieser oder jener seltsamen Entdeckung stecken mochte. Nach einer Weile erschien mir dann selbst der bizarrste Fund als völlig normal.

Was mich weniger überraschte, das waren die Fernsehgeräte und Satellitenschüsseln. Sie waren überall. Auch in der Wüste. Wir stießen oft auf eine kleine Nomadensiedlung mit Zelten statt Häusern und nichts weiter als einigen Tieren; und um die Zelte herum viel weites Land, in dem sie sich verloren. Aber trotzdem waren sie mit Satellitenschüsseln bestückt.

Nach Hause telefonieren

Eines Nachts war ich gerade als Sicherungsposten eingeteilt und alles war ruhig. Die Nächte in Bagdad waren vergleichsweise entspannt. Die Aufständischen griffen normalerweise nicht an, weil sie wussten, dass wir ihnen in technischer Hinsicht überlegen waren und Nachtsichtgeräte, Infrarotsensoren und vieles mehr zur Verfügung hatten. Also beschloss ich,

7. Knietief in der Scheiße

mir eine Minute Zeit zu nehmen und meine Frau in den USA anzurufen, um ihr zu sagen, dass ich an sie denke.
Ich griff zu unserem Satellitentelefon und wählte die Nummer. Wenn ich mit Taya telefonierte, sagte ich ihr normalerweise, ich sei im Lager, selbst wenn ich gerade Dienst als Scharfschütze schob oder sonst irgendwo im Einsatz war. Ich wollte sie nicht beunruhigen.
Aus irgendeinem Grund erzählte ich ihr in dieser Nacht, was ich gerade tat.
»Darfst du jetzt überhaupt reden?«, fragte sie.
»Ja, klar, kein Problem«, sagte ich. »Ist nichts los hier.«
Ich brachte noch zwei oder drei Sätze hervor, als jemand von der Straße auf das Gebäude zu schießen begann.
»Was war das?«, fragte sie.
»Ach, nichts«, sagte ich entspannt.
Während ich sprach, fielen immer mehr Schüsse.
»Chris?«
»Na ja, ich glaube, ich muss jetzt los«, sagte ich.
»Geht's dir gut?«
»Ja, alles bestens«, log ich. »Nichts los hier. Ich melde mich später wieder.«
Gerade in diesem Augenblick schlug in meiner Nähe eine Panzerabwehrrakete in der Mauer ein. Der Schutt knallte mir ins Gesicht und hinterließ einige »Schönheitsflecken« und temporäre Tattoos.
Ich ließ das Telefon fallen und erwiderte das Feuer. Ich entdeckte ein paar Kerle am Ende der Straße und erschoss ein oder zwei Aufständische. Die Scharfschützen, die zusammen mit mir Dienst hatten, erledigten ebenfalls noch einige, bevor der Rest das Weite suchte.
Als der Kampf zu Ende war, griff ich wieder zum Hörer. Der Akku war leer, deshalb konnte ich nicht zurückrufen.
In den nächsten Tagen war ziemlich viel los, sodass ich Taya erst zwei oder drei Tage später wieder anrufen konnte, um zu sehen, wie es ihr ging.
Sie fing an zu weinen, sobald sie abgehoben hatte.
Es stellte sich heraus, dass ich in jener Nacht nicht richtig aufgelegt hatte.
Sie hatte den gesamten Schusswechsel mitbekommen, einschließlich der

Geschosseinschläge, Schüsse und Flüche, bevor der Akku leer war. Dann hatte sich das Telefon urplötzlich abgeschaltet, was ihre Sorge noch vergrößert hatte.

Ich versuchte sie zu beruhigen, aber ich wusste auch, dass keines meiner Worte in dieser Situation besonderen Trost spenden konnte.

Sie war sehr verständnisvoll und versicherte stets, ich müsse nichts vor ihr verbergen. Sie behauptete, dass sie sich in ihrer Fantasie schlimmere Dinge ausmalte als alles, was mir wirklich zustoßen konnte.

Ich war mir da nicht so sicher.

Während meiner Auslandseinsätze telefonierte ich nach Möglichkeit immer in den Ruhephasen der jeweiligen Schlachten. Das allgemeine Tempo der Kampfhandlungen war so heftig und anhaltend, dass mir nicht viel anderes übrig blieb. Wenn ich mit einem Anruf warten wollte, bis ich wieder ins Lager zurückgekehrt war, konnte eine Woche oder mehr verstreichen. Und selbst dort war es nicht jedes Mal möglich zu telefonieren.

Außerdem gewöhnte ich mich immer mehr an die Gefechtssituationen. Angeschossen zu werden, war irgendwann ein alltägliches Risiko geworden – ebenso der Einschlag einer Panzerabwehrrakete ganz in der Nähe. Alles nichts Besonderes.

Mein Vater kann von einer Episode erzählen, als ich ihn eines Tages auf der Arbeit anrief. Ich war eine ganze Weile nicht dazu gekommen. Er nahm den Hörer ab und war überrascht, meine Stimme zu hören.

Und er wunderte sich sogar noch mehr, weil ich flüsterte.

»Chris, warum sprichst du so leise?«, fragte er.

»Ich bin im Einsatz, Dad. Ich will nicht, dass sie wissen, wo ich gerade bin.«

»Oh«, sagte er mit leicht bebender Stimme.

Ich bezweifle, dass der Feind mich aus der Entfernung überhaupt hätte hören können, aber mein Vater behauptet beharrlich, dass er einige Sekunden später Schüsse im Hintergrund wahrgenommen habe.

»Ich muss los«, sagte ich, bevor er die Gelegenheit hatte herauszufinden, um was es sich genau bei dem Geräusch handelte. »Ich melde mich so bald wie möglich wieder.«

Laut meinem Vater rief ich zwei Tage später an, um mich dafür zu entschuldigen, dass ich so abrupt aufgelegt hatte. Als er mich fragte, ob er den Anfang eines Feuergefechts mitbekommen habe, wechselte ich schnell das Thema.

Meinen Ruf pflegen

Seit mir in Falludscha der Mauerschutt auf die Beine gefallen war, litt ich unter Knieschmerzen. Ich versuchte Kortisonspritzen zu bekommen, aber ohne Erfolg. Allerdings wollte ich nicht zu sehr darauf drängen, denn ich hatte Angst, man würde mich wegen meiner Verletzung aus dem Verkehr ziehen.

Hin und wieder nahm ich etwas Ibuprofen und kühlte die Knie mit Eis; das war's dann aber auch. Im Kampf selbst ging es mir natürlich gut – wenn man voller Adrenalin ist, spürt man rein gar nichts.

Selbst mit den Schmerzen hatte ich Spaß an meiner Arbeit. Vielleicht ist Krieg kein Spaß, aber ich genoss ihn. Es passte einfach zu mir.

Mittlerweile hatte ich als Scharfschütze einen ziemlich guten Ruf. Ich hatte schon viele bestätigte Todesschüsse vorzuweisen – überraschend viele angesichts meiner relativ kurzen Dienstzeit im Irak. Oder auch ganz generell, wenn ich ehrlich bin.

Außer den Typen in meinem Team kannten nur die wenigsten Leute meinen Namen und mein Gesicht. Aber es gab Gerüchte und schon allein meine Beteiligung an schwierigen Missionen trug weiter zu meinem Ruf bei.

Es schien, als würde überall, wohin man mich kommandierte, umgehend ein Ziel auftauchen. Das ärgerte einige der anderen Scharfschützen, die ganze Schichten und Tage absaßen, ohne auch nur *eine Menschenseele* zu sehen, geschweige denn einen Aufständischen.

Eines Tages folgte mir Schlumpf, ein anderer SEAL, bis in eine Wohnung. »Wo baust du dich auf?«, fragte er.

Ich sah mich um und entdeckte einen Platz, der mir gefiel.

»Genau hier«, sagte ich ihm.
»Gut. Verschwinde. Hier bin jetzt ich.«
»Meinetwegen«, sagte ich. Ich zog los und suchte mir einen anderen Platz – und landete von dort prompt einen Treffer.
Eine Zeit lang konnte ich machen, was ich wollte, ich zog die Aufständischen scheinbar magisch an. Nicht, dass Sie denken, ich hätte das alles freiweg erfunden – für alle meine Schüsse gab es Zeugen. Vielleicht sah ich etwas weiter, vielleicht konnte ich besser spüren, wo Ärger im Verzug war. Oder, und das ist am wahrscheinlichsten, ich hatte einfach nur Glück. Das heißt, wenn man es als Glück bezeichnen kann, als Ziel für Leute herzuhalten, die dich töten wollen.
Eines Tages waren wir in einem Haus in der Haifa Street, in dem wir so viele Scharfschützen postiert hatten, dass der einzige Platz, von dem aus ich noch schießen konnte, ein kleines Fenster über einem Klosett war. Ich musste die ganze Zeit stehen.
Und trotzdem landete ich noch zwei Treffer.
Ich war eben ein echter Hurensohn von einem Glückspilz.

Eines Tages erhielten wir die Nachricht, dass Aufständische einen Friedhof am Straßenrand in der Nähe von Camp Independence am Flughafen als Stützpunkt und Waffenlager benutzten. Ich konnte den gesamten Friedhof nur aus großer Höhe überblicken, also stieg ich auf einen wahnsinnig hohen Kran. Oben angekommen, musste ich dann auch noch auf eine Gitterplattform klettern.
Keine Ahnung, wie hoch der Kran war, und ich will es auch gar nicht wissen. Wie Sie wissen, stehe ich nicht so auf Höhe – wenn ich nur daran denke, zieht sich alles in mir zusammen.
Der Kran bot mir jedoch einen guten Ausblick auf den Friedhof, der etwa 730 Meter entfernt war.
Ich feuerte von dort oben allerdings nicht einen einzigen Schuss ab. Denn alles, was ich zweifelsfrei identifizieren konnte, waren Angehörige von Verstorbenen und Priester. Aber es war einen Versuch wert gewesen.

7. Knietief in der Scheiße

Wir hielten nicht nur nach Leuten mit IEDs Ausschau, sondern auch nach den Bomben selbst. Sie waren überall – gelegentlich sogar in Apartmentgebäuden. Eines Nachmittags entging ein Team nur knapp dem Tod, als eine ganze Reihe von Sprengfallen hochging, kurz nachdem sie das Gebäude verlassen hatten.

Die Nationalgarde benutzte hauptsächlich Bradleys als Fortbewegungsmittel. Der Bradley sieht ein bisschen aus wie ein Panzer, weil er einen Turm und ein Geschütz hat, aber eigentlich ist er ein Personenbeförderungs- und Aufklärungsfahrzeug, je nach Konfiguration.

Ich glaube, er ist darauf ausgelegt, sechs Menschen zu transportieren. Wir experimentierten ein bisschen herum und schafften es irgendwann, acht oder zehn von uns hineinzuquetschen. Es war heiß, schwül und beengt. Wenn man nicht gerade an der Rampe saß, konnte man rein gar nichts sehen. Man musste es einfach nur über sich ergehen lassen und warten, bis man an seinem Ziel ankam.

Eines Tages holten uns die Bradleys von einem Scharfschützeneinsatz ab. Wir waren gerade von der Haifa Street in eine Seitenstraße eingebogen, als es plötzlich einen heftigen Schlag tat. Wir waren von einem gewaltigen Sprengsatz getroffen worden. Das Fahrzeug hob am Heck ab und setzte dann unsanft wieder auf dem Boden auf. Der Innenraum füllte sich mit Rauch.

Ich konnte sehen, wie der Typ mir gegenüber seinen Mund bewegte, aber ich konnte kein Wort hören: Der Knall hatte mich kurzzeitig taub gemacht. Ehe ich mich versah, setzte sich der Bradley wieder in Bewegung. Das war ein zähes Gefährt. Zurück im Lager tat der Kommandant den Vorfall ab. »Nicht mal die Ketten sind abgesprungen«, sagte er. Er klang dabei fast ein wenig enttäuscht.

Es ist vielleicht ein Klischee, aber es stimmt: Im Krieg schmiedet man enge Freundschaften. Doch dann können sich die Umstände auch plötzlich wieder ändern. Ich lernte zwei Typen der Nationalgarde-Einheit etwas besser kennen und wir wurden gute Freunde; ich hätte ihnen sogar jederzeit mein Leben anvertraut.

Heute wüsste ich nicht einmal mehr, wie sie hießen. Und ich bin mir nicht sicher, ob ich sie auf eine Weise beschreiben könnte, die Ihnen verständlich machen würde, warum sie so besonders waren.

Ich und die Jungs aus Arkansas kamen wirklich gut miteinander aus, vielleicht weil wir alle Südstaatler waren.

Nun, allerdings waren sie Hinterwäldler. Wissen Sie, es gibt die stinknormalen Rednecks so wie mich, und dann gibt es da noch die Hinterwäldler, und die sind noch einmal von einem ganz anderen Schlag.

Weiter

Die Wahlen kamen und gingen.

Die Medien in den USA machten aus der irakischen Regierungswahl eine große Sache, aber für mich war das Ereignis völlig unwichtig. Ich war an jenem Tag nicht einmal draußen, sondern sah es mir im Fernsehen an.

Ich war nie der Überzeugung, dass die Iraker aus ihrem Land jemals eine wirklich gut funktionierende Demokratie machen würden, aber es gab eine Zeit, da dachte ich, es bestünde zumindest eine echte Chance darauf. Ich weiß nicht, ob ich das immer noch glaube. Es ist ein ziemlich korruptes Land.

Aber ich riskierte mein Leben nicht, um Irak die Demokratie zu bringen. Ich riskierte mein Leben für meine Kameraden, meine Freunde und Landsleute. Ich zog für *mein* Land in den Krieg, nicht für den Irak. Mein Land schickte mich dorthin, damit der Mist, der hier stattfand, nicht bis zu unseren Küsten vordringen würde.

Ich kämpfte nie für die Iraker. Sie waren mir scheißegal.

Kurz nach der Wahl wurde ich zu meinem SEAL-Zug zurückgeschickt. Unsere Zeit im Irak neigte sich dem Ende zu und ich freute mich schon langsam darauf, nach Hause zurückzukehren.

Im Lager in Bagdad hatte ich mein eigenes kleines Zimmer. Meine persönliche Ausrüstung fand in vier oder fünf großen Transportbehältern Platz, zwei großen Stanley-Rollkästen und verschiedenen Rucksäcken.

(Die Transportbehälter sind moderne Truhen; sie sind wasserdicht und etwa einen Meter lang.)
Im Auslandseinsatz haben wir immer viel dabei.
Ich hatte sogar einen Fernseher. Die neuesten Kinofilme hatten wir auf raubkopierten DVDs, die man auf den Straßen Bagdads für fünf Dollar kaufen konnte. Meine Sammlung bestand aus James-Bond-Filmen, dazu noch einige Clint-Eastwood- und John-Wayne-Streifen – ich bin ein großer Fan von John Wayne. Vor allem mag ich seine Cowboy-Filme, was ja eigentlich logisch ist. *Rio Bravo* ist mein Lieblingsfilm.
Ich sah mir aber nicht nur Filme an, sondern verbrachte auch viel Zeit mit Computerspielen – *Command and Conquer* war mein Lieblingsspiel. Schlumpf hatte eine Playstation und wir fingen an *Tiger Woods* zu spielen. Ich machte ihn fertig.

Übliche Einsätze

Als sich die Lage in Bagdad beruhigte, zumindest für den Augenblick, beschloss unsere Befehlsleitung, eine SEAL-Basis in Habbaniyya zu errichten. Habbaniyya liegt nicht ganz 20 Kilometer östlich von Falludscha, in der Provinz al-Anbar. Es war nicht gerade eine Brutstätte des Aufstands wie Falludscha, aber es war auch nicht San Diego. In dieser Gegend hatte Saddam vor dem Ersten Golfkrieg Chemiefabriken gebaut, die Massenvernichtungswaffen wie Nervengas und andere Kampfstoffe herstellten. Und es gab nicht eben viele Menschen dort, die den USA freundlich gesinnt waren.
Allerdings gab es dort einen Stützpunkt der US-Army, in dem das berühmte 506. Regiment untergebracht war – eine Einheit, die bereits im Zweiten Weltkrieg am D-Day teilgenommen hatte. Sie waren gerade aus Südkorea gekommen und hatten, um es einmal höflich auszudrücken, keinen blassen Schimmer, was im Irak auf sie zukam. Ich schätze, jeder muss es auf die harte Tour lernen.
Habbaniyya stellte sich als echte Bewährungsprobe heraus. Uns wurde ein verlassenes Gebäude zugewiesen, das unseren Anforderungen in kei-

ner Hinsicht entsprach. Wir mussten zunächst ein TOC errichten – eine Kommandozentrale – in dem wir die Computer- und Kommunikationsausrüstung unterbringen konnten, die wir für unsere Einsätze benötigten. Unsere Stimmung sank auf einen Tiefpunkt. Wir konnten hier rein gar nichts Sinnvolles tun, um dem Krieg ein Ende zu bereiten. Stattdessen arbeiteten wir als Handwerker. Ein ehrenhafter Beruf zwar, aber nicht der unsere.

Taya:
Während dieses Auslandseinsatzes wurde Chris einigen Tests unterzogen und aus irgendeinem Grund glaubten die Ärzte, er habe TBC. Sie erklärten ihm, dass er an dieser Krankheit sterben würde.
Ich erinnere mich, wie ich mit ihm sprach, kurz nachdem er die Nachricht erhalten hatte. Er war fatalistisch. Er hatte es schon hingenommen, dass er sterben würde, und wollte es am liebsten dort hinter sich bringen, und nicht qualvoll zu Hause an einer Krankheit dahinsiechen, die er weder mit einer Waffe noch mit seinen Fäusten bekämpfen konnte.
»Es ist doch egal«, sagte er zu mir. »Ich sterbe und du findest jemand anderen. Hier sterben dauernd Leute. Die Frauen machen weiter mit ihrem Leben und finden einen neuen Partner.«
Ich versuchte ihm zu erklären, dass er für mich unersetzlich war. Als ihn das nicht sonderlich beeindruckte, brachte ich ein anderes Argument in Stellung. »Denk doch mal an unseren Sohn«, sagte ich ihm.
»Na und? Du findest einen Neuen und der Typ wird sein Vater.«
Ich denke, er sah dem Tod so oft ins Gesicht, dass er bereits anfing zu glauben, die Menschen seien beliebig ersetzbar.
Das brach mir das Herz. Er war wirklich davon überzeugt. Ich denke noch immer sehr ungern daran.
Er war der festen Überzeugung, es wäre das Größte, auf dem Schlachtfeld zu sterben. Ich versuchte ihm das auszureden, aber er blieb stur.
Sie wiederholten die Tests und Chris bekam Entwarnung. Aber seine Einstellung zum Tod blieb dieselbe.

7. Knietief in der Scheiße

Als wir uns im Lager eingerichtet hatten, begannen wir mit unseren üblichen Einsätzen. Wir erhielten den Namen und den Aufenthaltsort eines mutmaßlichen Aufständischen, stürmten nachts sein Haus, kehrten zurück und brachten ihn und alle Beweise, die wir sammeln konnten, zur Haft- und Verhöranstalt, mit anderen Worten: ins Gefängnis.
Wir hatten auf dem ganzen Weg Fotos gemacht. Nicht weil uns das Fotografieren so viel Spaß machte, sondern um uns, und vor allem unsere Kommandanten, abzusichern. Die Bilder bewiesen, dass wir ihn nicht windelweich geprügelt hatten.
Die meisten dieser Einsätze waren Routine, ohne viel Ärger, und fast nie stießen wir auf Widerstand. Eines Abends jedoch ging einer unserer Jungs in ein Haus, in dem ein eher stämmiger Iraker beschloss, nicht friedlich mitzukommen. Er wehrte sich.
Aus unserer Sicht wurde unserem SEAL-Bruder in den Hintern getreten. Laut dem betroffenen SEAL war er eigentlich nur ausgerutscht und hatte unserer Hilfe keineswegs bedurft.
Ich schätze, man kann die Situation deuten, wie man will. Wir stürmten alle los und schnappten uns den Fettwanst, bevor er viel Schaden anrichten konnte. Unser Freund wurde für seinen »Sturz« noch eine Zeit lang aufgezogen.

Bei den meisten dieser Missionen hatten wir Fotos der Zielperson. In diesen Fällen war dann zumeist auch die übrige Informationslage relativ detailliert. Der Typ war fast immer, wo er sein sollte, und es entwickelte sich in der Regel alles ziemlich so, wie wir das vorab skizziert hatten.
Aber in manchen Fällen ging es nicht so glatt. Wir realisierten irgendwann, dass die Informationslage immer dann fragwürdig war, wenn wir kein Foto bekamen. Da die Einheimischen wussten, dass die Amerikaner Verdächtige grundsätzlich erst einmal festnehmen, schwärzten sie Landsleute an, mit denen sie im Streit lagen. Sie sprachen mit der Army oder einer anderen Behörde und behaupteten, dass diese oder jene Person den Widerstand unterstützte bzw. bezichtigten sie eines anderen Verbrechens.

Es war natürlich unangenehm für die Person, wenn sie verhaftet wurde, aber ich zerbrach mir nicht den Kopf darüber. Es zeigte nur einmal mehr, wie aufgeschmissen das Land war.

Zweifel

Eines Tages forderte die Army einen Scharfschützen an, der als Beobachter für einen Konvoi der 506. fungieren sollte, der auf dem Weg zum Stützpunkt war.

Ich ging mit einem kleinen Team los und wir nahmen ein drei- oder vierstöckiges Gebäude in Beschlag. Ich richtete mich im obersten Stockwerk ein und begann die Gegend zu observieren. Schon bald sah ich, wie sich der Konvoi die Straße entlangbewegte. Während ich den Bereich beobachtete, kam ein Mann aus einem Gebäude in der Nähe der Straße und fing an, sich seinen Weg in die Richtung zu bahnen, die der Konvoi nehmen würde. Er hatte eine Kalaschnikow bei sich.

Ich schoss. Er ging zu Boden.

Der Konvoi fuhr weiter. Eine Gruppe Iraker kam aus den umliegenden Häusern und versammelte sich um den Mann, den ich erschossen hatte, aber niemand machte verdächtige Bewegungen in Richtung des Konvois oder sah aus, als wäre er in der Lage ihn anzugreifen, sodass ich nicht wieder feuerte.

Einige Minuten später hörte ich über Funk, dass die Army eine Einheit losschickte, um zu ermitteln, warum ich den einen Kerl erschossen hatte. *Wie bitte?*

Ich hatte der Armee-Leitung über Funk bereits berichtet, was geschehen war, aber ich ging wieder an den Apparat und wiederholte das Ganze noch einmal. Ich war überrascht – sie glaubten mir nicht.

Ein Panzerkommandant kam und verhörte die Frau des Toten. Sie erzählte ihm, ihr Mann sei auf dem Weg zur Moschee gewesen und habe einen Koran in der Hand gehabt.

Soso. Die Geschichte war absolut lachhaft, aber der Offizier – der, so nahm ich an, noch nicht sehr lange im Irak war – glaubte mir nicht. Die

7. Knietief in der Scheiße

Soldaten begannen nach dem Gewehr zu suchen, aber mittlerweile waren so viele Leute vor Ort, dass die Waffe längst verschwunden war.

Der Panzerkommandant zeigte in meine Richtung. »Kam der Schuss aus dieser Richtung?«

»Ja, ja«, sagte die Frau, die natürlich keine Ahnung hatte, woher der Schuss gekommen war, weil sie nicht ansatzweise in der Nähe gewesen war, als es passierte. »Ich weiß, dass er zur Army gehört, weil er eine Army-Uniform trägt.«

Tatsächlich war ich weit weg vom nächsten Fenster gewesen, als ich geschossen hatte, hatte einen Sichtschutz vor mir aufgebaut und trug eine graue Jacke über meinem SEAL-Kampfanzug. Vielleicht halluzinierte sie in ihrer Trauer oder vielleicht sagte sie einfach nur etwas, wovon sie annahm, dass es mir Ärger bereiten würde.

Wir wurden zur Basis zurückgerufen und für den ganzen Zug wurde die Alarmbereitschaft aufgehoben. Man sagte mir, ich sei für weitere Einsätze »nicht verfügbar« – und solange die 506. den Vorfall untersuchte, durfte ich den Stützpunkt nicht verlassen.

Der Oberst wollte mich verhören. Mein vorgesetzter Offizier begleitete mich. Wir waren alle genervt. Ich hatte mich strikt an die Dienstregeln gehalten. Es waren die »Army-Ermittler«, die alles vermasselt hatten.

Aber ich musste meine Zunge hüten. Das Einzige, was ich dem Oberst klar und deutlich sagte, war: »Ich erschieße keine Leute mit dem Koran in der Hand – es würde mir nichts ausmachen, aber ich tue es nicht!« Ich schätze, ich war ein wenig erregt.

Nun, nach drei Tagen und Gott weiß wie vielen weiteren »Ermittlungen« erkannte er schließlich, dass es ein sauberer Todesschuss gewesen war und ließ die Sache fallen. Aber als das Regiment um weitere Unterstützung in Form von Beobachtern bat, antworteten wir ihnen, sie sollten sich zum Teufel scheren.

»Jedes Mal, wenn ich jemanden erschieße, werdet ihr nur versuchen, mir einen Strick daraus zu drehen«, sagte ich. »Ohne mich.«

Wir sollten ohnehin in zwei Wochen nach Hause zurückkehren. Abgesehen von einigen wenigen Kampfeinsätzen verbrachte ich die meiste

Zeit damit, Videospiele zu spielen, Pornos anzusehen und im Kraftraum zu trainieren.

Am Ende dieses Auslandseinsatzes wies meine Personalakte eine beträchtliche Zahl bestätigter tödlicher Scharfschützenschüsse auf. Die meisten davon hatten sich in Falludscha ereignet.
Carlos Norman Hathcock II, der berühmteste Scharfschütze der US-Streitkräfte, eine wahre Legende und ein großes Vorbild für mich, schaffte in den drei Jahren, in denen er insgesamt im Vietnamkrieg gedient hatte, 93 bestätigte Todesschüsse.
Ich behaupte nicht, dass ich in seiner Liga spielte – für mich ist er nach wie vor der *beste* Scharfschütze aller Zeiten – und wird es auch immer sein – aber wenn man allein auf die Zahl achtete, kam ich seinem Rekord allmählich schon so nah, dass der eine oder andere Zeitgenosse bereits der Meinung war, ich hätte im Irak eine außergewöhnliche Leistung vollbracht.

Kapitel 8
Familienangelegenheiten

Taya:
Wir gingen hinaus auf die Landebahn und warteten auf das Flugzeug, das gerade im Anflug war. Es waren nur einige wenige Ehefrauen und Kinder anwesend. Ich war mit unserem Baby gekommen und extrem aufgeregt, ich war ganz aus dem Häuschen vor Freude.
Ich erinnere mich, wie ich mich zu einer der anderen Soldatenfrauen wandte und sagte: »Ist das nicht toll? Ich halt's kaum aus.«
Sie meinte nur: »Hmm.«
Ich dachte mir, na ja, vielleicht liegt es daran, dass alles noch neu für mich ist.
Später ließen sie und ihr Mann, ein SEAL aus Chris' Zug, sich scheiden.

Bindung aufbauen

Ich hatte die USA etwa sieben Monate zuvor verlassen, nur zehn Tage nach der Geburt meines Sohnes. Ich liebte ihn, aber wie bereits erwähnt, hatten wir keine Gelegenheit gehabt, eine Bindung aufzubauen. Neugeborene sind im Grunde nichts weiter als ein Bündel von Bedürfnissen – sie wollen gefüttert, gewickelt und in den Schlaf geschaukelt werden. Mittlerweile hatte er aber eine Persönlichkeit, einen Charakter. Und er krabbelte herum. Auf den Bildern, die Taya mir geschickt hatte, hatte ich zwar sehen können, wie er heranwuchs, aber diesen Prozess vor Ort mitzuverfolgen, war ein viel intensiveres Erlebnis. Er war mein Sohn.

Wir lagen in unseren Schlafanzügen auf dem Boden und spielten miteinander. Er krabbelte auf mir herum, ich hob ihn hoch und trug ihn umher. Selbst die einfachsten Dinge – wenn er zum Beispiel mein Gesicht berührte – waren eine Freude.

Aber der Übergang vom Krieg zum heimischen Alltag war jedes Mal so etwas wie ein Schock. An einem Tag waren wir noch in Kämpfe verwickelt gewesen. Am nächsten überquerten wir den Fluss, um zum Flugstützpunkt Al-Taqaddum zu gelangen (den wir mit TQ abkürzten), und kehrten von dort in die Staaten zurück.

An einem Tag noch Krieg; am nächsten schon wieder Frieden.

Es ist immer seltsam, wenn man nach einem Auslandseinsatz nach Hause kommt. Vor allem in Kalifornien. Die einfachsten Dinge brachten mich auf die Palme. Der Verkehr zum Beispiel. Man fährt auf der Schnellstraße, alles ist dicht, es herrscht Hektik. Man vermutet immer noch überall am Straßenrand Sprengsätze – und wenn man auch nur eine Abfalltüte sieht, umfährt man sie in einem großen Bogen. Man fährt aggressiv und nötigt andere Fahrer im Straßenverkehr, so wie man das vom Irak her gewohnt ist. Nach meiner Rückkehr schloss ich mich etwa eine Woche lang zu Hause ein. Ich glaube, dass es in dieser Zeit zwischen Taya und mir zu kriseln begann.

Da unser Sohn für uns beide das erste Kind war, hatten wir dieselben Meinungsverschiedenheiten, die auch andere Paare bei der Kindererziehung haben. Zum Beispiel in Bezug auf die Schlafgewohnheiten – Taya ließ ihn während meiner Abwesenheit im Ehebett schlafen. Als ich nach Hause kam, wollte ich das ändern. Wir gerieten deswegen ganz schön aneinander. Ich vertrat die Auffassung, dass er in seiner Wiege im Kinderzimmer schlafen sollte. Taya fand, dass sie ihm dadurch nicht mehr so nahe sein würde. Sie meinte, wir sollten ihn schrittweise daran gewöhnen.

Dieser Meinung war ich ganz und gar nicht. Ich finde, dass ein Kind im eigenen Bett bzw. Zimmer schlafen sollte.

8. Familienangelegenheiten

Ich weiß mittlerweile, dass diese Probleme ganz normal sind, aber bei uns war die Sache doch noch etwas anders gelagert. Sie hatte ihn in den letzten Monaten alleine aufgezogen und ich griff nun in ihren Alltag und ihre Gewohnheiten ein. Sie hatten eine wahnsinnig enge Bindung, was ich prima fand. Aber ich wollte auch eine Rolle spielen. Ich wollte mich nicht zwischen die beiden drängen, sondern mich lediglich in das Familienleben eingliedern.
Und wie sich zeigte, kam mein Sohn bestens mit den neuen Gegebenheiten zurecht; er schlief wunderbar. Und er hat nach wie vor eine sehr innige Beziehung zu seiner Mutter.

Das Leben zu Hause hatte seine interessanten Momente, aber auch seine kleinen Tücken. Unsere Nachbarn und Freunde hatten großes Verständnis für mein Bedürfnis, mir eine Auszeit zu nehmen, um mich wieder an den Alltag zu gewöhnen. Im Anschluss daran stellten sie ein kleines Grillfest auf die Beine, um meine Rückkehr zu feiern.
Sie hatten sich alle bestens um meine Familie gekümmert, während ich weg war. Die Nachbarn von der anderen Straßenseite hatten zum Beispiel jemanden engagiert, der unseren Rasen mähte, was uns finanziell half und Taya entlastete. Es schien nur eine kleine Geste zu sein, die ich aber sehr zu schätzen wusste.
Da ich nun wieder zu Hause war, war es natürlich meine Aufgabe, mich um solche Dinge zu kümmern. Wir hatten einen winzigen Garten; es dauerte nur etwa fünf Minuten, den Rasen zu mähen. Aber auf einer Seite des Gartens hatten wir Kletterrosen, die sich um einige Enziansträucher rankten. Die Sträucher trugen das ganze Jahr über kleine, lila Blüten.
Die Kombination sah wirklich schön aus. Aber die Rosen hatten Dornen, die glatt durch eine Splitterweste dringen konnten. Immer wenn ich den Rasen mähte und ums Eck bog, kam ich mit ihnen in Berührung.
Als mir die Rosen eines Tages die Seite aufkratzten, hatten sie den Bogen überspannt und ich beschloss, ihnen ein für alle Mal Einhalt zu gebieten: Ich griff zum Rasenmäher, hob ihn auf Brusthöhe und schnitt die Mistkerle (das heißt die Rosen und Sträucher) kurzerhand ab.

»Was soll das? Das ist doch wohl nicht dein Ernst!«, rief Taya. »Trimmst du die Sträucher jetzt mit dem Rasenmäher?«

Hey, immerhin funktionierte es. Sie haben mich seither in Ruhe gelassen. Ich war eigentlich immer zu Scherzen aufgelegt. Schabernack zu treiben und andere Leute zu unterhalten, war von jeher etwas, das mir lag. Eines Tages sah ich unsere Nachbarin durchs Küchenfenster, woraufhin ich mir einen Stuhl schnappte und ans Fenster klopfte, um ihre Aufmerksamkeit auf mich zu ziehen. Dann zeigte ich ihr meinen nackten Hintern. (Ihr Mann ist zufälligerweise Navy-Pilot, also bin mir ziemlich sicher, dass sie solche Dinge gewohnt ist.)

Taya rollte mit den Augen. Sie fand es lustig, glaube ich zumindest, obwohl sie es niemals zugeben würde.

»Warum machst du denn so etwas?«, fragte sie mich.

»Sie hat doch gelacht, oder nicht?«, antwortete ich.

»Du bist 30 Jahre alt«, sagte sie. »Du bist zu alt für solche Kindereien.«

Etwas in mir hat große Freude daran, anderen Leuten Streiche zu spielen, um sie zum Lachen zu bringen. Normales Zeug ist langweilig – ich will, dass sie sich richtig amüsieren. Sich am Boden kugeln und den Bauch vor Lachen halten. Je extremer, desto besser. Der erste April ist für meine Familie und Freunde immer eine echte Geduldsprobe, obwohl das mehr an Tayas Streichen liegt als an meinen. Ich schätze, wir sind einfach beide lustige Vögel.

Andererseits konnte ich auch sehr hitzköpfig sein. Ich war schon immer aufbrausend, bereits bevor ich ein SEAL wurde. Aber jetzt war ich noch viel reizbarer. Wenn mich jemand beim Fahren schnitt – was in Kalifornien nicht selten vorkommt – konnte ich die Beherrschung verlieren. Es konnte dann passieren, dass ich versuchte, den anderen Wagen von der Fahrbahn zu drängen oder sogar anzuhalten und den Fahrer zu verprügeln. Ich musste lernen, mein Temperament zu zügeln.

8. Familienangelegenheiten

Natürlich hat es auch Vorteile, wenn jeder weiß, dass man ein SEAL ist. Bei der Hochzeit meiner Schwägerin unterhielt ich mich mit der Pastorin. Im Laufe des Gesprächs bemerkte sie, dass sich meine Jacke seltsam nach vorne wölbte.

»Tragen Sie eine Waffe bei sich?«, fragte sie.

»Ja«, sagte ich und erklärte, dass ich beim Militär war.

Ich weiß nicht, ob sie wusste, dass ich ein SEAL war – ich hatte es nicht erwähnt, aber so etwas spricht sich ja herum. Als sie mit der Trauung beginnen wollte und die Gäste keine Anstalten machten, Platz zu nehmen und Ruhe einkehren zu lassen, kam sie zu mir, klopfte mir auf den Rücken und fragte: »Können Sie die Leute dazu bringen, Platz zu nehmen?«

»Und ob«, antwortete ich ihr.

Ich musste meine Stimme nur einmal kurz anschwellen lassen, und schon konnte die kleine Zeremonie stattfinden.

Taya:

Man hört oft vom lange aufgestauten Bedürfnis nach körperlicher Liebe, wenn der Partner nach langer Abwesenheit nach Hause kommt: »Ich will dir die Kleider vom Leib reißen.« Solche Sachen etwa.

Zumindest theoretisch ging es mir ebenfalls so, aber die Wirklichkeit sah etwas anders aus.

Ich musste Chris erst wieder kennenlernen. Es war seltsam. Da steckte eine so große Erwartung und Vorfreude in mir. Man vermisst seinen Partner so sehr, wenn er fort ist, und möchte, dass er nach Hause kommt, aber wenn er dann da ist, läuft es nicht einmal ansatzweise rund. Man hat aber das Gefühl, dass alles perfekt sein sollte. Je nachdem, welche Erlebnisse er im Krieg hatte, empfand ich eine große Bandbreite an Gefühlen, die von Trauer und Anspannung bis hin zu Wut reichten.

Als er nach diesem Auslandseinsatz zurückkam, war ich fast schüchtern. Ich war eine junge Mutter und monatelang auf mich alleine gestellt gewesen. Wir waren beide andere Menschen geworden und entwickelten uns in völlig verschiedene Richtungen. Er wusste nicht, was ich durchgemacht hatte, und mir ging es mit ihm genauso.

> *Chris tat mir leid. Er fragte sich, was nicht stimmte. Anfangs herrschte zwischen uns eine Distanz, die wir weder überwinden noch besprechen konnten.*

Aufbrechen und eindringen

Wir würden nun zwar längere Zeit nicht mehr in den Krieg ziehen müssen, waren aber trotzdem die ganze Zeit über beschäftigt. Zum einen mit dem regulären Training, zum anderen mit dem Erwerb neuer Fertigkeiten. Ich besuchte eine Akademie, die von FBI-Agenten und CIA- und NSA-Beamten geleitet wurde. Sie brachten mir Dinge bei wie das Knacken von Schlössern und das Stehlen von Autos. Das machte mir selbstverständlich großen Spaß. Dass die Ausbildung in New Orleans stattfand, war ein zusätzlicher Bonus.

Da ich nun lernte, in der Menschenmenge unterzutauchen und verdeckt zu ermitteln, kultivierte ich den Jazz-Musiker in mir und ließ mir einen Bart wachsen. Das Schlösserknacken war eine Offenbarung. Wir versuchten uns an einer Vielzahl von Schließsystemen, und am Ende des Kurses gab es vermutlich kein Schloss mehr, das ich oder meine Kurskollegen nicht knacken konnten. Pkws zu stehlen, war etwas schwieriger, aber ich wurde auch darin ziemlich gut.

Man brachte uns außerdem bei, unbemerkt Kameras und Mikrofone mit uns zu führen. Um zu belegen, dass wir dazu in der Lage waren, mussten wir die Abhörvorrichtungen in einen Stripklub schmuggeln und anhand von (Video-)Beweisen darlegen, dass wir tatsächlich dort gewesen waren. Welche Opfer man doch für sein Land bringt ...

In meiner Abschlussprüfung stahl ich einen auf der Bourbon Street abgestellten Wagen. (Als wir fertig waren, musste ich ihn wieder zurückbringen; soweit ich weiß, bekam der Besitzer von alledem nichts mit.) Bedauerlicherweise lassen diese Fähigkeiten nach, wenn man sie nicht ständig einübt – ich kann zwar immer noch Schlösser knacken, brauche aber heute viel länger dafür. Sollte ich beschließen, eine Karriere als Krimi-

8. Familienangelegenheiten

neller einzuschlagen, muss ich unbedingt wieder ein bisschen besser in Form kommen.

☙

Zu unseren etwas normaleren Trainingsinhalten zählte ein Auffrischungskurs im Fallschirmspringen.

Aus Flugzeugen springen – oder sollte ich lieber sagen: nach dem Sprung aus einem Flugzeug *sicher zu landen*, ist eine wichtige Fähigkeit, aber sie ist potenziell lebensgefährlich. Verdammt, ich habe schon gehört, dass die Army es als gute Quote ansieht, wenn in einer Kampfsituation 70 Prozent der Mitglieder einer Einheit heil am Boden ankommen, um anschließend noch zum Schlachtfeld zu gelangen und kämpfen zu können.

Stellen Sie sich das nur einmal vor. 1000 Mann – und 300 schaffen es nicht. Für die Army keine große Sache.

Na prima.

Kurz nach meiner Einberufung als SEAL kam ich zum Army-Stützpunkt Fort Benning, um dort einen Kurs im Fallschirmspringen zu besuchen. Schon am ersten Tag dämmerte mir, was mich erwartete, als sich der Soldat vor mir weigerte zu springen. Wir anderen standen alle da, waren alleine mit unseren Gedanken und warteten, während die Ausbilder sich mit ihm befassten.

Ich habe auch so schon Höhenangst und das machte die Sache nicht unbedingt besser. »Heilige Scheiße«, dache ich, »was sieht er, was ich nicht sehe?«

Als SEAL musste ich natürlich eine gute Figur abgeben – oder durfte zumindest nicht als völliges Weichei dastehen. Als ich endlich an der Reihe war, schloss ich meine Augen, trat vor und sprang.

Es war bei einem jener frühen Automatiksprünge (bei denen die Reißleine automatisch gezogen wird, ein Verfahren, das normalerweise bei Anfängern zum Einsatz kommt), dass ich beim Ausstieg den Fehler beging, nach oben zu sehen, um meine Fallschirmkappe zu begutachten.

Man bekommt immer wieder gesagt, dass man das nicht tun soll. Ich fragte mich, warum das wohl so war, während sich über mir der Fallschirm öffnete. Meine enorme Erleichterung darüber, dass sich mein Fallschirm öffnete und ich nicht sterben würde, wurde unverzüglich von den Reibungsverbrennungen getrübt, die ich auf meinen Wangen davontrug.

Man soll nämlich deshalb nicht nach oben blicken, damit man nicht von den Steuergurten getroffen wird, die an einem vorbeisausen, wenn sich der Fallschirm öffnet. Aber manche Dinge muss man eben auf die harte Tour lernen.

Dann gibt es noch die Nachtsprünge. Das Problem dabei: Man sieht den Boden nicht kommen. Man weiß zwar, dass man sich bei der Landung abrollen soll; aber wann genau, wenn man doch den Boden nicht auf sich zukommen sieht?

Ich nahm mir fest vor, meine Rolle genau in dem Moment zu machen, sobald ich etwas unter meinen Füßen spürte.

Sobald ich etwas … *s-o-b-a-l-d* …!!

Ich glaube, ich bin tatsächlich bei jedem einzelnen Nachtsprung auf dem Gesicht gelandet.

Die Freifallsprünge gefielen mir deutlich besser als die Automatiksprünge. Ich sage nicht, dass ich sie *genossen* habe, aber ich fand sie einfach besser. So ähnlich wie wenn man die Wahl zwischen Pest und Cholera hat. Im freien Fall sank man wesentlich langsamer zu Boden und hatte mehr Kontrolle. Ich weiß, dass es alle möglichen Videos von Leuten gibt, die Kunststücke und Tricks machen und den Fallschirm erst im allerletzten Moment aufmachen. Ich gehöre nicht dazu. Ich starre die ganze Zeit auf meinen Höhenmesser. Die Leine wird in exakt der Sekunde gezogen, in der ich die richtige Höhe erreiche.

Bei meinem letzten Sprung während des Army-Lehrgangs geriet ein anderer Soldat im Sprung direkt unter mich. Wenn das passiert, kann dir die untere Kappe die Luft förmlich »wegstehlen«. Das führt dazu … dass man schneller fällt.

8. Familienangelegenheiten

Die Folgen können je nach Umständen ziemlich dramatisch sein. In jener Situation befand ich mich noch in etwa 20 Metern Höhe und hing zum Glück schon an meinem Schirm. Das letzte Stück stürzte ich allerdings trotzdem unsanft ab, wobei ich erst gegen ein paar Äste knallte und schließlich auf dem Boden aufschlug. Dabei zog ich mir einige böse Prellungen, Schrammen sowie gebrochene Rippen zu.
Zum Glück war das der letzte Sprung des Kurses gewesen. Meine Rippen und ich waren froh, die Sache überstanden zu haben.

❧

Fallschirmspringen ist zwar übel, aber immer noch besser, als an einem Seil hängend mit einem Hubschrauber befördert zu werden (Spy Rigging). Das sieht vielleicht cool aus, aber eine falsche Bewegung und man landet irgendwo, wo man gar nicht hinwill – womöglich in Mexiko oder Kanada. Oder in China.
Seltsamerweise mag ich Hubschrauber. Im Rahmen dieser Vorbereitungen arbeitete mein Zug mit MH-6 Little Birds. Das sind sehr kleine, schnelle Aufklärungs- und Angriffshubschrauber, die für Spezialeinsätze entwickelt worden sind. Unsere Version hatte im Innenraum Bänke an den Seiten angebracht; drei SEALs hatten pro Bank Platz.
Ich fand sie toll.
Ich hatte zwar Todesangst, wenn es darum ging, in das verdammte Ding einzusteigen. Aber sobald der Pilot abhob und wir in der Luft waren, war ich begeistert. Es war ein enormer Adrenalinstoß, weil man so tief und schnell fliegt. Es war irre. Die Geschwindigkeit des Hubschraubers fixiert dich auf deinem Sitz; du spürst nicht den leisesten Windstoß.
Und zum Teufel – wenn man aus dieser Höhe abstürzt, spürt man sowieso nichts mehr.

Die Piloten, die diese Hubschrauber fliegen, gehören zu den besten der Welt. Sie waren allesamt Mitglieder der 160. SOAR – einer auf Lufteinsätze spezialisierten Sondereinheit, die handverlesen war, um mit anderen

SEK-Einheiten zusammenzuarbeiten. Da besteht ein merklicher Unterschied.

Wenn ein »normaler« Pilot am Steuerknüppel sitzt und man sich während des Flugs abseilt, ist man oft zu hoch in der Luft und das Seil reicht nicht ganz bis zur Erde. Zu diesem Zeitpunkt ist es zu spät, irgendetwas daran zu ändern, sodass die Landung dann oft recht schmerzhaft wird. Viele Piloten haben auch Probleme damit, an Ort und Stelle zu schweben – bzw. den Hubschrauber ruhig zu halten, bis man den Boden sicher erreicht.

Bei den Jungs von der SOAR gab es diese Probleme nicht. Richtiger Ort, richtige Höhe, gleich beim ersten Versuch, jedes Mal. Das Seil fällt genau da zu Boden, wo es hingehört.

Marcus

Der 4. Juli 2005 war ein schöner Tag in Kalifornien: strahlender Sonnenschein, nicht eine Wolke am Himmel. Ich besuchte mit meiner Frau und meinem Sohn einen Freund, der in den Hügeln vor den Toren der Stadt wohnte. Wir breiteten dort eine Decke aus und setzten uns vor das Heck meines GMC Yukon, um das Feuerwerk zu bestaunen, das von einem im Tal gelegenen Indianerreservat aus gezündet wurde. Es war ein perfekter Ort – wir konnten zusehen, wie das Feuerwerk auf uns herunterregnete, und der Effekt war beeindruckend.

Ich habe den Unabhängigkeitstag schon immer gerne begangen. Ich mag die Symbolik, die Bedeutung des Tages und natürlich auch das Feuerwerk und die obligatorische Grillfeier. Es ist einfach ein schöner Anlass.

Aber an jenem Tag lehnte ich mich zurück, beobachtete die roten, weißen und blauen Lichter am Himmel und wurde plötzlich von einer großen Traurigkeit übermannt. Ich fiel regelrecht in ein tiefes, schwarzes Loch.

»Das nervt«, sagte ich, als das Feuerwerk losging.

Das Lichtspektakel selbst war es nicht, das mich störte. Mir war nur klar geworden, dass ich womöglich meinen Freund Marcus Luttrell niemals wieder sehen würde. Es machte mich wütend, ihm nicht helfen zu kön-

8. Familienangelegenheiten

nen, während er mit Gott weiß was für Problemen zu kämpfen hatte.
Einige Tage zuvor hatten wir erfahren, dass er als vermisst galt. Ich hatte über 1000 Ecken gehört, dass die drei Männer, mit denen er unterwegs war, nach einem Überfall in Afghanistan tot aufgefunden worden waren. Sie waren von Hunderten von Talibankämpfern umzingelt gewesen und hatten sich heldenhaft gewehrt. Weitere 16 Männer einer Rettungsmannschaft kamen ums Leben, als der Chinook, in dem sie flogen, abgeschossen wurde. (Sie können und sollten die Einzelheiten in Marcus' Buch *Lone Survivor* nachlesen.)

Zu jenem Zeitpunkt schien es unwahrscheinlich und abwegig, einen Freund im Krieg zu verlieren, wenngleich die Vorstellung nicht mehr unmöglich war. Das klingt vielleicht seltsam, wenn man bedenkt, was ich bereits alles durchgemacht hatte, aber zu jenem Zeitpunkt waren wir noch sehr zuversichtlich. Überheblich vielleicht. Solange alles gut läuft, gelangt man eben irgendwann einmal zu der Überzeugung, man sei ein so überlegener Kämpfer, dass einem gar nichts passieren kann.
Unser gesamter Zug hatte den Krieg bisher ohne ernsthafte Verletzungen überstanden. In mancherlei Hinsicht schien unser Training manchmal sogar gefährlicher zu sein.
Bei Übungseinsätzen hatte es immer wieder Unfälle gegeben. Vor nicht allzu langer Zeit durchsuchten wir abermals Schiffe, als einer unserer Kameraden aus dem Zug beim Klettern abstürzte. Er fiel auf zwei andere Soldaten, die noch im Boot saßen. Alle drei mussten ins Krankenhaus; einer der Männer, auf die er gefallen war, hatte sich dabei das Genick gebrochen.
Wir verdrängen die Gefahren unseres Berufes so gut es geht. Die Familien jedoch sehen das anders. Sie sind sich dieser Gefahren stets bewusst. Die Ehefrauen und Freundinnen wechseln sich oft dabei ab, die Angehörigen von Verletzten zu begleiten, wenn diese im Krankenhaus ihre Lieben besuchen. Dabei wird ihnen zwangsläufig klar, dass auch ihr Ehemann oder Freund einmal dort liegen könnte.

Marcus' Schicksal beschäftigte mich noch den ganzen Abend und bedrückte mich zutiefst. Um die Wahrheit zu sagen, ich blieb sogar noch einige Tage in meinem schwarzen Loch.

Aber natürlich ging der Arbeitsalltag weiter. Eines Tages kam mein Chief vorbei und gab mir durch ein Handzeichen zu verstehen, ich solle ihm folgen.

»Hey, man hat Marcus gefunden«, sagte er, sobald wir alleine waren.

»Toll.«

»Er ist ziemlich im Eimer.«

»Na und? Er kommt durch.« Jeder, der Marcus kennt, weiß, dass das stimmt. Der Mann ist hart im Nehmen.

»Ja, Sie haben recht«, sagte der Chief. »Aber er ist ziemlich übel zugerichtet, richtig heftig. Wird nicht leicht.«

Es war vielleicht nicht leicht, aber Marcus stellte sich der Herausforderung. Tatsächlich bestritt er trotz anhaltender gesundheitlicher Probleme kurz nach seinem Krankenhausaufenthalt sogar schon wieder einen Auslandseinsatz.

Ich als Experte

Wegen meiner Aktionen in Falludscha wurde ich einige Male zur Befehlsleitung zitiert, um darüber zu reden, wie meiner Meinung nach Scharfschützen am besten eingesetzt werden sollten. Ich galt jetzt als sachverständiger Experte – SME im Militärjargon.

Und ich hasste es.

Manche Leute finden es vielleicht schmeichelhaft, vor einer Gruppe hochrangiger Offiziere Vorträge zu halten, aber das hatte nun so absolut gar nichts mit dem zu tun, was ich als meine Arbeit verstand. Für mich war es eine Qual, in einem Zimmer sitzen zu müssen und meine Zeit damit zuzubringen, irgendwelchen Sesselpupsern zu erklären, wie es im Krieg so läuft.

Sie stellten mir Fragen wie: »Welche Ausrüstung sollten wir benutzen?« Kann ja durchaus sein, dass das eine berechtigte Frage ist, aber ich dachte

mir nur: *Mein Gott, ihr seid echt ziemlich bescheuert. Solche grundlegenden Dinge hättet ihr schon lange vorher klären sollen.*
Ich legte ihnen dar, wie wir meiner Meinung nach Scharfschützen ausbilden und einsetzen sollten. Ich schlug vor, einen größeren Schwerpunkt auf Sicherungsposten in städtischen Szenarien und die Errichtung von Scharfschützennestern in Gebäuden zu legen. Dinge, die ich mir im Laufe der Zeit mehr oder weniger selbst angeeignet hatte. Ich regte an, Scharfschützen als Vorhut in Kampfgebiete zu entsenden, damit sie den Angriffsteams vor ihrer Ankunft wichtige Informationen durchgeben konnten. Ich gab Tipps, wie man Scharfschützen aktiver und aggressiver machen könnte. Ich schlug vor, dass Scharfschützen während der Ausbildung über die Angriffsteams hinweg Schüsse abgeben sollten, damit sich die Bodentrupps daran gewöhnten.
Und ich berichtete den Offizieren von Ausrüstungsmängeln – die Staubhülle der M-11 zum Beispiel, und Mündungsfeuerdämpfer, die am Ende des Laufs vibrierten und so die Präzision beeinträchtigten.
Für mich waren diese Dinge sonnenklar, für die Befehlsleitung aber nicht. Wenn man mich nach meiner Meinung fragt, dann sage ich sie auch. Aber meistens wollten sie sie nicht *wirklich* wissen. Im Grunde wollten sie sich nur eine Entscheidung, die sie schon längst getroffen hatten, oder einen bereits gefassten Gedanken von mir bestätigen lassen. Wenn ich ihnen sagte, welche Ausrüstungsgegenstände wir meiner Auffassung nach haben sollten, antworteten sie, sie hätten aber schon 1000 Stück von irgendetwas anderem bestellt. Ich bot ihnen eine Strategie an, die ich erfolgreich in Falludscha angewandt hatte, aber sie zählten nur Argumente auf, warum sie nicht funktionieren würde.

Taya:
Während Chris zu Hause war, gerieten wir oft in Streit. Seine Dienstzeit neigte sich dem Ende zu und ich wollte nicht, dass er verlängerte.
Ich fand, dass er schon genug für sein Land getan hatte, mehr als genug. Und wir brauchten ihn zu Hause.

> *Ich war immer der Überzeugung gewesen, dass man Gott, der Familie und seinem Land verpflichtet ist – in dieser Reihenfolge. Er war anderer Meinung – er stellte das Land über die Familie.*
> *Und trotzdem schien er kompromissbereit zu sein. Er sagte immer: »Wenn du nicht willst, dass ich mich wieder verpflichte, dann lasse ich es.«*
> *Aber das brachte ich nicht fertig. Ich sagte ihm: »Ich kann dir nicht vorschreiben, was du zu tun hast. Du wirst es mir nur nachtragen und mir dein ganzes Leben lang übel nehmen. Aber eins sage ich dir: Wenn du dich erneut verpflichtest, dann will ich genau wissen, wo wir stehen. Denn dadurch werden sich einige Dinge verändern. Ich will das zwar nicht, aber tief in mir weiß ich, dass es so sein wird.«*
> *Als er verlängerte, dachte ich, okay. Jetzt ist es amtlich. Ein SEAL zu sein, ist ihm wichtiger, als ein Vater oder Ehemann zu sein.*

Neue Kollegen

Während wir uns auf unseren nächsten Auslandseinsatz vorbereiteten, bekam der Zug Verstärkung. Einige der neuen Kameraden waren überragend – Dauber und Tommy zum Beispiel, die beide Scharfschützen und Sanitäter waren. Aber ich glaube, der Frischling, der den größten Eindruck auf mich machte, war Ryan Job. Und der Hauptgrund dafür war, dass er nicht wie ein SEAL aussah; im Gegenteil, Ryan sah aus wie ein großer Klops.

Ich konnte es nicht fassen, dass sie diesen Kerl ins Team gelassen hatten. Wir waren alle durchtrainierte Kämpfer, jeder von uns in absoluter Topform. Und dann schickten sie uns einen pummeligen, weichlich aussehenden Kerl.

Ich ging zu Ryan und provozierte ihn: »Was ist dein Problem, du Fettsack? Glaubst du ernsthaft, du wärst ein SEAL?«

Ich gebe zu, wir machten ihn ganz schön fertig. Einer meiner Offiziere – nennen wir ihn LT – kannte ihn vom BUD/S und legte ein gutes Wort für ihn ein, aber LT war selbst noch ein Frischling, sodass sein Wort nicht viel Gewicht hatte. Als Frischling hätten wir Ryan sowieso fertiggemacht,

8. Familienangelegenheiten

aber sein Übergewicht verschlimmerte alles nur. Wir mobbten ihn, wo wir nur konnten, und versuchten regelrecht, ihn aus dem Team zu ekeln. Aber Ryan (dessen Nachname übrigens »Joub« ausgesprochen wird) gab nicht auf. Er war genauso entschlossen wie jeder andere. Der Kerl begann wie ein Besessener zu trainieren. Er nahm ab und kam zusehends in Form.
Wichtiger war jedoch, dass er alles tat, was wir ihm sagten. Er war ein so fleißiger Arbeiter, so aufrichtig und so verdammt witzig, dass wir ihn irgendwann einmal einfach ins Herz schließen mussten. Irgendwann hieß es nur noch: »Hey, du bist schwer in Ordnung.« Denn ganz gleich, wie er aussah, er war ein echter SEAL. Und ein verdammt guter obendrein.
Anfangs nahmen wir ihn aber wirklich hart ran, das können Sie mir glauben. Wir suchten den größten Kerl im Zug und zwangen Ryan dazu, ihn zu tragen. Er tat es. Wir wiesen ihm im Training die anstrengendsten Aufgaben zu; auch die führte er klaglos aus. Und er brachte uns immer wieder zum Lachen. Er hatte diese tolle Mimik. Er konnte seine Oberlippe schürzen, schielen und seine Augen verdrehen, dass man sich einfach kaputtlachen musste.
Diese Fähigkeit führte zwangsläufig zu vielen lustigen Situationen. Zumindest lustig für uns.
Einmal sagten wir ihm, er solle seine berühmte Grimasse vor unserem Chief schneiden.
»A-aber …«, stammelte er.
»Mach's einfach«, forderte ich ihn auf. »Provozier ihn. Du bist der Frischling. Du musst.«
Das tat er dann auch. Weil der Chief dachte, Ryan wolle sich vor versammelter Mannschaft als Clown profilieren, packte er ihn am Hals und warf ihn zu Boden.
Das stachelte uns aber nur auf, und wir ließen Ryan die Grimasse immer wieder schneiden. Er ließ sich jedes Mal darauf ein und handelte sich gewaltigen Ärger ein. Schließlich zwangen wir ihn dazu, vor einem unserer Offiziere zu grimassieren – ein großer Kerl, mit dem man sich definitiv nicht anlegen wollte, nicht einmal als SEAL.

»Und jetzt vor ihm«, sagte einer von uns.
»Oh Gott, nein«, protestierte er.
»Wenn du's nicht sofort machst, würgen wir dich bewusstlos«, drohte ich.
»Könnt ihr das nicht gleich hinter euch bringen?«
»Los jetzt«, sagten wir alle.
Er ging los und zeigte dem Offizier die Grimasse. Der reagierte in etwa so, wie wir es erwartet hatten. Nach einer Weile versuchte Ryan, durch Abklopfen seine Kapitulation anzuzeigen, um die Tortur zu verkürzen. Aber vergeblich.
»Dir werde ich helfen«, brüllte der Offizier und prügelte weiter auf ihn ein. Ryan überlebte, aber das war das letzte Mal, dass wir ihn dazu zwangen, die Grimasse zu schneiden.

Ausnahmslos jeder, der dem Zug beitrat, wurde von uns schikaniert. Wir kannten da keine Standesunterschiede – die Offiziere litten genauso darunter wie die Mannschaften.
Damals erhielten die Frischlinge ihr Abzeichen noch nicht gleich – und galten demzufolge noch nicht als echte SEALs. Dafür mussten sie erst eine Reihe von Bewährungsproben mit dem Team bestehen. Eine davon hatten wir zu einem kleinen Ritual entwickelt, bei dem es unter anderem zu einem Schein-Boxkampf gegen den gesamten Zug kam. Tatsächlich musste jeder Frischling aber nur drei Runden überstehen – wobei eine Runde erst dann endete, wenn er niedergeschlagen wurde. Erst danach wurde man offiziell in unsere Bruderschaft aufgenommen.
Ich fungierte als Ryans Sicherheitsmann und sollte dafür sorgen, dass er nicht allzu übel zugerichtet wurde. Zur Sicherheit hatte er einen Kopfschutz an und alle anderen trugen Boxhandschuhe. Trotzdem kann das Schikanieren eine beachtliche Eigendynamik entwickeln und deshalb achtet der Sicherheitsmann darauf, dass die Dinge nicht aus dem Ruder laufen.
Ryan hielt drei Runden gut durch, wollte sich damit aber nicht zufriedengeben. Er wollte mehr. Er dachte wohl, wenn er nur lange genug kämpfte, könne er das gesamte Team vermöbeln.

Viel länger ging es dann aber nicht gut. Ich hatte ihm davor eingeschärft, dass er mich als seinen Sicherheitsmann auf keinen Fall schlagen dürfe. Nachdem er schon einige Treffer kassiert hatte, war er für kurze Zeit orientierungslos, holte aus und verpasste mir eine.
Ich tat, was ich tun musste.

Marc Lee

Unser nächster Auslandseinsatz näherte sich und deshalb wurde unser Zug weiter aufgestockt. Die Befehlsleitung brachte einen jungen SEAL namens Marc Lee von einer anderen Einheit zu uns, um uns zu verstärken. Er fügte sich sofort bestens ein.
Marc war ein sehr durchtrainierter Typ, in mancherlei Hinsicht genau so, wie man sich einen SEAL vorstellt. Bevor er der Navy beigetreten war, hatte er Fußball gespielt, sogar an Talentsichtungen teilgenommen und wäre fast Profispieler geworden, wenn eine Beinverletzung seiner sportlichen Karriere nicht ein jähes Ende bereitet hätte.
Aber Marc war weit mehr als nur körperlich durchtrainiert. Er hatte Theologie studiert, weil er ursprünglich Priester werden wollte, brach sein Studium allerdings ab, weil er fand, dass unter den Seminaristen zu viel Heuchelei herrschte. Er war aber trotzdem sehr gläubig. Später betete er vor jedem Einsatz mit einer kleinen Gruppe Soldaten. Es ist daher auch nicht weiter verwunderlich, dass er sich sehr gut mit der Bibel und Religion generell auskannte. Er wollte niemanden bekehren, aber wenn man über seinen Glauben oder Gott reden wollte, hatte er immer ein offenes Ohr.
Er war aber kein Heiliger und stand auch nicht über all den derben Scherzen, die nun mal zum Dasein eines jeden SEAL gehören.
Kurz nachdem er zu uns gestoßen war, gingen wir auf eine Übungsmission nach Nevada. Am Ende des Tages fuhren einige von uns in einem kleinen Bus zum Stützpunkt zurück, um dort die Nacht zu verbringen. Marc befand sich mit mir und einem SEAL, den ich an dieser Stelle Bob nenne, auf der Rückbank. Aus irgendeinem Grund redeten Bob und ich darüber, wie es ist, bis zur Bewusstlosigkeit gewürgt zu werden.

Mit der Begeisterung – und vielleicht auch Unbedarftheit – eines jeden Frischlings sagte Marc: »Ich bin noch nie bis zur Bewusstlosigkeit gewürgt worden.«

»Wie bitte?«, fragte ich und beugte mich vor, um diese Jungfrau etwas genauer in Augenschein zu nehmen. Ohnmächtig gewürgt zu werden, gehört quasi zum Berufsprofil eines jeden SEAL.

Marc sah mich an. Ich sah ihn an.

»Komm schon, nur zu«, sagte er.

Bob lehnte sich vor, ich streckte mich, packte Marcs Hals und drückte so lange zu, bis er die Besinnung verlor. Nach vollbrachter Tat lehnte ich mich zufrieden zurück.

»Du Drecksack«, sagte Bob und richtete sich wieder auf. »Ich wollte doch.«

»Ich dachte, du lehnst dich vor, damit ich besser an ihn rankomme«, sagte ich ihm.

»Ach was. Ich wollte den Jungs vorne nur meine Uhr geben, damit sie nicht kaputtgeht.«

»Na ja, gut«, sagte ich. »Sobald er aufwacht, bist du dran.«

Das tat er dann auch. Am Ende der Nacht hatte der halbe Zug ihn gewürgt, schätze ich. Marc nahm es gelassen. Als Frischling hatte er natürlich auch gar keine andere Wahl.

Die Befehlsleitung

Ich schätzte unseren neuen Kommandanten. Er war überragend, aggressiv und ließ uns unsere Arbeit erledigen. Er wusste nicht nur, wie jeder von uns hieß und aussah, er kannte auch unsere Ehefrauen und Freundinnen. Er litt sehr, wenn er Männer verlor, und war dennoch in der Lage, kämpferisch zu bleiben. Er hielt uns im Training nie zurück und bewilligte sogar zusätzliches Training für Scharfschützen. Mein Command Master Chief, den ich Primo nenne, war eine weitere ausgezeichnete Führungspersönlichkeit. Er scherte sich nicht um Beförderungen, ein gutes Image oder seine eigene Sicherheit: Es ging ihm nur darum, jede Mission erfolgreich zu beenden und den Auftrag zu erledigen. Und er war ein Texaner – wie Sie sehen, bin ich nicht ganz unparteiisch – was bedeutet, dass er ein zäher Bursche war. Seine Besprechungen fingen immer auf dieselbe Weise an: »Was macht ihr Dreckskerle eigentlich?«, knurrte er. »Wollt ihr losziehen und ein paar Leuten gewaltig in den Arsch treten?«

Primo konnte es kaum erwarten, uns in die nächsten Kampfeinsätze zu schicken. Er wusste, was SEALs zu tun hatten, und wollte, dass wir unsere Aufgaben erledigten.

Auch jenseits des Schlachtfeldes war er schwer in Ordnung.

Die Jungs im Team gerieten in ihrer Freizeit und im Training immer wieder in Schwierigkeiten. Kneipenschlägereien sind bei SEALs quasi an der Tagesordnung. Ich erinnere mich daran, wie er uns einmal zur Seite nahm. »Hört mal her, ich weiß, dass ihr euch prügeln werdet«, sagte er uns. »Ich rate euch Folgendes: Schlagt schnell und fest zu, und sucht dann das Weite. Solange ihr nicht erwischt werdet, ist mir alles egal. Wenn ihr aber erwischt werdet, muss ich durchgreifen.«

Ich beherzigte seine Regel, obwohl sie nicht immer einzuhalten war. Vielleicht lag es daran, dass er aus Texas kam oder in ihm selbst ein Kneipenschläger schlummerte, er freundete sich mit mir und einem anderen Texaner an, den wir Pepper nannten. Wir wurden seine Schützlinge und er nahm uns auch schon mal in Schutz, wenn wir uns Ärger eingehandelt hatten. Es gab Zeiten, in denen es durchaus vorkam, dass ich den einen oder anderen Offizier verbal anfuhr; Chief Primo kümmerte sich darum. Er befasste sich zwar danach selbst noch einmal ausführlich mit mir, aber zuerst glättete er stets die Wogen bei der Befehlsleitung. Andererseits wusste er, dass er sich auf Pepper und mich verlassen konnte, wenn etwas erledigt werden musste.

Tätowierungen

Während ich zu Hause war, ließ ich mir zwei neue Tätowierungen auf meinen Arm stechen. Eine war ein Dreizack. Ich fühlte mich jetzt als echter SEAL und fand, dass ich ihn mir inzwischen mehr als redlich ver-

dient hatte. Ich ließ ihn auf die Innenseite meines Oberarms stechen, wo man ihn nicht sofort sehen konnte. Ich wollte nicht damit angeben.
Auf die Außenseite ließ ich mir ein großes Kreuz stechen, wie es die Kreuzritter einst auf ihren Schildern trugen. Jeder sollte sehen, dass ich ein Christ war. Und rot musste es sein – wie Blut. Ich verabscheue die verdammten Wilden, gegen die ich gekämpft hatte. Das werde ich immer tun. Sie haben mir so viel genommen.

Selbst die Tätowierungen wurden zum Anlass für Streitigkeiten zwischen meiner Frau und mir. Sie mochte generell keine Tätowierungen, und die Art und Weise, wie ich sie erwarb, trug ebenfalls weiter zu unseren Spannungen bei. Ich war nämlich spätabends noch unterwegs, obwohl sie zu Hause auf mich wartete, und wollte sie damit überraschen.
Taya betrachtete die Tattoos als ein weiteres Zeichen dafür, dass ich mich zu einer Person entwickelte, die sie nicht kannte.
Ich sah das nicht so, obwohl ich zugebe, dass ich sehr wohl wusste, wie sie zu Tätowierungen stand. Aber es ist immer noch besser, um Entschuldigung zu bitten – als um Erlaubnis.
Eigentlich wollte ich vollflächige Armtätowierungen, ich fand also, dass das bereits ein sehr entgegenkommender Kompromiss war.

Bereit für die Schlacht

Während meines Heimataufenthaltes war Taya zum zweiten Mal schwanger geworden. Und wieder war es für meine Frau eine große Belastung.
Mein Vater hatte zuvor Taya gegenüber versichert, ich würde mich bestimmt nicht erneut verpflichten oder in den Krieg ziehen, wenn ich erst einmal meinen Sohn sah und etwas Zeit mit ihm verbracht hätte. Dem war aber nicht so.
Wir redeten zwar viel darüber, aber ich hatte im Grunde nicht das Gefühl, dass es viel zu diskutieren gab. Ich war ein SEAL. Ich war für den Krieg ausgebildet worden. Ich war dafür geschaffen. Mein Land befand sich im Krieg und brauchte mich.

Ganz abgesehen davon vermisste ich den Krieg. Ich vermisste die Anspannung und Aufregung. Ich liebte es, Schurken zu töten.
»Wenn du stirbst, wird das unser aller Leben zerstören«, sagte Taya. »Es ärgert mich, dass du nicht nur bereitwillig dein eigenes Lebens aufs Spiel setzt, sondern auch noch unseres mit dazu.«
Wir einigten uns schließlich darauf, dass wir unterschiedlicher Meinung waren.

Als die Zeit für den nächsten Auslandseinsatz näher kam, wurde unsere Beziehung sogar noch distanzierter. Taya schob mich emotional von sich, als ob sie für die kommenden Monate eine Rüstung anlegen würde. Und es kann durchaus sein, dass ich dasselbe tat.
»Das ist keine Absicht«, sagte sie mir in einem jener seltenen Momente, in denen wir beide erkannten, was gerade mit uns geschah, und wir sogar darüber reden konnten.
Wir liebten uns noch. Es klingt vielleicht seltsam, aber wir waren uns gleichzeitig nah – und auch wieder nicht; wir brauchten den anderen zwar, und dennoch auch einen eigenen Freiraum. Und wir brauchten andere Dinge, auf die wir uns konzentrieren konnten. Zumindest ging es mir so.
Ich konnte es kaum abwarten zu gehen. Ich freute mich darauf, endlich wieder meine Arbeit zu erledigen.

Geburt

Einige Tage vor unserer Abreise ging ich zum Arzt, um mir eine Zyste am Hals entfernen zu lassen. In seinem Behandlungszimmer betäubte er den umliegenden Bereich mit einem Lokalanästhetikum und steckte dann eine Nadel in meinen Hals, um die Masse zu entfernen.
Glaube ich zumindest. Ich weiß es nicht genau, weil ich einen Anfall erlitt und das Bewusstsein verlor, sobald die Nadel in mich eindrang. Als ich zu mir kam, lag ich flach auf dem Behandlungstisch, meine Füße waren da, wo mein Kopf hätte sein müssen.

Ich verspürte keine anderen Nebenwirkungen, weder vom Anfall noch von der Behandlung. Es ging mir bestens. Daher konnte niemand genau sagen, warum ich diese Reaktion gezeigt hatte.
Aber es gab ein Problem – ein Anfall kann ein Grund dafür sein, aus der Navy entlassen zu werden. Zum Glück war ein Sanitäter, mit dem ich gedient hatte, ebenfalls anwesend. Er überredete den Arzt, den Anfall in seinem Bericht nicht zu erwähnen bzw. diesen so umzuformulieren, dass er weder meinen Auslandseinsatz noch meine Karriere gefährdete. Die Sache fiel unter den Tisch.

Der Anfall bewirkte jedoch, dass ich es nicht rechtzeitig zu Taya schaffte. In der Zeit, in der ich besinnungslos war, unterzog sie sich gerade einer routinemäßigen Schwangerschaftsuntersuchung. Es waren noch etwa drei Wochen bis zum Geburtstermin unserer Tochter und nur wenige Tage bis zu meiner Abreise. Unter anderem wurde eine Ultraschalluntersuchung gemacht und als die Arzthelferin vom Bildschirm aufsah, bemerkte Taya, dass etwas nicht stimmte.
»Ich habe den Eindruck, dass wir das Baby jetzt gleich entbinden müssen«, war das Einzige, was die Arzthelferin noch sagte, bevor sie aufstand und den Arzt holte.
Die Nabelschnur hatte sich um den Hals unserer Tochter gelegt, außerdem lag sie auch falsch und es war nicht genug Fruchtwasser vorhanden.
»Wir machen einen Kaiserschnitt«, sagte der Arzt. »Keine Sorge. Morgen ist das Kind da und alles wird gut.«
Taya hatte mich mehrmals angerufen. Ich sah sie erst, als sie schon im Krankenhaus war, wo wir eine aufreibende Nacht verbrachten, bevor am nächsten Morgen der Arzt den Kaiserschnitt vornahm. Während des Eingriffs wurde eine Arterie verletzt und plötzlich spritzte das Blut nur so durch den Raum. Ich hatte Todesangst um meine Frau. Ich spürte echte Angst. Schlimmer noch.

Und endlich bekam ich einen Eindruck davon, was sie tagtäglich durchmachte, während ich im Krieg war. Es war eine schreckliche Hoffnungs-

8. Familienangelegenheiten

losigkeit und Verzweiflung, die ich in jenem OP-Saal erlebte.
Das ist schwer zuzugeben, geschweige denn zu verarbeiten.

Unserer Tochter ging es gut. Ich nahm sie und hielt sie in meinen Armen. Als sie noch im Mutterleib war, war ich ihr gegenüber genauso reserviert gewesen wie damals vor der Geburt meinem Sohn gegenüber; jetzt, da ich sie im Arm hielt, empfand ich echte Wärme und Zuneigung.
Taya sah mich seltsam an, als ich ihr das Baby reichen wollte.
»Willst du sie nicht halten?«, fragte ich sie.
»Nein«, sagte sie.
Oh Gott, dachte ich, *sie lehnt unsere Tochter ab. Ich muss bald gehen und sie kann keine Muttergefühle für die Kleine aufbringen.*
Einige Augenblicke später streckte Taya ihre Arme aus und nahm sie.
Gott sei Dank.
Zwei Tage später ging ich fort.

Kapitel 9
Die Punisher

»Ich bin wegen der Mörser hier«

Man könnte meinen, dass eine Armee, die eine Großoffensive plant, Mittel und Wege kennt, um ihre Soldaten direkt ins Kriegsgebiet zu befördern.
Falsch gedacht.
Wegen der Entfernung der Zyste und der Geburt meiner Tochter verließ ich die USA mit etwa einer Woche Verspätung. Als ich im April 2006 in Bagdad eintraf, war mein Zug, der schon vor mir angekommen war, bereits nach Westen in die Gegend von Ramadi gesandt worden. Niemand in Bagdad schien zu wissen, wie ich dorthin gelangen könnte. Es blieb mir selbst überlassen, mich zu meinen Kameraden durchzuschlagen.
Ein Direktflug nach Ramadi war ausgeschlossen – die Lage dort war zu brisant. Also musste ich mir eine Alternative ausdenken. Zufällig traf ich auf einen Army-Ranger, der ebenfalls nach Ramadi wollte. Wir taten uns zusammen und versuchten gemeinsam eine Lösung zu finden. Am Flughafen von Bagdad machten wir uns auf die Suche nach einer Mitfahrgelegenheit.
Irgendwann bekam ich zufällig mit, wie ein Offizier über Probleme sprach, die die Army mit einigen aufständischen Mörserschützen hatte, die einen im Westen gelegenen Stützpunkt unter Beschuss nahmen. Wir erfuhren, dass in Kürze ein Hubschrauber zu diesem Stützpunkt aufbre-

chen sollte; der Ranger und ich wollten Näheres erfahren und versuchten, Plätze für den Flug zu bekommen.
Ein Oberst hielt uns an, als wir gerade einsteigen wollten.
»Es sind keine Plätze mehr frei«, brüllte er den Ranger an. »Warum wollen Sie überhaupt mit?«
»Nun ja, wir sind die Scharfschützen, die sich um Ihr Problem mit den Mörserschützen kümmern sollen«, sagte ich und zeigte ihm meinen Gewehrkoffer.
»Ach so!«, brüllte der Oberst die Mannschaft an. »Die Jungs müssen unbedingt mit, und zwar sofort. Macht Platz.«
Wir stiegen ein. Zwei seiner Leute mussten uns ihre Sitze überlassen.

Als wir auf dem Stützpunkt eintrafen, hatte man sich der Mörserschützen bereits angenommen. Wir hatten aber immer noch ein Problem: Es gab keine Flüge nach Ramadi und auch auf dem Landweg war eine Weiterreise praktisch unmöglich, denn Konvois mieden die Strecke wie der Teufel das Weihwasser.
Ich hatte allerdings eine Idee. Ich ging mit dem Ranger ins Lazarett und suchte nach einem Navy-Sanitäter. Als SEAL hatte ich bereits mehrmals die Erfahrung gemacht, dass Navy-Sanitäter immer einen Weg fanden, um ein Problem zu lösen.
Ich kramte eine SEAL-Ehrenmünze aus meiner Tasche hervor und drückte sie ihm bei der Begrüßung in die Hand. (Ehrenmünzen sind ein Zeichen der besonderen Anerkennung, um besonders verdiente Mitglieder einer Einheit für ihren Mut oder andere überragende Leistungen zu würdigen. SEAL-Ehrenmünzen stehen besonders hoch im Kurs, weil sie selten und symbolträchtig sind. Sie einem anderen Angehörigen der Navy zuzustecken, ist vergleichbar mit einem geheimen Handschlag.)
»Folgendes«, sagte ich zu dem Sanitäter. »Ich muss dich um einen großen Gefallen bitten. Ich bin ein SEAL, ein Scharfschütze. Meine Einheit ist in Ramadi. Ich muss da hin – und er hier muss auch mit.« Ich deutete auf den Ranger.
»Gut«, sagte der Sanitäter fast flüsternd. »Kommt mit.«

Wir gingen in sein Büro. Er kramte einen Stempel hervor, markierte damit unsere Hände und kritzelte etwas neben das Zeichen.
Demzufolge waren wir Notfallpatienten.
Wir wurden von dem Sanitäter medizinisch nach Ramadi evakuiert. *Nach* Ramadi, wohlgemerkt. Wir waren vermutlich die ersten und einzigen Patienten, die mit einem Ambulanzhubschrauber in eine Schlacht hinein- statt ausgeflogen wurden.
Und ich hatte immer gedacht, nur SEALs könnten dermaßen kreativ sein.
Ich habe keine Ahnung, warum es funktionierte, aber das tat es. Niemand in dem Hubschrauber, in den wir gebracht wurden, stellte unser Flugziel infrage oder wollte wissen, an welchen »Verletzungen« wir eigentlich litten.

Shark Base

Ramadi lag in al-Anbar, in derselben Provinz wie Falludscha, etwa 50 Kilometer weiter westlich. Viele Aufständische, die aus Falludscha vertrieben worden waren, hatten dort angeblich Unterschlupf gesucht. Es gab auch zahlreiche Beweise, die diese Vermutung untermauerten: Seit in Falludscha Ruhe eingekehrt war, hatten die Angriffe dort drastisch zugenommen. 2006 galt Ramadi als gefährlichste Stadt im Irak – eine fragwürdige Auszeichnung.
Mein Zug war nach Camp Ramadi entsandt worden, ein US-Stützpunkt am Euphrat, außerhalb der Stadt. Unser Gelände hieß Shark Base und war von einer früheren Einsatzgruppe unmittelbar vor den Toren von Camp Ramadi errichtet worden.
Als wir endlich eintrafen, waren meine Kameraden bereits östlich von Ramadi im eigentlichen Einsatzgebiet. Es war unmöglich, ein Fahrzeug zu finden, das uns quer durch die Stadt gebracht hätte. Ich war verärgert – ich dachte, ich sei zu spät gekommen und würde etwas verpassen. Also versuchte ich mich sinnvoll zu beschäftigen, bis ich einen Weg fand, zu meinem Zug zu stoßen, und fragte daher meine Befehlsleitung, ob ich

auf einem der Wachtürme Posten beziehen könne. Die Aufständischen hatten sich immer wieder so weit vorgewagt, wie es die Reichweite ihrer Kalaschnikows zuließ, und von dort aus die Basis beschossen.
»Natürlich, tun Sie sich keinen Zwang an«, sagte man mir.
Ich nahm mein Scharfschützengewehr und marschierte los. Sobald ich in Stellung war, sah ich, wie sich zwei Männer in einiger Entfernung heranpirschten und offenbar nach einer guten Schussposition suchten.
Ich wartete, bis sie aus ihrer Deckung hervorlugten.
Knall.
Ich erwischte den Ersten. Sein Freund drehte sich um und begann zu rennen.
Knall.
Zwei auf einen Streich.

Siebter Stock

Ich wartete noch immer auf eine Gelegenheit, mich meinem Zug anzuschließen, als die Marines-Einheit am nördlichen Ende der Stadt Scharfschützen anforderte, die in der Nähe ihres Vorpostens von einem siebenstöckigen Gebäude aus als Sicherungsposten agieren sollten.
Die Befehlsleitung bat mich darum, mit einem Team anzurücken. Es gab in meinem Stützpunkt nur zwei weitere Scharfschützen. Einer von ihnen erholte sich gerade von seinen Verletzungen und bekam Morphium verabreicht; der andere war ein Chief und schien von dem Auftrag nicht gerade begeistert zu sein.
Ich wollte den Kerl, der auf Morphium war; und bekam natürlich den Chief.
Wir engagierten noch zwei M-60-Schützen, unter ihnen Ryan Job, die ein wenig zusätzliche Feuerkraft lieferten, und zogen dann gemeinsam mit einem Offizier los, um den Marines unter die Arme zu greifen.
Das siebenstöckige Gebäude war groß, ziemlich ramponiert und etwa 180 Meter von dem Vorposten der Marines entfernt. Es bestand aus beigefarbenem Beton und lag in der Nähe dessen, was vor dem Krieg

eine Hauptstraße gewesen sein musste. Es sah fast aus wie ein modernes Bürogebäude, wenn nicht die Fensterscheiben gefehlt hätten und die Mauern von gewaltigen Löchern übersät gewesen wären, die Raketen- und Granateneinschläge hinterlassen hatten. Es war das größte Gebäude der Gegend und man hatte von dort einen perfekten Ausblick auf die Stadt.

Wir rückten am frühen Abend mit einigen Marines und einheimischen *Jundis* aus, die unserer Sicherheit dienten. Die *Jundis* waren irakische Milizen oder Soldaten, die frisch ausgebildet worden waren; sie waren in Gruppen eingeteilt, die zum Teil recht erfahren und schlagkräftig waren – oder eben genau das Gegenteil davon.

Solange es noch hell war, konnten wir einige Schüsse abgeben, allesamt auf einzelne Aufständische. Der Bereich um das Gebäude war ziemlich heruntergekommen, die umliegenden Anwesen waren verlassen und leer – bis auf die obligatorischen weiß gekalkten Mauern und verzierten Eisentore, die sie voneinander trennten.

Die Nacht brach herein und plötzlich kam eine regelrechte Flut von Schurken auf uns zu. Sie waren offenbar drauf und dran, den Vorposten der Marines anzugreifen, und wir lagen zufällig auf ihrem Weg. Es wurden immer mehr.

Zunächst bemerkten sie uns nicht und es war ein Schützenfest. Dann sah ich, wie drei Männer aus einiger Entfernung mit reaktiven Panzerabwehrraketen auf uns zielten. Ich erschoss einen nach dem anderen und ersparte uns so die Mühe, vor ihren Granaten in Deckung zu gehen.

Das Feuergefecht entwickelte sich trotzdem zu unseren Ungunsten. Die Marines funkten uns an und sagten, wir sollten uns zurückfallen lassen und wieder zu ihnen stoßen.

Ihr Vorposten war einige Hundert Meter entfernt. Während einer der MG-Schützen, mein Offizier und ich ihnen Deckung gaben, eilte die übrige Gruppe nach unten und kehrte zur Basis der Marines zurück. Aber sobald sie sich in Sicherheit gebracht hatten, wurde die Situation unübersichtlich und wir waren mit einem Mal umzingelt. Also blieben wir, wo wir waren.

9. Die Punisher

Ryan erkannte unsere Notlage, sobald er den Vorposten der Marines erreicht hatte. Er und der Chief gerieten in Streit darüber, ob sie uns Deckung geben konnten oder nicht. Der Chief wandte ein, dass es ihr Auftrag war, bei den irakischen *Jundis* zu bleiben, die bereits im Camp Schutz gesucht hatten. Also befahl er Ryan zu bleiben; der hingegen ließ den Chief umgehend wissen, wohin er sich diesen Befehl stecken konnte. Er rannte aufs Dach des Marines-Gebäudes, wo er sich den Soldaten anschloss, die uns Feuerschutz zu geben versuchten, während wir uns die Aufständischen vom Leib hielten.

Die Marines entsandten eine Patrouille, um uns zu Hilfe zu eilen. Als ich beobachtete, wie sie den Stützpunkt verließen, verfolgte ich, wie sich ein Aufständischer von hinten an sie heranschlich.
Ich gab einen Schuss ab. Die Patrouille warf sich in den Staub. Ebenso der Iraker. Allerdings stand dieser nicht wieder auf.
»Wir haben es mit einem feindlichen Scharfschützen zu tun«, sagte der Funker. »Der ist richtig gut, fast hätte er uns erwischt.«
Ich ging an mein Funkgerät.
»Das bin ich, du Vollidiot! Schau mal nach hinten!«
Sie drehten sich um und sahen den Aufständischen samt seinem Raketenwerfer tot am Boden liegen.
»Mein Gott, danke«, antwortete der Marine.
»Keine Ursache.«
Die Iraker verfügten aber tatsächlich über Scharfschützen, die in jener Nacht auch aktiv waren. Ich erledigte zwei von ihnen – einer befand sich auf dem Minarett einer Moschee, ein anderer in einem nahegelegenen Gebäude. Sie lieferten uns einen ziemlich gut koordinierten Kampf, der besser organisiert war als die, mit denen wir es in jener Gegend sonst zu tun bekommen sollten. Ungewohnt war, dass er nachts stattfand; die Schurken forderten ihr Glück nachts normalerweise nicht heraus.
Schließlich ging die Sonne auf und das Feuergefecht ebbte ab. Die Marines sandten einige gepanzerte Wagen los, um uns Deckung zu geben, und wir rannten ins Camp zurück.

Ich meldete mich beim Kommandanten, um ihn darüber in Kenntnis zu setzen, was geschehen war. Ich hatte kaum meinen Mund geöffnet, als ein bulliger Offizier der Marines in das Büro stürmte.

»Wer zum Teufel war der Scharfschütze im siebten Stock?«, brüllte er.

Ich wandte mich zu ihm und sagte ihm, das sei ich gewesen. Innerlich machte ich mich schon darauf gefasst, für irgendein mir unbekanntes Vergehen abgemahnt zu werden.

»Ich wollte Ihnen nur danken, mein Sohn«, sagte er, und zog seinen Handschuh aus. »Sie haben mir das Leben gerettet.«

Er war der Kerl, den ich über Funk als Vollidioten bezeichnet hatte. Ich habe nie einen Marine gesehen, der dankbarer war als er.

»Die Legende«

Kurze Zeit später kehrten meine Kameraden von ihren Abenteuern im Osten zurück. Sie begrüßten mich gewohnt herzlich.

»Ach, wir wussten, dass die Legende hier ist«, sagten sie kurz nachdem sie mich gesehen hatten. »Wir haben gehört, dass in der Nähe von Camp Ramadi zwei Männer erschossen worden sind. Auch im Norden sterben plötzlich die Leute an akuter Bleivergiftung. Deshalb wussten wir, dass die Legende angekommen sein muss. Du bist der einzige Mistkerl, der da draußen jemals einen von den bösen Jungs erwischt hat.«

Ich lachte.

Den Spitznamen »Die Legende« hatte ich mir in Falludscha erworben, etwa zu der Zeit, als sich die Episode mit den Strandbällen ereignete, oder vielleicht als mir der extrem weite Schuss gelang. Davor war mein Spitzname einfach nur Tex gewesen.

Einfach »Legende« genügte natürlich nicht. Sie zogen mich genüsslich damit auf und nannten mich spöttisch DIE LEGENDE. Einer meiner Kameraden – ich glaube es war Dauber – trieb die Spöttelei dann irgendwann auf die Spitze und nannte mich nur noch DEN MYTHOS. Diese Spitznamen waren alle eher freundschaftlich gemeint und im

9. Die Punisher

Grunde genommen eigentlich eine größere Ehre als jede Ordensverleihung in Paradeuniform.

☙

Ich konnte Dauber wirklich gut leiden. Obwohl er noch ein Frischling war, war er bereits ein ziemlich guter Scharfschütze. Er konnte sich in einem Feuergefecht gut behaupten – und das machte sich bemerkbar. Ich mochte ihn also, und als es darum ging, ihn zu schikanieren, schlug ich ihn nicht ... besonders fest.

Auch wenn die Jungs mich damit aufzogen, gehörte Legende eindeutig zu den freundlicheren Spitznamen, die die Runde machten. Dauber ging es da ganz anders. Das ist nicht sein echter Name (zurzeit arbeitet er, sagen wir einmal unverbindlich, für die Regierung). Der Spitzname war einer Figur aus der Fernsehserie *Coach* entlehnt. Dort ist Dauber die typische unterbelichtete Sportskanone. In Wirklichkeit ist Dauber sehr intelligent, was aber für den Spitznamen keine Rolle spielte.

Aber einen der besten Spitznamen hatte Ryan Job: Biggles.

Es war ein großer, alberner Name für einen großen, albernen Kerl. Er stammt ursprünglich von Dauber, der behauptet, das Wort sei eine Kombination aus »Big« (groß) und »Giggles« (Lachanfall) und sei ursprünglich für einen seiner Verwandten erfunden worden.

Eines Tages erzählte er diese Anekdote und gab Ryan kurzerhand den Namen. Ein anderer Teamkollege griff ihn auf und fortan hatte Ryan seinen Spitznamen weg.

Biggles.

Ryan konnte den Namen nicht ausstehen, weswegen wir ihn natürlich erst recht benutzten.

Einige Zeit darauf fand einer von uns einmal ein kleines, lilafarbenes Nilpferd. Das musste natürlich an den Mann mit dem breiten Gesicht gehen. Und aus Ryan wurde »Biggles, der Wüsten-Hippo«.

Ryan wäre nicht Ryan, wenn er die ganze Sache nicht so hingedreht hätte, dass sie ihn nur noch sympathischer machte. Er regte sich nicht auf, sondern spielte gutmütig mit – und nahm fortan das Nilpferd überall mit hin. Selbst ins Kampfgetümmel. Und irgendwann war es dann kein Witz auf *seine* Kosten mehr; sondern es wurde zu seinem *eigenen* Witz. Biggles der Wüsten-Hippo, der beste MG-Schütze, den die Welt je gesehen hat. Man musste diesen Kerl einfach mögen.

Die Punisher

Unser Zug hatte ebenfalls seinen eigenen Spitznamen, und zwar einen anderen als Cadillac.
Wir nannten uns die Punisher.
Für alle, denen dieser Name kein Begriff ist: Der Punisher ist eine Comic-Figur aus dem Marvel-Universum, die in den Siebzigerjahren aufkam. Er ist ein gnadenloser Rächer, der das Unrecht bekämpft und dabei vor allem auf Selbstjustiz zurückgreift. Gerade war ein gleichnamiger Film in die Kinos gekommen; der Punisher trug darin ein T-Shirt mit einem stilisierten Totenschädel.
Unser Funker hatte den Namen schon vor dem Auslandseinsatz vorgeschlagen. Wir alle fanden den Punisher cool. Er übte Vergeltung. Er tötete die Schurken. Er sorgte mit seinen eigenen Mitteln dafür, dass die Bösewichte ihn fürchteten.
Damit konnten wir uns identifizieren. Also übernahmen wir sein Symbol – einen Totenschädel – und verwendeten es für uns selbst, wenn auch in leichter Abwandlung. Wir hatten nun ein Logo, das wir auf unsere Hummer und Splitterwesten sprühten, ebenso auf unsere Helme und Gewehre. Wir sprühten es auch auf möglichst jedes Gebäude und jede Mauer. Wir wollten, dass eins klar wurde: *Wir sind hier und wir zeigen euch, wo es langgeht.*
Das war unsere Art der psychologischen Kriegsführung.
Seht ihr uns? Wir sind die Jungs, die euch fertigmachen. Fürchtet uns. Weil wir euch töten werden, ihr Bastarde.
Ihr glaubt, ihr seid hart? Wir sind härter. Niemand kann uns das Wasser reichen.

9. Die Punisher

Unser Schwesterzug wollte dieselbe Vorlage benutzen, mit der wir unsere Ausrüstung besprühten, aber dagegen legten wir unser Veto ein. Wir bestanden darauf, dass ausschließlich *wir* die Punisher waren. Sie mussten sich schon ein eigenes Symbol suchen.

Was unsere Hummer anging, waren wir nicht ganz so einfallsreich. Sie wurden überwiegend nach G.I.-Joe-Figuren benannt und hießen dementsprechend Duke oder Snake Eyes. Nur weil Krieg die Hölle ist, heißt das noch lange nicht, dass man nicht auch ein wenig Spaß haben kann.

Bei diesem Auslandseinsatz hatten wir wirklich ein hervorragendes Team, und zwar durch alle Reihen hinweg. Anständige Offiziere und einen wirklich hervorragenden Chief namens Tony.
Tony war ein ausgebildeter Scharfschütze. Er war nicht nur ein zäher Brocken, er war ein *alter,* zäher Brocken, zumindest für einen SEAL – es wurde gemunkelt, er sei damals schon 40 Jahre alt gewesen.
SEALs, die die 40 überschritten haben, nehmen normalerweise nicht mehr an Kampfhandlungen teil. Die meisten schaffen es gar nicht, so lange durchzuhalten. Aber Tony war es irgendwie gelungen. Er war hart im Nehmen und wir wären ihm in die Hölle gefolgt – und wieder zurück. Ich war der sogenannte »Point Man« und marschierte auf Patrouillen vorneweg – für Scharfschützen nichts Ungewöhnliches. Tony war fast immer direkt hinter mir. Normalerweise ist der Chief eher am Ende der Gruppe und bildet die Nachhut, aber in unserem Fall befand LT, dass zwei Scharfschützen am Anfang des Zuges wesentlich effektiver seien.

Kurz nachdem der Zug wieder vollständig war, fuhren wir eines Nachts hinaus in eine Gegend, die etwa 17 Kilometer östlich von Ramadi lag. Hier war alles grün und fruchtbar – und zwar in einem solchen Ausmaß, dass die Vegetation uns wie der Dschungel in Vietnam vorkam, zumindest im Vergleich mit der Wüste, in der wir uns zuvor aufgehalten hatten. Wir nannten die Gegend daher Viet Ram.

Einige Zeit später wurden wir in einer anderen Gegend abgesetzt, in der wir uns ein bisschen umsehen sollten, und wir bewegten uns zu Fuß in die Richtung eines vermeintlichen Verstecks der Aufständischen. Schließlich erreichten wir einen großen Graben, den man nur über eine Brücke überqueren konnte. Diese Brücken waren normalerweise vermint und in diesem konkreten Fall hatten wir die geheimdienstliche Information, dass hier mit Sicherheit ein Sprengsatz angebracht war. Also ging ich los und überprüfte den Bereich, indem ich mit meinem Laser nach einem Stolperdraht suchte.

Ich ließ den Strahl zunächst oben an der Brücke entlangschweifen, entdeckte aber nichts. Dann duckte ich mich ein wenig tiefer und versuchte es noch einmal. Immer noch Fehlanzeige. Ich sah an allen erdenklichen Orten nach, die mir in den Sinn kamen, fand aber keine Drähte, keine IEDs, keine Sprengfallen, gar nichts.

Aber da mir gesagt worden war, dass die Brücke vermint war, war ich sicher, dass irgendwo etwas sein musste.

Also überprüfte ich noch einmal alles. Mein Kampfmittelräumer wartete hinter mir. Ich musste nur den Stolperdraht oder die Bombe selbst finden und er hätte sie in wenigen Sekunden entschärft.

Aber ich konnte einfach nichts entdecken. Schließlich sagte ich zu Tony: »Gehen wir rüber.«

Nicht, dass Sie mich missverstehen: Ich rannte nicht etwa über die Brücke. Ich bewegte mich sehr langsam vorwärts, wobei ich mein Gewehr in der einen Hand hielt und mit der anderen schützend meine Kronjuwelen bedeckte.

Wäre tatsächlich eine Bombe hochgegangen, hätte diese Maßnahme zwar mein Leben nicht gerettet, aber wenigstens hätte ich eine einigermaßen intakte Leiche abgegeben.

Die Brücke war insgesamt nur drei Meter lang, aber ich muss wohl etwa eine Stunde gebraucht haben, um sie zu überqueren. Als ich schließlich auf der anderen Seite ankam, war ich von Schweiß durchnässt. Ich drehte mich um, um den anderen zu zeigen, dass alles in Ordnung war und streckte meinen Daumen in die Höhe. Aber es war niemand da. Sie

hatten sich alle hinter Felsen und Büschen versteckt und darauf gewartet, dass ich in 1000 Stücke zerfetzt würde.
Selbst Tony, der als Point Man direkt hinter mir hätte sein müssen.
»Du feiger Hund!«, rief ich. »Wo zum Teufel bist du?«
»Es reicht ja, wenn einer in die Luft fliegt«, sagte er nüchtern, als er mir entgegenkam.

Dolmetscher

Falludscha war in einem Großangriff eingenommen worden, indem man sich systematisch durch die Stadt vorgearbeitet hatte. Der Vorstoß war zwar erfolgreich gewesen, hatte aber auch großen Schaden angerichtet, wodurch die neue irakische Regierung scheinbar viele Sympathiepunkte in der Bevölkerung verloren hatte.
Man kann darüber streiten, ob die Gebäudeschäden tatsächlich der Grund für den geringen Rückhalt aus der Bevölkerung waren oder nicht – ich für meinen Teil stelle das ernsthaft infrage –, aber das Oberkommando der US-Streitkräfte wollte nicht, dass in Ramadi dasselbe geschah.
Während die Army also an einem Plan arbeitete, Ramadi mit minimalem Schaden einzunehmen, gingen wir ganz in der Nähe schon einmal an die Arbeit.
Und zwar begannen wir wieder mit direkten Zugriffen auf Aufständische. Zu diesem Zweck hatten wir vier Dolmetscher, die uns bei der Verständigung mit den Einheimischen halfen. Mindestens einer, in der Regel aber zwei zogen mit uns los.
Ein Dolmetscher, den wir alle sehr mochten, war Moose. Er war ein knallharter Typ. Er arbeitete seit der Invasion 2003 für uns. Er war Jordanier und der einzige Dolmetscher, dem wir eine Waffe gaben. Wir wussten, dass er an unserer Seite kämpfen würde – er wollte unbedingt amerikanischer Staatsbürger werden und hätte dafür sein Leben gelassen. Immer wenn wir Feindkontakt hatten, schoss er in unseren Reihen mit. Er war kein guter Schütze, aber er sorgte dafür, dass die Köpfe der Feinde

unten blieben. Wichtiger noch war, dass er wusste, wann er schießen durfte und wann nicht – klingt einfach, ist es aber oft nicht.

Ganz in der Nähe der Shark Base war ein kleines Dorf, das wir Gay Tway nannten. Dort wimmelte es nur so von Aufständischen. Wir durchbrachen die Tore, verteilten uns und griffen zu. Ein bestimmtes Haus suchten wir sogar drei- oder viermal auf. Nach dem ersten Einsatz machten sich die Bewohner nicht einmal mehr die Mühe, die Tür wieder einzuhängen. Warum sich immer wieder Verdächtige in ein und demselben Haus aufhielten, ist mir bis heute ein Rätsel. Aber wir kehrten mit schöner Regelmäßigkeit zurück und taten unseren Job; mit der Zeit kannten wir uns dort sogar recht gut aus.

Allmählich nahm in den beiden Dörfern Gay Tway und Viet Ram die Anzahl der Feindkontakte immer mehr zu. Für diese Gegend war eigentlich eine Einheit der Army-Nationalgarde zuständig und deshalb fingen wir an, enger mit dieser zusammenzuarbeiten.

Ziele

Einer unserer ersten Aufträge war es, der Army dabei zu helfen, die Gegend um ein Krankenhaus wieder einzunehmen, das am Fluss in Viet Ram lag. Der Bau des vierstöckigen Betongebäudes war angefangen, aber einige Jahre zuvor unterbrochen worden. Die Army wollte es für die irakische Bevölkerung fertigstellen; eine angemessene medizinische Versorgung war dort ein großes Anliegen. Aber sie kamen mit ihrer Arbeit nicht voran, weil sie jedes Mal wieder unter Beschuss gerieten. Also kümmerten wir uns darum.

Unser Zug, 16 Männer, tat sich mit etwa 20 Army-Soldaten zusammen, um das nahegelegene Dorf von den Aufständischen zu befreien. Eines Morgens begaben wir uns früh in den Ort, teilten uns auf und nahmen Haus um Haus ein.

Ich lief vorneweg, mein Mk-12 im Anschlag, und war der erste Mann in jedem Gebäude. Sobald das Haus geklärt war, ging ich aufs Dach, gab den Jungs am Boden Feuerschutz und hielt nach Aufständischen Ausschau, von denen wir einen Angriff erwarteten, sobald sie erst einmal wussten, dass wir dort waren. Die Gruppe bewegte sich im Zickzack vorwärts und klärte den Bereich nach und nach.

Im Gegensatz zur Stadt lagen die Häuser hier nicht direkt nebeneinander, deshalb dauerte das Vorrücken länger und man musste weitere Strecken zurücklegen. Aber kurze Zeit später bemerkten die Terroristen, wo wir waren und was wir vorhatten, und sie starteten von einer Moschee aus eine kleine Offensive. Sie verschanzten sich hinter den Mauern und beschossen die Soldaten auf der Straße.

Ich befand mich gerade auf einem der Dächer, als das Gefecht begann. Innerhalb weniger Augenblicke feuerten wir mit allem, was wir hatten: M-4er, M-60er, Scharfschützengewehre, 40-mm-Granaten, LAW-Raketen – aus sämtlichen Rohren. Wohl oder übel legten wir die Moschee in Schutt und Asche.

Schnell drehte sich das Geschehen zu unseren Gunsten. Die Soldaten auf der Straße formierten sich, um die Moschee zu stürmen, bevor die Aufständischen wieder in den Löchern verschwinden konnten, aus denen sie hervorgekrochen waren. Wir schossen absichtlich etwas höher, damit unsere Männer die Möglichkeit hatten, in das Gebäude einzudringen.

Irgendwann mitten im Gefecht landete ein Stück heißes Messing aus einer anderen Waffe – vermutlich einem Maschinengewehr neben mir – auf meinem Bein und fiel in einen meiner Stiefel, etwa auf Höhe des Fußgelenks. Es brannte wie die Hölle, aber ich musste mich damit abfinden, denn in diesem Moment tauchten einfach zu viele Schurken hinter den Mauern auf, die alle danach trachteten, meine Kameraden zu töten.

Ich trug keine speziellen Kampfstiefel, sondern ganz normale Wanderstiefel – sie waren leichter und bequemer und reichten normalerweise völlig aus. Leider hatte ich mir nicht die Mühe gemacht, sie vor dem Gefecht ordentlich zu schnüren, sodass zwischen meiner Hose und dem Stiefel eine Lücke blieb, in die die ausgeworfene Messinghülse fiel.

Ich kann nicht behaupten, dass meine BUD/S-Ausbilder mich nicht davor gewarnt hätten, dass man in der Schlacht keine Auszeit nehmen kann. Als sich die Lage etwas beruhigte, stand ich auf und zog die Hülse heraus. Ein gutes Stück Haut schälte sich mit ab.

Wir sicherten die Moschee, arbeiteten uns durch das übrige Dorf und ließen es dann für diesen Tag gut sein.

Verschiedene Tötungsarten

Wir gingen noch mehrmals mit der Army-Einheit auf Patrouille und versuchten, den Widerstand in der Gegend zu brechen. Die Idee war einfach, wenngleich potenziell riskant: Wir ließen uns blicken und provozierten die Aufständischen dazu, auf uns zu schießen. Wenn sie sich hervorwagten, konnten wir das Feuer erwidern und sie erledigen. Und das taten wir gewöhnlich auch.

Nachdem wir die Aufständischen aus dem Dorf und der Moschee vertrieben hatten, zogen sie sich ins Krankenhaus zurück. Sie mochten Kliniken und ähnliche Einrichtungen, nicht nur weil sie groß und normalerweise solide errichtet waren (und dementsprechend Schutz boten), sondern auch, weil sie wussten, dass wir nur höchst ungern Krankenhäuser angriffen, selbst nachdem sie von den Terroristen eingenommen worden waren. Es dauerte eine Weile, aber die Befehlsleitung der Army beschloss schließlich doch, das Gebäude anzugreifen.

Prima, sagten wir einstimmig, als wir von dem Plan erfuhren. Ziehen wir's durch.

Wir errichteten einen Sicherungsposten in einem Haus, das etwa 200 bis 300 Meter von dem Krankenhausgebäude entfernt lag, am anderen Ende eines übersichtlichen Geländes. Sobald die Aufständischen uns sahen, gaben sie uns Saures.

Einer meiner Kameraden feuerte eine Carl-Gustaf-Rakete auf das Dach des Gebäudes, von dem sie schossen. Sie riss ein schönes, großes Loch in das Mauerwerk. Körperteile stoben in alle Richtungen davon.

9. Die Punisher

Die Rakete half, die Terroristen zu demoralisieren, und nachdem ihr Widerstand gebrochen war, schlug die Army zu und nahm das Gebäude ein. Als sie das Gelände erreichten, stießen sie kaum noch auf Gegenwehr. Die wenigen Leute, die wir nicht getötet hatten, waren geflohen.

Es ist immer schwer zu sagen, wie viele Aufständische uns in Feuergefechten wie diesen gegenüberstanden. Selbst eine kleine Handvoll konnte sich gehörig wehren. Unter günstigen Umständen konnte ein Dutzend Männer, die sich sorgfältig verschanzt hatten, den Vorstoß einer kompletten Einheit durchaus eine ganze Weile aufhalten. Sobald die Aufständischen jedoch mit großer Feuerkraft in Berührung kamen, konnte man sich sicher sein, dass etwa die Hälfte durch die Hintertür oder irgendeinen anderen Ausgang Reißaus nahm.

Wir hatten die Carl Gustaf schon vorher dabei gehabt, aber soweit ich weiß, war dies das erste Mal, dass wir jemanden damit getötet hatten; und vielleicht war es sogar insgesamt das erste Mal, dass eine SEAL-Einheit so etwas bewerkstelligt hatte. In jedem Fall war es das erste Mal, dass wir sie gegen Personen in einem Gebäude einsetzten. Sobald sich dies herumgesprochen hatte, wollte jeder die Waffe benutzen.
Technisch gesehen war die Carl Gustaf nämlich eigentlich eine Panzerabwehrwaffe, wir stellten aber schnell fest, dass sie auch gegen Gebäude einiges ausrichten konnte. Für die Verhältnisse in Ramadi war sie perfekt – sie durchdrang mühelos Stahlbeton und zerfetzte alles, was sich dahinter befand.
Wir hatten für die Waffe verschiedene Arten von Munition. Oft versteckten sich Aufständische hinter Uferböschungen und anderen Hindernissen. In einem solchen Fall konnte man zum Beispiel Air-Burst-Munition abfeuern, die über ihnen in der Luft explodierte. Das war schlimmer als alles, was auf dem Boden detonierte.
Die Gustaf ist vergleichsweise einfach zu bedienen. Man muss doppelten Gehörschutz tragen und aufpassen, wo man steht, wenn sie abgefeuert wird, aber die Ergebnisse sind beeindruckend. Nach einer Weile wollte

jeder im Zug sie benutzen – die Soldaten stritten sich regelrecht darum, wer sie bedienen durfte.

Wenn man einen Beruf ausübt, bei dem man Menschen tötet, fängt man nach einer Weile an, diesbezüglich seiner Kreativität freien Lauf zu lassen.
Man überlegt sich, wie man mit größtmöglicher Feuerkraft in die Schlacht ziehen kann. Und man beginnt über originelle Mittel und Wege nachzudenken, mit denen man den Feind ausschalten kann.
Wir hatten so viele Ziele in Viet Ram, dass wir anfingen uns zu fragen, welche Waffen wir noch nicht benutzt hatten, um Aufständische damit zu töten.
Noch keinen mit einer Pistole erschossen? Dann wird es aber höchste Zeit.
Wir benutzten verschiedene Waffen, um sie auszuprobieren und herauszufinden, wie sie sich in Kampfsituationen bewährten. Manchmal aber war es auch ein Spiel. Wenn man tagtäglich in Feuergefechte verwickelt wird, möchte man nach einer Weile ein wenig Abwechslung in den Alltag bringen. Wie auch immer, es gab eine Menge Aufständische und viele Schusswechsel.

Die Gustaf erwies sich als eine der wirksamsten Waffen, die man gegen Aufständische einsetzen konnte, wenn diese aus einem Gebäude heraus schossen. Wir hatten LAW-Raketen, die leichter und gut zu transportieren waren. Aber zu viele von ihnen erwiesen sich als Blindgänger. Und sobald man eine LAW abgefeuert hatte, war der Spaß vorbei; es waren Einwegwaffen. Die Carl Gustaf dagegen war immer ein großer Knaller – im wahrsten Sinne des Wortes.
Eine andere Waffe, die wir ziemlich oft benutzten, war der 40-mm-Granatwerfer. Es gibt ihn in zwei Varianten – eine Version, die man unter sein Gewehr montiert, und eine zweite Variante, die eine eigenständige Waffe darstellt. Wir besaßen beide.
Wir verwendeten standardmäßig Handgranaten, die explodierten und die Gegend mit Schrapnellen oder Bruchstücken übersäten. Es handelt

9. Die Punisher

sich dabei um eine Waffe, die direkt gegen Personen gerichtet wird und sich diesbezüglich bestens bewährt hat.

Während dieses Auslandseinsatzes erhielten wir eine neue Art von Projektil mit einem thermobaren Sprengkopf, das wesentlich mehr »Rumms« hatte. Eine einzelne dieser Granaten, abgefeuert auf einen feindlichen Scharfschützen, der sich in einem kleinen Haus verbarrikadiert hatte, konnte wegen des Überdrucks der Explosion das ganze Gebäude in Schutt und Asche legen. Meistens feuerten wir natürlich auf größere Gebäude, aber die Zerstörungskraft war immer noch enorm. Erst gab es eine große Explosion, dann brach ein Feuer aus, und der Gegner war hinüber. Eine einfache Sache.

Granaten schießt man in der Regel ohne besondere Feineinstellungen ab – man schätzt lediglich die Entfernung, passt den Neigungswinkel des Werfers an und feuert. Wir bevorzugten die M-79 – die separate Version, die erstmals im Vietnamkrieg verwendet worden war – weil sie Kimme und Korn hatte, wodurch das Zielen und Treffen etwas leichter wurde. Auf jeden Fall entwickelten wir bald ein Gespür für die Waffe, weil wir sie so oft benutzten.

Praktisch jedes Mal, wenn wir ausrückten, gerieten wir in ein Feuergefecht. Wir hatten einen Riesenspaß.

Taya:

Nachdem Chris wieder in den Krieg gezogen war, hatte ich große Probleme, den Alltag mit den Kindern zu bewältigen. Meine Mutter kam und half mir, aber ich tat mich damals einfach schwer.

Ich war zu dieser Zeit wohl noch nicht wirklich bereit für ein zweites Kind gewesen. Ich war sauer auf Chris, hatte Angst um ihn, und wusste nicht, wie ich ein Baby und ein Kleinkind ganz alleine aufziehen sollte. Mein Sohn war gerade einmal anderthalb Jahre alt, war sehr lebhaft – und auch das Neugeborene forderte natürlich sein Recht.

Oft saß ich einfach nur auf dem Sofa und weinte tagelang in meinen Bademantel hinein. Währenddessen stillte ich meine Tochter und versuchte gleichzeitig meinen Sohn zu füttern. Ich saß nur da und weinte.

> *Der Kaiserschnitt verheilte nicht besonders gut. Von anderen Frauen hatte ich Dinge gehört wie »Eine Woche nach meinem Kaiserschnitt konnte ich schon den Fußboden wischen und es machte mir gar nichts aus«. Nun, ich hatte auch noch nach sechs Wochen Schmerzen und es verheilte nicht gut. Es störte mich gewaltig, dass ich nicht so schnell auf die Beine kam wie die anderen Frauen. (Ich erfuhr später, dass Frauen normalerweise erst den zweiten Kaiserschnitt so gut wegstecken. Das hatte mir damals aber keiner gesagt.)*
>
> *Kurzum: Ich fühlte mich der Situation nicht gewachsen. Vor allem war ich sauer auf mich selbst, dass ich so wenig belastbar war. Ich war einfach nur am Ende.*

Aufgrund der großen Schussdistanzen in der Gefechtszone östlich von Ramadi wurde erneut die .300 Win Mag zu meiner Lieblingswaffe und ich nahm sie regelmäßig auf Patrouillen mit. Obwohl die Army das Krankenhaus eingenommen hatte, hielten die Angriffe weiter an. Es dauerte nicht lange, dann wurde es auch mit Mörsern beschossen. Also rückten wir aus, knöpften uns die Aufständischen vor, die für den Gewehrbeschuss verantwortlich waren, und suchten dann nach den Mörserschützen.

Eines Tages ließen wir uns in einem zweistöckigen Gebäude in der Nähe des Krankenhauses nieder. Die Army versuchte mithilfe von Spezialausrüstung herauszufinden, von welchem Versteck aus die Mörsergranaten abgefeuert wurden, und unsere Wahl fiel auf ein Haus, das in der Nähe des vermuteten Abschussortes lag. Aber aus irgendeinem Grund hatten die Aufständischen an jenem Tag beschlossen, sich unauffällig zu verhalten. Vielleicht hatten sie auch nur die Nase voll davon, getötet zu werden.

Ich wollte herausfinden, ob wir sie vielleicht aus der Reserve locken konnten. Ich trug immer eine amerikanische Fahne in meiner Splitterweste. Die holte ich nun hervor und fädelte ein Stück 550er-Seil (ein Allzweck-Nylonseil, das manchmal auch als Fallschirmleine bezeichnet wird) durch die Ösen. Ich befestigte die Leine an der Dachumrandungsmauer und warf sie so über den Rand, dass sie flach am Mauerwerk auflag.

Nach wenigen Minuten erschien ein halbes Dutzend Aufständischer mit Maschinenpistolen auf der Bildfläche und fing an, auf die Fahne zu schießen.

Wir erwiderten das Feuer. Die eine Hälfte der Feinde starb; die andere Hälfte suchte das Weite.

Die Fahne habe ich immer noch. Zwei Sterne sind zerschossen. Ein fairer Tausch für die vielen Leben, die wir an jenem Tag nahmen.

Wenn wir ausrückten, bewegten sich die Aufständischen zunächst von uns weg und suchten Schutz hinter allen möglichen Deckungen. Hin und wieder riefen wir dann Luftunterstützung, um sie auch hinter diesen Mauern oder Böschungen in großer Entfernung noch erwischen zu können.

Aus Furcht vor Kollateralschäden scheuten sowohl die Befehlsleitung als auch die Piloten den Abwurf von Bomben. Stattdessen gingen die Jets in den Tiefflug über und beschossen sie mit ihren Bordwaffen. Wir hatten aber auch Kampfhubschrauber wie Marine Cobras und Huyes, die mit Maschinengewehren und Raketen ausgestattet waren.

Eines Tages, wir waren gerade als Sicherungsposten eingeteilt, entdeckten mein Chief und ich einen Mann, der in etwa 730 Metern Entfernung einen Mörser im Kofferraum eines Wagens verstaute. Ich erschoss ihn; ein anderer Mann kam aus dem Gebäude, in dem er sich aufgehalten hatte, und wurde prompt von meinem Chief erledigt. Wir orderten einen Luftangriff: Eine F/A-18 zerstörte den Wagen mit einer Rakete. Es gab eine gewaltige Explosion, denn der Wagen war zuvor mit Sprengstoff beladen worden, was wir jedoch nicht gesehen hatten.

Allein unter Schläfern

Ein oder zwei Abende später schlich ich im Dunkeln durch ein nahegelegenes Dorf und schritt dabei vorsichtig über regungslose Menschen hinweg – es waren jedoch keine toten, sondern schlafende Iraker. In der warmen Wüste schliefen irakische Familien oft im Freien.

Ich war auf dem Weg zu einer Stellung, die ein gutes Blickfeld für einen bevorstehenden Angriff bot. Ziel war ein Marktplatz, auf dem ein Aufständischer ein Geschäft hatte. Wir hatten erfahren, dass die Waffen in dem Wagen, den wir in die Luft gejagt hatten, von dort stammten.

Vier andere Männer und ich gingen etwa sechs Kilometer vor dem restlichen Team, das am Morgen den Angriff starteten sollte, her und bildeten die Vorhut. Unser Auftrag war, vor ihnen am Schauplatz zu sein, die Gegend auszukundschaften, zu beobachten und unsere Leute zu schützen, sobald sie eintrafen.

Nachts durch ein Gebiet zu marschieren, das fest in aufständischer Hand war, war nicht so gefährlich, wie man vielleicht annehmen könnte. Die Schurken, auf die wir es abgesehen hatten, schliefen zu jener Zeit fast immer. Sie sahen, wie unsere Konvois tagsüber eintrafen und vor der Dämmerung wieder abfuhren. Also nahmen sie an, dass wir alle zum Stützpunkt zurückkehrten. Es gab keine Wachen, keine Späher und keine Vorposten, die die Gegend beobachtet hätten.

Man musste natürlich darauf achten, wohin man trat – einer meiner Kameraden stolperte beinahe über einen schlafenden Iraker, als wir im Dunkeln zu unserem Zielgebiet gingen. Zum Glück bemerkte er es jedoch im letzten Moment und wir konnten unbehelligt weitergehen, ohne jemanden zu wecken. Wir hatten Glück.

Sobald wir den Marktplatz gefunden hatten, richteten wir unseren Sicherungsposten ein. Der Platz selbst bestand aus einer kleinen Zeile von winzigen, einstöckigen Hütten, die als Geschäfte dienten. Sie waren fensterlos – man öffnete einfach die Tür und verkaufte seine Waren direkt auf der Straße.

Kurz nachdem wir uns eingerichtet hatten, erhielten wir einen Funkspruch, der uns mitteilte, dass eine andere Einheit irgendwo in unserer Gegend unterwegs war.

Einige Minuten später entdeckte ich eine verdächtige Gruppe.

»Hey«, sagte ich über Funk. »Ich sehe vier Männer mit Kalaschnikows und taktischen Westen, alle in der typischen Bombenlegerkluft. Sind das unsere Jungs?«

9. Die Punisher

Taktische Westen bestehen im Grunde aus vielen Schlaufen, mit denen man seine Einsatzausrüstung am Körper anbringen kann. Die Männer, die ich sah, wirkten wie Mudschaheddin – in »Bombenlegerkluft«. Ich meinte, dass sie so aussahen, wie die Aufständischen auf dem Land oft gekleidet waren, mit langem Hemd und weiter Hose. (In der Stadt trugen sie oft westliche Kleidung – Trainingsanzüge und Sportkleidung waren angesagt.)

Die vier Männer kamen vom Fluss her, also aus der Richtung, von der auch das zweite Team hätte kommen sollen.

»Moment, wir klären das ab«, sagte der Funker am anderen Ende der Leitung.

Ich beobachtete sie. Ich hatte nicht vor auf sie zu schießen – ich würde keinesfalls das Risiko eingehen, einen Amerikaner zu töten.

Es dauerte eine Weile, bis die Einheit auf die Anfrage unseres Gefechtsstands reagierte, der sich wiederum mit meinem Zug absprechen musste. Währenddessen beobachtete ich, wie die Männer sich vorwärtsbewegten.

»Sind nicht unsere Jungs«, kam der Rückruf endlich. »Sie haben die Mission abgebrochen.«

»Toll. Ich habe gerade vier Männer in eure Richtung gehen lassen.«

(Ich wette, wenn das da draußen unsere Jungs gewesen wären, hätte ich sie nicht so leicht entdecken können. *Ninjas.*)

Jeder war wütend. Meine Jungs saßen marschbereit in ihren Fahrzeugen, blickten in die Wüste und warteten darauf, dass die Mudschaheddin bei ihnen auftauchten. Ich setzte meine eigene Beobachtung fort und behielt die geplante Angriffszone fest im Blick. Einige Minuten später sah ich dann die vier Aufständischen wieder.

Ich erwischte einen; einer der anderen Scharfschützen erledigte einen anderen, bevor die verbleibenden zwei in Deckung gehen konnten.

Dann erschienen sechs oder sieben weitere Aufständische hinter ihnen. Und schon waren wir mitten in einem Feuergefecht. Wir begannen Granaten abzufeuern. Der übrige Zug hörte die Schüsse und kam uns zu Hilfe. Mit den Kämpfern, die uns vor das Zielfernrohr liefen, kamen wir aber ganz gut zurecht.

Das Überraschungsmoment war bereits dahin und so absolvierte der Zug seine Mission noch in der Dunkelheit. Sie fanden etwas Munition und einige Kalaschnikows, aber kein wirklich wichtiges Waffenlager.

Wir kamen nie dahinter, was die davongekommenen Aufständischen vorgehabt hatten. Aber das war nur ein weiteres der vielen Rätsel im Laufe des Krieges.

Die Elite der Elite

Ich denke, alle SEALs haben großen Respekt vor ihren Kameraden der Elite-Antiterroreinheit, von der in den USA schon so oft die Rede gewesen ist. Sie sind eine Elitetruppe innerhalb der Elitetruppe.
Wir kamen im Irak nicht häufig mit ihnen in Kontakt. Ich hatte nur einmal etwas mehr mit ihnen zu tun, und zwar einige Wochen später, nachdem wir ins eigentliche Ramadi vorgedrungen waren. Sie hatten Wind davon bekommen, dass wir viele Aufständische getötet hatten und entsandten einen ihrer Scharfschützen, um herauszufinden, wie wir vorgingen. Ich schätze also, sie wollten ein bisschen von uns lernen.
Rückblickend bedauere ich es, dass ich seinerzeit nicht den Versuch unternommen habe, ihnen beizutreten. Aber damals setzten sie Scharfschützen noch nicht so intensiv ein wie die anderen Teams. Die Assaulter erledigten den Großteil der Arbeit und ich wollte kein solcher werden. Ich war Scharfschütze und mit dem, was ich tat, schon voll zufrieden. Inzwischen hatte ich mich langsam an mein Gewehr und an das Töten der Feinde gewöhnt. Warum sollte ich das alles aufgeben, an die Ostküste ziehen und wieder zum Frischling werden? Abgesehen davon musste man eine Ausbildung durchlaufen, die dem BUD/S sehr ähnlich ist, um zu beweisen, dass man das Zeug zum Terrorbekämpfer hat.
Ich hätte einige Jahre als Assaulter verbringen müssen, bevor ich mich wieder zum Scharfschützen hätte hocharbeiten können. Warum sollte ich das tun, wenn ich ohnehin schon ein Scharfschütze war und Freude daran hatte?

Aber mittlerweile habe ich einiges über ihre Einsätze bzw. Ziele gehört und denke, ich hätte einen Anlauf wagen sollen.
Die Jungs stehen im Ruf, überheblich und sehr von sich überzeugt zu sein. Das stimmt nicht. Ich hatte nach dem Krieg die Gelegenheit, einige von ihnen kennenzulernen, als sie eine Ausbildungseinrichtung besuchten, die ich mittlerweile leite. Sie waren extrem bodenständig und sehr bescheiden. Und bei dieser Gelegenheit wünschte ich mir inständig, ich hätte wieder mit ihnen in den Krieg ziehen können.

Zivilisten und Wilde

Der Angriff in Ramadi war offiziell noch gar nicht losgegangen, aber wir hatten auch jetzt schon eine Menge Feindkontakt.
Eines Tages erhielten wir die Information, dass Aufständische IEDs auf einer bestimmten Strecke gelegt hatten. Also zogen wir los und überwachten die betreffende Straße. Wir drangen auch in Häuser ein und beobachteten, ob Konvois und amerikanische Stützpunkte angegriffen wurden.
Es kann in bestimmten Situationen durchaus schwirig sein, Zivilisten von Aufständischen zu unterscheiden, aber in diesem Fall machten es uns die Schurken leicht. Unbemannte Luftfahrzeuge kontrollierten beispielsweise eine Straße und wenn sie mitbekamen, dass jemand einen Sprengsatz legte, konnten sie nicht nur die Bombe genau lokalisieren, sondern auch den nach Hause gehenden Aufständischen verfolgen. So wussten wir ganz genau, wo die Schurken sich aufhielten.
Terroristen, die Amerikaner angreifen wollten, verrieten sich, indem sie sich an Konvois heranpirschten oder sich einem Stützpunkt näherten. Sie schlichen mit der Kalaschnikow im Anschlag durch die Gegend – und waren alles in allem wirklich leicht auszumachen.
Sie lernten umgekehrt aber auch, uns zu erkennen. Wenn wir in einem kleinen Dorf ein Haus in Beschlag nahmen, hielten wir die dort wohnende Familie zu ihrem eigenen Schutz im Haus fest. Wenn die Hausbewohner um 9 Uhr morgens immer noch nicht nach draußen gekommen waren, wussten die Anwohner, dass Amerikaner bei ihnen

eingekehrt waren. Das war offenbar für jeden Aufständischen in der Gegend eine Einladung, vorbeizukommen und zu versuchen uns zu töten.
Das wurde so berechenbar, dass man die Uhr danach stellen konnte. Das Feuergefecht fing in der Regel gegen 9 Uhr morgens an; gegen Mittag ebbte es ab. So gegen 15 oder 16 Uhr begann es dann wieder. Wenn es nicht um Leben und Tod gegangen wäre, hätte man wirklich darüber lachen können.
Damals fanden wir es aber trotzdem lustig, wenn auch auf eine kranke Art und Weise.
Man wusste nicht, aus welcher Richtung sie angreifen würden, aber die Taktik war fast immer gleich. Die Aufständischen legten mit Maschinengewehrsalven los und schossen mal hier in das Mauerwerk und mal dort. Dann schossen sie einen ganzen Schwung Panzergranaten ab; und schließlich stoben sie in alle Richtungen und versuchten zu fliehen.

Eines Tages erledigten wir in der Nähe des Krankenhauses eine Gruppe von Aufständischen. Uns war es damals noch nicht klar, aber die Army gab später durch, dass als Folge davon ein ranghoher Aufständischer per Mobiltelefon Mörserschützen anforderte, nachdem das Team, das das Krankenhaus eigentlich hätte angreifen sollen, soeben getötet worden war – nämlich von uns.
Die Mörserschützen ließen sich allerdings nicht blicken.
So ein Jammer aber auch. Wir hätten sie ebenfalls erschossen.

ϾϿ

Jeder kennt mittlerweile die Predators, die Drohnen, die im Krieg den amerikanischen Streitkräften viele wertvolle Informationen lieferten. Aber viele wissen nicht, dass wir unsere eigenen Rucksack-Drohnen hatten – kleine Flugkörper, etwa so groß wie die Modellflugzeuge, mit denen in den USA Kinder jeden Alters so gerne spielen.
Sie passen in einen Rucksack. Ich kam nie dazu, eine zu bedienen, aber es schien Spaß zu machen. Am kniffligsten – so kam es mir zumindest

vor – war der Start. Man musste sie ziemlich kräftig werfen, damit sie in der Luft blieben. Der Soldat, der sie bediente, startete den Motor und warf sie in die Luft; dafür brauchte man ein gewisses Fingerspitzengefühl. Weil sie tief flogen und kleine, aber vergleichsweise laute Motoren hatten, konnte man die Rucksack-Drohnen gut vom Boden aus hören. Sie hatten ein charakteristisches Heulen und die Iraker begriffen bald, was dieser Lärm bedeutete: nämlich, dass sie beobachtet wurden. Sie wurden sehr vorsichtig, sobald sie ihn hörten – was den Sinn dieser Drohnen zunichtemachte.

Hin und wieder überstürzten sich die Ereignisse dermaßen, dass wir zwei verschiedene Funkfrequenzen benutzen mussten – eine, um mit der Befehlsleitung zu kommunizieren, und eine, um uns innerhalb des Zugs zu verständigen. Es herrschte so viel Funkverkehr, dass wir im Gefecht die Nachrichten der Befehlsleitung kaum mehr mitbekamen.
Bei unseren ersten Kampfeinsätzen bestand der kommandierende Offizier noch darauf, unser Hauptbeobachter solle ihn jedes Mal wecken, sobald er die Nachricht bekam, dass wir Feindkontakt hatten. Dann war das aber so oft der Fall, dass er den Befehl widerrief – wir sollten ihm fortan nur dann Bescheid geben, wenn einmal eine Stunde lang kein Feindkontakt bestand.
Später hieß es dann, meldet euch nur, wenn jemand verletzt worden ist.

☙

Die Shark Base war in jener Zeit unser Hafen, eine kleine Oase, in der wir uns ausruhen und erholen konnten. Sie war nicht sehr aufwendig ausgestattet. Der Boden war gepflastert und die Fenster waren mit Sandsäcken verbarrikadiert. Unsere Schlafräume waren sehr beengt und die einzigen Möbelstücke, die den Ort ein klein wenig wohnlich machten, waren unsere Feldbetten und ramponierten Transportkisten. Aber wir brauchten auch nicht viel. Wir waren drei Tage im Einsatz, kehrten zurück und hatten einen Tag frei. Ich schlief dann für gewöhnlich, spielte

Videospiele, rief zu Hause an oder saß am Computer. Dann musste man sich wieder bereit machen und ausrücken.

Man musste vorsichtig sein, wenn man telefonierte. Es war wichtig, dass keine vertraulichen Informationen nach außen drangen. Man durfte nichts sagen, woraus erschlossen werden konnte, was man gerade tat, tun würde oder getan hatte.

Alle Gespräche, die wir am Stützpunkt tätigten, wurden mitgehört. Dabei kam eine Software zum Einsatz, die auf Schlüsselwörter reagierte; sobald ein solcher heikler Begriff fiel, wurde das Gespräch abgebrochen und man konnte großen Ärger bekommen. Einmal gab jemand Informationen über einen Einsatz preis und wir alle durften eine Woche lang nicht telefonieren. Der Kamerad hatte sich dadurch ziemlich in den Dreck geritten und wir taten alles, um ihn das auch gebührend spüren zu lassen. Es tat ihm entsetzlich leid.

Manchmal erleichterten die Schurken uns die Arbeit ganz enorm.

Eines Tages rückten wir aus und richteten uns in einem Dorf in der Nähe einer Hauptstraße ein. Es war eine gute Lage und wir erwischten umgehend einige Aufständische, die gerade auf dem Weg waren, das Krankenhaus anzugreifen.

Plötzlich steuerte ein Bongo-Kleintransporter – ein Pritschenwagen, mit dem man Material und Ausrüstung befördert – von der Straße aus geradewegs auf uns zu. Statt Ausrüstung beförderte der Transporter aber vier Schützen auf der Ladefläche, die anfingen auf uns zu schießen, als der Wagen über den zum Glück großen Hof fuhr.

Ich erschoss den Fahrer. Das Fahrzeug kam zum Stillstand. Der Beifahrer sprang heraus und rannte zur Fahrerseite. Einer meiner Kameraden erledigte auch ihn, bevor er weiterfahren konnte. Dann nahmen wir uns die restlichen Aufständischen vor und töteten sie alle.

Kurze Zeit später erspähte ich einen Müllwagen, der die Hauptstraße entlangfuhr. Ich machte mir darüber keine großen Gedanken, bis er die Auffahrt zu unserem Haus nahm und ebenfalls auf uns zusteuerte.

Wir hatten bereits die Hausbesitzer befragt und keiner von ihnen fuhr

einen Müllwagen. Bei dem Tempo war auch ziemlich klar, dass er keinen Müll aufsammeln wollte.
Tony erledigte den Fahrer mit einem Kopfschuss. Das Fahrzeug kam vom Kurs ab und fuhr in ein nahegelegenes Gebäude. Ein Hubschrauber kam kurze Zeit später angeflogen und jagte den Wagen in die Luft. Eine Hellfire-Rakete sauste herab und der Müllwagen explodierte: Er war mit Sprengstoff beladen gewesen.

Zu guter Letzt ein Plan

Anfang Juni hatte die Army einen Plan entwickelt, um Ramadi von den Aufständischen zurückzuerobern. In Falludscha hatten sich die Marines systematisch durch die Stadt gearbeitet und die Aufständischen davongejagt. Hier mussten wir nicht suchen, die Aufständischen kamen zu uns.
Die Stadt selbst war zwischen Flüsse und ein Sumpfgebiet gebettet. Über Straßen war sie nur schwer zu erreichen. Der Euphrat und der Habbaniyah-Kanal flankierten die Stadt im Norden und Westen; in der Nähe der Nordwestspitze gab es auf jeder Seite eine Brücke. Im Süden und Osten bildeten ein See, Sümpfe und ein jahreszeitlich mehr oder weniger stark gefluteter Kanal eine natürliche Barriere.
Die US-Streitkräfte näherten sich von den Stadträndern her, die Marines kamen aus dem Norden und die Army stieß von den anderen drei Seiten her vor. In verschiedenen Stadtteilen errichteten wir kleine Stützpunkte, um zu zeigen, wer das Sagen hatte – und um letztlich den Feind zum Angriff zu provozieren. Sobald dies der Fall war, schossen wir mit allem zurück, was wir hatten. Wir errichteten immer mehr solcher Posten und erlangten auf diese Weise allmählich die Kontrolle über die ganze Stadt.
Es war das reinste Chaos. Ohne funktionierende Stadtverwaltung und Sicherheitskräfte herrschte ausschließlich das Recht des Stärkeren. Ausländer, die in die Stadt kamen, fielen leicht Morden und Entführungen zum Opfer, selbst wenn sie in gepanzerten Konvois unterwegs waren.

Aber für die normalen Iraker war die Stadt eine noch viel größere Hölle. Berichten zufolge verübten die Aufständischen damals täglich über 20 Angriffe gegen die einheimische Bevölkerung. Die größten Chancen getötet zu werden hatte man als Polizeibeamter. Überall grassierte die Korruption.

Die Army analysierte die diversen Terrorgruppierungen und fand heraus, dass es drei Arten gab: Islamistische Fanatiker, die mit der al-Qaida und ähnlichen Gruppen in Verbindung standen; Einheimische, die nicht ganz so fanatisch waren, aber trotzdem darauf aus waren, Amerikaner zu töten; und opportunistische kriminelle Banden, die aus dem Chaos Kapital schlugen.

Die erste Gruppe musste beseitigt werden, weil sie niemals aufgeben würde; in dem bevorstehenden Feldzug richteten wir unser Hauptaugenmerk daher auf sie. Die anderen beiden Gruppen aber konnten dazu bewegt werden zu verschwinden, mit dem Morden aufzuhören oder mit den Stammesoberhäuptern zusammenzuarbeiten. Zum Plan der Army gehörte es also, mit den Clans zusammenzuarbeiten, um die Gegend zu befrieden. Denn diese hatten ebenfalls die Nase voll von den Aufständischen und dem Chaos, das sie verursacht hatten, und wollten, dass sie verschwanden.

Die Situation und der Plan waren wesentlich komplizierter, als es klingt. Für uns, die täglich ausrücken mussten, war das alles aber unwichtig. Wir scherten uns nicht um die Details. Wir sahen nur, wie viele Menschen uns töten wollten. Und wir wehrten uns dagegen.

Die Jundis

Der Gesamtplan wirkte sich jedoch durchaus auf uns aus, und nicht unbedingt positiv.

An der Ramadi-Offensive sollten nicht nur amerikanische Truppen beteiligt sein. Im Gegenteil, die neue irakische Armee sollte mit leuchtendem Beispiel vorangehen und den Hauptanteil dazu leisten, die Stadt einzunehmen und sie für die Bevölkerung wieder sicher zu machen.

9. Die Punisher

Die Iraker waren da. Ob sie vorangingen? Nein. Ihren Anteil leisteten sie durchaus – aber nicht so, wie man annehmen könnte.

Kurz vor dem Angriff erhielten wir den Befehl, dem Krieg »ein irakisches Gesicht zu verleihen« – der Begriff, den das Oberkommando und die Medien benutzten, um den Eindruck zu erwecken, dass die Iraker tatsächlich etwas dazu beitrugen, ihr Land sicherer zu machen. Wir bildeten irakische Einheiten aus, und wenn es sich einrichten ließ (obwohl wir nicht unbedingt begeistert davon waren), nahmen wir sie auf unseren Einsätzen mit. Wir arbeiteten mit drei verschiedenen Gruppen, die wir alle als *Jundis* bezeichneten, das arabische Wort für Soldaten, obwohl manche von ihnen im Grunde genommen Polizisten waren. Ganz gleich, bei welchen Sicherheitskräften sie auch dienten, sie gaben durch die Bank weg ein Bild des Jammers ab.

Bei unseren Operationen östlich der Stadt hatten wir eine kleine Gruppe von Spähern eingesetzt. Wenn wir nach Ramadi gingen, benutzten wir SMPs – eine Art Sonderpolizei. Und dann hatten wir eine dritte Gruppe irakischer Soldaten, die wir in den Dörfern außerhalb der Stadt verwendeten. In den meisten Fällen platzierten wir sie in der Mitte unserer Formationen – vorne Amerikaner, in der Mitte Iraker und hinten wieder Amerikaner. Wenn wir in einem Haus waren, machten sie es sich im Erdgeschoss gemütlich, hielten Wache und unterhielten sich mit der Familie, falls eine anwesend war.

Als Krieger taugten sie nichts. Die intelligentesten Iraker, so schien es zumindest, waren wohl tatsächlich die Aufständischen, die gegen uns kämpften. Ich bin sicher, die meisten unserer Jundis hatten ihr Herz am rechten Fleck. Aber was ihre militärischen Fähigkeiten anbelangt …

Sagen wir mal, dass sie unfähig waren, manchmal sogar regelrecht gemeingefährlich.

Einmal machten mein SEAL-Kamerad Brad und ich uns bereit, ein Haus zu durchsuchen. Wir befanden uns am Haupteingang, wobei einer unserer Jundis direkt hinter uns stand. Aus irgendeinem Grund klemmte etwas an seinem Gewehr. Völlig überflüssigerweise entsicherte er die Waffe und betätigte probehalber den Abzug. Daraufhin schlugen direkt neben mir einige Schüsse in die Wand ein. Brad und ich dachten unwillkürlich, die Schüsse kämen aus dem Haus. Also erwiderten wir das Feuer und schossen ein paar Mal durch die geschlossene Tür.

Dann hörte ich hinter mir aufgeregtes Schreien. Jemand zerrte an dem Iraker, dessen Waffe losgegangen war, und mir wurde klar, dass die Schüsse von uns stammten, nicht aus dem Haus. Ich bin sicher, dass der Jundi sich entschuldigt hat, aber seine Ausflüchte interessierten mich nicht, weder in diesem Augenblick noch später.

Brad stellte das Feuer ein und der SEAL, der gerade die Tür eintreten wollte, trat zurück. Ich war immer noch dabei, mir zu vergegenwärtigen, was gerade geschehen war, als sich die Tür zum Haus öffnete.

Ein älterer Mann kam heraus. Seine Hände zitterten.

»Kommt nur rein«, sagte er. »Hier ist niemand.«

Ich weiß nicht, ob ihm klar war, wie recht er damit beinahe gehabt hätte.

Viele Jundis waren nicht nur völlig unfähig, sie waren auch faul. Man sagte ihnen etwas und sie entgegneten einfach nur: »inschallah.«

Korrekt übersetzt heißt das: »So Gott will.« In Wirklichkeit bedeutete es aber: »Nie im Leben!«

Die meisten Jundis traten dem Militär bei, um ein festes Gehalt zu bekommen, aber sie wollten nicht für ihr Land kämpfen, geschweige denn sterben. Für ihren Stamm vielleicht. Der Stamm war sozusagen ihre erweiterte Familie – ihm waren sie verpflichtet. Und für die meisten von ihnen hatte das, was in Ramadi vor sich ging, nicht im Entferntesten etwas mit Stammesangelegenheiten zu tun.

Mir ist klar, dass ein Großteil des Problems mit der verdrehten Kultur im Irak zu tun hatte. Die Menschen hatten ihr Leben lang in einer Diktatur gelebt. Irak bedeutete ihnen als Nation nichts, zumindest nichts Gutes. Die meisten waren froh, Saddam Hussein losgeworden zu sein und sehr froh, frei zu sein, aber sie verstanden nicht, was das wirklich bedeutete – welchen Preis man für die Freiheit bezahlen muss.

9. Die Punisher

Die Regierung schrieb ihnen ihr Leben nicht mehr vor, aber sie versorgte sie auch nicht mehr mit Essen oder etwas anderem. Es war für sie eine völlig neue Situation. Und sie waren in Sachen Bildung und Technologie so rückständig, dass wir Amerikaner oft das Gefühl hatten, in der Steinzeit gelandet zu sein.
Man kann zwar Mitleid mit ihnen haben, aber gleichzeitig will man auch nicht, dass sie in den Krieg eingreifen.
Und meine Aufgabe war es nicht, ihnen die Hilfsmittel zu geben, um sich weiterzuentwickeln. Meine Aufgabe war es zu töten, nicht zu unterrichten.

Wir taten, was wir konnten, um sie ins rechte Licht zu rücken.
Einmal wurde während des Feldzugs der Sohn eines hohen Beamten entführt. Wir erhielten die Information, dass er in einem Haus in der Nähe einer höheren Schule festgehalten wurde. Wir schlugen nachts zu, stürmten die Tore und nahmen ein großes Gebäude ein, um von dort aus die Lage im Blick zu behalten. Während ich vom Dach des Gebäudes aus das Geschehen verfolgte, drangen einige meiner Kameraden ins Haus ein und befreiten die Geisel, ohne auf Widerstand zu stoßen.
Die ganze Sache entwickelte sich zu einer lokalen Mediensensation. Als ein Gruppenfoto gemacht werden sollte, riefen wir stattdessen unsere Jundis. Sie wurden als große Retter gefeiert und wir traten in den Hintergrund.
Lautlose Profis.
Solche Dinge geschahen an allen Kriegsschauplätzen. Ich bin sicher, dass in den USA viele Geschichten darüber kursierten, wie tapfer sich die Iraker hielten und wie wir sie lediglich ausgebildet hatten. Diese Geschichten werden voraussichtlich auch so in die Geschichtsbücher eingehen.
Aber das ist alles ein Haufen Mist. Die Realität sah ganz anders aus.
Ich finde, die ganze Idee, dem Krieg ein irakisches Gesicht zu verleihen, war Schwachsinn. Wenn man einen Krieg gewinnen will, muss man sich ihm stellen und durchgreifen. *Erst dann* kann man die Einheimischen ausbilden. Mitten im Kampfgeschehen ist das keine gute Idee. Es grenzte an ein Wunder, dass die Lage dadurch nicht schlimmer wurde.

COP Iron

Der Staub der Feldwege vermischte sich mit dem Gestank, der vom Fluss und der Stadt heraufdrang, als wir in das Dorf kamen. Es war stockdunkel und irgendwo zwischen Nacht und Morgengrauen. Unser Zielort war ein zweistöckiges Gebäude in der Mitte eines kleinen Dorfes südlich von Ramadi, das durch eine Eisenbahnlinie vom Hauptteil der Stadt getrennt war.

Wir drangen schnell in das Haus ein. Die Bewohner waren ganz offensichtlich erschrocken und misstrauisch. Trotz der Uhrzeit schienen sie aber auch nicht sonderlich feindselig. Während unsere Dolmetscher und *Jundis* mit ihnen sprachen, ging ich aufs Dach und baute meine Ausrüstung auf.

Es war der 17. Juni, der Tag, an dem die Offensive auf Ramadi losgehen sollte. Wir hatten soeben mit dem Aufbau von COP Iron begonnen, dem ersten befestigten Vorposten auf unserem Vorstoß in Richtung Ramadi (COP steht für Command Observation Post).

Argwöhnisch beobachtete ich jede Regung im Dorf. Uns war zuvor eingebläut worden, dass wir mit heftigem Widerstand rechnen mussten, und alles, was wir in den vergangenen Wochen erlebt hatten, hatte ja auch tatsächlich darauf hingedeutet. Wir gingen davon aus, dass die Gefechte in Ramadi viel schlimmer werden würden als die in ländlicher Gegend. Ich war angespannt, aber bereit.

Nachdem wir das Haus und die umliegende Gegend gesichert hatten, riefen wir die Army hinzu. Als ich hörte, dass die Panzer in der Ferne anrückten, beobachtete ich die Umgebung noch genauer durch das Zielfernrohr. Die Schurken konnten es sicher auch hören. Sie würden bestimmt jeden Augenblick angreifen.

Die Army rollte mit einer gewaltigen Anzahl von Panzern an. Sie nahm die umliegenden Häuser ein und errichtete Mauern, um ein geschlossenes Areal aufzubauen.

Von den Aufständischen keine Spur. Das Haus, das Dorf – die gesamte Aktion ging völlig unspektakulär von sich.

9. Die Punisher

Als ich mich umsah, fiel mir auf, dass der Bereich, den wir eingenommen hatten, nicht nur im übertragenen, sondern auch im wahrsten Sinne des Wortes fernab vom Schuss bzw. der eigentlichen Stadt war. In unserer Gegend lebten die armen Leute, was für den Irak schon etwas heißen will, weil das Land ja nicht unbedingt luxusverwöhnt war. Die Besitzer und Einwohner der Hütten in unserer Nähe hatten kaum genug zu essen. Ihnen waren die Aufständischen egal. Und wir waren ihnen genauso egal. Als die Army sich eingerichtet hatte, formierten wir in 180 Metern Entfernung einen Sicherheitsring, um die Bautrupps zu schützen. Wir rechneten immer noch mit einem heftigen Kampf. Aber es geschah nicht viel. Der einzige interessante Vorfall ereignete sich am Morgen, als ein geistig behinderter Junge dabei aufgegriffen wurde, wie er etwas in einen Notizblock schrieb. Zuerst dachten wir, er sei ein Spion, aber wir bemerkten recht schnell, dass er nicht ganz klar im Kopf war und ließen ihn mit seinen wirren Kritzeleien gehen.

Wir waren alle überrascht, dass die Operation so reibungslos verlief. Gegen Mittag saßen wir herum und drehten Däumchen. Ich würde nicht so weit gehen zu behaupten, dass ich enttäuscht gewesen war, aber … immerhin hatte man mir den Mund wässrig gemacht und ich hatte mir etwas anderes davon versprochen.

Das sollte nun also die gefährlichste Stadt im Irak sein?

Kapitel 10
Der Teufel von Ramadi

Reingehen

Einige Abende später stieg ich in ein flaches Flussboot des Marine Corps, das als SURC (»Small Unit Riverine Craft«) bekannt ist, und duckte mich hinter die gepanzerten Seitenwände. Einige Marines waren als MG-Schützen am Bug eingeteilt und beobachteten die Umgebung, während unser Boot sowie ein weiteres mit den übrigen Mitgliedern unserer Gruppe stromaufwärts in Richtung unseres Einsatzpunkts glitten.

Die Späher der Aufständischen versteckten sich gerne in der Nähe von Brücken und an anderen Orten innerhalb der Stadt. Wären wir an Land gewesen, hätten sie jede unserer Bewegungen verfolgt. Aber im Wasser waren wir keine unmittelbare Bedrohung für sie und deshalb schenkten sie uns keine besondere Beachtung.

Wir waren mit einer Menge Ausrüstung unterwegs. Unser nächster Halt war ein Punkt in der Nähe des Stadtzentrums, tief im Feindesgebiet.

Unsere Boote näherten sich dem Ufer und legten schließlich an. Ich stand auf und ging nach vorne zu den kleinen Türen am Bug. Beim Aussteigen rutschte ich beinahe aus, fand aber noch rechtzeitig Halt. Ich trabte an Land, hielt an und wartete, bis der restliche Zug sich um mich versammelt hatte. Wir hatten auch acht Iraker dabei, zusammen mit unseren Dolmetschern waren wir knapp zwei Dutzend Mann.

10. Der Teufel von Ramadi

Die Boote der Marines glitten zurück ins Wasser und waren verschwunden.

Ich führte unsere Gruppe die Straße entlang zu unserem Ziel. Vor uns zeichneten sich kleinere Häuser ab; es gab Gassen und breitere Straßen, ein verschachteltes Wirrwarr an Gebäuden und die Umrisse einiger größerer Bauwerke.

Wir waren noch nicht sehr weit gekommen, als der Laser an meinem Gewehr seinen Geist aufgab. Die Batterie war leer. Ich hielt unsere Gruppe an.
»Was ist los?«, fragte mein Leutnant, als er mich einholte.
»Ich muss schnell meine Batterie wechseln«, erklärte ich. Ohne den Laser zielte ich aufs Geratewohl – was praktisch genauso war wie gar nicht zu zielen.
»Nein, du bringst uns erst hier weg.«
»In Ordnung.«
Also setzte ich mich wieder in Bewegung und kam mit meinem Trupp schließlich zu einer nahegelegenen Kreuzung. Eine Gestalt erschien in der Dunkelheit vor uns, sie war alleine und stand am Rande eines schmalen Abwasserkanals. Für den Bruchteil einer Sekunde erkannte ich die Silhouette seiner Waffe und ihre Details – eine Kalaschnikow mit einem Extramagazin, das mit Klebeband an das eingesetzte Magazin befestigt war.
Mit anderen Worten: ein Mudschahed.
Der Feind. Er stand mit dem Rücken zu uns und beobachtete die Straße, aber er war bewaffnet und kampfbereit.
Ohne den Laser hätte ich blind geschossen. Ich gab dem Leutnant ein Handzeichen. Schnell kam er zu mir herüber, stellte sich hinter mich und – *Knall*.
Er erschoss den Aufständischen. Beinahe hätte er mein Trommelfell gleich mit erledigt, als er nur wenige Zentimeter von meinem Kopf entfernt den Schuss abgab.
Aber ich hatte keine Zeit, mich darüber aufzuregen. Als der Iraker zu Boden fiel, rannte ich los und war mir dabei ganz und gar nicht sicher, ob er

wirklich tot war oder eventuell Kameraden von ihm in der Nähe waren. Der gesamte Zug folgte mir, schwärmte aus und verteilte sich.

Der Kerl war tot. Ich griff mir seine Kalaschnikow. Wir rannten die Straße hinauf, vorbei an einigen kleineren Häusern, zu dem Anwesen, das wir einnehmen wollten. Inzwischen hatten wir uns einige 100 Meter vom Fluss entfernt und befanden uns ganz in der Nähe zweier Hauptstraßen, die dieses Stadtviertel durchzogen.

Wie viele irakische Anwesen war unser Ziel von einer Mauer umgeben, die ungefähr einen Meter achtzig hoch war. Das Tor war verschlossen, also schulterte ich mein M-4, zückte meine Pistole, stieg auf die Mauer und zog mich mit der freien Hand nach oben.

Als ich oben ankam, sah ich Menschen, die im Innenhof schliefen. Ich kletterte auf die andere Seite, richtete meine Waffe auf sie und erwartete, dass zumindest einer meiner Kameraden mir folgte, um das Tor zu öffnen. Ich wartete.

Und wartete. Und wartete.

»Kommt schon«, zischte ich. »Schwingt euch rüber.«

Nichts.

»Kommt schon!«

Einige der Iraker fingen an sich zu rühren.

Ich schlich zum Tor und wusste, dass ich auf mich alleine gestellt war. Hier war ich also, richtete meine Waffe auf ein Dutzend Aufständische und war durch eine dicke Mauer und ein verschlossenes Tor von meinen Kameraden getrennt.

Ich fand das Tor und konnte es öffnen. Der Zug und unsere irakischen Jundis stürmten herein und umzingelten die Leute, die im Hof geschlafen hatten. (Es hatte draußen ein Missverständnis gegeben und aus irgendeinem Grund war ihnen nicht klar gewesen, dass ich drinnen Verstärkung gebraucht hätte.)

Es stellte sich heraus, dass die Leute im Hof eine Großfamilie waren. Einige meiner Männer hielten sie in Schach, trieben sie zusammen und brachten sie an einen sicheren Ort, ohne Gewalt anwenden zu müssen. In der Zwischenzeit rannte der Rest von uns in die Gebäude und klärte die Räume so schnell wie möglich. Das Anwesen bestand aus einem Hauptgebäude und einer kleineren Hütte etwas abseits. Während meine Kameraden nach Waffen, Bomben und verdächtigen Gegenständen suchten, rannte ich aufs Dach.

Wir hatten das Gebäude vor allem wegen seiner Größe ausgesucht – das Haupthaus war drei Stockwerke hoch und bot somit einen guten Blick auf die Umgebung.

Alles blieb ruhig. So weit, so gut.

»Gebäude gesichert«, gab der Funker der Army durch. »Ihr könnt rein.« Wir hatten soeben das Haus eingenommen, das nun zum COP Falcon umfunktioniert werden würde; und das – wieder einmal – ohne in ein Gefecht verwickelt zu werden.

Petty Officer/Planer

Unsere Befehlsleitung hatte die Operation COP Falcon in Zusammenarbeit mit Kommandanten der Army entwickelt. Anschließend suchten sie unsere Zugführer auf und fragten nach unserer Meinung. Stärker als je zuvor wurde ich auch in den taktischen Planungsprozess eingebunden. Ich betrachtete diese Aufgabe mit gemischten Gefühlen. Einerseits hatte ich die Erfahrung und das Wissen, um einen sinnvollen Beitrag dazu zu leisten. Andererseits waren das Arbeiten, die mir nicht unbedingt lagen. Das Ganze schien mir zu verwaltungsmäßig oder bürokratisch – etwas für Anzugträger, um einen Begriff aus dem Zivilleben zu verwenden.

Als E6 gehörte ich zu den erfahreneren Männern in meinem Zug. Normalerweise gibt es einen Chief Petty Officer (E7), der den höchsten Mannschaftsdienstgrad innehat, und einen LPO, einen Lead Petty Officer im Rang eines E6. Normalerweise gibt es im Zug nur einen LPO, aber in unserem Zug gab es zwei. Ich war der jüngere E6, und das war toll – Jay, der andere E6, war der LPO, und so gingen viele Verwaltungsaufgaben an mir vorbei, die normalerweise mit diesem Posten verbunden sind. Andererseits kam ich in den Genuss der Vorteile, die der Dienstrang mit sich bringt. Für mich war das wie die Geschichte von Goldlöckchen und den drei Bären – ich war für Handlangertätigkeiten zu diensterfahren und zu unerfahren für politische Aufgaben. Besser hätte es nicht laufen können.

Ich konnte es nämlich nicht leiden, am Computer zu sitzen und Berichte zu schreiben oder eine Bildschirmpräsentation zu erstellen. Mir machte es viel mehr Spaß, mir die Jungs zu schnappen und zu sagen: »Hey, folgt mir; ich zeige euch, was wir tun.« Aber die Berichte waren schon wichtig: Falls ich getötet wurde, hätte ein anderer meine Stelle einnehmen können und wäre sofort über alles informiert gewesen.

Um eine Schreibtischtätigkeit kam ich leider nicht herum, aber die hatte nichts mit der Einsatzplanung zu tun: Ich musste die E5er evaluieren. Das konnte ich auf den Tod nicht ausstehen. (Jay schob eine Art Dienstreise vor und überließ mir diese Aufgabe – ich bin sicher, weil er selbst auch keine Lust dazu hatte.) Der Vorteil war, dass mir auf diese Weise klar wurde, wie gut unsere Leute waren. Es gab absolut keine Nieten in diesem Zug – er war herausragend.

Die Befehlsleitung wollte mich aber nicht nur wegen meines Rangs und meiner Erfahrung in die Planung einbeziehen, sondern weil sie Scharfschützen stärker ins Kampfgeschehen einbinden wollte. Wir hatten uns zu dem entwickelt, was in der Militärsprache als Kampfkraftverstärker bezeichnet wird, mit anderen Worten: Wir Scharfschützen waren in der Lage, viel mehr zum Kampfgeschehen beizutragen, als unsere reine Anzahl hätte vermuten lassen.

Die meisten Entscheidungen, die während der Planungsphase getroffen wurden, befassten sich mit der Auswahl der Häuser für die Einrichtung von Sicherungsposten, der Route, auf der wir anrückten, wo und wie wir abgesetzt werden sollten, mit dem weiteren Vorgehen nach der Einnahme der Häuser usw. Einige der Entscheidungen konnten sehr schwierig sein. Zum Beispiel die Frage, wie man in sein Scharfschützenversteck gelangt. Am besten war es natürlich, wenn man es schaffte, möglichst unbemerkt dorthin zu kommen. Etwa indem man sich zu

10. Der Teufel von Ramadi

Fuß auf den Weg machte, wie wir es in einigen Dörfern getan hatten. Allerdings war es ratsam, enge Gassen zu meiden, in denen eine Menge Müll herumlag – dort war das Risiko zu hoch, entweder selbst Geräusche zu verursachen oder Sprengsätzen oder Überfällen zum Opfer zu fallen.

In der Öffentlichkeit besteht die irrige Annahme, dass SEK-Truppen ihren Zielort erreichen, indem sie mit dem Fallschirm über dem Gebiet abspringen oder sich aus dem Hubschrauber abseilen. Wir tun zwar beides, wenn es nötig ist, aber zu keinem der Einsätze in Ramadi wurden wir eingeflogen. Hubschrauber haben gewisse Vorteile, sie sind zum Beispiel schnell und können vergleichsweise weite Strecken zurücklegen. Aber sie sind auch laut und ziehen in einem städtischen Umfeld eine Menge Aufmerksamkeit auf sich. Außerdem lassen sie sich relativ leicht abschießen.

Aufgrund des besonderen Aufbaus der Stadt und der Lage der Zielorte war es sehr oft sinnvoll, auf dem Wasserweg in Ramadi einzurücken. Auf diese Weise gelangten wir unbemerkt in die Nähe des Zielorts, und das auch noch vergleichsweise zügig und ohne auf allzu viel Gegenwehr zu stoßen. Aber diese Entscheidung führte zu einem unerwarteten Problem – uns standen keine Boote zur Verfügung.

Normalerweise arbeiten SEALs mit speziellen Versorgungsteams, den Special Boat Teams (SBTs) zusammen, die zu jener Zeit noch Special Boat Units oder SBUs genannt wurden. Dieselbe Aufgabe, nur ein anderer Name. Sie steuern die Schnellboote, die die SEALs absetzen und wieder abholen; wenn Sie sich erinnern – als wir während der Ausbildung an der kalifornischen Küste »verschollen« waren, wurden wir von so einer SBU gerettet.

Zu Hause gab es immer wieder Reibereien zwischen SEALs und SBUs, weil man hin und wieder hörte, dass sich SBU-Mitglieder in Bars als SEALs ausgaben. Die Jungs in den Teams fanden jedoch, das sei so, als würde ein Taxifahrer behaupten, er sei prominent, nur weil er einmal einen Filmstar ins Studio gefahren hat.

Mir war das alles egal. Einige der Jungs waren schwer in Ordnung. Und wenn wir in einem Krieg etwas nicht gebrauchen können, dann ist das Streit mit Leuten, die mit uns zusammenarbeiten sollen.

Aber genau das war der Haken. In Ramadi waren wir mit dem Problem konfrontiert, dass die Einheit, die mit uns zusammenarbeiten sollte, uns ihre Hilfe verweigerte.

Fast schien es so, als seien sie sich zu fein, um mit uns zusammenzuarbeiten. Sie behaupteten, sie müssten für eine andere Einheit mit höherer Priorität in Bereitschaft stehen – für den Fall, dass sie gebraucht würden. Das war allerdings nicht der Fall.

Hey, es tut mir leid. Ich bin mir ziemlich sicher, dass das Ganze seine Richtigkeit hatte, und dass sie jedem helfen mussten, der sie darum bat: aber trotzdem. Wir suchten eine Weile und fanden schließlich eine Einheit der Marines, die mit SURC-Booten ausgestattet war – kleine, flache Schiffe, die bis ans Ufer fahren konnten. Sie waren gepanzert und vorne und hinten mit Maschinengewehren ausgestattet.

Die Kerle, die sie steuerten, waren harte Jungs. Und sie taten für uns alles, was eine SBU auch getan hätte. Mit dem Unterschied, dass die Marines uns tatsächlich zur Verfügung standen, als wir sie brauchten.

Sie wussten, was zu tun war. Und sie gaben sich nicht als jemand anderes aus. Uns auf möglichst sichere Weise von A nach B zu bringen, war das Einzige, was sie im Sinn hatten. Und sobald unser Auftrag erfüllt war, holten sie uns ab – selbst wenn die Situation einmal brenzlig wurde. Diese Marines waren immer aufs Stichwort da, ohne jede Verzögerung.

COP Falcon

Die Army rückte mit Panzern, Truppentransportern und Lkws an. Die Soldaten schleppten Sandsäcke und verstärkten die Schwachstellen des Hauses. Das Anwesen befand sich an der Schnittstelle zweier Hauptverkehrswege, einen davon bezeichneten wir als Sunset. Die Army war vor allem aus strategischen Gründen an dem Anwesen interessiert. Es lag an

10. Der Teufel von Ramadi

einem verkehrstechnischen Nadelöhr und es einzunehmen, zeigte deutlich unsere militärische Präsenz.
Genau diese Kriterien machten es allerdings auch zu einem attraktiven Angriffsziel.
Die Panzer zogen von Anfang an sehr viel Aufmerksamkeit auf sich. Sobald sie eintrafen, näherten sich einige Aufständische dem Haus. Sie waren mit Kalaschnikows bewaffnet und dachten in ihrer Einfalt vielleicht, dass wir vor lauter Angst den Rückzug antreten würden. Ich wartete, bis sie etwa auf 180 Meter an die Panzer herangekommen waren, bevor ich sie mir vorknöpfte. Sie waren leicht zu erwischen und erledigt, bevor sie einen koordinierten Angriff starten konnten.

☙

Die Stunden verstrichen, aber ich war nicht untätig. Mehrmals musste ich zum Gewehr greifen. Die Aufständischen probierten immer wieder aus, wie weit sie angesichts der neuen Situation gehen konnten. Meist kamen sie einzeln oder zu zweit und versuchten, sich in die Sicherheitszone einzuschleichen.
Es war nie brisant oder gefährlich, aber es gab Gelegenheiten am laufenden Band. Ich nannte sie später Pop Shots.
Der Army-Kommandant gab später an, dass wir in den ersten zwölf Stunden des Gefechts etwa zwei Dutzend Aufständische töteten. Ich weiß nicht, ob diese Zahl stimmt, aber an jenem ersten Tag erwischte ich selbst einige, jeweils mit einem einzigen Schuss. Das war keine große Kunst – sie waren maximal 360 Meter entfernt. Die .300 Win Mag ist auf diese Entfernung ein überaus zuverlässiges Gewehr.
Solange es noch dunkel war, hatte die Army um COP Falcon herum ausreichend Schutzvorkehrungen getroffen, um einem Angriff standzuhalten. Also verließ ich das Dach, rückte mit meinen Kameraden wieder aus und rannte hinüber zu einem heruntergekommenen Apartmenthaus in einigen Hundert Metern Entfernung. Das Gebäude gehörte zu den höchsten in der Gegend und bot nicht nur einen guten Blick auf Falcon,

sondern auf die gesamte Gegend. Wir nannten es das Vierstöckige und fern der Heimat wurde es im Laufe der folgenden Wochen für uns zu einer Art zweitem Zuhause.
Es war leer und wir drangen ohne Probleme ein.

Im Laufe der Nacht gab es nicht viel zu sehen, aber als die Sonne aufging, wurden auch die Schurken munter.
Sie griffen COP Falcon auf höchst unprofessionelle Weise an. Sie kamen zu Fuß, mit dem Wagen oder auf Mopeds und versuchten, für einen Angriff möglichst nah heranzukommen. Es war immer sonnenklar, was sie im Schilde führten: Beispielsweise konnte man beobachten, wie Männer auf einem Moped angebraust kamen. Der Erste hatte eine Kalaschnikow und der Zweite einen Granatwerfer.
Also bitte.
Das Vierstöckige war ein hervorragender Ort für Scharfschützen, und wir erwischten eine Menge Aufständische. Es war das höchste Gebäude weit und breit und man konnte sich ihm nicht nähern, ohne seine eigene Position preiszugeben. Es war ein Leichtes, die Angreifer zu erschießen. Dauber meinte, in den ersten 24 Stunden töteten wir bereits 23 Männer; in den folgenden Tagen stieg die Zahl noch erheblich.
Nach den ersten Schüssen war das Gebäude allerdings kein Scharfschützenversteck mehr, sondern ein Kampfposten. Aber es machte mir eigentlich nichts aus, angegriffen zu werden – die Aufständischen machten es mir nur leichter, sie zu töten.

100 und 101

Während um COP Iron praktisch keine Kampfhandlungen stattfanden, war es am COP Falcon genau umgekehrt: Der Feindkontakt war intensiv und zahlreich. Das Army-Lager stellte eine klare Bedrohung für die Aufständischen dar und sie wollten, dass es verschwand.
Eine wahre Flut an Schurken brach über uns herein. Das machte es uns aber nur leichter, sie zurückzuschlagen.

10. Der Teufel von Ramadi

Kurz nach dem Beginn der Ramadi-Offensive erreiche ich für einen Scharfschützen einen großen Meilenstein: Mein 100ster und 101ster Todesschuss wurden offiziell bestätigt. Einer der Jungs hielt dieses Ereignis für die Nachwelt fest und machte ein Foto von mir, wie ich die Auszeichnung in die Kamera halte.

Während jenes Auslandseinsatzes herrschte zwischen mir und einem anderen Scharfschützen eine gewisse Konkurrenz, weil jeder mehr Todesschüsse erzielen wollte. Nicht, dass wir besonderen Einfluss darauf hatten – die Trefferzahl hing von der Anzahl der Ziele ab, die uns vor den Lauf kamen. Es ist eine reine Glückssache – man will möglichst viele Treffer erzielen, hat aber letztlich keinen Einfluss darauf.

Sicherlich wollte ich der beste Scharfschütze sein. Am Anfang waren wir drei Sniper, die sich ein Kopf-an-Kopf-Rennen lieferten; dann zogen zwei von uns davon. Mein »Konkurrent« war in meinem Schwesterzug und im Osten der Stadt im Einsatz. Seine Trefferquote war zu einem Zeitpunkt sogar höher als meine; ich war damals also Zweiter.

Unser Vorgesetzter war zufällig auf unserer Seite der Stadt und verfolgte, wie sich die Züge schlugen. Daher kannte er auch die Ergebnisse der Scharfschützen. Er zog mich ein wenig damit auf, dass der andere Scharfschütze an mir vorbeigezogen war.

»Er wird Ihren Rekord brechen«, witzelte er. »Sie sollten sich mal ein bisschen ins Zeug legen.«

Nun, ich hole schnell auf – plötzlich schien so ziemlich jeder Schurke in der Stadt vor mein Gewehr zu laufen. Meine Quote stieg und ich lag uneinholbar vorne.

Reine Glückssache.

Falls es Sie interessiert: Als bestätigte Todesschüsse galten ausschließlich Treffer, die eine weitere Person beobachtet hatte und bei denen mit Sicherheit gesagt werden konnte, dass der Feind ums Leben gekommen war. Wenn ich also einen Bauchschuss landete und das Ziel es schaffte, sich an einen Ort zu schleppen, an dem es unbeobachtet starb, dann zählte das nicht.

Zusammenarbeit mit der Army

Nachdem die anfänglichen Angriffe nach einigen Tagen nachließen, verließen wir das Vierstöckige und kehrten zu Fuß zum COP Falcon zurück. Dort trafen wir auf den zuständigen Captain und teilten ihm mit, dass wir es vorzögen, in Falcon stationiert zu sein, statt alle paar Tage den Weg nach Camp Ramadi zurücklegen zu müssen.
Er gab uns die Erlaubnis zu bleiben.
Wir boten ihm an, gerne jeden beliebigen Bereich zu säubern, den er uns nannte. Es war sein Auftrag, die Stadt um COP Falcon herum zu sichern und unser Job war es, ihm dabei zu helfen.
»Was ist der schlimmste Ort, den Sie haben?«, fragten wir.
Er deutete auf einen bestimmten Punkt.
»Genau da gehen wir hin«, sagten wir.
Er schüttelte den Kopf und rollte mit den Augen.
»Ihr Jungs seid total durchgeknallt«, sagte er.
»Ihr könnt das Haus haben, ihr könnt es ausstatten, wie ihr wollt, ihr könnt gehen, wohin ihr wollt. Aber ihr müsst eins wissen – wenn ihr da rausgeht und es wird brenzlig, werde ich euch nicht holen kommen. Da sind mir zu viele IEDs und ich werde nicht das Risiko eingehen, einen Panzer zu verlieren. Das kann ich mir nicht leisten.«

Ich bin sicher, der Captain brachte uns anfangs dieselbe Skepsis entgegen, wie die meisten Army-Angehörigen es zu tun pflegen. Sie nahmen an, dass wir uns für etwas Besseres hielten, dass wir eingebildet waren und den Mund oft und gerne weit aufrissen, ohne Taten folgen zu lassen. Sobald wir bewiesen, dass wir uns für nichts Besseres hielten – wir waren vielleicht erfahrener, aber sicher nicht hochnäsig –, brach normalerweise das Eis. Wir arbeiteten mit den Einheiten hervorragend zusammen und schlossen manchmal sogar Freundschaften, die den Krieg überdauerten.
Die Einheit des Captains unternahm Operationen, bei denen sie einen kompletten Häuserblock absperrten und durchsuchten. Und wir gingen

10. Der Teufel von Ramadi

mit. Außerdem patrouillierten wir regelmäßig bei Tag, um unsere Präsenz zu zeigen. Ein Ziel dieser Taktik war es, Zivilisten an den Anblick von Soldaten zu gewöhnen, sodass sie zunehmend das Gefühl bekamen, beschützt zu werden, oder sich zumindest damit abfanden, dass wir bleiben würden. Der halbe Zug wurde als Sicherungsposten eingeteilt, während der Rest patrouillierte.

Eine Menge dieser Sicherungstätigkeiten konzentrierte sich in der Nähe des Vierstöckigen. Die Jungs unten patrouillierten und stießen fast immer auf feindliche Kräfte. Ich war oben mit anderen Scharfschützen postiert und erledigte jeden, der sie anzugreifen versuchte.

Oder wir stießen 400, 500 oder sogar 700 Meter vor, tief ins »Indianergebiet« hinein, und warteten dort auf die Schurken. Wir gingen als Vorhut voran und richteten einen Sicherungsposten ein, der der Patrouille Schutz bot. Sobald sich unsere Leute blicken ließen, zogen sie alle möglichen Aufständischen an. Wir schalteten sie aus. Die Schurken machten kehrt und versuchten auf uns zu schießen; wir erschossen sie. Wir waren Leibwächter, Köder und Richter in einem.

Nach einigen Tagen kam der Captain auf uns zu und sagte: »Ihr seid echt zähe Hunde. Ich weiß ja nicht, wohin es euch noch so verschlägt, aber wenn ihr mich braucht, dann bin ich zur Stelle. Wenn es sein muss, fahre ich den Panzer auch bis zur Eingangstür.«

Und von diesem Augenblick an vertrauten wir uns vorbehaltlos.

Eines Morgens war ich im Vierstöckigen als Sicherungsposten eingeteilt, während einige unserer Jungs in der Nähe patrouillierten. Als sie die Straße überquerten, entdeckte ich einige Aufständische, die die J Street entlangkamen, eine der Hauptstraßen in der Gegend.

Ich erschoss einige von ihnen. Meine Jungs schwärmten aus. Weil einer von ihnen nicht wusste, was vor sich ging, rief er über Funk an und fragte, warum ich auf sie schoss.

»Ich schieße über eure Köpfe hinweg«, sagte ich ihm. »Schau mal auf die Straße.«

Die Aufständischen strömten nur so heran und es entwickelte sich ein heftiges Feuergefecht. Ich sah einen Mann mit einer panzerbrechenden Rakete, nahm ihn ins Fadenkreuz und drückte sachte ab.
Er fiel.
Einige Minuten später kam einer seiner Freunde, um die Waffe zu holen.
Er fiel.
So ging es eine Weile weiter. Am anderen Ende des Blocks versuchte ein Aufständischer, mit einer Kalaschnikow auf meine Kameraden zu schießen. Ich erschoss ihn – dann den Kerl, der das Gewehr holen wollte; und den nächsten auch noch.
Zielreiche Umgebung? Und wie! Die Leichen der Aufständischen türmten sich förmlich auf der Straße. Schließlich gaben sie auf und suchten das Weite. Unsere Leute setzten ihre Patrouille fort. Auch die Jundis waren an jenem Tag an den Kampfhandlungen beteiligt; zwei von ihnen starben im Feuergefecht.
Es war nicht leicht, den Überblick darüber zu behalten, wie viele Feinde ich an jenem Tag getötet hatte, aber ich glaube, dass es die höchste Trefferquote meiner gesamten Karriere war.

Dass der Captain der Army-Einheit uns wohlgesonnen war, wurde uns endgültig klar, als er eines Tages zu uns kam und sagte: »Hört mal zu, ihr könntet mir einen Gefallen tun. Bevor ich hier wieder weggehe, möchte ich einmal mein Panzergeschütz ausprobieren. Alles klar? Also ruft mich.« Kurze Zeit später gerieten wir in ein Feuergefecht und funkten seine Einheit an. Wir riefen ihn herbei, er kam mit seinem Panzer und konnte seinen Schuss abfeuern.
In den nächsten Tagen folgten noch einige mehr. Als er Ramadi schließlich verließ, hatte er das gute Stück 37-mal abgefeuert.

Gebete und Armbänder

Vor jeder Operation versammelten sich einige Jungs aus dem Zug, um gemeinsam zu beten. Marc Lee leitete die kleine Zeremonie und improvisierte eher, als dass er ein vorgegebenes Gebet aufsagte.
Ich betete zwar nicht vor jedem Einsatz, aber ich dankte Gott jeden Abend, wenn ich wieder unversehrt zum Stützpunkt zurückkehrte.
Und es gab noch ein weiteres Ritual, das wir nach unserer Rückkehr zelebrierten: Zigarren.
Einige von uns trafen sich am Ende einer jeden Operation auf eine gute Zigarre. Im Irak gab es sogar kubanische; zum Ausklang des Tages pafften wir gerne eine gepflegte Romeo y Julieta No. 3.

In gewisser Weise dachten wir damals wohl wirklich, wir seien unbesiegbar. Gleichzeitig nahmen wir aber auch die Tatsache hin, dass wir jederzeit sterben konnten. Ich steigerte mich nicht in den Tod hinein oder dachte allzu intensiv darüber nach. Es war mehr so etwas wie eine vage Vorstellung, die in der Ferne lauerte.
Es war während jenes Auslandseinsatzes, dass ich ein kleines Armband entwickelte; ein kleiner Patronenhalter, mit dem ich besser nachladen konnte, ohne meine Gewehreinstellungen zu verändern. Ich nahm einen Patronenhalter, der normalerweise am Gewehrkolben befestigt wird, und schnitt ihn auf. Dann fädelte ich ein Stück Leine hindurch und band ihn an mein linkes Handgelenk. Wenn ich einen Schuss abfeuerte, hatte ich normalerweise die linke Hand unter dem Vorderschaft zur Faust geballt, um besser zielen zu können. Somit war das Patronen-Armband immer in Griffreichweite. Ich konnte also schießen, mit der rechten Hand Nachschub holen und dabei weiter durch das Zielfernrohr sehen.

Als erfahrenster Scharfschütze versuchte ich den Frischlingen ein bisschen unter die Arme zu greifen und gab ihnen Tipps, wie zum Beispiel, auf welche Details sie achten mussten. Man konnte einen Aufständischen nicht nur an seiner Waffe erkennen, sondern auch an der Art und Weise, wie er sich vorwärtsbewegte. Ich gab dieselben Tipps, die man mir zu Beginn in Falludscha gegeben hatte – eine Schlacht, die mittlerweile eine Ewigkeit zurückzuliegen schien.

»Dauber, du darfst keine Angst davor haben, den Abzug zu drücken«, sagte ich dem jüngeren Scharfschützen. »Sobald die Situation den Einsatzregeln entspricht, kannst du auf ihn schießen.«

Bei den Neuen war eine gewisse Unsicherheit üblich. Vielleicht scheuen sich alle Amerikaner ein bisschen davor, als Erste zu schießen, auch wenn es außer Frage steht, dass ein Angriff unmittelbar bevorsteht.

Unser Feind schien solche Hemmungen nicht zu kennen. Aber mit etwas Übung ging es unseren Leuten auch nicht anders.

Allerdings konnte man nie genau sagen, wie jemand in einer echten Kampfsituation reagierte. Dauber schlug sich tapfer – richtig tapfer. Aber mir fiel auf, dass der Druck dazu führte, dass manche Scharfschützen Ziele verfehlten, die sie im Training problemlos getroffen hätten. Vor allem ein Typ – ein grundanständiger Kerl und guter SEAL – hatte eine Phase, in der er oft danebenschoss.

Wie gesagt: Man konnte einfach nicht wissen, wie jemand im Ernstfall reagierte.

Ramadi wimmelte nur so von Aufständischen, aber es gab auch eine große Zivilbevölkerung. Manchmal marschierten sie geradewegs in einen Schusswechsel hinein. Man fragte sich wirklich, was sie sich dabei dachten. Eines Tages befanden wir uns in einem Haus am anderen Ende der Stadt. Wir hatten uns mit einer Gruppe Aufständischer ein Feuergefecht geliefert, einige von ihnen getötet und warteten eine Feuerpause ab, bevor es wieder richtig losgehen würde. Die Schurken waren wahrscheinlich irgendwo in der Nähe und warteten nur auf eine weitere Gelegenheit zum Angriff.

Aufständische legten normalerweise kleine Steine in die Straßenmitte, um andere zu warnen und einen Hinweis zu geben, wo wir waren. Auch die Zivilisten wussten um die Steine und erkannten schnell, was Sache war. Sie machten dann immer einen großen Bogen um unseren Standort. Es konnten Stunden verstreichen, bis wir wieder jemanden zu Gesicht bekamen – und dann war er in der Regel bewaffnet und versuchte uns zu töten.

10. Der Teufel von Ramadi

Aus irgendeinem Grund kam einmal ein Wagen in hohem Tempo herangebrettert und fuhr dabei nicht nur an den Steinen, sondern auch an einigen Leichen vorbei.

Ich warf eine Blendgranate in seine Richtung, die den Fahrer aber nicht zum Anhalten brachte. Also schoss ich auf die Motorhaube. Die Kugel drang durch den Motorblock. Der Fahrer hielt an und sprang aus dem Wagen. Er schrie vor Schmerzen und sprang umher.

Es waren noch zwei Frauen im Wagen. Sie müssen die dümmsten Menschen weit und breit gewesen sein, weil sie trotz allem, was um sie herum geschah, nicht bemerkten, in welcher Gefahr sie sich befanden. Sie fingen an, auf unser Haus zuzulaufen. Ich warf eine weitere Blendgranate und schließlich bewegten sie sich in die Richtung, aus der sie gekommen waren. Endlich schienen sie einige der Leichen zu bemerken, die umherlagen, und fingen an zu schreien.

Sie waren offensichtlich unversehrt, mit Ausnahme der Fußverletzung, die der Mann davongetragen hatte. Aber es war ein Wunder, dass sie nicht getötet worden waren.

Die Feuergefechte waren rasant und dicht. Wir dürsteten nach mehr. Wir sehnten uns regelrecht danach. Wenn die Schurken sich versteckten, versuchten wir sie dazu zu provozieren, sich zu zeigen, damit wir sie erledigen konnten.

Einer der Jungs hatte ein Kopftuch, das wir zu einer Art Mumienkopf herrichteten. Mit einer Schutzbrille und einem Helm ausgestattet sah das Ganze fast wie ein echter Soldat aus – zumindest auf einige Hundert Meter Entfernung. Als das Gefecht eines Tages gerade am Erlahmen war, banden wir den Dummy an eine Stange und hielten ihn über das Dach, um eine Reaktion zu provozieren. In der Tat kamen einige Aufständische heraus, die wir prompt töteten.

Wir schlachteten sie einfach ab.

Manchmal waren wir als Sicherungsposten so erfolgreich, dass ich schon dachte, unsere Jungs auf der Straße würden etwas leichtsinnig werden. Einmal sah ich, dass sie sich in der Mitte der Straße bewegten statt seitlich, wo die Mauern und Vorsprünge ihnen Deckung boten.

Ich funkte sie an.

»Hey, geht von Deckung zu Deckung«, schimpfte ich.

»Wozu denn?«, antwortete einer meiner Zugkameraden. »Du sicherst uns doch.«

Das war vielleicht als Witz gedacht, aber ich nahm die Sache ernst.

»Das kann ich nur, wenn ich die Bedrohung auch sehe«, sagte ich. Wenn nichts aufblitzt oder sich bewegt, bekomme ich erst etwas mit, wenn ich Schüsse höre. Ich kann den Schützen also erst erwischen, nachdem er dich erschossen hat, aber das bringt dir dann auch nichts mehr.«

Als wir eines Abends zur Shark Base zurückkehrten, gerieten wir unvermittelt in ein Feuergefecht. Irgendwann kam eine Handgranate angeflogen, die in der Nähe einiger Kameraden explodierte.

Die Aufständischen rannten davon, wir richteten uns auf und setzten uns wieder in Bewegung.

»Brad, was ist mit deinem Bein?«, fragte einer aus dem Zug.

»Nichts«, sagte er. Es war blutverschmiert.

Später stellte sich heraus, dass ein Stück Metall in sein Knie eingedrungen war. Es tat damals vielleicht nicht weh (ich weiß allerdings nicht, ob das stimmt, weil seit Anbeginn der Schöpfung kein SEAL jemals über Schmerzen geklagt hat), aber als wir zur Shark Base zurückgekehrt waren, wurde schnell klar, dass die Verletzung ernster war als gedacht. Ein Granatsplitter hatte sich hinter seine Kniescheibe geschoben. Er musste operiert werden.

Kurz darauf wurde Brad auf dem Luftweg evakuiert, er war unser erstes Opfer in Ramadi.

Der ewige Gärtner

Unser Schwesterzug war für die Ostseite der Stadt zuständig und half der Army, dort COPs einzurichten. Und im Norden waren die Marines tätig, die Bereiche sicherten und sie von Aufständischen säuberten und anschließend verteidigten.

10. Der Teufel von Ramadi

Als die Marines ein im Norden der Stadt gelegenes Krankenhaus einnehmen wollten, kehrten wir für einige Tage zu ihnen zurück und setzten unsere Zusammenarbeit fort.

Die Aufständischen verwendeten das Krankenhaus als Stützpunkt. Als die Marines ausrückten, erschien ein etwa 15- oder 16-jähriger Halbwüchsiger auf der Straße und baute sich mit einer Kalaschnikow auf, um sie anzugreifen.

Ich erschoss ihn.

Ein oder zwei Minuten später kam eine irakische Frau herbeigerannt, sah ihn am Boden liegen und riss sich die Kleider vom Leib. Sie war offensichtlich seine Mutter.

Ich hatte bereits gesehen, wie die Angehörigen der Aufständischen ihre Trauer zum Ausdruck brachten. Sie rissen sich die Kleider vom Leib oder rieben sich sogar mit dem Blut des Verstorbenen ein. Ich dachte bei solchen Szenen: *Wenn du ihn wirklich geliebt hast, dann hättest du ihn nicht am Krieg teilnehmen lassen. Du hättest ihn davon abhalten sollen, ein Aufständischer zu werden. Du hast zugelassen, dass er uns töten wollte – was hast du denn gedacht, was wohl mit ihm passieren würde?*

Es ist vielleicht grausam, aber es fällt schwer, für einen Trauernden Mitleid zu empfinden, wenn der Verstorbene versucht hat, dich zu töten.

Vielleicht wäre es der Frau umgekehrt genauso ergangen.

Die Leute zu Hause, vor allem die, die noch nie einen Krieg miterlebt haben, oder zumindest nicht diesen, scheinen manchmal das Verhalten der Soldaten nicht zu verstehen, die im Irak gedient haben. Sie sind überrascht, sogar schockiert, wenn sie hören, dass wir oft Witze über den Tod oder die Dinge rissen, die wir dort sahen.

Vielleicht erscheint das grausam oder taktlos. Unter anderen Umständen würde ich dem eventuell auch beipflichten. Aber in der Situation, in der wir uns befanden, erfüllte dies einen gewissen Zweck. Wir sahen und erlebten eine Menge schreckliche Dinge.

Und ich bin sicher, dass wir auf diese Weise Dampf ablassen wollten. Es war eine Strategie, um die Situation zu meistern. Wenn man eine schwierige Situation verarbeiten muss, fängt man an, Mittel und Wege zu suchen, um damit klarzukommen. Man lacht, weil man seinen Gefühlen freien Lauf lassen und sich irgendwie ausdrücken muss.

In jeder Operation konnten Leben und Tod auf surreale Weise miteinander verschmelzen.
Während derselben Mission, in der wir das Krankenhaus einnehmen sollten, sicherten wir ein Haus, um die Gegend auszukundschaften, bevor die Marines eintrafen. Wir hielten uns schon eine Zeit lang in unserem Versteck auf, als ein Kerl mit einer Schubkarre kam, um eine IED im Garten zu verscharren. Einer unserer Frischlinge schoss auf ihn. Er starb jedoch nicht; er fiel zu Boden und wand sich vor Schmerzen.
Zufällig war der Mann, der den Schuss abgegeben hatte, zugleich als Sanitäter ausgebildet.
»Du hast geschossen, du rettest ihn jetzt auch«, sagten wir ihm. Und so rannte er hinunter und versuchte, dem Mann das Leben zu retten.
Der Iraker starb. Und dabei schied er seine Exkremente aus. Der Sanitäter und ein anderer Frischling mussten den Leichnam mitnehmen, als wir gingen.
Als sie das Gelände der Marines erreichten und vor dem Zaun standen, wussten sie nicht, was sie tun sollten. Schließlich warfen sie ihn einfach über den Zaun und kletterten hinterher. Es war wie in *Immer Ärger mit Bernie.*
Innerhalb einer Stunde hatten wir einen Mann erschossen, der uns in die Luft jagen wollte, versucht sein Leben zu retten und seinen Leichnam geschändet. Das Schlachtfeld ist ein bizarrer Ort.
Kurz nachdem das Krankenhaus gesichert worden war, kehrten wir zum Fluss zurück, wo die Boote der Marines uns abgesetzt hatten. Als wir das Ufer erreichten, begann ein feindliches Maschinengewehr durch die Nacht zu knattern. Wir ließen uns zu Boden fallen, verharrten etliche Minuten reglos und wurden von einem einzelnen irakischen MG-Schützen eine ganze Weile in Schach gehalten.
Zum Glück war er ein miserabler Schütze.

10. Der Teufel von Ramadi

Zwischen Leben und Tod, Komödie und Tragödie ist es oft nur ein ganz schmaler Grat.

> **Taya:**
> *Ich habe nie das Video abgespielt, das Chris von sich selbst aufgenommen hat, und in dem er unserem Sohn vorliest. Teilweise weil ich nicht zuschauen wollte, wie Chris mit den Tränen zu kämpfen hatte. Ich war auch so schon emotional genug; zu sehen, wie er unserem Sohn unter Tränen vorlas, hätte mir den Rest gegeben.*
> *Zum anderen wollte ich das Video auch wegen meiner eigenen emotionalen Befindlichkeit nicht anschauen. Nennen wir es ruhig meine Wut auf Chris – du bist weg, hast uns verlassen, meinetwegen kannst du auch fortbleiben. Ich will nichts von dir sehen oder hören.*
> *Das mag hart von mir gewesen sein, aber vielleicht war es auch ein Überlebenstrieb.*
> *Genauso war es mit seinen Abschiedsbriefen.*
> *Als er im Auslandseinsatz war, schrieb er Briefe, die den Kindern und mir in seinem Todesfall übermittelt werden sollten. Nach dem ersten Auslandseinsatz bat ich ihn darum zu lesen, was er geschrieben hatte, doch er behauptete, er habe sie nicht mehr. Danach bot er es nie von sich aus an und ich fragte auch nie wieder danach.*
> *Vielleicht lag es daran, dass ich wütend auf ihn war, aber ich dachte mir: Wir werden dich nicht verherrlichen, wenn du tot bist. Wenn du uns liebst und Zuneigung für uns empfindest, solltest du das zeigen, solange du lebst.*
> *Vielleicht war das nicht fair, aber das Leben ist oft nicht fair und so fühlte ich mich damals eben.*
> *Zeige es mir jetzt. Setz es um. Sag nicht irgendwelchen schwülstigen Mist, wenn du nicht mehr da bist. Denn damit ist uns nicht gedient.*

Engel und Teufel

96 Amerikaner wurden in der Schlacht von Ramadi getötet; unzählige weitere wurden verwundet vom Schlachtfeld getragen. Ich hatte das

Glück, nicht unter ihnen zu sein, obwohl es oft so knapp war, dass ich schon dachte, ein Schutzengel müsse über mich wachen.

Einmal waren wir in einem Gebäude und bekamen von den Aufständischen ordentlich Zunder. Ich war in einem Flur und als der Schusswechsel abebbte, ging ich in ein anderes Zimmer, um nach meinen Leuten zu sehen. Als ich hereinkam, zuckte ich aus irgendeinem Grund plötzlich zurück und fiel rücklings zu Boden – gerade in der Sekunde, in der ein Schuss durch das Fenster geradewegs auf meinen Kopf zukam.

Die Kugel flog über mich hinweg, während ich stürzte.

Warum ich diese Bewegung machte oder wie ich die Kugel erahnen konnte, die auf mich zukam – ich weiß es nicht. Es war fast so, als hätte jemand die Zeit verlangsamt und mich nach hinten gestoßen.

Ob das der besagte Schutzengel war? Keine Ahnung.

»Scheiße, Chris ist tot«, rief einer meiner Kameraden, als ich auf dem Rücken lag.

»Mist«, sagte der andere.

»Nein, nein«, rief ich noch auf dem Rücken liegend. »Mir geht's gut. Alles bestens.«

Ich suchte meinen Körper immer wieder nach Löchern ab, fand aber keine. Alles bestens.

Selbst gebastelte Explosivvorrichtungen – IEDs – waren in Ramadi viel stärker verbreitet als damals in Falludscha. Die Aufständischen hatten seit Kriegsbeginn viel hinzugelernt und die Sprengsätze waren oft recht effektiv – stark genug, um einen Bradley vom Boden zu heben, wie ich bereits in Bagdad miterleben konnte.

Die Männer vom Kampfmittelräumdienst, die mit uns zusammenarbeiteten, waren keine SEALs, aber wir vertrauten ihnen, als gehörten sie zu uns. Wir setzten sie ans Ende unseres Trupps, wenn wir in ein Gebäude gingen, und falls wir etwas Verdächtiges entdeckten, riefen wir sie herbei. Ihre Aufgabe war es, eine Sprengfalle als solche zu identifizieren. Wenn wir in einem Haus waren und es sich herausstellte, dass dort tatsächlich eine Bombe war, suchten wir möglichst schnell das Weite.

10. Der Teufel von Ramadi

Das passierte uns zwar nie, aber einmal waren wir in einem Haus, und in der Zwischenzeit gelang es einigen Aufständischen, direkt vor der Eingangstür eine IED zu legen. Sie hatten zwei 105-mm-Granaten miteinander verbunden, die nur darauf warteten, dass wir herauskamen. Zum Glück bemerkte unser Kampfmittelräumer, was vor sich ging, bevor wir das Haus verließen. Wir konnten uns den Weg nach draußen bahnen, indem wir ein Loch in eine Mauer schlugen und über ein niedriges Dach ins Freie kletterten.

Steckbrieflich gesucht

Alle Amerikaner waren in Ramadi zum Abschuss freigegeben, vor allem die Scharfschützen. Die Aufständischen hatten angeblich sogar ein Kopfgeld auf mich gesetzt.
Sie hatten mir auch einen Namen gegeben: al-Shaitan Ramadi, »der Teufel von Ramadi«.
Ich gebe zu, dass ich darauf ein bisschen stolz war.
Ich war nur ein einzelner Mann, und dennoch hatten sie mich ausgewählt, weil ich ihnen so viel Ärger gemacht hatte. Sie wollten, dass ich von der Bildfläche verschwand. Das schmeichelte mir.
Sie wussten auf jeden Fall, wer ich war, denn diese Informationen hatten sie von einigen anderen Irakern erhalten, die uns angeblich treu ergeben waren – sie beschrieben sogar die rote Kreuztätowierung, die ich auf meinem Arm trug.
Auf den anderen Scharfschützen in unserem Schwesterzug war ebenfalls ein Kopfgeld ausgesetzt. Die Belohnung auf ihn war höher, was mich etwas neidisch machte.
Aber alles war in Butter, denn als sie Fahndungsposter erstellten und eins für mich anfertigten, setzten sie sein Bild unter meinen Namen. Dieser Fehler freute mich diebisch.
Je länger die Schlacht währte, desto höher wurde das Kopfgeld.
Ich glaube, irgendwann war es einmal so hoch, dass ich fürchtete, meine Frau könne in Versuchung geraten, mich den Feinden auszuliefern.

Fortschritt

Wir halfen, noch mehrere COPs zu errichten, und mittlerweile tat unser Schwesterzug genau dasselbe auch im Osten der Stadt. Und tatsächlich – im Laufe der Monate begann sich Ramadi zu verändern.
Die Stadt war zwar immer noch ein extrem gefährlicher Höllenschlund. Aber es gab Zeichen für Fortschritte. Die Stammesführer äußerten ihren Wunsch nach Frieden und begannen, in einer Art Gremium zusammenzuarbeiten. Die offizielle Regierung hatte dort zwar immer noch nichts zu sagen, und die irakische Polizei und Armee waren selbstverständlich nicht annähernd in der Lage, für Ordnung zu sorgen. Aber es gab große Stadtgebiete, die man relativ gut im Griff hatte.
Die »Tintenfleck«-Strategie griff. Was blieb, war die Frage, ob es gelingen würde, die Flecken miteinander zu verbinden, bis sie sich über die ganze Stadt erstreckten.
Ein Sieg schien keineswegs garantiert und obwohl wir eine Zeit lang Erfolge verbuchen konnten, hieß das noch lange nicht, dass es nicht auch wieder Rückschritte geben würde. So mussten wir zum Beispiel mehrmals in die Gegend rund um COP Falcon zurückkehren und als Sicherungsposten aktiv werden, während man den Bereich nach Waffenlagern und Aufständischen durchsuchte. Wir räumten einen Häuserblock, es war eine Zeit lang friedlich, und dann ging alles wieder von vorne los.
Auch mit den Marines arbeiteten wir weiterhin zusammen, hielten kleine Boote an, führten Razzien durch, suchten nach mutmaßlichen Waffenlagern und führten einige kleine Kampfeinsätze für sie durch. Manchmal wurden wir darum gebeten, verlassene Boote zu durchsuchen und in die Luft zu jagen, um auf diese Weise sicherzustellen, dass sie nicht zum Schmuggeln benutzt wurden.
Was uns besonders amüsierte, war Folgendes: Die SBU-Einheit, die uns zuvor einen Korb gegeben hatte, hatte inzwischen Wind davon bekommen, in wie viele Gefechte wir verwickelt worden waren, und meldete sich bei uns, weil sie uns plötzlich unterstützen wollte. Wir lehnten dankend ab; wir kamen mit den Marines bestens zurecht.

10. Der Teufel von Ramadi

Die Arbeit für und mit der Army ging ebenso regelmäßig wie erfolgreich weiter. Gemeinsam riegelten wir Bereiche ab und durchsuchten sie nach Waffen und Aufständischen. Wir zogen mit ihnen los, nahmen ein Gebäude ein und gingen als Sicherungsposten auf das Dach. Oft waren wir zu dritt – neben mir und einem anderen Scharfschützen war auch stets Ryan mit seinem MG dabei.

In der Zwischenzeit zog die Army zum nächsten Gebäude weiter. Sobald dieses eingenommen war, arbeiteten sie sich Haus für Haus weiter die Straße entlang. Immer wenn sie einen bestimmten Punkt erreichten, an dem wir sie nicht mehr sichern konnten, stiegen wir herunter und suchten uns ein neues Versteck. Dann ging alles wieder von vorne los.

Bei einer dieser Operationen wurde Ryan angeschossen.

Kapitel 11
Soldat angeschossen

»Was soll der Mist?«

An einem sehr heißen Sommertag nahmen wir ein kleines Apartmenthaus ein, von dem aus man eine der größeren Straßen gut im Blick hatte, die sich in Ost-West-Richtung durch das Zentrum Ramadis erstreckten. Es hatte vier Etagen, das Treppenhaus war mit Fenstern versehen, das Dach war offen und bot eine gute Aussicht auf die umliegende Gegend. Es war ein klarer Tag.
Auf dem Weg nach drinnen machte Ryan wie üblich seine Witze. Ich amüsierte mich königlich – er schaffte es immer, mich zum Lachen zu bringen und meine Laune zu heben. Ich lächelte immer noch, als wir oben ankamen und ich ihm eine Stelle zuwies, von der aus er die Straße im Auge behalten sollte. Unsere Truppen waren zwar auf der anderen Seite des Daches in einer Seitenstraße zugange, aber ich ging davon aus, dass die Aufständischen, wenn sie einen Überfall auf das Bodenteam planten oder gar uns anzugreifen versuchten, eben jene Straße entlangkommen würden. In der Zwischenzeit sicherte ich das Team am Boden. Der Einsatz lief zunächst reibungslos, die Soldaten nahmen das erste Haus ein und dann ein zweites. Sie bewegten sich schnell und professionell.
Plötzlich flogen uns die Geschosse nur so um die Ohren. Ich duckte mich, als eine Kugel ganz in meiner Nähe in den Beton einschlug und

11. Soldat angeschossen

der Putz abplatzte. Das war in Ramadi keine Seltenheit – für gewöhnlich passierte das nicht nur einmal am Tag, sondern mehrmals.

Ich wartete einen Augenblick, bis die Aufständischen fertig waren, und stand wieder auf.

»Seid ihr alle in Ordnung?«, rief ich und spähte gleichzeitig hinunter zu den Soldaten auf der Straße. Ich wollte mich vergewissern, dass es ihnen gut ging.

»Ja«, ächzte der andere Scharfschütze.

Ryan antwortete nicht. Ich blickte nach hinten und bemerkte, dass er immer noch am Boden lag.

»Hey, steh auf«, sagte ich. »Sie haben aufgehört zu schießen. Komm schon.«

Er bewegte sich nicht. Ich ging zu ihm.

»Was soll der Mist?!«, schrie ich ihn an. »Steh auf. Steh auf!«

Dann sah ich das Blut.

Ich kniete nieder und sah ihn mir an. Er war blutüberströmt. Seine Wange war zerfetzt. Er hatte eine Kugel abbekommen.

Wir hatten ihm eingeschärft, seine Waffe immer schussbereit im Anschlag zu halten; und das hatte er wohl auch getan, während er die Straße beobachtete. Offenbar hatte die Kugel zuerst sein Gewehr getroffen, war dann aber abgeprallt und hatte ihn im Gesicht erwischt.

Ich griff zum Funkgerät. »Soldat angeschossen!«, schrie ich. »Soldat angeschossen!«

Dann wandte ich mich wieder Ryan zu und untersuchte seine Verletzungen. Ich wusste nicht, wo ich anfangen sollte. Ryan sah so übel zugerichtet aus, dass es schien, als würde er jeden Moment sterben.

Er zitterte am ganzen Leib. Ich dachte, das wären seine sprichwörtlich letzten Zuckungen.

Die zwei Sanitäter in unserem Zug, Dauber und Tommy, kamen angerannt, beugten sich über ihn und fingen sofort an ihn zu behandeln. Marc Lee folgte ihnen. Er nahm das M-60 und begann in die Richtung zu feuern, aus der die Schüsse gekommen waren. So hielt er die Aufständischen in Schach und wir konnten Ryan die Treppen hinuntertragen.

Ich hob ihn auf meine Schulter und fing an zu rennen. Ich erreichte die Treppen und hastete sie hinunter.

Auf halbem Weg begann er laut zu röcheln. Das Blut war ihm in Hals und Nasenhöhlen gelaufen, sodass er kaum noch atmen konnte.

Ich setzte ihn ab, war mit einem Mal noch besorgter als zuvor, und wusste tief in mir, dass er es nicht schaffen würde. Zugleich hoffte ich, dass ich irgendetwas tun konnte, um ihn am Leben zu halten, obwohl die Lage aussichtslos schien.

Ryan begann Blut zu spucken. Er konnte jedoch wieder Luft holen – er atmete, was für sich genommen schon ein Wunder war.

Ich setzte an und wollte ihn wieder hochheben.

»Nein«, sagte er. »Nein, mir geht's gut. Ich schaffe das. Ich kann gehen.« Er legte einen Arm um mich und ging die restliche Strecke zu Fuß.

In der Zwischenzeit hatte die Army ein Kettenfahrzeug losgeschickt, einen Mannschaftstransporter, der vor dem Eingang auf uns wartete. Tommy stieg mit Ryan ein und sie fuhren los.

Ich rannte wieder die Treppen hinauf. Mir war, als sei *ich* angeschossen worden. Und tatsächlich wünschte ich mir, es hätte mich erwischt und nicht ihn. Ich war mir sicher, er würde sterben. Ich war mir sicher, ich hatte einen Bruder verloren. Einen großen, albernen, liebenswerten, wunderbaren Bruder.

Biggles.

Kein anderes Erlebnis im Irak hat mich jemals so mitgenommen wie dieser Vorfall.

Rache

Niedergeschlagen kehrten wir zur Shark Base zurück.

Sobald wir dort eintrafen, befreite ich mich von meiner Montur und lehnte mich gegen die Wand, bevor ich mich zu Boden gleiten ließ.

Meine Augen füllten sich mit Tränen.

Ich dachte, Ryan sei tot. Er war zwar noch nicht tot, aber sein Leben hing am seidenen Faden. Die Ärzte taten alles in ihrer Macht stehende, um

ihn zu retten. Etwas später wurde Ryan dann schließlich aus dem Irak evakuiert. Seine Verletzungen waren so schwer, dass er nichts mehr sehen konnte – nicht nur mit dem einen Auge, das getroffen worden war, sondern auch mit dem anderen. Aber es war ein regelrechtes Wunder, dass er überhaupt noch am Leben war.
In jenem Augenblick in der Basis war ich allerdings fest davon überzeugt, dass er gefallen war. Mein Bauchgefühl sagte mir das, mein Herz, jede Faser meines Körpers. Und ich hatte ihm gesagt, wo er sich postieren sollte. Es war also meine Schuld, dass er angeschossen worden war.
100 Todesschüsse? 200? Mehr? Was spielte das schon für eine Rolle, wenn mein Bruder tot war!
Warum hat es nicht mich erwischt? Warum stand ich nicht dort? Ich hätte den verdammten Aufständischen erledigt – und meinen Kameraden retten können.
Es war, als ob ein tiefes Loch mich verschlang. Ich war ganz tief unten. Ich kann nicht sagen, wie lange ich so dasaß, die Hände über dem Kopf zusammengeschlagen, schluchzend.
»Hey«, sagte plötzlich eine Stimme über mir.
Ich sah auf. Es war Tony, mein Chief.
»Willst du dich rächen?«, fragte er.
»Und wie!« Ich sprang auf.

Einige Kameraden waren sich nicht ganz sicher, ob wir ausrücken sollten. Wir redeten darüber und planten die Mission.
Ich hatte allerdings kaum Zeit für solche Feinheiten. Ich sann nur auf Rache.

Marc

Wir erhielten die Information, dass sich die Schurken in einem Haus unweit der Stelle aufhielten, an der Ryan angeschossen worden war. Einige Bradleys fuhren uns hinaus auf ein Feld, das ganz in der Nähe des Hauses lag. Ich war nicht im ersten Fahrzeug; deshalb waren einige der anderen Jungs bereits in das Haus eingedrungen, als wir dort eintrafen.

Sobald die Rampe unseres Bradleys zu Boden fiel, schwirrten Kugeln durch die Luft. Ich rannte los, um zu den anderen aufzuschließen, und entdeckte sie, wie sie sich am Treppenaufgang zum zweiten Stock zusammendrängten. Wir standen dicht beieinander, sahen zu Boden und warteten nur darauf, weiter hinaufgehen zu können.

Marc Lee war vorne, er stand auf den Stufen über uns. Er blickte aus einem Fenster des Treppenhauses, schien etwas zu bemerken und öffnete seinen Mund, um uns zu warnen.

Doch er brachte kein Wort mehr hervor. Im Bruchteil einer Sekunde drang eine Kugel durch seinen geöffneten Mund und trat aus seinem Hinterkopf wieder aus. Er sackte auf der Treppe zusammen.

Wir waren in eine Falle geraten. Auf dem Dach des Nachbarhauses war einer der Wilden und konnte von oben herab durch die Fenster unseres Treppenhauses blicken.

Nach einer Schrecksekunde besannen wir uns auf das, was wir im Training so oft eingeübt hatten und legten los.

Ich stolperte die Treppen hinauf und stieg dabei über Marcs Körper. Dann eröffnete ich das Feuer auf das Dach des Nachbarhauses. Meine Teamkameraden taten es mir gleich.

Einer von uns erwischte den Aufständischen. Wir versuchten gar nicht erst herauszufinden, um wen es sich dabei handelte, sondern gingen auf das Dach und suchten nach weiteren Angreifern.

Dauber hatte in der Zwischenzeit aufgehört, Marc zu untersuchen. Er war sehr schwer verletzt; und Dauber wusste, dass die Lage hoffnungslos war.

Der Army-Captain kam und holte uns. Während der ganzen Fahrt standen sie unter schwerem Beschuss. Insgesamt waren es zwei Panzer und vier Bradleys, denen schon langsam die Munition ausging. Unser Rückzug wurde begleitet von einem heftigen Kugelhagel der Aufständischen.

11. Soldat angeschossen

Irgendwann einmal blickte ich durch das Fenster der Heckrampe meines Bradleys. Alles, was ich ausmachen konnte, waren schwarzer Rauch und eine Trümmerlandschaft. Sie hatten es uns gezeigt, und dabei die ganze Gegend in Schutt und Asche gelegt.

Aus irgendeinem Grund dachten die meisten von uns, dass Marc überleben und Ryan sterben würde. Erst als wir wieder am Stützpunkt eintrafen, erfuhren wir, dass es genau umgekehrt war.

Da wir in nur wenigen Stunden zwei Männer verloren hatten, waren unsere Offiziere und Tony der Meinung, wir sollten uns eine Auszeit nehmen. Wir kehrten zur Shark Base zurück und wurden zurückgestellt. (Zurückgestellt bedeutet, dass der Bereitschaftszustand aufgehoben ist und man vorläufig nicht an Kampfhandlungen teilnimmt. Es ist in gewisser Weise wie eine offizielle Auszeit, um das eigene Handeln zu bewerten und gegebenenfalls zu ändern.)

Es war ein heißer, blutiger und düsterer August.

> **Taya:**
> *Chris brach zusammen, als er mir am Telefon die Neuigkeit mitteilte. Ich hatte nichts von alldem gewusst, bis er mich anrief, und ich war entsetzt. Ich war zwar einerseits erleichtert, dass er verschont geblieben war, aber natürlich trotzdem unglaublich traurig, dass es Marc und Ryan erwischt hatte.*
> *Ich versuchte möglichst gefasst zu bleiben, während er sprach. Ich wollte einfach nur zuhören, denn ich hatte noch nie oder nur sehr selten miterlebt, dass Chris so gelitten hat.*
> *Ich konnte nichts tun, außer seinen Angehörigen von seinen Erlebnissen zu berichten.*
> *Wir telefonierten an diesem Tag sehr lange miteinander.*
> *Einige Tage später ging ich zur Beerdigung auf den Friedhof, von dem aus man die Bucht von San Diego überblicken konnte.*
> *Es war sehr traurig. Es waren so viele junge Männer anwesend, so viele junge Familien Beerdigungen von SEALs beizuwohnen, nahm mich immer mit, aber diesmal war es noch schlimmer als sonst.*

> *Man ist so traurig, man kann sich nicht vorstellen, wie sehr sie leiden. Man betet für sie und dankt Gott dafür, dass der eigene Ehemann unversehrt geblieben ist. Und dafür, dass man nicht diejenige ist, der man Beileid wünscht.*

Alle, denen ich diese Vorkommnisse bisher berichtet habe, sind einhellig der Meinung, dass ich dabei sehr wortkarg werde und meine Stimme belegt klingt. Offenbar bin ich beim Erzählen dieser Geschichte deutlich weniger detailreich und ausschweifend wie sonst, wenn ich meine Erlebnisse beschreibe.
Ich bin mir dessen nicht bewusst. Die Erinnerung daran, zwei Kameraden verloren zu haben, hat bleibende Wunden hinterlassen. Für mich ist sie so lebhaft wie das, was in diesem Augenblick um mich herum geschieht. Für mich ist die Wunde so tief und frisch, als hätten jene Kugeln mich in eben diesem Augenblick getroffen.

Zurückgestellt

Im Camp Ramadi hielten wir einen Gedenkgottesdienst für Marc Lee ab. Aus allen Gegenden des Iraks kamen SEALs zusammen, um dieser Feier beizuwohnen. Und ich glaube, auch die gesamte Army-Einheit, mit der wir zusammengearbeitet hatten, erschien. Sie nahmen großen Anteil, es war unglaublich. Ich war sehr gerührt.
Sie setzten uns in die erste Reihe. Wir waren seine Familie.
Marcs Ausrüstung war dort, sein Helm und sein Mk-48. Unser Einsatzleiter hielt eine kurze, aber bewegende Rede; er schluchzte und ich bezweifle, dass es unter den Anwesenden – oder im gesamten Camp – jemanden gab, der nicht in Tränen aufgelöst war.
Als der Gottesdienst zu Ende war, hinterließ jede Einheit ein Zeichen der Anerkennung – ein Abzeichen oder eine Münze, irgendetwas. Der Captain der Army-Einheit überreichte eine Messinghülse von einer der Patronen, die er abgefeuert hatte, als er uns zu Hilfe kam.

11. Soldat angeschossen

Einige Kameraden aus dem Zug erstellten eine Präsentation mit Bildern von ihm und spielten sie auf einer weißen Leinwand ab, die wir an eine Wand gehängt hatten. Wir tranken etwas und betrauerten gemeinsam den Tod unseres Freundes.

Vier Kameraden überführten seinen Leichnam in die Staaten. Da wir nach wie vor zurückgestellt waren und nichts weiter taten, wollte ich Ryan in Deutschland besuchen, wo er medizinisch betreut wurde. Tony oder jemand anderes in der Befehlsleitung organisierte einen Flug für mich, doch als ich abreisebereit war, wurde Ryan bereits für die weiterführende Behandlung in die Staaten gebracht.

Brad, der zuvor evakuiert worden war, weil ein Splitter sein Knie verletzt hatte, traf Ryan in Deutschland und begleitete ihn in die USA. Es war ein glücklicher Zufall – immerhin hatte Ryan einen Kameraden bei sich, der ihm in jener schweren Zeit zur Seite stand.

Wir verbrachten viel Zeit in unseren Zimmern.

Ramadi war heiß und anstrengend gewesen, das Tempo der Operationen ziemlich rasant, schlimmer sogar als in Falludscha. Wir hatten zahlreiche Tage, sogar eine ganze Woche im Dauereinsatz verbracht, ohne wirklich zwischendurch einmal pausieren zu können. Manche von uns hatten schon an Erschöpfungszuständen gelitten, bevor unsere Kameraden verletzt bzw. getötet worden waren. Und jetzt fühlten wir uns erst recht ausgebrannt.

Also blieben wir in unseren Zimmern, regenerierten uns und wollten weitgehend unsere Ruhe.

Ich betete damals oft.

Ich gehöre nicht zu den Menschen, die ihre Religion demonstrativ praktizieren. Ich bin zwar gläubig, falle aber nicht unbedingt auf die Knie oder singe lauthals mit, wenn ich in die Kirche gehe. Der Glaube spendet mir Kraft, und die hatte ich dringend nötig, nachdem meine Freunde von Kugeln getroffen worden waren.

Seit meiner BUD/S-Ausbildung hatte ich immer eine Bibel bei mir. Ich las zwar nicht oft darin, hatte sie aber immer dabei. Jetzt schlug ich sie auf und las die eine oder andere Passage. Dann blätterte ich weiter, las wieder ein Stück und blätterte weiter.

Nachdem die Hölle über mich hereingebrochen war, fand ich es tröstlich zu wissen, dass ich Teil von etwas Größerem war.

∽

Als ich hörte, dass Ryan über den Berg war, war es, als erwachte ich aus einer inneren Starre. Aber immer wieder holte mich dieselbe bohrende Frage ein: Warum hat es nicht mich erwischt?

Warum musste das einem Frischling passieren?

Ich habe viele Gefechte miterlebt; ich hatte einiges geleistet. Ich hatte meinen Krieg. Ich hätte derjenige sein sollen, den es erwischte. Ich hätte derjenige sein sollen, der blind wurde.

Ryan würde nicht in die Gesichter seiner Angehörigen blicken können, wenn er nach Hause kam. Er würde niemals sehen, um wie viel schöner alles ist, wenn man zurückkehrt – Amerika sieht viel besser aus, wenn man erst einmal eine Weile fort gewesen ist.

Man vergisst, wie schön das Leben ist, wenn man nicht die Gelegenheit hat, solche Dinge zu sehen. Ihm sollte dies nie wieder beschieden sein.

Und ganz gleich, was die anderen sagten, ich fühle mich dafür verantwortlich.

Ersatz

Wir waren nun schon seit vier Jahren in diesem Krieg, hatten zahlreiche brisante Situationen erlebt, und es war nie ein SEAL ums Leben gekommen. Es sah aus, als würden die Gefechte in Ramadi, wie überall im Irak, langsam nachlassen – und ausgerechnet jetzt waren wir so schwer getroffen worden.

Wir dachten, man würde uns vermutlich nach Hause schicken, obwohl unser Auslandseinsatz erst in einigen Monaten beendet war. Wir alle wussten, dass bei solchen Entscheidungen immer auch politische Erwä-

11. Soldat angeschossen

gungen eine Rolle spielten – immerhin waren meine ersten beiden Kommandanten übervorsichtige Weicheier gewesen, die gerade deshalb Karriere machten. Also befürchteten wir, dass der Krieg für uns gelaufen war. Außerdem fehlten uns sieben Männer, also fast die Hälfte des Zugs. Marc war tot. Brad und Ryan fielen aufgrund ihrer Verletzungen aus. Vier Männer hatten Marcs Leichnam in die Staaten überführt.

Eine Woche nachdem wir unsere Männer verloren hatten, suchte uns der kommandierende Offizier auf, um mit uns zu reden. Wir versammelten uns in der Kantine der Shark Base und hörten zu. Es war keine lange Rede. »Es liegt an euch«, sagte er. »Wenn ihr einen Gang herunterschalten wollt, verstehe ich das. Aber wenn ihr weitermachen wollt, habt ihr meinen Segen.«
»Verdammt noch mal«, sagten wir einstimmig. »Wir wollen weitermachen.«
Und wie ich das wollte.

Die Hälfte eines anderen Zugs kam aus einer ruhigeren Gegend herbei, um unsere Reihen zu füllen. Wir bekamen auch einige Männer, die die Ausbildung gerade abgeschlossen hatten, aber noch keinem Zug zugeteilt waren. Also ganz neue Frischlinge. Der zugrunde liegende Gedanke war, sie an den Krieg heranzuführen, ihnen einen kleinen Vorgeschmack zu geben, auf was sie sich einließen, bevor es richtig losging. Wir gingen sehr vorsichtig mit ihnen um und erlaubten ihnen beispielsweise nicht, uns bei Operationen zu begleiten.
Als SEALs machte ihnen das natürlich schwer zu schaffen, aber wir hielten sie zurück und behandelten sie zunächst als Auszubildende: »Hey, fahrt die Hummer schon einmal vor, damit wir gleich los können.« Wir beschützten sie; nach all dem, was wir durchgemacht hatten, wollten wir nicht, dass sie im Gefecht verletzt wurden.
Aber schikanieren mussten wir sie natürlich trotzdem. Dem einen armen Kerl rasierten wir den Kopf und die Augenbrauen und klebten ihm die Haare dann ins Gesicht.
Als wir gerade dabei waren, kam ein anderer Frischling vorbei.

»Du hältst dich lieber raus«, warnte ihn einer unserer Offiziere.
Der Frischling spähte in das Zimmer und sah, was wir gerade mit seinem Freund anstellten.
»Ich muss aber.«
»Du hältst dich lieber raus«, wiederholte der Offizier. »Sonst gibt's Ärger.«
Frischling Nummer zwei stürmte trotzdem ins Zimmer. Wir rechneten es ihm hoch an, dass er seinem Freund zu Hilfe eilen wollte, und bedachten ihn mit unserer ganz besonderen Zuneigung. Dann rasierten wir auch ihn, fixierten die beiden mit Klebeband aneinander und stellten sie ins Eck.
Nur für ein paar Minuten.

Auch einer der neuen Offiziere entkam der Prozedur des Schikanierens nicht. Er bekam dieselbe Behandlung wie alle anderen auch, nahm es uns aber übel.
Ihm gefiel die Vorstellung nicht, von seinen künftigen Untergebenen misshandelt zu werden.

Mit dem Dienstgrad ist es eine seltsame Sache in den Teams. Er wird nicht gerade ignoriert, gibt aber auch nicht den Ausschlag darüber, wie jemand behandelt wird.
Im BUD/S-Training werden Offiziere und Mannschaften gleich behandelt: wie der letzte Dreck. Sobald man diese Phase aber durchlaufen hat und sich einem Team anschließt, ist man ein Frischling. Und wieder werden alle gleich behandelt: wie der letzte Dreck.
Die meisten Offiziere nehmen einem diese Rituale nicht krumm, obwohl Ausnahmen natürlich die Regel bestätigen. In Wirklichkeit werden die Teams nämlich von den dienstältesten Mannschaftsdienstgraden geleitet. Ein Chief hat 12 bis 16 Jahre Erfahrung. Ein Offizier, der neu zu einem Zug kommt, hat weitaus weniger Erfahrung, nicht nur als SEAL sondern auch als Navy-Angehöriger allgemein. Meistens hat er von nichts eine Ahnung. Selbst ein Offizier mit größeren Führungsaufgaben hat oft nur vier oder fünf Jahre auf dem Buckel. Deshalb funktioniert das System. Wenn ein Offizier Glück hat, bekommt er drei Züge: Danach wird er

zum Einsatzleiter oder etwas Vergleichbarem befördert und nimmt nicht mehr direkt am Kampfgeschehen teil. Und selbst bis dahin bestehen seine Hauptaufgaben meist darin, Verwaltungsaufgaben zu erledigen und Gefechtsstrategien zu erarbeiten (zum Beispiel dafür zu sorgen, dass eine Einheit nicht in freundliches Feuer gerät). Das sind wichtige Aufgaben, aber nicht vergleichbar mit der aktiven Teilnahme am Kampfgeschehen. Wenn es darum geht, Türen einzutreten oder ein Scharfschützenversteck einzurichten, hat der Offizier in der Regel nicht allzu viel Erfahrung und hält sich daher oft weitgehend zurück.

Ausnahmen bestätigen natürlich die Regel. Ich habe mit einigen hervorragenden Offizieren zusammengearbeitet, die über eine Menge Erfahrung verfügten, aber generell weiß ein Offizier nicht annähernd so viel über das Kämpfen wie ein einfacher Soldat, der viele Jahre genau damit zugebracht hat. Ich zog LT immer damit auf, dass er vermutlich nicht mit einem Gewehr zu einem Kampfeinsatz erscheinen würde, sondern mit seinem Laptop.

Die Schikane erinnert jeden daran, wer der Erfahrene ist, und an wem man sich besser orientiert, wenn es hart auf hart kommt. Man kann es so sehen: Wen will man im Ernstfall lieber an seiner Seite wissen: den Typen, der schon mehr als einmal im Kugelhagel losrannte, um seinen Kameraden zu retten, oder den Offizier, der schon bitterlich weint, nur weil er von einigen einfachen Soldaten schikaniert wird?

Die Schikane holt die Frischlinge auf den Boden der Tatsachen und macht ihnen klar, dass sie sich unterordnen müssen, weil sie von nichts eine Ahnung haben. Bei einem Offizier kann eine kleine Dosis Demut wahre Wunder wirken.

Ich hatte mit vielen guten Offizieren zu tun. Aber die wirklich hervorragenden waren allesamt bescheidene Kerle.

Zurück ins Getümmel

Wir arbeiteten uns langsam wieder ein und begannen nach einer Weile auch erneut mit kurzen Sicherungstätigkeiten für die Army. Diese Missionen im »Indianerterritorium« dauerten für gewöhnlich ein oder zwei Tage. Einmal wurde ein Panzer von einer IED beschädigt, woraufhin wir ausrückten und das Fahrzeug sicherten, bevor es wieder zurückgebracht werden konnte. Die Arbeit war etwas leichter und einfacher als zuvor. Außerdem entfernten wir uns nicht zu weit von den COPs, was bedeutete, dass wir nicht so oft in Schusswechsel gerieten.

Sobald wir uns wieder an den aktiven Dienst gewöhnt hatten, begannen wir unsere Einsätze auszudehnen und drangen wieder etwas tiefer nach Ramadi vor. Wir betraten zwar nie wieder das Haus, in dem Marc erschossen worden war, kehrten aber in dieselbe Gegend zurück.

Es war uns einfach ein Bedürfnis auszurücken und die Kerle zu erwischen, die für unsere Verluste verantwortlich waren. Wir wollten sie für das, was sie uns angetan hatten, büßen lassen.

Eines Tages, wir hatten soeben einige Aufständische ausgeschaltet, die Sprengsätze legen wollten, gerieten wir in der Nähe eines Hauses selbst unter Beschuss. Wer es auch immer auf uns abgesehen hatte, er hatte eine Waffe, die über deutlich mehr Durchschlagskraft verfügte als eine Kalaschnikow – vielleicht ein Dragunow (ein russisches Scharfschützengewehr), weil die Kugeln durch die Mauern des Hauses drangen.

Ich ging aufs Dach und versuchte herauszufinden, woher die Schüsse kamen. Plötzlich hörte ich den schweren Klang von Apache-Hubschraubern im Anflug. Ich beobachtete, wie sie einige Sekunden lang friedlich in der Luft schwebten, bevor sie sich nach vorne senkten und in einen koordinierten Sturzflug fielen.

In unsere Richtung.

»Signaltücher!«, rief jemand.

Vielleicht war ich es. Ich erinnere mich nur noch, dass wir in Windeseile jedes Signal- bzw. Erkennungstuch hervorkramten, das wir hatten, um den Piloten zu zeigen, dass wir auf ihrer Seite waren. (Signaltücher sind leuchtend orange und werden von verbündeten Truppen ausgelegt oder ausgehängt.) Zum Glück bemerkten sie den Fehler rechtzeitig und brachen den Angriff im letzten Augenblick ab.

11. Soldat angeschossen

Unser Funker hatte kurz vor dem Angriff mit den Army-Hubschraubern gesprochen und ihnen unsere Lage durchgegeben. Aber scheinbar waren ihre Karten anders als unsere beschriftet und als sie bewaffnete Männer auf dem Dach sahen, zogen sie den falschen Schluss.

In Ramadi arbeiteten wir recht häufig mit den Apaches zusammen. Die Hubschrauber waren enorm nützlich, nicht nur wegen ihrer Waffen und Raketen, sondern auch wegen ihrer Fähigkeit, die Gegend auszukundschaften. In einer Stadt kommt man nicht immer dahinter, aus welcher Richtung Schüsse kommen; wenn man ein paar zusätzliche Augen hat, die das Geschehen von oben beobachten, hilft das also enorm.

(Die Apaches hatten andere Einsatzregeln als wir. Das galt vor allem für den Abschuss von Hellfire-Raketen, die damals nur gegen bemannte Waffensysteme eingesetzt werden durften. Auch das war Teil der Strategie, die Kollateralschäden in der Stadt möglichst gering zu halten.)

Auch die AC-130er der Air Force halfen uns hin und wieder mit der Überwachung aus der Luft. Die großen Schlachtflugzeuge hatten eine enorme Feuerkraft, allerdings riefen wir sie während dieses Auslandseinsatzes niemals, um ihre Haubitzen oder Kanonen in Anspruch zu nehmen. (Auch hier griffen eingeschränkte Einsatzregeln.) Stattdessen verließen wir uns auf ihre Nachtsensoren, die ihnen selbst in der tiefsten Dunkelheit ein gutes Bild vom Schlachtfeld lieferten.

Eines Nachts drangen wir in ein Haus ein, während ein solches Schlachtflugzeug zur Unterstützung über uns kreiste. Bereits auf dem Weg nach drinnen kontaktierten sie uns, um uns wissen zu lassen, dass wir einige »Ausreißer« hatten – Aufständische, die den Kampfschauplatz zu verlassen suchten.

Ich schnappte mir einige meiner Jungs und fing an, in die Richtung zu laufen, die das Flugzeug uns vorgab. Es schien, als hätten sich die Aufständischen in einem nahegelegenen Haus verschanzt. Ich ging hinein und fand einen jungen Mann vor, der etwa Anfang 20 gewesen sein muss. »Runter«, rief ich, und wies ihn mit meinem Gewehr an, sich auf den Boden zu legen.

Er sah mich mit großen Augen an. Ich machte wieder eine Geste, diesmal schon recht energisch.
»Runter! Aber sofort!«
Er sah mich perplex an. Ich konnte nicht sagen, ob er mich angreifen wollte oder nicht und ich konnte mir auch nicht erklären, warum er meinen Anweisungen nicht Folge leistete. Vertrauen ist gut, Kontrolle ist besser – weshalb ich ihn schlug und zu Boden warf.
Seine Mutter sprang plötzlich auf mich zu und rief etwas. Mittlerweile waren einige meiner Kameraden zur Stelle, unter anderem auch ein Dolmetscher. Er glättete die Wogen und begann der aufgeregten Frau einige Fragen zu stellen. Die Mutter erklärte schließlich, dass der Junge geistig behindert war und nicht verstehen konnte, was ich von ihm erwartete. Wir halfen ihm daraufhin wieder auf die Beine.
Währenddessen beobachtete ein Mann schweigsam das Geschehen, von dem wir annahmen, er sei der Vater des Jungen. Sobald sich die Mutter beruhigt hatte, teilte sie uns mit, dass sie nicht wusste, wer der Trottel war. Es stellte sich heraus, dass er kurz zuvor ins Haus gerannt war und nur so tat, als würde er dort leben. Damit hatten wir also schon einen unserer Ausreißer, der Air Force sei Dank.

Vielleicht sollte ich diese Geschichte nicht erzählen, ohne noch etwas hinzuzufügen.
Das Haus, aus dem die Männer rannten, war eigentlich das dritte Haus, das wir an jenem Abend stürmten. Ich hatte die Jungs zunächst zu einem anderen Haus geführt, wo wir uns versammelten und bereit machten, die Tür aufzubrechen, als unser für den Einsatz zuständige Offizier seine Stimme erhob.
»Irgendetwas stimmt hier nicht«, sagte er. »Irgendetwas passt nicht.«
Ich drehte mich im Kreis und sah mich um.
»Mist«, gab ich zu. »Ich hab euch zum falschen Haus geführt.«
Wir zogen uns zurück und gingen zum richtigen.
Ob mir diese Panne noch ewig vorgehalten wurde?
Das ist ja wohl eine rhetorische Frage, oder?

11. Soldat angeschossen

Zwei auf einen Streich

Einmal hatten wir eine Operation in der Nähe einer Kreuzung der Sunset und einer anderen Straße. Dauber und ich waren oben auf einem Dach und verfolgten, was die Einheimischen im Schilde führten. Dauber hatte seine Waffe für eine Pause weggelegt. Als ich durch mein Zielfernrohr sah, erkannte ich zwei Männer, die auf einem Moped die Straße entlang geradewegs auf mich zu fuhren.
Der Typ auf dem Rücksitz hatte einen Rucksack und ich konnte erkennen, wie er den Rucksack in ein tiefes Schlagloch fallen ließ.
Das war mit Sicherheit kein Postsack oder etwas Ähnliches; er hatte eine IED gelegt.
»Das musst du dir ansehen«, sagte ich Dauber, der sein Fernglas in die Hand nahm.
Ich ließ sie etwa 140 Meter weiterfahren, bevor ich meine .300 Win Mag abfeuerte. Dauber, der das Ganze durch sein Fernglas beobachtete, sagte später, es war wie eine Szene aus *Dumm und Dümmer*. Die Kugel durchquerte den ersten Mann und drang dann in den zweiten Mann ein. Das Moped geriet ins Schleudern und prallte gegen eine Mauer.
Zwei Fliegen mit einer Klappe.

Hätte ich doch bloß vorher gewusst, wie viel Ärger mir dieser Schuss einbringen würde. Wegen der Sprengladung schickte die Army standardmäßig einige ihrer Leute an den Ort des Geschehens. Dafür brauchten sie allerdings an die sechs Stunden. Sie hielten den Verkehr an, es entstand ein Riesenchaos – und weder mir noch irgendjemand anderem war es möglich, das Schlagloch die ganze Zeit über im Auge zu behalten. Erschwerend kam hinzu, dass die Marines zur selben Zeit auf derselben Straße einen Müllwagen hochnahmen, von dem sie annahmen, dass er als mobile Sprengfalle missbraucht wurde. Überall bildeten sich weitere Staus und so ist es nicht weiter verwunderlich, dass der Sprengsatz verschwand. Normalerweise wäre das kein Problem gewesen. Aber einige Tage zuvor hatten wir ein Muster erkannt: Einige Minuten vor und nach einem

Angriff fuhren Mopeds an einem COP vorbei, die offenbar zunächst die Gegend auskundschafteten und nach dem Angriff weitere Informationen sammelten. Wir stellten den Antrag, jeden erschießen zu dürfen, der auf einem Moped des Weges kam. Der Antrag wurde abgelehnt.

Die Anwälte oder jemand in der Befehlskette nahm vermutlich an, ich versuchte ihnen einen Bären aufzubinden, als ich meinen Bericht über den doppelten Schuss abgab. Der JAG – der Judge Advocate General, eine Art Militärstaatsanwalt – leitete eine Ermittlung ein.

Zum Glück gab es viele Zeugen, die mitbekommen hatten, was geschehen war. Aber ich musste dem JAG trotzdem Rede und Antwort stehen. In der Zwischenzeit fuhren die Aufständischen weiter mit Mopeds vorbei und sammelten ihre Informationen. Wir behielten sie im Auge und zerstörten jedes abgestellte Moped, das wir vor Häusern oder in Innenhöfen sahen, aber mehr konnten wir nicht tun.

Vielleicht erwarteten die Juristen, dass wir in die Kameras lächelten und winkten.

Es wäre ein Ding der Unmöglichkeit gewesen, im Irak durch die Gegend zu streifen und einfach so Menschen zu erschießen. Zunächst einmal gab es eine Menge Zeugen. Außerdem musste ich jedes Mal einen Bericht anfertigen, wenn ich jemanden in Ramadi erschossen hatte.

Kein Witz.

Es handelte sich dabei um ein Dokument, das unabhängig von den Einsatzberichten erstellt werden musste und sich ausschließlich auf die Schüsse bezog, mit denen ich Menschen getötet hatte. Die Informationen mussten sehr genau sein.

Ich hatte daher immer einen kleinen Notizblock dabei und musste Dinge festhalten wie den Tag, die Uhrzeit, Angaben zur Person, was sie tat, welche Munition ich verwendete, wie weit das Ziel entfernt war und welche Zeugen anwesend waren. All das floss in den Bericht ein, ebenso weitere besondere Umstände.

Die Befehlsleitung behauptete, dies diene meiner Absicherung für den Fall, dass eine Ermittlung wegen eines ungerechtfertigten Todesschusses

11. Soldat angeschossen

eingeleitet wurde, aber ich vermute eher, dass ich dadurch viele Leute schützte, die wesentlich weiter oben in der Befehlskette standen.

Wir hielten akribisch fest, wie viele Aufständische wir erschossen, auch in den heftigsten Feuergefechten. Einer unserer Offiziere hatte immer die Aufgabe, unsere Angaben zu überprüfen; er wiederum gab seine Informationen über Funk weiter. Oft war es sogar so, dass ich noch gegen Aufständische kämpfte, während ich LT oder einem anderen Offizier bereits Einzelheiten durchgeben musste. Das wurde mit der Zeit sehr lästig. Als der Offizier mich daher einmal zu den Details eines Schusses befragte, sagte ich ihm, dass es ein Junge gewesen sei, der mir zugewinkt habe. Natürlich war das nur ein kranker Witz von mir. Meine Art, »Leck mich!« zu sagen.

Die Bürokratie des Krieges.

Ich bin mir nicht sicher, wie verbreitet die Schützenberichte waren. Für mich begann dieser Zirkus jedenfalls während meines zweiten Auslandseinsatzes, als ich auf der Haifa Street aktiv war. Damals füllte sie aber noch jemand anderes für mich aus.

Ich bin mir ziemlich sicher, dass diese Maßnahme damals ausschließlich den Zweck erfüllte, irgendeinen Bürokratenhintern abzusichern. Als in Ramadi unsere Trefferquote in die Höhe schoss, wurden schließlich sehr detaillierte Berichte auch ganz offiziell zur Pflicht. Ich schätze, der kommandierende Offizier oder jemand in seinem Stab sah die Zahlen und bekam es mit der Angst zu tun, die Anwälte könnten selbige eventuell infrage stellen, weshalb wir auf Nummer sicher gehen mussten.

Eine tolle Methode, Krieg zu führen – mach dich darauf gefasst, dich im Falle des Sieges rechtfertigen zu müssen.

Was für ein riesiger Haufen Hühnermist. Ich witzelte immer, dass es sich bei diesem Aufwand gar nicht lohnte, jemanden zu töten. (Andererseits wusste ich auf diese Weise genau, wie viele Menschen ich »offiziell« getötet hatte.)

Reines Gewissen

Manchmal schien es, als halte Gott die Aufständischen von einem Angriff ab, solange ich nicht schussbereit war.
»Hey, wach auf!«
Ich öffnete meine Augen und sah mich um. Ich lag auf dem Boden.
»Wechseln wir mal«, sagte Jay, mein LPO. Er war etwa vier Stunden als Sicherungsposten tätig gewesen, während ich ein Schläfchen gehalten hatte.
»In Ordnung.«
Ich stand auf und ging zum Gewehr.
»Und? Was gibt's Neues?«, fragte ich. Immer wenn jemand ans Gewehr ging, unterrichtete derjenige, der abgelöst wurde, seinen Nachfolger, was sich in der Zwischenzeit ereignet, wer sich in der Gegend herumgetrieben hatte usw.
»Nichts«, sagte Jay. »Keine Menschenseele.«
»Ehrlich?«
»Ehrlich.«
Wir tauschten die Plätze. Jay zog seine Baseballkappe übers Gesicht, um etwas zu dösen.
Ich sah durch das Zielfernrohr und beobachtete die Gegend. Keine zehn Sekunden später marschierte ein Aufständischer mit gezückter Kalaschnikow ins Fadenkreuz. Ich beobachtete einige Sekunden lang, wie er sich an eine amerikanische Position heranpirschte und war mir daher sicher, dass der Schuss den Einsatzregeln entsprach.
Dann streckte ich ihn nieder.
»Ich hasse dich, du Penner«, murmelte Jay, der in der Nähe auf dem Boden lag. Er machte sich nicht einmal die Mühe, seine Kappe aus dem Gesicht zu nehmen oder gar aufzustehen.

Ich war mir stets sicher, dass ich die Richtigen aus den richtigen Gründen erschoss. Meine Kameraden zogen mich immer auf: »Ja, schon klar Chris. Ins Glas deines Zielfernrohrs ist ja auch ein kleines Gewehr eingearbeitet. Kein Wunder, dass jeder, den du siehst, ein Feind ist.«

11. Soldat angeschossen

Im Ernst, meine Ziele waren immer eindeutig und ich hatte natürlich bei jedem Schuss eine Menge Zeugen.

So wie die Sache stand, konnte man sich keine Fehler leisten. Wenn man gegen die Einsatzregeln verstieß, wurde man ans Messer geliefert.

In Falludscha geschah einmal Folgendes: Eine Einheit der Marines war in ein Haus eingedrungen und stieg über einige Leichen, als sie sich von Zimmer zu Zimmer bewegten. Leider war einer der Kerle am Boden nicht tot. Als sich alle Marines im Haus aufhielten, drehte er sich um und zündete eine Handgranate. Sie detonierte und verletzte oder tötete einige der Marines.

Von diesem Zeitpunkt an schossen die Marines auf jeden, den sie sahen, wenn sie in ein Haus eindrangen. Ein Journalist mit einer Kamera nahm das einmal auf; das Video kam an die Öffentlichkeit und die Marines bekamen deswegen Probleme. Die Anklage wurde allerdings fallen gelassen oder nie erhoben, denn die eingeleiteten Ermittlungen konnten die Umstände dieses Einsatzes lückenlos aufklären. Dennoch war die Gefahr einer Anklage etwas, dessen man sich stets bewusst war.

Einer der größten Fehler, die man in diesem Krieg meiner Meinung nach beging, war die Einbettung von Medienvertretern in die Einheiten. Die meisten Amerikaner können mit der Realität des Krieges ohnehin nicht umgehen und die Berichte, die die Reporter und Journalisten nach Hause sandten, halfen uns nicht gerade.

Die Führung wollte mit diesem ganzen Medienzirkus erreichen, dass die Bevölkerung hinter uns stand und uns unterstützte. Aber mal ehrlich, wen interessiert das?

Ich sehe die Sache so: Wenn ihr uns losschickt, um einen Auftrag zu erledigen, dann lasst uns gefälligst auch unseren Job machen. Für den Rest haben wir Admiräle und Generäle – sie sollen uns die Befehle erteilen, nicht irgendein behäbiger Kongressabgeordneter, der in einem bequemen Ledersessel sitzt, in seinem klimatisierten Büro in Washington an seiner Zigarre pafft und mir Vorschriften darüber macht, wann und wo ich jemanden erschießen darf und wann nicht.

Woher sollen sie es denn auch wissen? Sie waren noch nie in ihrem Leben in einer Kampfsituation.

Wenn ihr schon den Entschluss gefasst habt, uns zu entsenden, dann lasst uns unsere Arbeit auch machen. Krieg ist Krieg.

Sagt mir: Wollt ihr, dass wir unsere Feinde besiegen? Sie vernichten? Oder sollen wir ihnen Kaffee und Kuchen servieren?

Sagt dem Militär, welches Endergebnis ihr wünscht, und ihr bekommt es. Aber versucht uns nicht zu sagen, wie wir das Ziel erreichen sollen. Alle diese Regeln, unter welchen Umständen ein feindlicher Kämpfer getötet werden darf, machen unsere Arbeit nicht nur schwerer, sie bringen uns auch unnötig in Lebensgefahr.

Die Einsatzregeln waren nämlich nur deshalb so verwässert und verworren, weil Politiker sich in unsere Angelegenheiten einmischten. Diese Regeln werden in letzter Instanz von Anwälten gemacht, die versuchen, die Admiräle und Generäle gegen die Politiker abzusichern; sie werden nicht von den Menschen geschrieben, die sich Sorgen darüber machen, dass Soldaten im Einsatz erschossen werden könnten.

Aus irgendeinem Grund wollten viele Menschen zu Hause – nicht alle – es nicht wahrhaben, dass wir uns im Krieg befanden. Sie verstanden nicht, dass Krieg Tod bedeutet, in der Regel auch noch einen gewaltsamen. Viele Menschen, nicht nur Politiker, projizieren lächerliche Vorstellungen auf uns und stellen hohe Erwartungen an unser Verhalten, die niemand erfüllen kann.

Ich sage nicht, dass Kriegsverbrechen in Ordnung sind. Ich sage *nur*, dass man Kriegern nicht die Hände binden sollte, wenn man sie schon in die Schlacht schickt.

Wenn jemand in mein Haus kommt, meine Frau und Kinder erschießt und daraufhin seine Waffe weglegt, dürfte ich laut der Einsatzregeln, die im Irak galten, den Täter *nicht* erschießen. Ich sollte ihn in Gewahrsam nehmen. Würden Sie das tun?

Man kann argumentieren, dass mein Erfolg ja durchaus bewies, dass die Einsatzregeln funktionierten. Aber ich bin der Überzeugung, dass ich ohne sie effektiver hätte arbeiten können, möglicherweise mehr Menschen hätte beschützen können und so einen wirkungsvolleren Beitrag dazu hätte leisten können, den Krieg schneller zu beenden.

Es schien, als handelten die einzigen Nachrichtenbeiträge, die wir lasen, von Gräueltaten und davon, dass es unmöglich war, Ramadi zu befrieden. Und raten Sie mal, was geschah? Wir töteten die ganzen Schurken – und was geschah dann? Die irakischen Stammesoberhäupter erkannten *doch*, dass wir es ernst meinten, und schlossen sich *doch* zusammen, um sich selbst zu verwalten und die Aufständischen zu vertreiben. Man musste schlichtweg einen gewissen Druck und eine gewisse Gewalt ausüben, um eine Situation zu schaffen, in der Frieden möglich war.

Leukämie

»Unsere Tochter ist krank. Sie hat nur wenig weiße Blutkörperchen.«
Mein Griff um den Hörer wurde etwas fester, als Taya diese Worte aussprach. Mein kleines Mädchen litt schon eine Weile an Infektionen und Gelbsucht. Ihre Leber bereitete zunehmend Probleme. Nun hatten die Ärzte weitere Tests durchgeführt und die Dinge standen wirklich schlecht. Sie äußerten nicht ausdrücklich, dass sie an Krebs oder Leukämie erkrankt war, sagten aber auch nicht das Gegenteil. Sie wollten einen weiteren Test machen, um Gewissheit zu erlangen.
Taya versuchte positiv zu sein und die Probleme herunterzuspielen. Aber an ihrer Stimme konnte ich erkennen, dass die Lage ernster war, als sie zugeben wollte, bis ich schließlich die ganze Wahrheit herausbekam.
Ich bin mir nicht ganz sicher, was sie während dieses Telefonats alles zu mir sagte, aber ich hörte ein Wort: Leukämie. *Krebs.*
Mein kleines Mädchen würde sterben.
Ein Gefühl der Hilflosigkeit übermannte mich. Ich war Tausende Kilometer von ihr entfernt und konnte nichts tun, um ihr zu helfen. Nicht einmal wenn ich bei ihr gewesen wäre, hätte ich ihr helfen können.
Meine Frau klang am Telefon so traurig und einsam.

Der Stress des Einsatzes in Ramadi hatte mich auch schon vor jenem Telefonanruf, den ich im September 2006 bekam, gehörig mitgenommen. Marcs Tod und Ryans schwere Verletzungen hatten mich tief erschüttert. Mein Blutdruck war stark angestiegen und ich schlief schlecht. Die Nachricht über meine Tochter machte alles nur schlimmer. Ich war damals in keinem guten Zustand und somit auch keine besonders große Hilfe für meine Kameraden.

Zum Glück neigte sich unser Auslandseinsatz allmählich dem Ende zu. Sobald ich meine Vorgesetzten vom Gesundheitszustand meiner Tochter informiert hatte, trafen sie Vorkehrungen, mich vorzeitig nach Hause zu schicken. Unser Arzt in den USA füllte alle nötigen Unterlagen aus und schickte das Ganze als offiziellen Rotkreuzbrief an mich ab. Ein Rotkreuzbrief ist eine formelle Bestätigung, dass aufgrund eines Notfalls ein Militärangehöriger umgehend zu seiner Familie zurückkehren muss. Sobald dieser Brief eintraf, gaben mir meine Kommandanten grünes Licht.

Beinahe hätte ich es nicht geschafft wegzukommen. Ramadi war ein so heißes Pflaster, dass es nicht viele Gelegenheiten gab auszufliegen. Es gab keine Hubschrauber, die die Stadt anflogen. Selbst die Konvois wurden noch von Aufständischen angegriffen. Meine Jungs machten sich Sorgen um mich, und da sie wussten, dass ich es mir nicht leisten konnte, länger zu warten, machten sie die Humvees bereit. Sie setzten mich in die Mitte, fuhren mich aus der Stadt und zum TQ-Flugplatz.

Als wir dort ankamen, brach ich beinahe in Tränen aus, als ich meine Splitterweste und mein M-4 abgeben musste.

Meine Jungs zogen wieder in den Krieg und ich flog nach Hause. Das nervte mich. Ich hatte das Gefühl, ich würde sie im Stich lassen und mich davonstehlen.

Es war ein Konflikt – Familie und Vaterland, Familie und Waffenbrüder – den ich niemals wirklich zu lösen vermochte. In Ramadi waren mir sogar noch mehr Todesschüsse gelungen als in Falludscha. Ich schloss jenen Auslandseinsatz nicht nur mit mehr Treffern ab als jeder andere, meine Gesamtquote machte mich überdies zum erfolgreichsten

amerikanischen Scharfschützen aller Zeiten – so hieß es zumindest in der Amtssprache.
Und trotzdem fühlte ich mich wie jemand, der einen Rückzieher machte, der einfach nicht genug gab.

Kapitel 12
Schwere Zeiten

Rückkehr

Ich nahm das erste militärische Transportflugzeug nach Kuwait und reiste von dort in die Staaten. Ich trug Zivilkleidung und wurde wegen meiner längeren Haare und dem Bart schief angesehen, da niemand ahnen konnte, warum jemand im aktiven Dienst in Zivilkleidung reisen durfte. Rückblickend ist das durchaus ein bisschen amüsant.
Ich flog bis Atlanta und musste dort für den Anschlussflug die Sicherheitskontrolle passieren. Ich war bereits einige Tage unterwegs und als ich meine Stiefel auszog, bildete ich mir ein, dass einem halben Dutzend Leute, die in der Nähe Schlange standen, schlecht wurde. Ich glaube, man hat mich noch nie so schnell durch die Sicherheitsschleuse gewunken.

> **Taya:**
> *Er sagte mir zwar nie, wie gefährlich seine Arbeit wirklich war, aber ich kam irgendwann an den Punkt, an dem ich glaubte, seine Gedanken lesen zu können.*
> *Und als er mir erzählte, dass seine Kameraden ihn in einem Konvoi aus Ramadi herausbringen würden, bzw. die Art und Weise, wie er mir davon erzählte, ließ mich um sie und vor allem um ihn bangen. Ich fragte nach und seine mit Bedacht geäußerten Antworten verrieten mir, wie gefährlich seine Rückkehr sein würde.*

12. Schwere Zeiten

Ich war völlig davon überzeugt, dass er bessere Karten hätte, wenn ich mehr Menschen dazu bringen könnte, für ihn zu beten. Also fragte ich ihn, ob ich seine Eltern darum bitte könne, für ihn zu beten.
Er sagte Ja.
Dann fragte ich, ob ich ihnen den Grund dafür nennen dürfte, nämlich dass er nach Hause kam und sein Einsatzort so gefährlich war, und er sagte Nein.
Also tat ich es nicht.
Ich bat meine Freunde und Angehörigen darum, in ihren Gebeten auf Gefahr Bezug zu nehmen, gab aber keine weiteren Informationen preis – nur, dass sie mir vertrauen sollten. Ich weiß, dass die wenigen Menschen, die ich bat, sich damit schwer taten. Aber ich fand nun einmal, dass es wichtig war zu beten – wobei ich gleichzeitig den Wünschen meines Mannes entsprechen und nicht zu viel verraten wollte. Ich weiß, dass einige daran Anstoß nahmen, aber mein Bedürfnis, für ihn zu beten, siegte über mein Bedürfnis, beliebt zu sein.
Als Chris nach Hause kam, schien er so abgespannt, dass er nichts an sich heranließ.
Es fiel ihm schwer, über seine Gefühle zu reden. Er war erschöpft und ausgelaugt.
Es tat mir leid, dass er so viel durchgemacht hatte. Ich war innerlich zerrissen. Einerseits brauchte ich ihn, sehr sogar. Zugleich musste ich aber auch schon die ganze Zeit ohne ihn zurechtkommen, sodass ich die Einstellung entwickelte, dass ich ihn eben nicht brauchte oder brauchen sollte. Vielleicht kann das niemand nachvollziehen, aber ich empfand eine große Bandbreite an Gefühlen. Ich war wütend auf ihn, weil er die Kinder und mich im Stich gelassen hatte. Ich wollte zwar, dass er bei uns blieb, aber ich war auch immer noch wütend auf ihn.
Ich hatte mir schon seit Monaten Sorgen über sein Wohlergehen gemacht, war aber gleichzeitig auch die ganze Zeit über frustriert gewesen über seine Entscheidung, wieder in den Krieg zurückzukehren. Ich wollte mich auf ihn verlassen können, konnte es aber nicht. Sein Team konnte sich auf ihn verlassen, ebenso auch wildfremde Menschen, die zufällig beim Militär waren; aber die Kinder und ich konnten es mit Sicherheit nicht. Er hatte keine Schuld daran. Wenn es ihm möglich gewesen wäre, wäre er sicher am liebsten an zwei Orten gleichzeitig gewesen, aber er konnte

es eben nicht. Als er allerdings die Wahl gehabt hatte, war sie zu unseren Ungunsten ausgefallen.
Dennoch liebte ich ihn, ich versuchte ihn zu unterstützen und ihm meine Liebe in jeder erdenklichen Weise zu zeigen. Ich empfand ungefähr 500 Gefühle für ihn, und zwar gleichzeitig.
Ich schätze, während der gesamten Dauer jenes Auslandseinsatzes war ich unterschwellig wütend auf ihn gewesen. Wir hatten immer wieder Gespräche geführt, in denen er früher oder später bemerkte, dass etwas nicht stimmte. Er fragte, was mich bedrückte, und ich wich aus. Aber als er nicht locker ließ, sagte ich: »Ich bin sauer auf dich, weil du gegangen bist. Aber ich will dich nicht hassen und auf dich wütend sein. Ich weiß, dass du morgen tot sein könntest. Ich will nicht, dass dich das alles ablenkt. Ich will nicht darüber reden.«
Jetzt, da er endlich wieder zu Hause war, explodierten alle Gefühle in mir, Freude und Wut verbanden sich zu einer explosiven Mischung.

Genesung

Die Ärzte führten alle möglichen Tests an meiner kleinen Tochter durch. Manche davon ärgerten mich gewaltig.

Ich erinnere mich vor allem daran, wie sie ihr Blut abnahmen, was häufig der Fall war. Sie hielten sie kopfüber und stachen ihr in den Fuß; oft blutete es aber nicht und sie stachen immer wieder zu. Sie schrie die ganze Zeit. Es waren damals lange Tage, aber die Ärzte kamen schließlich zu dem Ergebnis, dass meine Tochter keine Leukämie hatte. Sie hatte zwar Gelbsucht und einige andere Komplikationen, aber sie bekamen die Infektionen in den Griff, die sie so krank gemacht hatten, und sie erholte sich.

Wie sie auf mich reagierte, frustrierte mich damals extrem. Sie schien jedes Mal zu schreien, sobald ich sie im Arm hielt. Sie wollte zu ihrer Mutter. Taya sagte, dass sie auf alle Männer so reagierte – sobald sie eine männliche Stimme hörte, fing sie an zu schreien.

Was auch immer der Grund dafür war, es verletzte mich tief. Ich hatte alle diese Mühen auf mich genommen, um bei ihr zu sein, und sie lehnte mich ab.

12. Schwere Zeiten

Mit meinem Sohn war es besser, er erinnerte sich an mich, war mittlerweile etwas älter und eher dazu bereit, sich auf mich einzulassen. Und wieder wurden ganz alltägliche Ereignisse, die jedes Eltern- und Ehepaar erlebt, durch die Trennung und die Belastungen, die wir durchgemacht hatten, zu vermeintlich unlösbaren Problemen.

Schon Kleinigkeiten konnten mich auf die Palme bringen. Ich erwartete beispielsweise, dass mich mein Sohn ansah, wenn ich ihn tadelte. Taya störte das, weil sie fand, dass er weder an mich noch an meinen Tonfall gewöhnt war und es von einem Zweijährigen zu viel verlangt war, seinen Vater in dieser Situation anzusehen. Aber ich sah das ganz anders. Es war richtig und er sollte es lernen. Er wurde nicht von einem Fremden gemaßregelt, sondern von jemandem, der ihn liebte. Respekt beruht auf Gegenseitigkeit. Ich sehe dich an, du siehst mich an – wir kommunizieren miteinander.

Taya sagte dann so etwas wie »Moment mal. Wie lange warst du weg? Und jetzt willst du plötzlich hier auf heile Familie machen und die Regeln bestimmen? Wohl kaum, vor allem, weil du in einem Monat sowieso wieder in den Krieg ziehst oder an einer Übung teilnimmst.«

Aus unserer individuellen Perspektive hatten wir beide recht. Das Problem war nur, die Meinung des anderen nachzuvollziehen und sie zu akzeptieren.

☙

Verstehen Sie mich nicht falsch, ich hatte keineswegs immer recht. Ich irrte mich sogar in einigen Dingen. In vielerlei Hinsicht musste ich erst lernen, ein Vater zu sein. Ich hatte zwar meine Vorstellungen vom Familienleben, aber die hatten mit der Realität nicht viel zu tun. Mit der Zeit musste ich daher etliche meiner Vorstellungen revidieren.

In gewisser Weise zumindest. Ich erwarte immer noch, dass meine Kinder mich ansehen, wenn ich mit ihnen rede. Und umgekehrt. Und Taya teilt meine Meinung diesbezüglich.

Mike Monsoor

Ich war etwa zwei Wochen zu Hause, als mich ein SEAL-Kamerad anrief und fragte, ob es Neuigkeiten gab.

»Nicht wirklich«, sagte ich.

»Wen habt ihr alles verloren?«, wollte er wissen.

»Wie?«

»Ich habe den Namen vergessen, aber ich habe gehört, ihr habt noch einen Mann verloren.«

»Verdammt!«

Ich beendete das Gespräch und rief sofort jeden an, den ich kannte. Schließlich erreichte ich jemanden, der Näheres wusste, obwohl er in jenem Augenblick nicht darüber reden konnte, weil die Familie des Betroffenen noch nicht unterrichtet worden war. Er sagte, er würde mich in Kürze zurückrufen.

Die Stunden vergingen wie in Zeitlupe.

Schließlich erfuhr ich, dass Mike Monsoor, ein Mitglied unseres Schwesterzugs, in Ramadi bei dem Versuch ums Leben gekommen war, mehrere seiner Kameraden zu retten. Die Gruppe befand sich als Sicherungsposten in einem Haus und ein Aufständischer kam nahe genug an sie heran, um eine Granate zu werfen.

Ich war zwar nicht dabei, aber laut der offiziellen Zusammenfassung des Vorfalls geschah Folgendes:

Die Granate traf ihn an der Brust und prallte auf das Deck [in diesem Fall die Navy-Bezeichnung für Boden]. Er sprang sofort auf und rief »Granate«, um seine Kameraden auf die akute Gefahr hinzuweisen, aber sie konnten das Scharfschützenversteck nicht rechtzeitig verlassen, um sich in Sicherheit zu bringen. Ohne Zögern und ohne Rücksicht auf sein eigenes Leben warf er sich auf die Granate, um seine sich in unmittelbarer Nähe befindenden Kameraden zu schützen. Die Granate detonierte, als er auf ihr lag, und fügte ihm Verletzungen zu, die seinen Tod zur Folge hatten.

Das Handeln von Petty Officer Monsoor hätte nicht selbstloser und vorbildlicher sein können. Von den drei SEALs, die sich in jener Ecke

12. Schwere Zeiten

des Flachdachs befanden, stand nur ihm der Fluchtweg frei und er hätte ohne Weiteres fliehen können, wenn er dies gewollt hätte. Stattdessen zog Monsoor es vor, seine Kameraden zu schützen und sein eigenes Leben zu opfern. Durch sein mutiges und selbstloses Tun rettete er zwei SEAL-Kameraden vor dem sicheren Tod.

Er erhielt posthum die Medal of Honor.
Sobald ich erfuhr, dass Mikey gestorben war, kamen plötzlich viele Erinnerungen an ihn hoch. Ich hatte ihn nicht besonders gut gekannt, weil er ja in dem anderen Zug war, aber ich war dabei, als er als Frischling schikaniert wurde.
Ich erinnere mich noch, wie ich damals seinen Kopf nach unten hielt, damit er rasiert werden konnte. Ihm gefiel das ganz und gar nicht und er wehrte sich nach Leibeskräften; als ich von seinem Tod erfuhr, war mir, als spürte ich wieder einige der blauen Flecke, die ich bei dieser Aktion davongetragen hatte.

Mit einem Transporter holte ich einige der Jungs vom Flughafen ab und half bei den Vorbereitungen zu Mikeys Totenwache.
Die Begräbnisfeier eines SEAL ähnelt der traditionellen irischen Totenwache, außer dass noch mehr getrunken wird.
Als das Flugzeug landete, stand ich in meiner blauen Ausgehuniform auf der Rollbahn. Ich salutierte, als der Sarg die Rampe herunterkam, und trug ihn dann mit den anderen Sargträgern langsam zum wartenden Leichenwagen.
Natürlich zogen wir auf dem Flughafen die Aufmerksamkeit vieler Menschen auf uns. Die Passanten, die begriffen, was gerade vor sich ging, hielten inne, sahen schweigend zu und zollten dem Verstorbenen ihren Respekt. Es war bewegend, wie sie einen Landsmann ehrten, den sie nicht einmal kannten. Das berührte mich zutiefst, es war eine letzte Ehrenbekundung für unseren gefallenen Kameraden, eine stille Anerkennung für das Opfer, das er gebracht hatte.

Das Einzige, woran man uns als SEALs äußerlich erkennen kann, ist der Dreizack, den wir tragen, das Metallabzeichen, das unsere Zugehörigkeit zu dieser Elitetruppe zeigt. Wenn man den nicht auf der Brust trägt, ist man nichts weiter als ein herkömmlicher Matrose.

Es wurde zu einem Zeichen des Respekts, den Dreizack abzunehmen und ihn auf der Beerdigung an den Sarg des gefallenen Kameraden zu nageln. So zeigt man ihm, dass man ihn niemals vergisst, dass er für den Rest des Lebens ein Teil von einem ist.

Während die Jungs vom Zug Delta sich in einer Reihe aufstellten und ihre Abzeichen an Mikeys Sarg hämmerten, trat ich mit gesenktem Kopf zurück. Marc Lees Grab lag zufällig nur einige Meter von der Stelle entfernt, an der Monsoor beigesetzt werden sollte. Ich hatte Marcs Beerdigung nicht beigewohnt, weil ich noch im Krieg gewesen war, und hatte keine Gelegenheit gehabt, ihm die letzte Ehre zu erweisen. Aber jetzt schien es angemessen, meinen Dreizack auf seinen Grabstein zu legen.

Ich ging schweigsam zu Marcs Grab, legte mein Abzeichen nieder und verabschiedete mich von meinem Freund.

Mikeys Beerdigung hatte nicht zuletzt deshalb eine bittersüße Note, weil Ryan rechtzeitig aus dem Krankenhaus entlassen worden war, um an ihr teilzunehmen.

Als Ryan angeschossen wurde, konnte er zunächst noch sehen, bevor er aufgrund des hohen Blutverlusts dann das Bewusstsein verlor. Aber als sein Gehirn wegen der inneren Blutungen anschwoll, beschädigten Knochensplitter oder Patronenfragmente seine Sehnerven. Es bestand keine Hoffnung, dass er jemals wieder sehen würde.

Als ich ihn begrüßte, fragte ich ihn, warum er darauf bestanden hatte, das Gebäude, auf dessen Dach er angeschossen worden war, auf eigenen Füßen zu verlassen. Ich fand, dass das sehr mutig war – wenn auch absolut typisch für ihn. Ryan erklärte mir, dass er wusste, dass unsere Vorschriften vorsahen, dass mindestens zwei Kameraden ihn begleiten mussten, wenn er nicht selbst gehen konnte. Er wollte nicht, dass wegen ihm mehr Männer als nötig aus dem Kampfeinsatz abgezogen würden.

Ich glaube, er dachte, er hätte den Weg womöglich sogar ganz alleine geschafft. Und das wäre vielleicht auch der Fall gewesen, wenn wir ihm das erlaubt hätten. Er hätte vielleicht sogar ein Gewehr in die Hand genommen und weitergekämpft.

Ryan schied wegen seiner Verletzung aus dem aktiven Dienst aus, aber wir blieben enge Freunde. Man sagt, dass die Freundschaften, die im Krieg geschlossen werden, stark sind. Das sollte sich bestätigen.

Kämpfe und immer neue Kämpfe

Schlägereien gehören für einen SEAL zum Alltag und selbstverständlich war auch ich in einige verwickelt.

Im April 2007 waren wir beispielsweise in Tennessee. In einer Stadt nahe der Landesgrenze, in der früher am Abend eine große *UFC Mixed Martial Arts*-Veranstaltung stattgefunden hatte. Wir landeten zufällig in einer Bar, in der drei Kämpfer ihre ersten Siege im Ring feierten. Ich befand mich mit einem Kameraden in einer ruhigen Ecke und es war kaum jemand sonst in der Nähe. Wir waren keineswegs auf Streit aus.

Aus irgendeinem Grund kamen drei oder vier Kerle herüber und rempelten meinen Freund an. Es wurden ein paar Worte gewechselt. Was auch immer mein Kumpel sagte, den Möchtegernkämpfern gefiel es ganz und gar nicht und sie gingen auf ihn los.

Natürlich ließ ich nicht zu, dass er sich dem Kampf alleine stellte. Ich eilte ihm zur Seite. Gemeinsam prügelten wir sie windelweich.

Diesmal hielt ich mich nicht an Chief Primos Rat. Ich prügelte sogar immer noch auf einen der Kämpfer ein, als die Türsteher dazwischengingen. Die Polizei kam, nahm mich fest und ich wurde wegen Körperverletzung angezeigt. (Mein Freund hatte sich in der Zwischenzeit aus dem Staub gemacht. Ich nahm es ihm nicht übel, er hielt sich nur an Primos zweite Regel in Sachen Schlägereien.)

Am nächsten Tag wurde ich auf Bewährung entlassen. Ich ließ einen Anwalt kommen, der schnell mit der Richterin einig wurde. Der Staatsanwalt war damit einverstanden, die Klage fallen zu lassen, aber damit alles seine juristische Gültigkeit besaß, musste ich trotzdem vor die Richterin treten. »Mister Kyle«, sagte sie in einem lang gedehnten Tonfall, der Gesetzeshütern wohl zu eigen ist, »nur weil Sie zum Töten ausgebildet sind, heißt das noch lange nicht, dass Sie das ausgerechnet in meiner Gemeinde unter Beweis stellen müssen. Verschwinden Sie und lassen Sie sich nie wieder blicken.«
Ich tat, wie mir geheißen, und mache seither einen großen Bogen um die Stadt.

Dieses kleine Malheur brachte mir allerdings zu Hause noch einigen Ärger ein. Ganz gleich, wo ich mich zu Trainingszwecken aufhielt, ich rief Taya jeden Tag an, bevor ich schlafen ging. Weil ich aber die Nacht in der Ausnüchterungszelle verbracht hatte, hatte ich nicht anrufen können. Ich konnte nur einen Anruf tätigen, und den nutzte ich, um frei zu kommen.
Das wäre alles nicht weiter schlimm gewesen, wenn nicht eines der Kinder Geburtstag gehabt hätte und ich zu Hause erwartet worden wäre. Wegen des Gerichtstermins musste ich länger als geplant in Tennessee bleiben.
»Wo bist du?«, fragte Taya, als ich sie schließlich erreichte.
»Ich wurde verhaftet.«
»Na gut«, sagte sie kurz angebunden. »Mach doch, was du willst.«
Ich kann ihr nicht übel nehmen, dass sie wütend war. Mein Verhalten war nicht gerade verantwortungsvoll. Es war nur ein weiterer Tiefpunkt in einer recht stürmischen Zeit – und mit unserer Beziehung ging es steil bergab.

Taya:
Ich hatte mich damals nicht in einen Navy SEAL verliebt, sondern in Chris.
Ein SEAL zu sein, ist vielleicht cool und alles, aber das war nicht der Grund, weshalb ich ihn liebte.
Wenn ich geahnt hätte, was auf mich zukommen würde, hätte ich zumindest einen Anhaltspunkt gehabt. Aber ich wusste nicht, was mich erwartete. Niemand weiß das. Nicht wirklich – nicht im echten Leben. Und nicht jeder SEAL fährt von einem Auslandseinsatz zum nächsten, und das gleich mehrmals hintereinander.
Mit der Zeit wurde ihm seine Arbeit immer wichtiger. Er brauchte mich nicht, um eine Familie zu haben – dafür hatte er seine Kameraden.
Nach und nach erkannte ich, dass ich in seinem Leben nicht den obersten Stellenwert einnahm. Er behauptete das zwar, ließ aber seinen Worten keine Taten folgen.

Noch mehr Kämpfe

Ich würde mich nicht unbedingt als besonders versierten, zähen Kämpfer bezeichnen, aber ich geriet hin und wieder in Situationen, in denen ich mich bewähren musste. Ich folgte stets dem Grundsatz, mich lieber vermöbeln zu lassen, als vor meinen Jungs als Schwächling dazustehen.
Ich habe mehrmals mit Schlägern Bekanntschaft gemacht und ich glaube, ich kann von mir sagen, dass ich mich gut wehren konnte.
Als ich damals in meinem allerersten Zug diente, war das gesamte SEAL-Team einmal in Fort Irwin in San Bernardino, das in der Mojave-Wüste liegt. Nach unseren Trainingseinheiten zogen wir abends in die Stadt und besuchten eine Kneipe namens Library, also Bibliothek.
Dort feierten einige Polizisten und Feuerwehrleute, die gerade frei hatten. Einige der anwesenden Damen wurden auf uns aufmerksam. Das störte die Einheimischen natürlich, die sich sogleich mit uns anlegten.
Was keine gute Idee war, weil in dieser kleinen Bar etwa 100 von uns waren. 100 SEALs sind eine schlagkräftige Truppe, die man nicht unter-

schätzen sollte. Das ließen wir sie auch spüren. Anschließend verließen wir das Lokal und warfen noch einige parkende Pkws um.
Irgendwann tauchte die Polizei auf und verhaftete 25 von uns.

Sie haben vielleicht schon von der Institution des Disziplinargerichts gehört – der kommandierende Offizier erfährt vom Vergehen seiner Untergebenen und verhängt daraufhin eine Disziplinarmaßnahme, falls er selbige für gerechtfertigt hält. Die Strafen sind im Militärgesetz festgelegt und können von einem Verweis bis hin zu einer Degradierung und einem »Disziplinararrest« reichen – was genau das ist, wonach es auch klingt.
Ähnliche Anhörungen, wenn auch mit weniger schwerwiegenden Folgen, werden gleichermaßen von anderen Offizieren geleitet, die dem Rang nach unter dem kommandierenden Offizier stehen. In unserem Fall mussten wir vor den XO treten (den Executive Officer, der hierarchisch unmittelbar unter dem Kommandanten steht). Er erklärte uns in sehr geschwollener Sprache, in welchem Schlamassel wir nach rechtlichen Maßstäben wirklich steckten. In diesem Zusammenhang las er uns alle juristisch relevanten Anklagepunkte vor und welchen Schaden wir angerichtet hatten. Ich erinnere mich nicht mehr, wie viele Menschen verletzt wurden und auf welche Höhe sich die Schadenssumme belief, aber es dauerte seine Zeit, bis er alles vorgelesen hatte. Er schloss damit, dass er uns wissen ließ, wie sehr er sich für uns schämte.
»Na gut«, sagte er, als er fertig war. »Sehen Sie zu, dass das nicht wieder passiert. Und jetzt verschwinden Sie.«
Wir gingen und waren wirklich geknickt. Seine Worte beschäftigten uns sehr ... etwa fünf Sekunden lang.
Aber die Geschichte ist hier nicht zu Ende.
Eine andere Einheit erfuhr von unserem kleinen Abenteuer und beschloss, dass sie das Lokal ebenfalls einmal besuchen sollte, um zu sehen, ob sich der Vorfall eventuell wiederholte.
Und so war es auch.
Sie entschieden die Schlägerei zwar für sich, aber soweit ich weiß, waren die Rahmenbedingungen etwas ungünstiger. Dementsprechend war das

12. Schwere Zeiten

Ergebnis nicht ganz so eindeutig wie bei uns.
Kurze Zeit später musste eine andere Einheit in derselben Gegend ein Training absolvieren. Mittlerweile herrschte eine Art sportlicher Wettstreit. Der Haken war nur, dass die Einheimischen inzwischen wussten, was auf sie zukam, und sich entsprechend vorbereiteten.
Sie wurden trotzdem wieder ordentlich vermöbelt.
Von da an durfte kein SEAL diese Stadt jemals wieder betreten.

⁂

Man könnte meinen, dass es eher schwierig ist, in Kuwait betrunken in eine Schlägerei zu geraten, weil es dort praktisch keine Lokale gibt, in denen man Alkohol trinken kann. Aber es ergab sich zufällig, dass wir ein Restaurant besuchten, in das man Alkohol hineinschmuggeln konnte.
Wir waren eines Abends dort und wurden etwas laut. Einige einheimische Gäste nahmen Anstoß daran; dies führte zu einem Streit, der wiederum in einer Schlägerei mündete. Vier von uns, mich eingeschlossen, wurden verhaftet.
Meine übrigen Kameraden kamen und baten die Polizei, uns freizulassen.
»Ausgeschlossen«, sagte die Polizei. »Sie wandern ins Gefängnis und müssen vor Gericht.«
Sie beharrten auf ihrem Standpunkt, meine Kameraden auf ihrem.
Irgendwann hatten die Kuwaiter dann doch ein Einsehen und ließen uns frei.

Einmal wurde ich auch in Steamboat Springs, Colorado, verhaftet, allerdings sprechen in diesem Fall die Umstände für mich. Ich saß in einer Kneipe, als eine Kellnerin mit einem Bierkrug vorbeikam. Ein Kerl an einem Nachbartisch schob seinen Stuhl zurück und stieß versehentlich gegen sie; dabei tropfte etwas Bier auf ihn.
Er stand auf und schlug sie.
Ich stand ebenfalls auf und verteidigte ihre Ehre auf die einzig angemessene Art und Weise. Ich wurde deswegen verhaftet. Diese Getreidebauern

fühlen sich wohl sehr stark, wenn sie Frauen schlagen.
Und auch hier wurde die Anklage ohne großes Aufhebens fallen gelassen.

Der Sheriff von Ramadi

Die Ramadi-Offensive wurde schließlich als wichtiger Meilenstein und Wendepunkt des Krieges betrachtet, eines der Schlüsselereignisse, die dazu beigetragen hatten, dass sich das Chaos im Irak allmählich lichtete. Und so kam es, dass die Soldaten, die dort aktiv waren, plötzlich mit großer Aufmerksamkeit bedacht wurden. Auch unser Team geriet irgendwann einmal in den Blickpunkt der Medien.
Wie ich schon mehrmals erwähnt habe, sollten die SEALs als militärische Einheit meiner Meinung nach keinen Sonderstatus in der Öffentlichkeit einnehmen. Wir brauchen keine Aufmerksamkeit. Jeder Einzelne von uns ist ein lautloser Profi; und je lautloser wir sind, desto besser können wir unsere Aufgabe erledigen.
Aber leider tickt die Welt nicht so. Wenn es so wäre, hätte ich auch nicht die Notwendigkeit gesehen, dieses Buch zu schreiben.
Ich möchte ausdrücklich auf meine Überzeugung hinweisen, dass der Erfolg in Ramadi, und im gesamten Irak, den Soldaten der Army und des Marine Corps zu verdanken ist, die wie die SEALs dort tapfer gekämpft haben. Jeder hat seinen Teil zum gemeinsamen Erfolg beigetragen. Es stimmt, die SEALs haben gute Arbeit geleistet und Opfer gebracht. Aber wie wir gegenüber den Offizieren und Mannschaften der Army und der Marines, an deren Seite wir kämpften, immer wieder deutlich machten: Wir sind im Hinblick auf unseren Mut und unseren Wert weder besser noch schlechter als sie.

Aber in unserer modernen Welt wollte die Öffentlichkeit mehr über die SEALs in Erfahrung bringen. Nachdem wir zurückgekehrt waren, rief uns die Befehlsleitung zu einer Besprechung, damit wir einem berühmten Schriftsteller und ehemaligem SEAL berichten konnten, was wir in der Schlacht erlebt hatten. Der Schriftsteller hieß Dick Couch.

12. Schwere Zeiten

Ich fand es seltsam, dass er mehr redete als zuhörte. Reden ist noch eine Untertreibung. Dieser Dick Couch kam tatsächlich an und wollte uns belehren.

Ich rechne es Mister Couch hoch an, dass er im Vietnamkrieg in UDT- und SEAL-Teams gedient hat. Ich achte und respektiere ihn deswegen sehr. Aber einige Dinge, die er an jenem Tag sagte, stießen mir sauer auf.

Er baute sich vor uns auf und fing an zu referieren, dass wir alles falsch gemacht hätten. Er sagte, dass wir Menschen nicht töten, sondern sie für uns gewinnen sollten.

»SEALs sollten sich mehr an den SF orientieren«, behauptete er, wobei er sich (schätze ich zumindest) auf eine der traditionellen Aufgaben der Special Forces bezog, nämlich einheimische Kämpfer auszubilden.

Soweit ich weiß, haben die Special Forces kein Problem damit, Menschen zu erschießen, wenn sie von ihnen angegriffen werden, aber vielleicht ist das ja nebensächlich.

Ich saß da und wurde langsam wütend. Meinen Teamkameraden ging es genauso, obwohl keiner von ihnen ein Wort sagte. Couch fragte schließlich, ob jemand noch etwas wissen wolle.

Ich meldete mich.

Ich machte einige ironische Bemerkungen darüber, wie wir meiner Meinung nach mit dem Irak umgehen sollten, und wurde dann ernst.

»Sie waren erst dann bereit, sich mit uns an einen Tisch zu setzen und Friedensverhandlungen aufzunehmen, nachdem wir genügend Wilde getötet hatten«, sagte ich. »Vorher nicht.«

Ich habe möglicherweise noch einige andere blumige Formulierungen verwendet, als ich beschrieb, was dort wirklich geschah. Es ging eine Zeit lang hin und her, bis mein Vorgesetzter mir zu verstehen gab, ich solle den Raum verlassen. Diesen Befehl führte ich nur zu gerne aus.

Anschließend waren sowohl mein kommandierender Offizier als auch mein Chief wütend auf mich. Aber sie konnten mir nicht allzu viel vorhalten, denn sie wussten, dass ich recht hatte.

Einige Zeit später wollte derselbe Dick Couch ein Interview mit mir führen. Ich hatte keine Lust darauf. Die Befehlsleitung bestand allerdings darauf, dass ich seine Fragen beantwortete. Selbst mein Chief nahm mich zur Seite und redete auf mich ein.

Also tat ich, wie mir geheißen. Ja, nein. Das war das gesamte Interview, mehr hatte ich nicht beizusteuern.

Fairerweise muss ich sagen, dass sein Buch offenbar nicht ganz so negativ ausfiel, wie sein Vortrag vermuten ließ – zumindest solange ich anwesend war. Vielleicht hatten einige meiner SEAL-Kameraden ja doch noch einen gewissen Einfluss auf ihn ausüben können.

☙

Wissen Sie, wie Ramadi gewonnen wurde?

Wir gingen in die Stadt und töteten alle schlechten Menschen, die wir dort finden konnten.

Zu Beginn hatten die anständigen (oder potenziell anständigen) Iraker keine Angst vor den Vereinigten Staaten; sie hatten allerdings Angst vor den Terroristen. Die USA versprachen ihnen: »Wir verbessern eure Situation.«

Die Terroristen drohten: »Wir hacken euch den Kopf ab.«

Vor wem würden Sie sich mehr fürchten? Wem würden Sie sich unterordnen?

Als wir nach Ramadi kamen, sagten wir den Terroristen: »Wir hacken *eure* Köpfe ab. Wir unternehmen alles, was nötig ist, um euch fertigzumachen.«

Nicht nur die Terroristen wurden hellhörig – *jeder* wurde hellhörig. Wir zeigten, dass *wir* es ernst meinten.

Erst dann setzte das große Erwachen ein. Nicht weil wir den Irakern Honig um den Bart schmierten. Sondern weil wir ihnen gehörig in den Hintern traten.

Die Stammesführer erkannten, dass mit uns nicht zu scherzen war und dass es wohl klüger wäre, sich am Riemen zu reißen, zusammenzuarbeiten und damit aufzuhören, die Aufständischen zu unterstützen. Die

entscheidende Wende wurde durch Gewalt herbeigeführt. Wir töteten die Schurken und brachten die Anführer an den Friedenstisch.
So läuft es nun einmal auf der Welt.

Knie-Operation

Ich hatte mir meine Knie bereits in Falludscha verletzt, als die Mauer auf mich stürzte. Cortisonspritzen halfen mir zwar eine Zeit lang über die Runden, aber der Schmerz kehrte immer wieder zurück und wurde schlimmer. Die Ärzte sagten mir, ich sollte mich an den Beinen operieren lassen, aber dann hätte ich mich krankschreiben lassen müssen und den Krieg verpasst.
Also schob ich es hinaus. Ich hatte es mir zur Gewohnheit gemacht, mich vom Arzt spritzen zu lassen und dann zur Arbeit zurückzukehren. Die Abstände zwischen den Spritzen wurden immer kürzer. Erst bekam ich sie im Abstand von zwei Monaten, dann jeden Monat.
Ich hatte Ramadi überstanden, aber mit Hängen und Würgen. Dann bekam ich Probleme damit, meine Knie zu beugen und Treppen hinabzusteigen. Irgendwann hatte ich keine Wahl mehr und legte mich kurz nach meiner Rückkehr 2007 unters Messer.
Die Chirurgen durchtrennten meine Sehnen, um den Druck zu verringern, sodass sich meine Kniescheiben wieder besser bewegen konnten. Dann mussten sie meine Kniescheiben glätten, weil sie durch Reibung entstandene Kerben aufwiesen. Sie brachten künstlichen Knorpelersatz ins Gelenk ein und glätteten dann noch den Meniskus. Außerdem richteten sie das eine Kreuzband.
Ich war wie ein Rennwagen, der einmal auseinandergenommen und komplett generalüberholt wurde.
Als sie mit allem fertig waren, schickten sie mich zu Jason, einem Physiotherapeuten, der sich darauf spezialisiert hatte, mit SEALs zu arbeiten. Er war früher Trainer bei den Pittsburg Pirates gewesen. Nach dem 11. September beschloss er, seinen alten Beruf an den Nagel zu hängen und etwas für sein Land zu tun. Und zwar indem er seine Dienste dem Militär zur Verfügung

stellte. Dafür nahm er sogar ein deutlich geringeres Gehalt in Kauf.

Das alles wusste ich nicht, als ich ihn zum ersten Mal traf. Ich wollte nur hören, wie lange die Reha dauern würde.
Er sah mich nachdenklich an.
»Bei einer solchen OP brauchen Zivilisten ein Jahr«, sagte er schließlich. »Football-Spieler sind in acht Monaten wieder fit. Bei SEALs ist das schwer zu sagen. Sie können es nicht leiden, dienstunfähig zu sein und tun alles, um schnell wieder auf die Beine zu kommen.«
Er prognostizierte schließlich sechs Monate. Ich denke, wir haben es in fünf geschafft. Aber in diesen Monaten dachte ich mehr als einmal, mein letztes Stündlein hätte geschlagen.

Jason setzte mich in ein Gerät, das meinem Knie seine alte Beweglichkeit wieder verschaffen sollte. Jeden Tag musste ich überprüfen, ob ich Fortschritte machte. Ich schwitzte Blut und Wasser, während die Vorrichtung mein Knie beugte. Schließlich schaffte ich 90 Grad.
»Das ist überragend«, sagte er mir. »Und jetzt mehr.«
»Mehr?«
»*Mehr!*«
Er hatte auch eine Maschine, die einen Stromstoß durch meine Muskeln sandte. Abhängig davon, durch welchen Muskel der Strom lief, musste ich unwillkürlich meine Zehen anziehen oder strecken. Das klingt nicht dramatisch, aber ich sage Ihnen, das ist eindeutig eine Art von Folter, die in den Genfer Konventionen verboten und selbst an SEALs nicht angewendet werden sollte.
Natürlich erhöhte Jason die Voltzahl immer weiter.
Aber das Schlimmste waren die Übungen selbst. Ich musste immer mehr und mehr und mehr davon machen. Ich erinnere mich, wie ich Taya oft anrief und ihr sagte, dass ich mich am Ende des Tages sicher übergeben – oder sicherheitshalber lieber gleich sterben – würde. Ich schien ihr leidzutun, aber rückblickend vermute ich fast, sie und Jason hatten sich damals verbündet und machten gemeinsame Sache.

12. Schwere Zeiten

Es gab eine Phase, in der Jason mich wahnsinnig viele Übungen für die Bauch- und Rumpfmuskeln machen ließ.
»Dir ist aber schon klar, dass meine Knie operiert worden sind?«, fragte ich ihn eines Tages, als ich einmal mehr meine Schmerzgrenze erreichte. Er lachte nur und erklärte mir lang und breit, wie alles im Körper von starken Rumpfmuskeln abhängt. Ich persönlich glaube hingegen, es gefiel ihm einfach, mich im Kraftraum fertigzumachen. Ich könnte schwören, dass ich jedes Mal, wenn ich auch nur ein bisschen nachließ, im Hintergrund einen Peitschenhieb hörte.
Ich dachte immer, ich sei direkt nach dem BUD/S-Training in der besten Form meines Lebens gewesen. Aber nach fünf Monaten unter Jasons Aufsicht war ich in weitaus besserer Form. Nicht nur meinen Knien ging es gut, auch der Rest war in hervorragender Verfassung. Als ich zu meinem Zug zurückkehrte, fragten mich alle, ob ich Anabolika genommen hatte.

Harte Zeiten

Vor meiner Operation hatte ich meinen Körper an seine Grenzen gebracht und ihm nicht selten auch geschadet. Jetzt zerbröckelte etwas, das für mich viel wichtiger war als meine Knie – meine Ehe.
Das war die größte Baustelle. Zwischen Taya und mir hatte sich eine Menge Groll aufgebaut. Ironischerweise stritten wir uns nicht einmal besonders häufig, aber es herrschte immer eine große Spannung. Jeder von uns strengte sich nur so sehr an, dass er von sich behaupten konnte, er bemühe sich – wodurch er aber implizierte, dass der andere nicht genügend tat. Nach all den Jahren in Kriegsgebieten und dem Getrenntsein von meiner Frau glaube ich, dass ich vergessen hatte, was es bedeutet zu lieben – welche Verantwortung damit verbunden ist, dass man dem anderen zuhören und sich auch mitteilen muss. Dieses Vergessen führte dazu, dass ich sie von mir stieß. Zu jener Zeit meldete sich eine ehemalige Freundin bei mir. Sie rief zuerst zu Hause an und Taya gab die Nachricht an mich weiter, da sie nicht davon ausging, dass ich fremdgehen wollte.
Ich nahm die Nachricht zuerst nicht ernst, wurde aber neugierig. Bald

telefonierten meine ehemalige Freundin und ich regelmäßig mit dem Handy und schickten uns SMS.

Taya ahnte, dass etwas faul war. Eines Abends kam ich nach Hause, sie bat mich Platz zu nehmen und konfrontierte mich mit allem, sehr ruhig, sehr sachlich – das heißt so sachlich man in einer solchen Situation nur sein kann.

»Wir müssen einander vertrauen können«, sagte sie dann. »Und so wie es aussieht, klappt das nicht.«

Wir führten ein ausführliches und emotionales Gespräch über uns und den Zustand unserer Ehe. Ich glaube, wir brachen beide in Tränen aus. Zumindest tat ich es. Ich liebte meine Frau. Ich wollte mich nicht noch weiter von ihr entfernen oder mich trennen. Und auf keinen Fall wollte ich mich scheiden lassen.

❦

Ich weiß: Es klingt schwülstig. Ein SEAL, der über die Liebe spricht? Ich würde mich lieber 100-mal bis zur Besinnungslosigkeit würgen lassen, als das in der Öffentlichkeit zu tun, geschweige denn mein Herz der Welt auszuschütten.

Aber es war so. Wenn ich ehrlich sein will, muss ich die Dinge so schildern, wie sie waren.

Wir stellten einige Regeln auf, an die wir uns halten wollten. Und wir kamen überein, dass wir eine Eheberatung aufsuchen würden.

12. Schwere Zeiten

Taya:
Wir kamen an einen Punkt, an dem ich das Gefühl hatte, vor einem tiefen Abgrund zu stehen. Wir stritten uns nicht nur wegen der Kinder, wir hatten einfach keinen Bezug mehr zueinander. Ich wusste, dass er unsere Ehe, mich und die Kinder aus den Augen verloren hatte.
Ich erinnere mich, wie ich mich mit einer Freundin unterhielt, die eine Menge durchgemacht hatte. Ich schüttete ihr mein Herz aus.
Sie sagte: »Dir bleibt nur eine Wahl. Du muss alles aufs Spiel setzen. Du musst ihm sagen, dass du ihn liebst und mit ihm zusammen sein willst, du ihn aber nicht aufhalten wirst, wenn er gehen will.«
Ich befolgte ihren Rat. Es war ein sehr schweres Gespräch.
Aber tief in mir drin waren mir mehrere Dinge klar. Ich wusste zunächst einmal, dass ich Chris liebte. Und zweitens, und das war mir sehr wichtig, wusste ich, dass er ein guter Vater war. Ich hatte ihn mit unserem Sohn und unserer Tochter gesehen. Ihm waren Disziplin und Respekt sehr wichtig, aber gleichzeitig verbrachte er oft und gerne Zeit mit den Kindern, die sich, wenn sie mit ihm spielten, vor Lachen bogen. Diese beiden Dinge überzeugten mich, dass ich alles tun musste, um unsere Ehe zu retten.
Aus meiner Sicht war ich auch nicht die perfekte Ehefrau gewesen. Ja, ich liebte ihn, aber ich war auch zickig gewesen. Ich hatte ihn vergrault. Wir beide mussten die Ehe wollen und wir mussten uns zusammenraufen, damit sie funktionierte.

Ich würde gerne behaupten, dass von da an alles schlagartig besser wurde. Aber so läuft es nicht im Leben. Wir redeten mehr miteinander. Ich nahm unsere Ehe ernster – und ebenso die Verantwortung meiner Familie gegenüber.

Ein Problem, auf das wir keine Antwort wussten, hatte mit meiner Verpflichtung als Zeitsoldat zu tun und wie sie sich mit unseren langfristigen Plänen als Familie vereinbaren ließ. Meine Dienstzeit würde in knapp zwei Jahren ablaufen; wir hatten bereits angefangen darüber zu reden.

Taya stellte klar, dass unsere Familie einen Vater brauchte. Mein Sohn wuchs heran. Jungen benötigen eine starke Männerfigur in ihrem Leben; das sah ich auch ein.

Aber ich hatte auch das Gefühl, dass ich meinem Land verpflichtet war. Ich war zum Töten ausgebildet worden; und ich war sehr gut darin. Ich hatte den Drang, meine SEAL-Kameraden und meine Landsleute beschützen zu müssen.

Und es machte mir Spaß. Sehr sogar.

Aber ...

Ich ging beide Standpunkte immer wieder durch. Es war eine sehr schwere Entscheidung.

Extrem schwer.

Schließlich kam ich zu dem Schluss, dass sie recht hatte: Andere konnten das Land ebenfalls verteidigen, aber in meiner Familie war ich unersetzbar. Also sagte ich ihr, ich würde meine Dienstzeit nach ihrem Ablauf nicht weiter verlängern.

Ich frage mich heute immer noch manchmal, ob ich damals die richtige Entscheidung getroffen habe. Ich vertrete die Auffassung, dass man seinem Land zur Verfügung stehen sollte, solange man fit ist und Krieg herrscht. Warum also sollte jemand anderes an meiner Stelle gehen? Ein Teil von mir war damals ernsthaft der Überzeugung, dass ich mich feige verhielt.

Wer in den Teams dient, dient uneigennützig. Als Zivilist handle ich ausschließlich eigennützig. Aber SEAL zu sein, war nicht nur mein Beruf; es war meine Identität.

Ein vierter Auslandseinsatz

Wenn alles seinen »normalen« Gang gegangen wäre, hätte ich nach meinem zweiten Auslandseinsatz eine lange Pause bekommen, auf die eine lange Dienstphase in der Heimat gefolgt wäre. Aber aus verschiedenen Gründen kam es nicht dazu.

Das Team hatte versprochen, dass ich nach dem letzten Auslandseinsatz in Ramadi Urlaub bekommen würde. Aber auch das klappte nicht. Begeistert war ich nicht gerade darüber. Wenn ich ehrlich bin, verlor ich

regelmäßig meine Geduld, wenn es um dieses Thema ging.
Mir gefällt der Krieg, mir gefällt meine Arbeit, aber es nervte mich unendlich, dass die Navy ihr Wort nicht hielt. Bei all den privaten Belastungen wäre es gut gewesen, einen Auftrag zugeteilt zu bekommen, bei dem ich näher bei meiner Familie gewesen wäre. Aber man sagte mir, dass die Bedürfnisse der Navy an erster Stelle stünden. Und ob das nun fair war oder nicht, so sah die Realität aus.

Ich hatte immer noch einen hohen Blutdruck.
Die Ärzte schoben es auf zu viel Kaffee und Kautabak. Ihrer Meinung nach war mein Blutdruck so hoch, als hätte ich kurz zuvor zehn Tassen Kaffee getrunken. Ich trank zwar Kaffee, aber nicht annähernd so viel. Sie rieten mir eindringlich dazu, meinen Konsum zu reduzieren und mit dem Kautabak aufzuhören.
Ich diskutierte nicht mit ihnen. Schließlich wollte ich nicht aus dem SEAL-Team geworfen oder aus gesundheitlichen Gründen vom aktiven Dienst entbunden werden. Ich schätze, rückblickend könnte man durchaus fragen, warum ich damals nicht genau das tat, aber in meinen Augen wäre das feige gewesen. Es wäre einfach nicht richtig gewesen, sich auf diese Weise aus der Verantwortung zu stehlen.

Schlussendlich hatte ich also kein Problem damit, als man mich für einen weiteren Auslandseinsatz einplante. Ich liebte den Krieg ja immer noch.

Zug Delta

Wenn man nach Hause zurückkehrt, werden im Zug normalerweise einige personelle Änderungen vorgenommen. Üblicherweise wechseln die Offiziere. Oft geht auch der Chief, der LPO – Lead Petty Officer – wird zum Chief ernannt und jemand anderes rückt als LPO nach. Aber ansonsten bleibt alles ziemlich beim Alten. In unserem Fall war der Großteil des Zugs schon seit vielen Jahren zusammen.
Das änderte sich nun.

Die Befehlsleitung beschloss, den Zug Charlie/Cadillac aufzulösen und uns auf die anderen Gruppen zu verteilen. Ich wurde Delta zugewiesen und stieg zum LPO auf. Ich arbeitete direkt mit dem neuen Chief zusammen, der zufällig einer meiner Ausbilder im BUD/S gewesen war.

Wir arbeiteten unsere Personalentscheidungen aus, erteilten Aufträge und schickten einzelne Mitglieder auf Fortbildungen. Als LPO musste ich mich nicht nur mit mehr Verwaltungsaufgaben herumschlagen, ich konnte auch nicht mehr Point Man sein.

Das tat weh.

Als sie darüber nachdachten, mir mein Scharfschützengewehr wegzunehmen, erhob ich Einspruch. Ich war immer noch ein Scharfschütze, ganz gleich, welche anderen Tätigkeiten im Zug ich zusätzlich ausführte.

Es war nicht nur schwer, gute Point Men zu finden, sondern wir brauchten auch einen guten »Breacher«. Der Breacher ist derjenige, der für Sprengstoffe und dergleichen zuständig ist, sie anbringt und im Einsatz (falls nötig) zündet. Sobald der Zug im Gebäude ist, leitet er praktisch alles. Deshalb ist die Gruppe völlig in seiner Hand.

Es gibt eine Vielzahl anderer wichtiger Aufgaben und Ausbildungen, die ich bis jetzt noch nicht erwähnt habe, die aber trotzdem Beachtung verdienen. Zu ihnen zählt der JTAC – das ist der Typ, der die Luftunterstützung herbeiruft. Das ist ein beliebter Posten in den Teams. Zunächst einmal, weil der Job Laune macht: Man kann zuschauen, wie Dinge in die Luft fliegen. Und zweitens wird man oft für Sondereinsätze abberufen, was mit anderen Worten bedeutet, dass man in viele Gefechte verwickelt wird.

Funk und Navigation stehen bei den meisten SEALs weniger hoch im Kurs. Aber diese Aufgaben sind auch notwendig. Eine Fortbildung, um die sich niemand reißt, ist die Schulung nachrichtendienstlicher Fähigkeiten. Jeder hasst das. Man tritt den SEALs bei, um Türen einzutreten, nicht um Informationen zu sammeln. Aber jeder hat eine Aufgabe zu erfüllen.

Es soll sogar Leute geben, die gerne aus Flugzeugen springen und mit Haien schwimmen.

Kranke Idioten.

12. Schwere Zeiten

Die Neuverteilung der einzelnen Mitglieder mit ihren speziellen Fähigkeiten half vielleicht dem Team als Ganzem, aber als LPO des Zugs war es mein Ansinnen, die besten Leute zu Delta zu bringen.
Der Master Chief, der für Personalfragen zuständig war, arbeitete alles auf einer Tabelle aus, die er auf einer großen Magnettafel angebracht hatte. Eines Nachmittags schlich ich mich in seiner Abwesenheit in sein Büro und bastelte ein wenig an der Personaleinteilung herum. Plötzlich war jeder, der zuvor in Charlie gewesen war, ab sofort im Delta-Zug. Meine Änderungen waren jedoch ein wenig zu auffällig gewesen und sobald der Master Chief zurückkehrte, hielt er mir eine etwas lautere Standpauke als sonst.
»Wage es bloß nicht, jemals wieder in mein Büro zu gehen, wenn ich nicht da bin«, sagte er, sobald ich mich wieder bei ihm meldete. »Finger weg von meiner Tafel. Verstanden?«
Nun ja, in Wirklichkeit kam ich natürlich noch einmal zurück.
Ich wusste, dass drastische Änderungen auffielen, also nahm ich nur eine kleine Korrektur vor und holte Dauber in meinen Zug. Ich brauchte einen guten Scharfschützen und Sanitäter. Dem Master Chief fiel es offenbar nicht auf, oder zumindest ließ er die Sache diesmal auf sich beruhen. Für den Fall, dass er mich in flagranti erwischt, hatte ich mir schon eine Antwort zurechtgelegt: »Ich hatte nur das Wohl der Navy im Sinn.«
Oder zumindest das des Zugs Delta.

☙

Weil ich mich immer noch von meiner Knie-Operation erholte, konnte ich in den ersten Monaten, in denen sich der Zug neu formierte und kennenlernte, an vielen Trainingseinheiten nicht teilnehmen. Aber ich behielt meine Jungs im Auge und beobachtete sie, wann immer ich konnte. Ich humpelte durch die Übungseinheiten zur Landkriegsführung und beobachtete vor allem die Frischlinge. Ich wollte wissen, mit wem ich in den Krieg zog.
Ich war bereits wieder einigermaßen in Form, als ich in einige Schläge-

reien verwickelt wurde, erst die eine in Tennessee, die ich schon erwähnt habe und bei der ich verhaftet wurde, und dann noch eine andere in der Nähe von Fort Campbell, wo, wie mein Sohn es formulierte, »ein Typ beschloss, sein Gesicht an Daddys Hand kaputt zu machen«.
»Ein Typ« brach mir dabei allerdings auch meine Hand.
Mein Chief war außer sich vor Wut.
»Du warst wegen der Knie-OP weg vom Fenster, kommst wieder, wirst verhaftet und brichst dir jetzt die Hand. Was soll der Scheiß?«
Es kann sein, dass er darüber hinaus auch noch verschiedene weitere blumige Formulierungen verwendete. Und das ging womöglich noch eine ganze Zeit lang so weiter.

Rückblickend schien ich zu dieser Zeit in viel zu viele Schlägereien zu geraten. Aber zumindest aus meiner Sicht konnte ich in den wenigsten Fällen etwas dafür – im letzteren Fall war ich schon am Gehen, als die Freundin des Idioten versuchte, sich mit einem Freund von mir, ebenfalls einem SEAL, anzulegen. Und das sah in der tatsächlichen Situation genauso lächerlich aus, wie es sich hier in gedruckter Form liest.
Aber zusammengenommen verhielt ich mich damals alles andere als vorbildlich. Es war vielleicht sogar eine gefährliche Abwärtsspirale, auf der ich mich zeitweise befand. Bedauerlicherweise erkannte ich das zu jener Zeit nicht.

Kampfunfähig

Es gibt übrigens noch ein Postskriptum zu der Geschichte von »dem Typen« und meiner gebrochenen Hand.
Der Vorfall geschah in einer Army-Stadt. Als ich zuschlug, war mir sofort klar, dass die Hand gebrochen war, aber ich konnte deswegen auf keinen Fall ins Krankenhaus gehen, das auf dem Stützpunkt war; sonst wäre nämlich herausgekommen, dass ich (a) betrunken war und (b) mich geprügelt hatte, weshalb sich die Militärpolizei meiner angenommen hätte. Nichts freut die Militärpolizei mehr als die Festnahme eines SEAL.

12. Schwere Zeiten

Also wartete ich bis zum nächsten Tag. Ausgenüchtert meldete ich mich im Krankenhaus und behauptete, ich hätte mir die Hand gebrochen, indem ich sie versehentlich zwischen Tür und Türrahmen eingeklemmt hatte. (Theoretisch möglich, wenngleich unwahrscheinlich.)
Während ich behandelt wurde, sah ich im Krankenhaus einen jungen Mann, dessen Kiefer mit einem Draht fixiert worden war.
Als Nächstes kamen einige Militärpolizisten zu mir und fingen an mich auszufragen.
»Der junge Mann behauptet, Sie hätten ihm den Kiefer gebrochen«, sagte einer von ihnen.
»Ich habe keine Ahnung, wovon er spricht«, sagte ich und rollte mit den Augen. »Ich komme gerade von einer Übung. Ich habe mir meine blöde Hand gebrochen. Fragt die Jungs von den Special Forces; wir trainieren zusammen mit ihnen.«
Es war kein wirklicher Zufall, dass alle Türsteher der Bar zu den Army Special Forces gehörten; ich war mir sicher, dass sie zu mir halten würden, wenn es darauf ankam.
Und so war es dann auch.
»Dachten wir's uns doch«, sagten die Militärpolizisten und schüttelten die Köpfe. Sie gingen wieder zu dem dämlichen Soldaten und warfen ihm vor zu lügen und ihre Zeit zu verschwenden.
Das hatte er nun davon, dass er in eine Schlägerei geraten war, die seine Freundin angezettelt hatte.

Jedenfalls kehrte ich mit einer gebrochenen Hand an die Westküste zurück. Die Jungs zogen mich auf, ich hätte Glasknochen. Aber die Verletzung war für mich nicht so amüsant, weil die Ärzte nicht sagen konnten, ob sie mich operieren sollten oder nicht. Mein einer Finger war etwas tiefer in die Hand gesunken, also nicht mehr ganz da, wo er hingehörte. In San Diego warf einer der Ärzte einen Blick darauf und fand, dass man ihn vielleicht richten könnte, indem man an ihm zog und ihn wieder in die richtige Position brachte.
Ich bat ihn darum, es zu probieren.

»Wollen Sie ein Schmerzmittel?«, fragte er.

»Ach was«, sagte ich. Ich hatte dieselbe Prozedur schon an der Ostküste über mich ergehen lassen und es hatte nicht wirklich wehgetan.

Vielleicht ziehen Navy-Ärzte fester. Ich erinnere mich nur noch daran, dass ich einige Zeit später auf der Liege des Behandlungszimmers wieder zu mir kam. Ich hatte die Besinnung verloren und mich vor Schmerzen eingenässt.

Aber immerhin kam ich so um eine Operation herum.

Und noch ein kleiner Nachtrag: Ich habe seither meinen Kampfstil so geändert, dass meine etwas schwächere Hand mich nicht behindert.

Marschbereit

Ich musste zwar einige Wochen lang einen Gips tragen, kam aber mit allem gut zurecht. Das Tempo der Vorbereitungen steigerte sich, als wir uns schlussendlich für unsere Abreise bereit machten. Es gab nur eine bittere Pille zu schlucken: Wir waren einer westlichen Provinz im Irak zugeteilt worden und hatten gehört, dass dort absolut nichts los sei. Wir versuchten nach Afghanistan berufen zu werden, doch unser Antrag wurde von dem für das Gebiet zuständigen Kommandanten abgelehnt.

Das gefiel uns nicht sonderlich, zumindest ging es mir so. Wenn ich wieder in den Krieg ziehen sollte, dann wollte ich an Gefechten teilnehmen und nicht in der Wüste meine (gebrochenen) Finger in den Schoß legen. Als SEAL will man nicht untätig herumsitzen und Erbsen zählen; man will hinein ins Kampfgeschehen.

Trotzdem freute ich mich, wieder in den Kriegseinsatz zu ziehen. Als ich in die Staaten zurückkehrte, fühlte ich mich ausgebrannt, erschöpft und emotional am Boden. Aber jetzt war ich erholt und einsatzbereit.

Ich war bereit, weitere Schurken zu töten.

Kapitel 13
Sterblichkeit

Blind

Es schien fast so, als würde jeder einzelne Hund in Sadr City bellen. Ich sah in mein Nachtsichtgerät und ließ meinen Blick durch die Dunkelheit schweifen. Ich war angespannt, als wir uns den Weg durch eine der gefährlichsten Straßen in Sadr City bahnten. Wir passierten eine Reihe von Gebäuden, die in einer ganz normalen Stadt wohl Mehrfamilienhäuser mit Eigentumswohnungen gewesen wären. Aber das hier war nicht viel mehr als ein rattenverseuchter Slum. Es war kurz nach Mitternacht Anfang April 2008, und entgegen jedem gesunden Menschenverstand marschierten wir laut Befehl geradewegs hinein in das Zentrum des Höllenschlunds, in dem die Aufständischen ihr Unwesen trieben.

Wie viele der anderen beigefarbenen Häuser in dieser Straße hatte auch das, auf das wir zusteuerten, vor der Tür ein Metallgitter. Wir stellten uns auf, um es aufzubrechen. In genau diesem Augenblick erschien jemand an der Tür und sagte etwas auf Arabisch.

Unser Dolmetscher trat heran und forderte ihn auf, er solle die Tür öffnen. Der Mann im Haus sagte, er habe keinen Schlüssel dabei.

Einer der anderen SEALs sagte ihm, er solle ihn holen. Der Mann verschwand und rannte die Treppen hinauf.

Mist!

»Los!«, rief ich. »Tretet das verdammte Gitter ein.«

Wir stürmten hinein und begannen das Haus zu durchsuchen. Erdgeschoss und erster Stock waren leer.
Ich rannte die Treppen in den zweiten Stock hinauf und ging zu einer Tür, die in ein Zimmer mit Blick zur Straße führte. Ich lehnte mich gegen die Wand, während der Rest meiner Gruppe zu mir aufschloss. Als ich einen Schritt nach vorne machen wollte, flog der ganze Raum in die Luft.
Wie durch ein Wunder wurde ich nicht verletzt, obwohl ich die volle Wucht der Detonation zu spüren bekam.
»Wer zum Teufel hat eben eine Handgranate geworfen?«, rief ich.
Niemand. Und der Raum selbst war leer. Jemand hatte soeben das Haus mit einer Panzerabwehrgranate beschossen.
Es folgten Schüsse. Wir formierten uns neu. Der Iraker, der sich im Haus befunden hatte, hatte den in der Nähe befindlichen Aufständischen offenbar mitgeteilt, wo wir waren. Zu allem Überfluss erwiesen sich die Mauern des Hauses als ziemlich marode, den Granaten, die auf uns gefeuert wurden, würden sie jedenfalls nicht standhalten. Wenn wir hier blieben, würden wir gegrillt werden.
Raus aus dem Haus! *Sofort!*
Mein letzter Kamerad hatte gerade das Haus verlassen, als der Boden unter uns gewaltig erbebte: Die Aufständischen hatten weiter unten auf der Straße eine IED gezündet. Die Detonation war so heftig, dass sie einige von uns zu Boden riss. Mit dröhnenden Ohren rannten wir in ein anderes Gebäude in der Nähe. Als wir uns aber gerade bereit machten, dort einzudringen, brach die Hölle über uns herein. Wir wurden aus allen Richtungen beschossen, sogar von oben.
Eine Kugel traf meinen Helm. Es wurde dunkel um mich. Ich war blind. Es war meine erste Nacht in Sadr City und es sah ganz danach aus, als würde es meine letzte werden.

Von Westen nach Osten

Bis zu jenem Zeitpunkt hatte ich einen ereignislosen, beinahe sogar langweiligen vierten Auslandseinsatz im Irak verbracht.

13. Sterblichkeit

Der Zug Delta war etwa einen Monat zuvor eingetroffen und nach al-Qa'im im Westen Iraks gereist, das an der syrischen Grenze liegt. Eigentlich sollten wir ausgedehnte Wüstenpatrouillen unternehmen, aber wir hatten unsere gesamte Zeit damit verbracht, mithilfe einiger Seabees einen Stützpunkt zu errichten. Es fanden nicht nur keine Kampfhandlungen statt, die Marines, denen die Basis gehörte, wollten selbige auch noch schließen, was bedeutete, dass wir kurz nach dem Aufbau schon wieder hätten umziehen müssen. Ich wusste nicht, welchen Sinn das ergab.

Die Stimmung war auf einem echten Tiefpunkt angelangt, als mein Chief eines Morgens sein Leben riskierte – indem er in mein Zimmer kam und mich wachrüttelte.

»Was zum Teufel?«, rief ich und sprang auf.

»Sachte«, sagte mein Chief. »Zieh dich an und komm mit.«

»Aber ich bin eben erst eingeschlafen.«

»Das wird dich interessieren. In Bagdad wird gerade eine Einsatzgruppe zusammengestellt.«

Eine Einsatzgruppe? *Prima!*

Es war so ähnlich wie in dem Film *Und täglich grüßt das Murmeltier*, aber in positiver Hinsicht. Als mir das das letzte Mal passierte, war ich in Bagdad und ging von da aus nach Westen. Jetzt war ich im Westen und ging nach Osten.

Ich war mir allerdings nicht sicher warum.

Laut dem Chief war ich für eine Einheit ausgewählt worden, weil ich einerseits ein LPO war und andererseits auch ein Scharfschütze. Sie riefen für die Operation Scharfschützen aus dem ganzen Land herbei, allerdings wusste er nicht, was genau geplant war. Er wusste nicht einmal, ob der Einsatz in einem ländlichen oder einem städtischen Umfeld stattfand.

Mist, dachte ich, *wir gehen in den Iran.*

❧

Es war ein offenes Geheimnis, dass die Iraner Aufständische mit Waffen ausrüsteten und sie ausbildeten, in manchen Fällen überschritten die Iraner sogar die Grenze und griffen selbst westliche Truppen an. Es ging das Gerücht um, dass eine Streitmacht gebildet wurde, um den Eindringlingen an der Grenze Einhalt zu gebieten.

Ich wurde nach al-Asad gebracht, dem großen Stützpunkt in der Provinz al-Anbar, an dem sich unsere Oberbefehlsleitung aufhielt. Dort erfuhr ich, dass wir nicht an die Grenze gingen, sondern an einen wesentlich gefährlicheren Ort: Sadr City.

Sadr City liegt am äußeren Rand Bagdads und hatte sich seit der Zeit, als ich mit den Jungs von der GROM unterwegs war, sogar zu einem noch größeren Höllenloch entwickelt. Der religiöse Führer Muktada al-Sadr (nach dessen Vater die Stadt benannt war) hasste Amerikaner bis aufs Blut und hatte seine Miliz, die Mahdi-Armee (auf Arabisch *Jaish al-Mahdi*), immer weiter aufgebaut. Es gab auch andere Aufständische, die in der Gegend ihr Unwesen trieben, aber die Mahdi-Armee war mit Abstand die größte und einflussreichste Gruppierung.

Mit heimlicher Unterstützung aus dem Iran hatten die Aufständischen Waffen gehortet und damit angefangen, Bagdads Grüne Zone mit Mörsergranaten und Raketen zu beschießen. Der gesamte Ort war eine Schlangengrube. Wie in Falludscha und Ramadi gab es auch hier unter den Aufständischen verschiedene Klüngel, die alle unterschiedlich professionell agierten. Die meisten Menschen hier waren Schiiten, während ich es in meinen früheren Schlachten überwiegend mit Sunniten zu tun gehabt hatte. Aber sonst war es ein Höllenloch wie jedes andere.

Mir war es gleich.

೧೮

Sie beriefen nicht nur Scharfschützen und JTACs in die Sondereinsatzgruppe, sondern auch einige Offiziere und Chiefs der Teams 3 und 8. Insgesamt waren wir etwa 30 Mann. Es war in gewisser Weise eine All-star-Mannschaft mit einigen der allerbesten Soldaten des Landes. Und sie war sehr scharfschützenlastig, weil der Grundgedanke war, auch in

13. Sterblichkeit

Sadr City einige der Taktiken umzusetzen, die wir bereits in Falludscha, Ramadi und andernorts erfolgreich angewandt hatten.

Wir hatten großes Potenzial, aber weil wir alle aus verschiedenen Einheiten stammten, mussten wir uns erst einmal kennenlernen. Kleine Unterschiede in der Art und Weise, wie die Teams der Ost- und der Westküste arbeiteten, konnten sich in einem Feuergefecht zu einem großen Problem entwickeln. Außerdem mussten wir noch eine Menge Personalfragen klären, Point Men nominieren und andere Dinge absprechen.

Die Army hatte beschlossen, eine Pufferzone einzurichten, um die Aufständischen so weit zurückzudrängen, dass ihre Raketen die Grüne Zone verfehlten. Hierfür musste eine Mauer in Sadr City errichtet werden – im Grunde genommen eine gewaltige Betonwand, die an einer Durchfahrtsstraße entlang verlaufen und etwa zu einem Viertel in den Slum hineinragen sollte. Unsere Aufgabe war es, die Männer zu beschützen, die die Mauer bauten – und dabei so viele Schurken wie möglich auszuschalten.

Die Bautrupps hatten eine extrem gefährliche Aufgabe. Ein Kran hob die Mauerabschnitte von einem Flachwagen und brachte sie an die richtige Stelle. Sobald sie abgesetzt wurden, kletterte ein Soldat hinauf und löste den Haken.

Normalerweise wurde er dabei beschossen. Und es waren keine vereinzelten Schüsse – die Aufständischen benutzten alle Waffen, die sie hatten, von Kalaschnikows bis hin zu panzerbrechenden Waffen. Diese Army-Soldaten bewiesen großen Mut.

※

Eine Einheit der Special Forces war bereits in Sadr City im Einsatz und lieferte uns wertvolle Hinweise und Informationen. Wir brauchten etwa eine Woche, um alles auszuarbeiten und einen Plan zu entwickeln, wie wir das Pferd aufzäumen konnten. Sobald alles geklärt war, wurden wir zu einem Army-Stützpunkt gebracht.

Zu diesem Zeitpunkt erfuhren wir, dass wir nachts zu Fuß durch Sadr City patrouillieren würden. Einige von uns wandten ein, dass das nicht viel bringen würde – an dem Ort wimmelte es von Aufständischen, die uns töten wollten, und zu Fuß waren wir leichte Beute.
Aber jemand dachte, es sei klug, wenn wir mitten in der Nacht unterwegs wären. Schleicht euch hinein, so sagte man uns, und ihr handelt euch keinen Ärger ein.
Und so machten wir es dann auch.

Schuss in den Rücken

Sie irrten sich.
Da war ich nun, ich hatte einen Kopfschuss davongetragen und war blind. Blut strömte mir über das Gesicht. Ich griff mir an den Schädel und war überrascht – mein Kopf war noch da, wo er hingehörte ... und sogar intakt. Aber ich wusste, dass ich getroffen worden war.
Ich bemerkte, dass mein Helm, dessen Riemen ich nicht verschlossen hatte, in den Nacken gerutscht war. Ich zog ihn nach vorne. Plötzlich konnte ich wieder sehen. Eine Kugel hatte den Helm erwischt, aber durch unglaubliches Glück war sie an meinem Nachtsichtgerät abgeprallt. Die Wucht des Aufschlags hatte meinen Helm nach hinten geschleudert, aber ansonsten war ich nicht weiter verletzt. Als ich ihn zurechtgerückt hatte, brachte ich das Nachtsichtgerät erneut vor meine Augen und konnte wieder sehen. Ich war gar nicht blind, in der Verwirrung wusste ich nur einen Moment lang nicht, was geschehen war.
Einige Sekunden später traf mich eine große Patrone in den Rücken. Sie drückte mich geradewegs zu Boden. Zum Glück erwischte sie aber nur eine der Platten meiner Körperpanzerung.
Ich war immer noch benommen. Mittlerweile waren wir umzingelt. Wir sprachen uns kurz ab und einigten uns darauf, uns auf einen Marktplatz zurückzuziehen, den wir auf dem Hinweg passiert hatten. Wir begannen zu schießen und traten den geordneten Rückzug an.

13. Sterblichkeit

Mittlerweile sahen die Straßenzüge um uns herum aus wie jene, die man aus den schlimmsten Szenen von *Black Hawk Down* kennt. Scheinbar wollte sich jeder Aufständische, vielleicht sogar jeder einzelne Einwohner, die dämlichen Amerikaner vorknöpfen, die so töricht gewesen waren, nach Sadr City zu kommen.

Wir schafften es nicht, in das Gebäude einzudringen, in das wir uns zurückziehen wollten. Zwischenzeitlich hatten wir eine schnelle Eingreiftruppe herbeigerufen – eine moderne Formulierung für die gute alte Kavallerie. Denn, um von dort wegzukommen, brauchten wir dringend Unterstützung – »HILFE« in Großbuchstaben, sozusagen.

Eine Gruppe Army-Stryker kam angerückt, schwer bewaffnete Truppentransporter, die aus vollen Rohren feuerten. Es gab viele Ziele – auf den Dächern der umliegenden Straßen standen mindestens 100 Aufständische und wollten uns den Garaus machen. Als sie die Stryker sahen, richteten sie ihre Aufmerksamkeit auf die Fahrzeuge und versuchten, sie in die Luft zu jagen. Aber sie waren chancenlos. Es sah fast aus wie ein Videospiel – ständig fielen Männer von den Dächern.

»Danke, ihr verdammten Dreckskerle«, ächzte ich, als die Fahrzeuge bei uns eintrafen. Ich hätte schwören können, irgendwo im Hintergrund eine Kavallerietrompete zu hören.

Sie senkten ihre Rampen und wir rannten hinein.

»Hast du gesehen, wie viele von den Wilden dort oben waren?«, fragte ein Besatzungsmitglied, als das Fahrzeug zum Stützpunkt raste.

»Nein«, antwortete ich. »Ich war zu sehr mit Schießen beschäftigt.«

»Sie waren überall.« Der junge Mann war aufgeregt. »Sie starben wie die Fliegen und wir haben nicht mal die Hälfte erwischt. Wir haben sie einfach niedergemäht. Wir dachten schon, ihr wärt erledigt.«

Mit dieser Annahme war ich also nicht alleine.

☙

Jene Nacht jagte mir eine gewaltige Angst ein. Damals erkannte ich, dass ich keine übermenschlichen Kräfte besaß. Ich konnte durchaus sterben.

Es hatte natürlich auch in der Vergangenheit Situationen gegeben, in denen ich mir sicher war, dass ich sterben würde.
Aber der Fall trat nie ein. Es waren immer nur flüchtige Gedanken gewesen. Sie lösten sich schnell in Wohlgefallen auf.
Nach einer Weile begann ich zu denken, ich sei unsterblich. Wir sind SEALs, man kann uns nicht töten. Wir sind unbesiegbar, verdammt noch mal.
Ich war mir sicher, dass ein Schutzengel über mich wachte. Ich bin nicht nur ein SEAL, sondern auch ein Glückspilz, das weiß ich, und ganz egal wo ich hinkam, ich dachte immer: *Ich kann gar nicht sterben.*
Dann, aus heiterem Himmel, wurde ich innerhalb von zwei Minuten zweimal getroffen.
Und ich dachte: *Verdammt, meine Stunde hat geschlagen.*

Der Mauerbau

Wir waren froh und dankbar, dass wir gerettet worden waren, kamen uns zugleich aber auch vor wie die größten Volltrottel.
Sich an Sadr City heranzupirschen, würde nicht funktionieren, und die Kommandeure hätten das von Anfang an wissen müssen. Die Schurken waren immer darüber informiert, wo wir waren. Wir mussten einfach das Beste daraus machen.
Zwei Tage nachdem wir wie Hunde aus der Stadt gejagt worden waren, kehrten wir zurück, und diesmal rückten wir gleich mit den Strykern an. Wir übernahmen ein Gebäude, das Bananenfabrik genannt wurde. Es war vier oder fünf Stockwerke hoch und voll mit Obstkisten und diversem Fabrikzubehör, das lange vor unserem Eintreffen von Plünderern weitgehend zerstört worden war. Ich war mir nicht ganz sicher, inwiefern das Gebäude etwas mit Bananen zu tun hatte oder was die Iraker ursprünglich dort getrieben haben; ich wusste damals nur, dass es ein gutes Scharfschützenversteck war.
Ich wollte etwas mehr Schutz, als mir ein Dach bieten konnte, und richtete mich im obersten Stockwerk ein. Gegen 9 Uhr morgens fiel mir auf,

13. Sterblichkeit

dass die Anzahl der Zivilisten, die die Straße passierten, abnahm. Das war immer ein klares Indiz – sie hatten Lunte gerochen und wollten nicht ins Kreuzfeuer geraten.

Einige Minuten später war die Straße wie ausgestorben und ein Iraker trat aus einem halb zerstörten Gebäude. Er war mit einer Kalaschnikow bewaffnet. Sobald er die Straße erreichte, duckte er sich und pirschte sich an den Bereich heran, in dem die Bauarbeiter an der Mauer arbeiteten. Offenbar suchte er sich gerade ein Opfer aus. Sobald ich mir sicher war, dass er diese Absicht verfolgte, zielte ich auf seinen Körperschwerpunkt und drückte ab. 36 Meter entfernt fiel er tot zu Boden.

Eine Stunde später sah ich, wie in einem anderen Straßenabschnitt ein Mann hinter einer Mauer hervorlugte. Er sah in die Richtung der Betonmauer und verschwand dann wieder hinter seiner Deckung.

Für einen unbedarften Beobachter mag dieses Verhalten harmlos ausgesehen haben – und die Einsatzregeln hätten es keinesfalls hergegeben, jemanden nur deshalb zu erschießen, weil er in eine bestimmte Richtung sah. Ich wusste aber, dass ich wachsam sein musste. Schon seit Jahren hatte ich die Verhaltensweisen der Aufständischen studiert, die alle demselben Muster folgten. Sie streckten ihre Köpfe heraus, blickten verstohlen umher und verschwanden dann wieder. Ich nannte sie »Linser« – sie »linsten« hervor, weil sie wissen wollten, ob jemand sie beobachtete. Ich bin sicher, sie wussten ganz genau, dass sie nicht erschossen werden konnten, nur weil sie sich umsahen.

Ich war mir ebenfalls im Klaren darüber. Aber ich wusste auch, dass der Typ oder sein Auftraggeber wahrscheinlich wieder erscheinen würde, wenn ich nur geduldig genug war. Es wunderte mich daher kein bisschen, dass der Mann einige Augenblicke später wieder auftauchte.

Er hatte eine Panzerabwehrrakete mit entsprechender Abschussvorrichtung bei sich. Schnell kniete er sich hin und zielte.

Ich erschoss ihn, bevor er sie abfeuern konnte.

Dann wurde es eine Geduldsprobe. Die Waffe war für die Aufständischen wertvoll. Ich wusste, dass früher oder später jemand losgeschickt werden würde, um sie zu holen.

Ich beobachtete das Geschehen. Die Warterei schien kein Ende zu nehmen. Schließlich schritt eine Gestalt die Straße entlang und hob die Waffe auf.

Es war ein Junge. Ein Kind.

Ich hatte ihn im Fadenkreuz, drückte aber nicht ab. Ich wollte kein unschuldiges Kind erschießen. Ich nahm mir vor zu warten, bis der Wilde, der es geschickt hatte, selbst auf der Bildfläche erschien.

Viele Ziele

An jenem Tag erschoss ich insgesamt sieben Aufständische, am nächsten Tag sogar noch mehr.

Aufgrund der Anordnung der Straßen und der Menge an Aufständischen waren die Schussdistanzen recht gering – einige waren um die 180 Meter entfernt. Mein weitester Schuss betrug dort etwa 800 Meter; im Durchschnitt waren es um die 365 Meter.

Sadr City war schizophren. Einerseits lebten dort ganz gewöhnliche Zivilisten, die ihren alltäglichen Geschäften nachgingen, Waren verkauften, auf den Markt gingen und andere Dinge taten. Und dann gab es bewaffnete Männer, die versuchten, sich über Nebenstraßen heranzuschleichen und die Soldaten anzugreifen, die die Mauer bauten. Nachdem wir angefangen hatten, die Aufständischen in Gefechte zu verwickeln, wurden wir selbst zur Zielscheibe. Jeder wusste, wo wir waren, und die Schurken kamen aus ihren Rattenlöchern gekrochen, um uns zu töten.

An einem bestimmten Punkt hatte ich bereits so viele Todesschüsse für mich verbuchen können, dass ich den anderen Scharfschützen den Vortritt ließ. Ich gab ihnen sogar die besten Plätze in den Gebäuden, in denen wir uns niederließen. Aber selbst dann hatte ich noch viele Gelegenheiten, Treffer zu landen.

Eines Tages übernahmen wir ein Haus und nachdem meine Jungs sich ihre Plätze ausgesucht hatten, waren alle Fenster besetzt, von denen aus man hätte schießen können. Also nahm ich einen Vorschlaghammer und schlug ein Loch in die Mauer. Es dauerte eine Weile, bis ich mit allem zufrieden war.

Als ich mich schließlich eingerichtet hatte, hatte ich ein Blickfeld, das etwa 275 Meter weit reichte. Gerade als ich mein Gewehr geholt hatte, kamen drei Aufständische von der anderen Seite der Straße, gerade einmal 14 Meter von mir entfernt.

Ich tötete sie alle. Ich drehte mich um und sagte zu dem Offizier, der gerade zu mir herübergekommen war: »Auch ein paar gefällig?«

Nach einigen Tagen bemerkten wir, dass die Angriffe zunahmen, sobald die Bautrupps eine Kreuzung erreichten. Das ergab auch Sinn: Die Aufständischen wollten von einer Stelle aus angreifen, die gute Fluchtmöglichkeiten bot.

Wir legten nach und beobachteten auch die Nebenstraßen. Dann machten wir die Kerle fertig, sobald sie auftauchten.

Falludscha war schlimm gewesen. Ramadi sogar noch schlimmer. Aber Sadr City war der absolute Tiefpunkt. Wir arbeiteten jeweils für zwei oder drei Tage als Sicherungsposten, dann legten wir einen Tag Pause ein, erholten uns und kehrten anschließend wieder zurück. Und jedes Mal wurden wir in erbitterte Feuergefechte verwickelt.

Die Aufständischen hier hatten außerdem mehr zu bieten als nur Kalaschnikows. Praktisch jedes Mal wurden wir auch mit Granaten beschossen. Wir reagierten darauf, indem wir Luftunterstützung herbeiriefen, mit Hellfire-Raketen und allem Drum und Dran.

Im Laufe der vergangenen Jahre hatte sich die Satellitenüberwachung erheblich verbessert und die USA machten von ihr auch regen Gebrauch, wenn es darum ging, Panzerabwehrwaffen und andere Kurzstreckenraketen ausfindig zu machen. Aber in unserem Fall waren die Bastarde direkt vor unserer Nase und relativ leicht zu entdecken. Und es gab sie in Hülle und Fülle.

Die irakische Regierung behauptete einmal, wir würden Zivilisten töten. Das war völliger Unsinn. In so ziemlich jedem Feuergefecht hörten

Geheimdienstmitarbeiter der Army Handygespräche der Aufständischen mit, die den genauen Kampfhergang wiedergaben.

»Sie haben gerade diesen und jenen erschossen«, hieß es in einem Gespräch. »Wir brauchen mehr Mörser- und Scharfschützen ... sie haben heute 15 erwischt.«

Wir hatten in jener Schlacht nur 13 mitgezählt – ich schätze also, wir hätten zwei Treffer, die wir als ungewiss gewertet hatten, doch als sichere Todesschüsse verbuchen können.

Hole eben noch schnell mein Gewehr

Wie so oft gab es auch während dieses Einsatzes Augenblicke höchster Anspannung, die mit bizarren Ereignissen und unfreiwillig komischen Momenten einhergingen.

Eines Tages eilte ich am Ende einer Operation mit den anderen Jungs zum Bradley-Transporter zurück. Gerade als ich das Fahrzeug erreichte, fiel mir auf, dass ich mein Scharfschützengewehr liegen gelassen hatte – ich hatte es in einem der Räume abgelegt und dann vergessen mitzunehmen.

Ja, ich weiß. Dämlich.

Ich machte auf dem Absatz kehrt. LT, einer meiner Offiziere, kam gerade als Letzter hinzu.

»Hey, wir müssen zurück«, sagte ich. »Mein Gewehr ist noch im Haus.«

»Also los«, sagte LT und folgte mir.

Wir rannten zurück ins Haus. In der Zwischenzeit strömten die Aufständischen aber ebenfalls bereits auf das Gebäude zu – sie waren so nah, dass wir sie schon hören konnten. Wir überquerten den Innenhof und waren uns sicher, dass wir spätestens im Inneren des Hauses auf sie stoßen würden.

Zum Glück war noch niemand dort. Ich griff mir mein Gewehr und wir rannten zu den Bradleys zurück, die wir etwa zwei Sekunden vor einem heftigen Granatenangriff erreichten. Die Rampe schloss sich und die Explosionen drangen nur noch dumpf in den Innenraum.

»Was sollte das?«, wollte der für den Einsatz zuständige Offizier wissen, als das Fahrzeug sich in Bewegung setzte.
LT schnitt eine Grimasse.
»Das erkläre ich später«, sagte er.
Ich bin mir nicht sicher, ob er das jemals tat.

Sieg

Es dauerte etwa einen Monat, bis die Mauer errichtet war. Als die Army ihr Ziel erreicht hatte, gaben die Aufständischen langsam auf.
Es war vermutlich eine Kombination aus der Erkenntnis, dass die Mauer auf jeden Fall gebaut werden würde und der Tatsache, dass wir so viele von den Bastarden getötet hatten, dass ihnen schlichtweg das Personal fehlte, um weitere Angriffe zu starten. Am Anfang der Operation waren es noch 30 oder 40 Aufständische, die mit Kalaschnikows oder panzerbrechenden Waffen auf einen einzelnen Bautrupp feuerten, am Schluss griffen nur noch zwei oder drei Männer an. Nach und nach verschwanden sie in den Slums, die uns umgaben.
Muktada al-Sadr war in der Zwischenzeit zu der Erkenntnis gelangt, dass es für ihn an der Zeit sei, mit der irakischen Regierung in Friedensverhandlungen zu treten. Er rief einen Waffenstillstand aus und begann mit der Regierung zu reden.
Zeichen und Wunder.

Taya:

Ich bekam damals immer wieder zu hören, dass ich gar nicht genau wissen könne, wer Chris sei und was er tue, weil er ein SEAL sei. Ich erinnere mich, wie ich einmal zu einem Steuerberater ging. Er sagte, dass er selbst ein paar SEALs kenne und niemand genau wisse, wohin sie verschwanden.
»Mein Mann ist auf einer Übung«, sagte ich. »Ich weiß, wo er ist.«
»Das können Sie nicht wissen.«
»Doch. Ich habe vorhin noch mit ihm telefoniert.«

> »Aber Sie können nie wirklich wissen, was er tut. Er ist ein SEAL.«
> »Ich ...«
> »Sie können es nicht wissen.«
> »Ich kenne meinen Mann.«
> »Sie können es nicht wissen. SEALs werden so ausgebildet, dass sie die Unwahrheit sagen.«
> Derlei Unfug bekam ich oft zu hören. Das störte mich vor allem dann gewaltig, wenn ich die Person, mit der ich mich unterhielt, nicht gut kannte. Den Menschen, die ich besser kannte, war durchaus bewusst, dass ich vielleicht nicht über jede Einzelheit von Chris' Arbeit informiert war, aber alles wusste, was ich wissen musste.

In den Dörfern

Nachdem sich die Lage in Sadr City beruhigt hatte, erhielten wir ein neues Einsatzgebiet. Bombenbauer und andere Aufständische hatten in einigen Dörfern in der Nähe Bagdads Unterschlupf gefunden und versuchten nun, die amerikanischen Truppen und die örtlichen irakischen Kräfte von diesen unscheinbaren Standorten aus zu bekämpfen. Die Mahdi-Armee war in dieser Region sehr aktiv und die Gegend für Amerikaner praktisch unpassierbar.

Während der Schlacht um Sadr City hatten wir zu einem großen Teil mit Mitgliedern der 4-10 Mountain Division zusammengearbeitet. Sie waren durch die Bank weg beherzte Kämpfer und wollten sich auf jeden Fall ins Getümmel stürzen – und in Sadr City war ihr Wunsch mehr als erfüllt worden. Als wir nun die Stadt verließen und in die Dörfer vordrangen, freuten wir uns auf eine weitere Zusammenarbeit. Sie kannten die Gegend bereits, verfügten über hervorragende Scharfschützen und ihre Präsenz erhöhte unsere Kampfkraft ganz enorm.

Wir haben zwar dieselben Aufgaben, aber es bestehen trotzdem einige Unterschiede zwischen den Scharfschützen der Army und denen der SEALs. Army-Scharfschützen verwenden Beobachter, auf die wir grundsätzlich verzichten. Außerdem ist ihr Waffenarsenal etwas weniger umfangreich als unseres.

Die größten Unterschiede bestanden aber, zumindest am Anfang, in ihrem taktischen Vorgehen und der Art und Weise, wie sie eingesetzt wurden. Army-Scharfschützen waren es eher gewohnt, in Drei- oder Vier-Mann-Trupps loszuziehen, was bedeutete, dass sie nicht allzu lange draußen bleiben konnten, sicher nicht die ganze Nacht.

Eine SEAL-Einheit hingegen rückte mit schwerem Gerät an und riegelte einen Bereich ab, um in Ruhe zu arbeiten. Im Grunde genommen provozierten wir Angriffe und boten dem Feind Anlass, sich mit uns anzulegen. Es war weniger ein Sicherungsposten als vielmehr eine Herausforderung: *Hier sind wir, kommt und holt uns.*

Und das taten sie auch: Dorf um Dorf kamen die Aufständischen herbei und versuchten uns zu töten. Üblicherweise verbrachten wir mindestens eine Nacht dort, eher mehrere, bevor wir den Ort nach Sonnenuntergang wieder verließen.

In einige der Dörfer kehrten wir gleich mehrere Male zurück, wobei wir uns immer in einem anderen Haus einrichteten. Wir wiederholten diesen Vorgang so lange, bis alle Schurken in der Gegend tot waren oder zumindest verstanden hatten, dass es nicht sehr klug war, sich mit uns anzulegen.

Es ist überraschend, wie viele Idioten man töten musste, bis bei ihnen der Groschen fiel.

Bis zum Hals im Dreck

Es gab auch heitere Augenblicke, aber selbst die waren manchmal beschissen. Im wahrsten Sinne des Wortes.

Unser Point Man Tommy war ein prima Kerl, aber wie sich herausstellen sollte, hatte er oft einen schlechten Riecher.

Oder vielleicht sollte ich sagen, dass er manchmal eher eine Wasserratte war als ein Point Man. Wenn zwischen uns und dem Ziel auch nur irgendeine feuchte Stelle war, sei es eine Pfütze oder ein Schlammloch – Tommy führte uns garantiert durch sie hindurch. Je tiefer das Gewässer, desto besser. Und er brachte uns immer dazu, das unwegsamste Gelände zu überqueren.

Das trieb er dermaßen auf die Spitze, dass ich ihm eines Tages drohte: »Wenn das noch einmal passiert, verprügle ich dich und du fliegst raus.« Bei der nächsten Mission fand er einen Weg zum Dorf, den er für trocken hielt. Ich hatte da meine Zweifel und wies ihn sogar noch darauf hin.

»Oh nein, keine Sorge«, gab er sich überzeugt, »es ist alles bestens.«

Wir machten uns auf den Weg und folgten ihm auf einem schmalen Pfad quer über ein Feld. Wir kamen zu einem Rohr, das über einem schlammigen Pfad lag. Ich bildete die Nachhut und war einer der Letzten in der Gruppe, der das Rohr passierte. Ich stieg darüber und setzte meinen Fuß auf den feuchten Boden. Im selben Moment brach ich durch den Schlamm und versank bis zum Knie in Dreck. Der Schlamm war nur eine dünne, angetrocknete Schicht, die eine Jauchegrube bedeckte.

Es stank sogar noch schlimmer als üblicherweise im Irak.

»Tommy«, brüllte ich. »Du bist fällig, sobald wir zum Haus kommen.«

Wir setzten unseren Weg zum Haus fort. Ich war immer noch hinten. Wir sicherten das Gebäude und sobald alle Scharfschützen Position bezogen hatten, suchte ich Tommy, um ihn wie versprochen zu verprügeln. Doch Tommy musste bereits büßen: Als ich ihn im Erdgeschoss fand, hing er an einer Infusion und übergab sich. Er war in den Dreck gestürzt und von Kopf bis Fuß mit Kot bedeckt. Er war einen Tag lang krank und stank noch eine weitere geschlagene Woche.

Jedes Kleidungsstück, das er trug, wurde entsorgt, vermutlich durch ein ABC-Team.

Geschah ihm ganz recht.

Ich war zwei bis drei Monate in den Dörfern. Und in dieser Zeit hatte ich etwa 20 bestätigte Todesschüsse. Es war nie vorhersehbar, ob man in einer Operation auf erbitterte Gegenwehr stieß oder alles friedlich blieb. Die meisten Häuser, die wir einnahmen, gehörten Familien, die zumindest so taten, als seien sie neutral; ich schätze die Mehrzahl von ihnen verabscheute die Aufständischen dafür, dass sie so viel Ärger verursachten,

13. Sterblichkeit

und waren wahrscheinlich glücklicher als wir, wenn die Schurken endlich verschwanden. Aber es gab Ausnahmen und wir waren sehr frustriert, wenn wir nichts dagegen unternehmen konnten.
Einmal durchsuchten wir ein Haus und fanden einige Polizeiuniformen. Wir wussten sofort, dass der Besitzer ein Mudschahed war – die Aufständischen stahlen Uniformen und benutzten sie bei Angriffen, um sich zu verkleiden.
Natürlich erzählte der Besitzer uns irgendeinen Schrott, dass er gerade einen Teilzeitposten als Polizist angenommen habe – etwas, das er seltsamerweise vergessen hatte zu erwähnen, als wir ihn zum ersten Mal verhört hatten.
Wir gaben die Information an die Army weiter und wollten wissen, wie wir mit ihm verfahren sollten.
Es lagen keine Informationen über diesen Kerl vor und so kam man zu dem Schluss, dass die Uniformen rein gar nichts bewiesen.
Man sagte uns, wir sollten ihn laufen lassen, und das taten wir auch. Allerdings mit keinem guten Gefühl, vor allem weil wir in den nächsten Wochen von Angriffen hörten, bei denen die Aufständischen sich als Polizisten verkleidet hatten.

Herausgeholt

Eines Abends drangen wir in ein anderes Dorf ein und übernahmen ein Haus, das am Rand einiger großer weiter Felder gelegen war, einschließlich eines Fußballplatzes. Wir bauten unsere Ausrüstung ohne besondere Vorkommnisse auf, sicherten das Dorf und bereiteten uns auf Feindkontakt vor, der uns möglicherweise am Morgen blühte.
Im Laufe der letzten ein bis zwei Wochen hatte das oftmals rasante Tempo der Operationen ziemlich nachgelassen; es sah ganz danach aus, als würde sich die Lage beruhigen, zumindest für uns. Ich dachte darüber nach, in den Westen zurückzukehren und mich wieder meinem Zug anzuschließen. LT und ich richteten uns in einem Zimmer im ersten Stock ein. Im Nebenzimmer waren ein Army-Scharfschütze und sein Beobachter, außerdem befanden sich noch einige Männer auf dem Dach. Ich hatte die

.338 Lapua dabei, weil unsere Position am Dorfrand lag und die meisten Schüsse daher wohl auf weitere Distanzen erfolgen würden. Da die Gegend um uns ruhig war, begann ich meinen Blick etwas in die weitere Ferne zu richten, ins nächste Dorf, das etwas mehr als eineinhalb Kilometer entfernt war.

Auf dem Dach eines einstöckigen Gebäudes machte ich eine Bewegung aus. Das Gebäude war knapp zwei Kilometer entfernt und selbst mit meinem starken Zielfernrohr konnte ich nicht viel mehr als Umrisse erkennen. Ich versuchte Details der Person auszumachen, aber sie schien unbewaffnet zu sein oder zumindest konnte ich nichts erkennen. Der Mann war mit dem Rücken zu uns gewandt, sodass ich ihn beobachten konnte, er mich umgekehrt aber nicht. Ich fand ihn verdächtig, aber er tat nichts Bedrohliches, weshalb ich ihn in Ruhe ließ.

Kurze Zeit später erschien in der Ferne ein Army-Konvoi, der sich die Straße entlangbewegte und in die Richtung des COP fuhr, von dem aus wir aufgebrochen waren. Als der Wagentross sich näherte, hob der Mann auf dem Dach eine Waffe an die Schulter. Jetzt war der Umriss klar: Er hatte einen Granatwerfer und zielte damit auf die Amerikaner.

Wir hatten nicht die Möglichkeit, den Konvoi direkt zu erreichen – bis heute weiß ich nur, dass es sich um Fahrzeuge der Army handelte, mehr aber nicht. Ich richtete mein Zielfernrohr auf den Mann und schoss in der Hoffnung, ihm zumindest einen Schreck einzujagen oder den Konvoi zu warnen. Bei fast zwei Kilometern Entfernung hätte man schon großes Glück gebraucht, um ihn zu treffen.

Eine gewaltige Portion Glück.

Vielleicht kompensierte die Art und Weise, wie ich den Abzug nach rechts verriss den Einfluss des Windes. Eventuell setzte die Schwerkraft kurzzeitig aus und brachte die Kugel genau dorthin, wo sie hingehörte. Vielleicht war ich auch nur der größte Glückspilz im ganzen Irak. Ganz gleich, weshalb – ich sah durch das Zielfernrohr, wie die Kugel den Iraker traf, der über die Mauer taumelte und auf die Erde fiel.

»Wow«, murmelte ich.

»Du hast mehr Glück als Verstand«, sagte LT.

13. Sterblichkeit

Zwei Kilometer. Der Schuss versetzt mich auch heute noch in Erstaunen. Es war ein reiner Glücksschuss; theoretisch war ein Treffer praktisch ausgeschlossen.

Aber trotzdem hatte ich es irgendwie hinbekommen. Mir war im Irak noch nie zuvor auf eine so weite Distanz ein Todesschuss gelungen, selbst in Falludscha nicht.

Der Konvoi fuhr unbehelligt weiter und war sich wahrscheinlich nicht einmal bewusst, wie knapp er einem Angriff entkommen war. Und ich hielt weiter Ausschau nach Schurken.

☙

Im weiteren Verlauf des Tages wurden wir dann irgendwann mit Kalaschnikows und Granaten beschossen. Das Feuergefecht schwoll schnell an. Die Panzerabwehrraketen rissen Löcher in die brüchigen Beton- oder Lehmwände und verursachten Brände im Inneren des Hauses.

Wir beschlossen, dass es an der Zeit war, den Schauplatz zu verlassen und uns herausholen zu lassen.

Schickt die RG-33er! (Dabei handelt es sich um gepanzerte Transporter, die so massiv gebaut sind, dass selbst IEDs ihnen nichts anhaben können. Sie sind oben mit einem MG-Geschütz ausgestattet.)

Wir warteten, erwiderten das Feuer und duckten uns, weil die Aufständischen uns immer stärker beschossen. Schließlich meldete sich die Rettungsmannschaft und teilte mit, sie seien noch 450 Meter entfernt, auf der anderen Seite des Fußballfelds.

Weiter kamen sie nicht.

Einige Army-Hummer rasten durch das Dorf und erschienen vor unserer Tür, aber sie konnten uns nicht alle mitnehmen. Die übrig gebliebenen Soldaten begannen auf die RG-33er zuzulaufen.

Jemand warf eine Rauchgranate, ich schätze, um dem Feind die Sicht auf uns bzw. unseren Rückzug zu nehmen. Das hatte aber den unerwünschten Nebeneffekt, dass auch wir nicht mehr wussten, in welche Richtung wir laufen sollten. (Die Granaten sollten wie ein Schutzwall eingesetzt

werden; man bewegt sich stets dahinter. Wir jedoch mussten durch den Qualm hindurchrennen.) Wir stürmten aus dem Haus, kämpften uns durch die Rauchschwaden, wichen dabei den Kugeln aus und spurteten aufs offene Feld.
Es war wie eine Filmszene. Kugeln flogen einem um die Ohren und schlugen in der Erde auf.
Der Soldat neben mir fiel zu Boden. Ich dachte schon, er sei getroffen worden, hielt an, aber noch bevor ich ihn greifen konnte, sprang er wieder auf die Beine – er war nur ausgerutscht.
»Mir geht's gut, alles gut!«, rief er.
Wir rannten gemeinsam auf die Fahrzeuge zu, überall flogen Kugeln und Erdbrocken herum. Schließlich erreichten wir die Transporter. Ich stieg durch die Hecktür in den Fond des RG-33. Während ich wieder zu Atem kam, schlugen einige Kugeln in eines der kugelsicheren Seitenfenster ein und hinterließen ein spinnwebenartiges Muster im Glas.

⁂

Einige Tage später fuhr ich nach Westen, zurück zum Zug Delta. Die Versetzung, um die ich gebeten hatte, war bewilligt worden.
Der Zeitpunkt war genau richtig, denn langsam setzte mir der Einsatz zu. Der Stress baute sich immer weiter auf. Ich wusste damals allerdings noch nicht, dass es weitaus schlimmer werden würde, selbst als die Gefechte deutlich abnahmen.

Chief Petty Officer Kyle

Mittlerweile hatten meine Kameraden al-Qa'im verlassen und befanden sich an einem Ort namens Rawah, der ebenfalls im Westen in der Nähe der syrischen Grenze lag. Wieder einmal hatten sie die Aufgabe, Schlafbaracken und andere Räumlichkeiten zu errichten.
Ich hatte jedoch Glück gehabt und die Bauphase verpasst. Aber als ich dort ankam, war trotzdem nicht allzu viel los.

13. Sterblichkeit

Immerhin kam ich gerade rechtzeitig, um mich an der Grenze einer Wüstenpatrouille anzuschließen, die ein großes Gebiet durchstreifen sollte. Wir fuhren für mehrere Tage hinaus und sahen kaum einmal einen Menschen, geschweige denn Aufständische. Es ging das Gerücht um, dass in der Wüste geschmuggelt wurde, aber wenn das stimmte, dann mit Sicherheit nicht dort, wo wir patrouillierten.

In der Zwischenzeit war es *sehr heiß* geworden. Tagsüber herrschten mindestens 49 Grad Celsius und unsere Hummer hatten keine Klimaanlage. Ich bin in Texas aufgewachsen und Hitze ist für mich nichts Ungewöhnliches; aber das war viel schlimmer. Und es war praktisch immer so heiß; selbst am Abend kühlte es kaum ab – maximal auf 46 Grad. Wenn man die Fenster herunterkurbelte, riskierte man Leib und Leben, falls man auf einen Sprengsatz fuhr. Fast noch schlimmer war jedoch der Sand, der einen stets umgab und von oben bis unten bedeckte.

Ich kam zu dem Schluss, dass ich den Sand und mögliche IEDs lieber in Kauf nahm als die Hitze. Also kurbelte ich die Fenster herunter.

Unterwegs sah man fast nichts als Wüste. Hin und wieder kam man an einer Nomadensiedlung oder einem kleinen Dorf vorbei.

Wir schlossen uns mit unserem Schwesterzug zusammen und hielten am nächsten Tag an einem Stützpunkt der Marines. Mein Chief ging dort ins Büro und erledigte einige Dinge; kurze Zeit später kam er wieder heraus und suchte mich.

»Hey«, sagte er und grinste dabei. »Stell dir vor – du bist soeben zum Chief befördert worden.«

Ich hatte die Prüfung zum Chief vor meinem vierten Auslandseinsatz in den USA abgelegt.

In der Navy muss man normalerweise eine schriftliche Prüfung ablegen, um befördert zu werden. Aber ich hatte Glück. Während meines zweiten Auslandseinsatzes war ich zum E5 aufgestiegen und vor meinem dritten Aufenthalt im Irak hatte man mich im Rahmen eines Förderprogramms für besondere Verdienste zum E6 ernannt. Ich hatte also beide Male keine schriftliche Prüfung ablegen müssen.

(Die entscheidenden Kriterien für diese beiden Beförderungen waren gewesen, dass ich auch damals schon eine Menge Zusatzaufgaben im Team übernommen und mir obendrein auf dem Schlachtfeld einen Namen gemacht hatte.)
Als es darum ging, Chief zu werden, konnte ich mich aber nicht mehr durchmogeln. Also absolvierte ich die schriftliche Prüfung, die ich gerade so bestand.

Ich sollte vielleicht noch einige Anmerkungen zu den schriftlichen Prüfungen und Beförderungen machen. Ich scheue mich nicht vor Prüfungen, zumindest nicht mehr als jeder andere. Aber die Prüfungen für SEALs sind etwas schwieriger als herkömmliche.
Um damals befördert zu werden, musste man eine Prüfung in seinem Spezialgebiet ablegen – also nicht als SEAL, sondern in dem Fach, das man belegt hatte, bevor man ein SEAL wurde. In meinem Fall hätte das bedeutet, dass ich im Bereich Nachrichtendienst geprüft werden musste. Wie Sie sich denken können, war mein Wissen auf diesem Gebiet begrenzt. Ich war ein SEAL, kein Bürohengst und Stubenhocker. Ich hatte keinen Schimmer, welche Ausrüstung und welche Verfahren Geheimdienstmitarbeiter verwenden, um ihre Aufgaben zu erfüllen.
Wenn man die Präzision der Informationen betrachtet, die wir normalerweise erhielten, hätte ich geschätzt, dass sie auf purem Zufall beruhten. Vielleicht gehörten ja auch Würfel zur Standardausrüstung der Nachrichtendienste, wer weiß.
Um befördert zu werden, hätte ich für die Prüfung lernen müssen, was bedeutet hätte, dass ich in einen geschützten Lesebereich hätte gehen müssen, einen speziellen Raum, in dem streng geheime Unterlagen durchgesehen werden können. Und zwar in meiner Freizeit.
In Falludscha und Ramadi, wo ich kämpfte, gab es solche geschützten Lesebereiche nicht. Und die Toilettenlektüre brachte mich auch nicht gerade weiter.
(Inzwischen drehen sich die Prüfungen um Sondereinsätze und beziehen sich auf Dinge, die SEALs tatsächlich tun. Sie sind extrem umfang-

13. Sterblichkeit

reich, aber zumindest haben sie etwas mit unserer eigentlichen Arbeit zu tun.)

Der Test, den ich ablegen musste, um Chief zu werden, war etwas anders. Hier wurde ich nach Dingen gefragt, die SEALs wissen sollten.
Als ich diese Hürde erfolgreich genommen hatte, musste mein Fall von einem Ausschuss verhandelt werden, der ihn dann zur weiteren Prüfung den höheren Rängen vorstellte. Im Rahmen der Ausschuss-Sitzung mussten sich alle ranghöheren Unteroffiziere zusammensetzen und meine Akte bewerten. In dieser Akte sind normalerweise alle Leistungen des Bewerbers als SEAL sorgsam dokumentiert. (Das heißt die Kneipenschlägereien ausgenommen.)
In meiner Akte befand sich allerdings nur mein Wehrpass. Und der war seit dem erfolgreichen Absolvieren des BUD/S-Trainings nicht mehr aktualisiert worden. Nicht einmal meine Silver Stars und Bronze Medals waren dort vermerkt.
Ich war allerdings gar nicht unbedingt scharf darauf, Chief zu werden. Es gefiel mir alles so, wie es war. Als Chief würde ich mich mit allerhand Verwaltungsaufgaben herumschlagen müssen und ich würde nicht mehr so oft am Kriegsgeschehen teilnehmen können. Sicher, die Position bedeutete mehr Geld für meine Familie, aber das war mir nicht so wichtig. Eines der Mitglieder in dem Ausschuss an unserem Stützpunkt in den USA war Chief Primo. Als mein Fall zur Besprechung kam, saß er zufällig neben einem der anderen Chiefs, die mich nicht kannten.
»Wer ist denn diese Pfeife?«, fragte der andere Chief, als er meinen dünnen Ordner sah. »Für wen hält der sich eigentlich?«
»Wir beide sollten heute vielleicht mal gemeinsam zu Mittag essen«, sagte Primo.
Der andere Chief willigte ein und kehrte einige Stunden später mit einer anderen Einstellung über mich an den Verhandlungstisch zurück.
»Du schuldest mir ein Subway-Sandwich, du Idiot«, raunte mir Primo zu, als ich ihn später traf. Dann erzählte er mir die Geschichte.
Ich schulde ihm dies und noch vieles mehr. Die Beförderung wurde be-

willigt und, um ehrlich zu sein, war das Leben als Chief nicht annähernd so schlecht, wie ich es mir vorgestellt hatte.

Der Rang spielte für mich nie eine besonders große Rolle. Ich habe nie versucht, zu den ranghöchsten Soldaten meiner Einheit zu zählen. Selbst in der Highschool war es mir nicht wichtig, zu den Klassenbesten zu gehören. Als man mich in die Ehrenverbindung steckte, eine Art Klub der Klassenbesten, sorgte ich absichtlich dafür, dass meine Noten im nächsten Halbjahr gerade nicht gut genug waren, um erneut aufgenommen zu werden. Dann verbesserte ich mich wieder, damit meine Eltern mich nicht zur Brust nahmen.

Vielleicht hatte meine Skepsis gegenüber der militärischen Hierarchie auch etwas mit der Tatsache zu tun, dass ich lieber der Lenker am Boden war, als ein Denker in einem muffigen Hinterzimmer. Ich wollte nicht an einem Computer sitzen, alles planen, und das Ergebnis dann lang und breit erklären. Ich wollte mein Ding durchziehen, das heißt also ein Scharfschütze sein – ich wollte mich ins Gefecht stürzen, den Feind töten. Ich wollte der Beste sein in dem, was ich tun wollte.

Ich denke, dass viele Menschen sich mit dieser Einstellung schwer taten. Sie dachten automatisch, dass jeder, der ein guter Soldat war, auch einen hohen Rang bekleiden sollte. Allerdings habe ich selbst schon genügend Leute mit einem hohen Rang gesehen, die nicht viel getaugt haben.

Zu viele Gedanken

»On the road again...«
Willie Nelson dröhnte aus den Lautsprechern unseres Hummers, als wir am nächsten Tag zu unserem Stützpunkt aufbrachen. Musik war so ziemlich die einzige Ablenkung, die wir hier hatten, abgesehen von den gelegentlichen Zwischenstopps in Dörfern und den Gesprächen mit Einheimischen. Neben traditioneller Countrymusik, die mein Kamerad am Steuer bevorzugte, hörte ich auch gerne Toby Keith und Slipknot. Country und Heavy Metal, zwei recht gegensätzliche Stilrichtungen.

13. Sterblichkeit

Ich bin davon überzeugt, dass Musik eine psychologische Wirkung hat. Ich habe oft genug gesehen, dass sie auf dem Schlachtfeld funktioniert. Wenn man in den Kampf zieht, will man in einer aggressiven Grundstimmung sein. Man will zwar nicht völlig am Rad drehen, aber man will sich doch motivieren. Musik kann einem auch bis zu einem gewissen Grad die Angst nehmen. Wir hörten Papa Roach, Dope, Drowning Pool – alles, was uns aufputschte. (Ich höre diese Gruppen inzwischen regelmäßig, wenn ich Sport treibe.)

Aber auf dem Rückweg zum Stützpunkt konnte mich nichts mehr aufputschen. Es war eine lange, heiße Fahrt. Obwohl ich gerade die gute Nachricht von meiner Beförderung bekommen hatte, war ich schlecht gelaunt, ich war einerseits gelangweilt und andererseits angespannt.

Auf dem Stützpunkt ging alles sehr gemächlich zu. Nichts war los. Und das setzte mir langsam zu.

Solange ich im Kampfeinsatz gewesen war, war die Vorstellung, verletzbar oder sterblich zu sein, etwas, das ich gut verdrängen konnte. Es war auch einfach zu viel los gewesen, um sich darüber den Kopf zu zerbrechen. Oder ich hatte so viel zu tun gehabt, dass ich mich nicht in dieses Thema hatte hineinsteigern können.

Aber jetzt konnte ich praktisch an nichts anderes mehr denken.

Endlich hatte ich Zeit zum Ausspannen, konnte es aber nicht. Stattdessen lag ich stundenlang auf dem Bett und dachte über alles nach, was ich erlebt hatte – vor allem darüber, wie es war, angeschossen zu werden. Immer wenn ich mich schlafen legte, durchlebte ich die Situation aufs Neue. Mein Herz raste, vermutlich wesentlich schneller als damals in der besagten Nacht in Sadr City.

Wenige Tage nachdem wir von unserer Grenzpatrouille zurückgekehrt waren, verschlechterte sich mein Zustand spürbar. Ich konnte nicht schlafen. Ich war fahrig. Extrem fahrig. Und mein Blutdruck schoss wieder in die Höhe und erreichte einen neuen Höchststand.

Ich hatte das Gefühl, ich würde bald explodieren.

Auch körperlich war ich angeschlagen. Vier lange Auslandseinsätze hatten ihren Tribut gefordert. Meinen Knien ging es zwar besser, aber mein Rücken

schmerzte, ebenso mein Fußgelenk, und ich hörte schlecht beziehungsweise hatte ein Pfeifen in den Ohren. Mein Nacken war verletzt, meine Rippen angebrochen. Meine Finger und Knöchel waren gebrochen gewesen. Die Sehschärfe auf meinem rechten Auge hatte sich verschlechtert, ich sah oft Schlieren. Ich hatte Dutzende von Prellungen und Schmerzen. Kurzum: Ich war der Fleisch gewordene Traum einer jeden Reha-Klinik.
Aber das, was mich am meisten störte, war mein Blutdruck. Ich schwitzte stark und meine Hände zitterten. Mein ohnehin schon recht blasses Gesicht war kreidebleich geworden.

Je mehr ich versuchte mich zu entspannen, umso schlimmer wurde es. Es war, als ob mein Körper angefangen hatte zu vibrieren. Und jeder Gedanke daran verschlimmerte die Sache nur.
Stellen Sie sich vor, Sie stehen an einem Fluss und steigen eine lange Leiter hinauf, Tausende von Kilometern. Dann werden Sie von einem Blitz getroffen. Ihr Körper steht unter Strom, aber Sie sind trotzdem am Leben. Sie bekommen nicht nur mit, was um Sie herum geschieht, Sie wissen auch, dass Sie die Situation meistern werden. Sie wissen, was Sie tun müssen, um wieder herunterzukommen.
Also tun Sie das. Sie klettern hinab. Aber sobald Sie auf dem Boden stehen, merken Sie, dass Sie immer noch unter Strom stehen. Sie suchen nach einer Möglichkeit, den Strom abzuleiten, sich zu erden, aber Sie finden den verdammten Blitzableiter nicht.

Weil ich weder essen noch schlafen konnte, suchte ich schließlich diverse Ärzte auf und bat sie darum, mich zu untersuchen. Sie checkten mich durch und fragten, ob ich Medikamente nehmen wolle.
Nicht wirklich, sagte ich. Die Medikamente nahm ich aber trotzdem.
Weil damals in den Einsätzen kaum etwas los war und wir ohnehin in wenigen Wochen nach Hause fahren würden, schlugen sie vor, mich vorzeitig zurückzuschicken.
Ratlos wie ich war, willigte ich ein.

Kapitel 14
Ein neuer Lebensabschnitt

Auf und davon

Es war Ende August, als ich den Irak verließ. Wie schon beim letzten Mal war das ein fast surreales Erlebnis – an einem Tag war ich noch im Krieg, am nächsten schon zu Hause. Ich hatte ein schlechtes Gewissen. Denn aus Scham hatte ich niemandem von meinem hohen Blutdruck oder meinen anderen gesundheitlichen Problemen erzählt. Ich versuchte, es möglichst für mich zu behalten.

Um ehrlich zu sein, hatte ich beinahe das Gefühl, meine Jungs im Stich zu lassen, so als würde ich mich davonstehlen, nur weil mein Herz ein bisschen unregelmäßig schlug oder andere Mätzchen machte.

Alles, was ich zuvor geleistet hatte, änderte nichts an dem Gefühl, dass ich meine Kameraden hängen ließ.

Ich wusste, dass das nicht stimmte. Es gab so viel, das ich erreicht hatte und auf das ich stolz sein konnte. Ich brauchte eine Auszeit, fand aber zugleich, dass ich mir keine nehmen sollte. Irgendwie war ich der Meinung, ich hätte das alles klaglos aushalten müssen.

Zu allem Überfluss vertrug ich offenbar einige der Medikamente nicht. Ein Arzt zu Hause in San Diego hatte es gut mit mir gemeint und mir Schlaftabletten verschrieben. Die setzten mich allerdings ziemlich schachmatt – und zwar so sehr, dass ich eines Tages auf dem Stützpunkt zu mir kam und mich nicht mehr daran erinnern konnte, dass ich vorher zu Hause trainiert hatte und dann zum Stützpunkt gefahren war. Taya bestätigte mir, dass ich trainiert hatte, und dass ich zur Arbeit gefahren war, erkannte ich daran, dass mein Wagen dort abgestellt war.

Fortan ließ ich die Finger von diesem Medikament. Es war zu gefährlich.

> **Taya:**
> *Ich habe Jahre gebraucht, um mir über einige der nachfolgenden Dinge klar zu werden: Oberflächlich betrachtet will Chris nur losziehen und seinen Spaß haben. Wenn man ihn jedoch braucht, wenn Leben auf dem Spiel stehen, ist er der zuverlässigste Mensch, den man sich vorstellen kann. Er weiß genau, wann es darauf ankommt, Verantwortung zu übernehmen und fürsorglich zu sein.*
>
> *Ich erkannte das an seinen militärischen Beförderungen: Sie spielten für ihn keine Rolle. Er wollte nicht die Verantwortung eines höheren Rangs, auch wenn er dadurch seiner Familie finanziell mehr hätte bieten können. Und trotzdem: Wenn ein Auftrag erledigt werden musste, war er zur Stelle. Er wird sich immer jeder Herausforderung stellen. Und er ist stets auf alles vorbereitet, weil er sich über viele Dinge Gedanken macht.*
>
> *Er befand sich zum Ende seiner Militärzeit in einem echten Zwiespalt und ich glaube, dass viele das nicht verstanden. Auch ich hatte manchmal meine Probleme damit.*

Andere beschützen

Als ich wieder zu Hause war, nahm ich an einem interessanten wissenschaftlichen Experiment teil, in dem untersucht wurde, wie sich der Stress in Kampfsituationen auf Soldaten auswirkt.

Mittels virtueller Realität sollte herausgefunden werden, welche Auswirkungen die Schlacht auf den menschlichen Körper hat. In meinem Fall wurde vor allem der Blutdruck gemessen – oder zumindest war das der einzige Wert, der mich wirklich interessierte. Ich trug spezielle Handschuhe und eine Brille, über die eine Simulation eingespielt wurde. Es

14. Ein neuer Lebensabschnitt

war im Grunde genommen nichts weiter als ein Videospiel, aber es war trotzdem ziemlich cool.

Nun, bei den Simulationen waren mein Blutdruck und die Herzfrequenz zunächst stabil. Sobald ich aber in ein Feuergefecht geriet, sanken die Werte überraschend ab. Ich saß einfach nur da und tat, was nötig war, ohne besonders darüber nachzudenken.

Sobald jedoch alles vorbei war und die Situation sich entspannte, schoss meine Herzfrequenz nach oben.

Sehr interessant.

Die Wissenschaftler und Mediziner, die das Experiment leiteten, gingen davon aus, dass ich in der Hitze des Gefechts gewisse antrainierte Verhaltensweisen abspulte, die mich irgendwie entspannten. Sie waren wirklich fasziniert, weil sie so etwas offenbar noch nie zuvor gesehen hatten.

Für mich hingegen war genau das im Irak mein Alltag gewesen.

Es gab eine Simulation, die einen tiefen Eindruck in mir hinterließ. Dabei wurde ein Marine erschossen, der schreiend zu Boden sank. Er hatte einen Bauchschuss davongetragen. Während ich diese Szene beobachtete, stieg mein Blutdruck höher als je zuvor.

Ich brauchte keinen Wissenschaftler oder Mediziner, um zu wissen, was es damit auf sich hatte. Ich konnte förmlich noch einmal spüren, wie der junge Soldat in Falludscha auf meiner Brust liegend seinen letzten Atemzug tat.

Ich höre oft, dass ich Aberhunderte Leben gerettet habe. Aber eins kann ich Ihnen sagen: Man erinnert sich nicht an die Menschen, die man gerettet hat. Sondern an diejenigen, die man nicht retten konnte.

Sie sind es, die einen nicht mehr loslassen. Es sind ihre Gesichter, die einen ein Leben lang verfolgen.

Bleiben oder gehen?

Meine Dienstzeit neigte sich dem Ende zu. Die Navy versuchte mich zum Bleiben zu bewegen und machte mir verschiedene Angebote: Als

Ausbilder tätig zu sein, nach England zu gehen, alles, was mein Herz begehrte, nur damit ich bei der Navy blieb.
Obwohl ich Taya versprochen hatte, meine Dienstzeit nicht zu verlängern, war ich noch nicht wirklich bereit zu gehen.
Ich wollte zurück in den Krieg. Ich hatte das Gefühl, um meinen letzten Auslandseinsatz gebracht worden zu sein. Das Ganze war sehr verwirrend für mich. An manchen Tagen hatte ich die Nase voll von der Navy; an anderen Tagen stand ich kurz davor, meiner Frau zu sagen, dass ich doch verlängern wollte.
Wir sprachen in dieser Zeit oft darüber.

> **Taya:**
> *Ich sagte Chris, dass unsere Kinder ihn brauchten, damals vor allem unser Sohn. Wenn er doch beim Militär bleiben wollte, hätte ich in Erwägung gezogen, näher zu meinem Vater zu ziehen, damit der Kleine wenigstens einen starken Großvater in seiner Nähe hätte. Aber eigentlich wollte ich das gar nicht. Außerdem liebte Chris uns sehr. Er wollte eine starke Familie haben und für sie sorgen.*
> *Letztlich lief alles auf den einen Konflikt heraus, den wir schon immer hatten – nämlich auf die Frage, wo unsere Prioritäten lagen: auf Gott, Familie, Vaterland (meine Fassung) oder Gott, Vaterland, Familie (Chris' Version)?*
> *Ich fand, dass Chris seinem Land bereits viel gegeben hatte, unglaublich viel sogar. Die letzten zehn Jahre war er ständig im Krieg gewesen. Seine Kampfeinsätze wurden nur durch lange Trainingsmissionen oder Fortbildungen unterbrochen, in denen er aber auch nicht bei seiner Familie sein konnte. Er war häufiger in Kampfeinsätzen gewesen – und seltener zu Hause – als jeder andere SEAL, den ich kenne.*
> *Aber wie so oft konnte ich ihm die Entscheidung nicht abnehmen.*

Die Navy deutete an, dass sie mich als Anwerber nach Texas schicken könnte. Das klang ziemlich gut, da ich bei dieser Tätigkeit feste Arbeitszeiten gehabt hätte und abends nach Hause hätte gehen können. Es sah fast wie ein realistischer Kompromiss aus.

14. Ein neuer Lebensabschnitt

»Ich brauche nur etwas Zeit, um ein paar Steine ins Rollen zu bringen«, sagte der Master Chief, mit dem ich sprach. »So etwas kann man nicht über Nacht klären.«

Ich willigte ein, meine Dienstzeit um einen Monat zu verlängern, während er nach Lösungswegen suchte.

Ich wartete und wartete. Keine Rückmeldung.

»Das wird schon, das wird schon«, sagte er. »Sie müssten nur wieder verlängern.«

Also tat ich das.

Es verstrichen weitere Wochen – es war schon fast Oktober – und noch immer hatte ich kein grünes Licht. Also rief ich ihn an und fragte, was los war.

»Die Sache hat einen kleinen Haken«, erklärte er. »Sie würden Ihnen die Stelle ja gerne geben, aber dafür müssten Sie sich für drei weitere Jahre verpflichten. Und Sie müssten sich schnell entscheiden.«

Mit anderen Worten: Ich sollte erst verlängern und würde dann den Job bekommen. Aber es gab weder eine Garantie noch eine vertragliche Regelung. Das Lied kannte ich schon. Ich lehnte dankend ab – *und stieg aus.*

> **Taya:**
> *Er sagt immer: »Ich komme mir vor, als hätte ich gekniffen.« Ich finde, er hat seine Pflicht mehr als erfüllt, aber ich weiß, dass er sich nun einmal so fühlt. Er denkt wohl, wenn schon jemand da draußen kämpfen und sein Leben aufs Spiel setzen muss, dann sollte er es sein. Und vielen anderen SEALs geht es genauso. Aber ich glaube, dass keiner von ihnen es ihm übel nahm, als er ausschied.*

Ryan heiratet

Ryan und ich blieben gute Freunde, nachdem er in die Staaten zurückgekehrt war; unsere Freundschaft wurde sogar noch tiefer, was ich nicht für möglich gehalten hatte. Mich inspirierte sein unglaublicher Durchhaltewillen. Er war schon im Krieg eine echte Kämpfernatur gewesen.

Jetzt war er im Leben ein noch viel größerer Held. Man vergaß zwar nie völlig, dass er blind war, aber man hatte auch nie den Eindruck, dass ihn seine Behinderung in irgendeiner Weise besonders beeinträchtigt hätte.

Wegen seiner Verletzungen hatte er ein Glasauge bekommen. Laut LT, der ihn damals in Empfang nahm, sogar zwei – das eine war ein »normales« Auge; das andere hatte einen goldenen SEAL-Dreizack statt einer Iris.

Einmal ein SEAL, *immer* ein SEAL.

Ich hatte schon vor Ryans Verwundung viel mit ihm unternommen. Viele Jungs im Team hatten einen bissigen Humor, aber Ryan war eine Klasse für sich. Er brachte uns immer zum Lachen.

Nachdem er angeschossen worden war, war es nicht anders. Nur dass sein Humor vielleicht noch ein bisschen trockener geworden war. Eines Tages kam ein kleines Mädchen zu ihm, sah sein Gesicht und fragte: »Was ist denn mit Ihnen passiert?«

Er beugte sich zu ihr hinunter und sagte mit ernster Stimme: »Messer, Gabel, Scher und Licht sind für kleine Kinder nicht.«

Bissig, lustig und mit einem Herz aus Gold. Man musste ihn einfach mögen.

Wir hatten uns alle schon darauf eingestellt, seine Freundin zum neuen Feindbild zu erklären. Denn wir waren uns 100-prozentig sicher, dass sie ihn nach seiner Verwundung sitzen lassen würde. Aber sie hielt zu ihm. Er machte ihr einen Heiratsantrag, sie sagte Ja und wir freuten uns alle mit ihm. Sie ist eine wunderbare Frau.

Ryan war ein Musterbeispiel dafür, wie man sein Leben trotz einer Behinderung meistern kann. Nach seiner Verletzung ging er aufs College, machte dort einen hervorragenden Abschluss und erhielt ein ausgezeichnetes Jobangebot. Er bestieg den Mount Hood, den Mount Rainer und eine Reihe weiterer Berge; er ging jagen und schoss mithilfe eines Beobachters und neuester Waffentechnik einen stattlichen Elch; außerdem nahm er an einem Triathlon teil. Ich erinnere mich, wie Ryan eines Abends sagte, dass er in gewisser Weise froh war, dass *er* angeschossen

14. Ein neuer Lebensabschnitt

worden war und keiner seiner Kameraden. Natürlich war er anfangs wütend gewesen, aber er hatte seinen Frieden mit sich geschlossen und führte ein erfülltes Leben. Er hatte das Gefühl, dass er mit allem zurechtkam und glücklich sein konnte. Und so war es auch.

Wenn ich an den Patriotismus denke, der SEALs antreibt, erinnere ich mich immer daran, wie Ryan in Bethesda, Maryland, im Krankenhaus lag. Da war er also, vor Kurzem fast tödlich verwundet und unheilbar erblindet. Eine Reihe rekonstruktiver Gesichtsoperationen stand ihm noch bevor. Und wissen Sie, worum er bat? Er bat darum, dass man ihn im Rollstuhl zu einer Flagge brachte, wo er für eine Weile für sich bleiben wollte.

Er saß eine knappe halbe Stunde in seinem Rollstuhl und salutierte, während die amerikanische Flagge im Wind flatterte.

Das kommt mir beim Thema Patriotismus immer in den Sinn.

Ryan war stets ein wahrer Krieger mit einem Herz aus Gold.

Natürlich zogen wir ihn auf und sagten ihm, dass man ihn wahrscheinlich vor einen Müllcontainer gerollt und nur behauptet hatte, dort hänge eine Flagge. Ryan wäre nicht Ryan gewesen, wenn er nicht jede Menge Blindenwitze gerissen hätte und uns so immer wieder zum Lachen brachte.

Als er wegzog, telefonierten wir weiterhin regelmäßig und trafen uns, sooft es ging. 2010 erfuhr ich, dass er und seine Frau ihr erstes Kind erwarteten.

In der Zwischenzeit erforderten die Verletzungen, die er im Irak davongetragen hatte, weitere Operationen. Eines Morgens ging er ins Krankenhaus und am Nachmittag erhielt ich einen Anruf von Marcus Luttrell, der mich fragte, ob ich von Ryan gehört habe.

»Klar. Ich habe erst gestern mit ihm telefoniert«, sagte ich ihm. »Er und seine Frau erwarten ein Kind. Toll, nicht?«

»Er ist vorhin gestorben«, sagte Marcus mit tonloser Stimme.

Irgendetwas im Krankenhaus war auf schreckliche Weise schiefgelaufen. Es war das tragische Ende eines heldenhaft geführten Lebens. Ich bin mir nicht sicher, ob seine Freunde und Kameraden jemals über seinen Tod hinweggekommen sind. Ich bin es jedenfalls nicht und werde es wohl auch nie.

Seine Frau brachte ein hübsches Mädchen zur Welt. Ich bin sicher, dass sie den beherzten Mut ihres Vater geerbt hat.

Mighty Warriors

Nach dem Tod ihres Sohnes wurde Marc Lees Mutter Debbie fast so etwas wie eine Ersatzmutter für die übrigen Mitglieder unseres Zugs. Sie ist eine sehr tapfere Frau und hilft nun anderen Soldaten dabei, sich nach dem Krieg wieder im Alltagsleben zurechtzufinden. Sie ist die Vorsitzende von America's Mighty Warriors (*www.AmericasMightyWarriors.org*) und leistet eine Menge für Veteranen, indem sie das tut, was sie »willkürliche Akte der Nächstenliebe« nennt. Inspiriert von Marcs Leben und dem Brief, den er ihr schrieb, kurz bevor er fiel.

Debbie handelt alles andere als willkürlich; sie ist eine motivierte und arbeitsame Frau, die sich ihrer Sache genauso verschrieben hat wie Marc seiner.

Bevor er starb, schrieb Marc einen bewegenden Brief nach Hause. Der Text kann auf der oben genannten Website nachgelesen werden. Marc schildert einige Erlebnisse, die ihm im Irak widerfahren sind – zum Beispiel ein marodes Krankenhaus und zahlreiche dumme und verabscheuungswürdige Menschen. Aber es ist auch ein sehr positiver Brief voller Hoffnung, der an uns alle appelliert, unseren Mitmenschen zu helfen.

Ich finde allerdings, dass der Brief den Marc, den wir alle kannten, nicht angemessen wiedergibt. Er war viel mehr als das. Er war ein zäher Kerl mit einem wunderbaren Sinn für Humor. Er war ein tapferer Krieger und ein guter Freund. Er glaubte fest an Gott und liebte seine Frau mit vollem Herzen. Der Himmel ist sicher ein besserer Ort, seit er dort ist, doch die Erde ist ärmer, weil sie einen der besten Menschen verloren hat.

14. Ein neuer Lebensabschnitt

Craft

Die Navy zu verlassen, war eine schwere Entscheidung. Aber jetzt sah ich mich plötzlich mit der Tatsache konfrontiert, dass ich in naher Zukunft arbeitslos sein würde. Es war an der Zeit herauszufinden, was ich mit dem Rest meines Lebens anfangen wollte.

Ich hatte eine Reihe von Ideen und Möglichkeiten. Gemeinsam mit einem Freund namens Mark Spicer hatte ich bereits darüber gesprochen, in den USA eine Scharfschützenakademie zu gründen. Mark war nach 25 Jahren in der britischen Armee als Oberstabsfeldwebel in den Ruhestand gegangen. Er war einer der besten Scharfschützen in den britischen Streitkräften gewesen, hatte über 20 Jahre als Sniper gedient und war der Kommandant eines Scharfschützenzugs gewesen. Mark hat bereits drei Bücher zum Thema geschrieben und gehört weltweit zu den führenden Fachleuten auf diesem Gebiet.

Uns war klar geworden, dass es erheblichen Bedarf an einem maßgeschneiderten Einsatztraining für Militär- und Polizeieinheiten gab und noch gibt. Zu jenem Zeitpunkt existierte nicht eine einzige Einrichtung, die diese Art von praktischer Unterweisung anbot, um Einsatzkräfte auf die verschiedenen Situationen vorzubereiten, mit denen sie es im Rahmen ihrer Arbeit möglicherweise zu tun bekommen. Wir wussten, dass wir mit unserer Erfahrung sinnvolle Kursinhalte entwickeln und vor allem eine Schießausbildung bieten konnten, die im konkreten Einsatz lebensrettend sein kann.

Das Problem war nur, den Plan in die Tat umzusetzen.

Geld war dabei natürlich ein ziemlich wichtiges – und vor allem kniffliges – Thema. Dann traf ich eher zufällig einen Mann, der unser Unternehmen für eine gute Investition hielt und an mich glaubte: J. Kyle Bass. Kyle hatte mit diversen Investitionen bereits eine Menge Geld verdient und war auf der Suche nach einem Leibwächter. Er dachte sich wohl, dass ein SEAL ideal für diese Aufgabe wäre. Doch als wir uns unterhielten und er mich fragte, wo ich mich in einigen Jahren sah, erzählte ich ihm von der Akademie. Er war fasziniert und anstatt mich als Leibwächter zu engagieren, half er mir und investierte in unser Unternehmen. Und so entstand mir nichts, dir nichts Craft International.

Wenn ich ehrlich bin, ging das Ganze natürlich nicht »mir nichts, dir nichts« vonstatten – wir steckten unser Herzblut und jede Menge Überstunden in das Projekt und tüftelten an allen Feinheiten, wie es jeder selbstständige Unternehmer tun muss. Und es kamen noch zwei weitere Teilhaber hinzu: Bo French und Steven Young. Sie kümmern sich mehr um den geschäftlichen Aspekt, aber beide kennen sich trotzdem mit den Waffen und Taktiken aus, die wir vermitteln.

Heute befinden sich die Geschäftsräume von Craft International in Texas. Außerdem besitzen wir Trainingseinrichtungen in Texas und Arizona und sind an internationalen Sicherheitsmaßnahmen und anderen Spezialprojekten beteiligt. Mark sieht man gelegentlich auf History Channel. Er fühlt sich vor der Kamera wohl und verfällt dabei manchmal in seinen starken britischen Akzent. Der TV-Sender ist allerdings so freundlich und versieht alle schwer verständlichen Passagen mit Untertiteln, die jeder Amerikaner versteht. Für unsere Kurse bei Craft bräuchten wir hin und wieder auch solche Untertitel, nur an der technischen Umsetzung hapert es noch.

Wir haben ein Team um uns versammelt, von dem wir überzeugt sind, dass es in allen angebotenen Trainingsbereichen die absolute Elite darstellt. (Nähere Informationen finden Sie unter *www.thecraft.com*.)

Um ein Unternehmen aufzubauen, benötigt man eine Menge Fähigkeiten, von denen ich anfangs gar nicht einmal wusste, dass ich sie besaß. Außerdem gehört auch eine Menge Verwaltungskram dazu.

Und den liebe ich ja ganz besonders ... Mist.

Ich habe nichts gegen harte Arbeit, selbst wenn sie am Schreibtisch stattfindet. Zu meiner heutigen Tätigkeit gehört es leider nun mal auch, dass ich viel Zeit am Computer verbringe. Und hin und wieder muss ich sogar Anzug und Krawatte tragen. Aber ansonsten ist der Job für mich genau richtig. Ich bin vielleicht nicht reich, aber meine Arbeit macht mir Spaß.

Das Logo von Craft International ist eine Weiterentwicklung des Punisher-Symbols, das im rechten Auge ein Fadenkreuz in Form eines Kreuzritter-Kreuzes aufweist – als Reminiszenz an Ryan Job. Er inspirierte uns auch zu unserem Unternehmensslogan.

Im April 2009 erschossen Scharfschützen der SEALs von einem Zerstörer aus drei somalische Piraten, die ein Schiff geentert und gedroht hatten, den Kapitän zu töten. Jemand aus den Lokalnachrichten fragte Ryan, was er davon hielt.

»Egal, was dir deine Mama erzählt hat«, sagte er damals, »Gewalt ist manchmal doch eine Lösung.«

Das schien uns im wahrsten Sinne des Wortes ein treffender Wahlspruch für Scharfschützen zu sein, weshalb wir ihn kurzerhand übernahmen.

Zurück in Texas

Ich wollte die Navy zwar immer noch nicht wirklich verlassen, aber da ich mit Craft einen Neuanfang vor Augen hatte, fiel mir die Entscheidung dann doch vergleichsweise leicht.

Schließlich kehrte ich nach Hause zurück. Ob ich es eilig hatte? Sagen wir einmal so: Ich verließ die Navy am 4. November; am 6. November war ich wieder in Texas.

Während ich damit beschäftigt war, Craft International aufzubauen, blieb meine Familie in der Gegend von San Diego, die Kinder beendeten das Schuljahr und Taya bereitete das Haus zum Verkauf vor. Meine Frau wollte im Januar mit allem fertig sein und dann mit den Kindern zu mir nach Texas kommen.

Zu Weihnachten besuchten sie mich. Ich hatte die Kinder und sie schrecklich vermisst.

Als wir zu Besuch im Haus meiner Eltern waren, schob ich Taya in ein Zimmer und sagte: »Was hältst du davon, alleine zurückzufahren? Lass die Kinder doch einfach bei mir.«

Die Vorstellung reizte sie. Sie hatte eine Menge Arbeit zu erledigen und auch wenn sie unsere Kinder über alles liebte, war es doch anstrengend, sie zu versorgen und gleichzeitig das Haus zum Verkauf vorzubereiten.

Ich hatte große Freude daran, meinen Sohn und meine Tochter um mich zu haben. Meine Eltern unterstützten mich und passten unter der Woche auf sie auf. Am Freitagnachmittag aber holte ich die Kinder ab und wir verbrachten drei, manchmal sogar auch vier Tage am Stück zusammen.

Oft denken die Leute, dass Väter mit ihren Kindern noch nicht viel anfangen können, solange sie klein sind. Ich sehe das nicht so. Ich hatte genauso viel Spaß wie sie. Wir hüpften wie wild auf einem Trampolin herum und spielten stundenlang Ball. Wir gingen in den Zoo, auf den Spielplatz und sahen uns Filme an. Sie halfen mir beim Grillen. Wir verstanden uns prima.

Als meine Tochter noch ein Baby war, dauerte es eine Weile, bis sie sich an mich gewöhnt hatte. Aber sie fasste allmählich Vertrauen und jetzt ist sie ganz vernarrt in mich.

Natürlich hatte sie mich von Anfang an um den Finger gewickelt.

Als er zwei Jahre alt war, begann ich meinem Sohn das Schießen beizubringen, und zwar mit einem einfachen Luftgewehr. Ich vertrete die Auffassung, dass Schusswaffen Jugendliche aus Neugier reizen – und wenn man diese Neugier nicht befriedigt, birgt das eine große Gefahr. Bringt man ihnen dagegen in jungen Jahren den sicheren Umgang mit ihnen bei, verlieren sie ihren Reiz.

Mein Sohn hat gelernt, Waffen zu respektieren. Ich habe ihm immer gesagt, dass er jederzeit zu mir kommen kann und soll, wenn er eine Schusswaffe ausprobieren will. Es gibt kaum etwas, das mir größeren Spaß macht als Schießen. Er hat bereits ein eigenes Gewehr, einen Unterhebel-Repetierer im Kaliber .22, und er bekommt damit schon ganz ordentliche Schussbilder hin. Auch mit der Pistole kann er ganz gut umgehen.

Meine Tochter ist noch ein bisschen zu jung und hat bislang kaum Interesse gezeigt. Ich vermute allerdings, dass das bald der Fall sein wird. Ein ausführliches Schießtraining wird für sie spätestens dann zur Pflicht,

14. Ein neuer Lebensabschnitt

wenn sie sich mit Jungs verabredet ... was hoffentlich erst in etwa 25 Jahren der Fall sein wird.

Beide Kinder waren schon mit mir auf der Jagd. Sie sind noch ein wenig zu jung, um sich über einen längeren Zeitraum hinweg konzentrieren zu können, aber ich nehme an, dass sie den Dreh schon bald heraus haben werden.

> **Taya:**
> *Chris und ich haben bereits mehrmals darüber geredet, wie es wohl wäre, wenn unsere Kinder dem Militär beitreten würden. Natürlich möchten wir nicht, dass sie verletzt werden oder ihnen etwas zustößt. Aber es spricht auch vieles für eine militärische Laufbahn. Wir werden beide stolz auf sie sein, ganz gleich, welche Laufbahn sie einschlagen.*
> *Falls mein Sohn den SEALs beitreten will, würde ich ihm allerdings schon einschärfen, dass er sich das reiflich überlegen soll. Ich würde ihm sagen, dass das Leben eines SEAL und seiner Familie kein Zuckerschlecken ist.*
> *Im Gegenteil, für die Familie ist es sogar ganz schön schlimm. Wenn man in den Krieg zieht, verändert man sich, und auf diese Veränderung sollte man vorbereitet sein. Ich würde ihm sagen, dass er sich mit seinem Vater zusammensetzen und sich von ihm beraten lassen soll, bevor er eine solche Entscheidung trifft.*
> *Manchmal ist mir zum Heulen zumute, wenn ich nur daran denke, er könnte in ein Feuergefecht geraten.*
> *Ich finde, dass Chris genug für unser Land getan hat und wir daher eine Generation aussetzen können. Aber wir wären natürlich trotzdem stolz auf unsere Kinder, komme, was wolle.*

Nun, da wir uns in Texas niederließen, wohnte ich näher bei meinen Eltern als zuvor. Ich habe deshalb mehr Kontakt zu ihnen und sie haben mir bestätigt, dass ein Teil des Schutzpanzers, den ich mir im Krieg aufgebaut hatte, inzwischen verschwunden ist. Mein Vater meint, ich hätte mich damals innerlich verschlossen. Er ist der Ansicht, dass diese Bereiche langsam wieder zugänglich werden, zumindest ansatzweise.

»Ich glaube nicht, dass man jahrelang das Töten üben und praktizieren kann«, gab er zu, »und dann wird über Nacht wieder alles gut.«

Im tiefsten Abgrund

Man könnte annehmen, dass ich angesichts all dieser positiven Entwicklungen ein Bilderbuchleben führte. Vielleicht hätte das auch so sein sollen. Aber das echte Leben verläuft oft nicht so klar und eindeutig; es muss nicht immer auf ein »und sie lebten glücklich bis an ihr Lebensende« hinauslaufen. Man muss sich diesen Weg erst erarbeiten.

Und nur weil ich eine tolle Familie und einen interessanten Job hatte, hieß das noch lange nicht, dass alles zum Besten bestellt war. Zum Beispiel hatte ich nach wie vor Schuldgefühle, weil ich die SEALs verlassen hatte. Und ich trug es meiner Frau immer noch nach, dass sie mir deswegen eine Art Ultimatum gestellt hatte.

Auch wenn mein Leben angenehm hätte verlaufen sollen, hatte ich einige Monate nach dem Ausscheiden aus dem Militärdienst das Gefühl, geradewegs auf einen Abgrund zuzugehen.

Ich trank immer mehr Bier. Aus heutiger Sicht würde ich sagen, dass ich damals depressiv war und in Selbstmitleid versank. Es dauerte nicht lange, bis ich nur noch am Trinken war. Nach einer Weile stieg ich auf harte Alkoholika um und fing schon morgens damit an.

Ich möchte die Sache nicht unnötig dramatisieren. Andere Menschen hatten schon größere Probleme als ich. Aber ich befand mich eindeutig auf dem falschen Weg. Es ging bergab mit mir, und zwar in rasantem Tempo.

Eines Abends war ich mit meinem Wagen unterwegs und nahm eine Kurve zu schnell. Eventuell war auch die Straße nass oder irgendetwas anderes war nicht in Ordnung. Oder vielleicht beschloss der Schutzengel, der schon in Ramadi seine schützende Hand über mich gehalten hatte, dass es Zeit war einzugreifen.

Keine Ahnung. Ich weiß nur noch, dass mein Wagen Totalschaden hatte, ich jedoch nicht einen Kratzer davontrug.

Körperlich zumindest. Um mein Selbstwertgefühl war es ganz anders bestellt.
Der Unfall war für mich eine Art Weckruf. Ich bedaure sagen zu müssen, dass so ein drastisches Erlebnis nötig war, damit ich wieder auf Kurs kam. Aber es half.
Ich trinke zwar immer noch Bier, aber lange nicht so viel wie damals.
Mir ist mittlerweile klar, wie wertvoll das ist, was ich besitze, und wie viel ich verlieren könnte.
Und ich weiß jetzt nicht nur, dass ich eine gewisse Verantwortung übernehmen muss, sondern auch, was ich dafür tun muss.

Etwas zurückgeben

Ich fange an zu begreifen, wie ich meinen Mitmenschen helfen kann. Ein Mann zu sein bedeutet für mich, für meine Familie da zu sein und zumindest einen kleinen Beitrag zu leisten, um auch meinen Mitmenschen zu helfen.
Marcus Luttrell hat vor einiger Zeit eine Organisation namens Lone Survivor Foundation gegründet, die sich um verletzte Soldaten kümmert und sie in eine Umgebung bringt, in der sie auf andere Gedanken kommen können. Marcus erzählte mir, dass er sich nach seiner Verwundung in Afghanistan auf der Ranch seiner Mutter doppelt so schnell erholte wie im Krankenhaus. Die frische Luft und das weitläufige Areal, auf dem er sich frei bewegen konnte, trugen erheblich zu seiner Genesung bei. Dieses Erlebnis inspirierte ihn dazu, eine Stiftung zu gründen, zu der auch ich einen bescheidenen Beitrag zu leisten versuche.
So habe ich mich mit einigen texanischen Ranchbesitzern zusammengetan und sie gefragt, ob sie uns nicht für einige Tage einige Unterkünfte und etwas Platz zur Verfügung stellen könnten. Und sie waren mehr als großzügig. Also luden wir kleine Gruppen von Kriegsversehrten ein und verbrachten mit ihnen zusammen Zeit. Wir gingen auf die Jagd, trainierten auf dem Schießstand – oder entspannten uns einfach. Es geht darum, eine unbeschwerte Zeit zu erleben.

Ich sollte auch erwähnen, dass mein Freund Kyle – derselbe Typ, der die treibende Kraft hinter Craft war – ebenfalls sehr patriotisch ist und die Streitkräfte unterstützt. Er hat uns freundlicherweise erlaubt, seine schöne Barefoot Ranch für die Workshops zu benutzen, die wir schon mehrfach für verletzte Soldaten abgehalten haben. Rick Kells und David Fehertys Selbsthilfeorganisation Troops First arbeitet auch mit Craft zusammen, um möglichst vielen Kriegsinvaliden zu helfen.

Diese Art der gemeinnützigen Arbeit macht mir großen Spaß. Wir gehen mehrmals am Tag jagen, üben auf dem Schießplatz und verbringen die Abende damit, uns gegenseitig Anekdoten zu erzählen und das eine oder andere Bierchen zu trinken.

Es sind weniger die Kriegserlebnisse, die einem in Erinnerung bleiben, als vielmehr die heiteren Momente. Und sie sind es auch, die verdeutlichen, wir humorvoll und zäh diese Männer sind – sie waren im Krieg tapfere Kämpfer und mit demselben Kampfgeist stellen sie sich nun ihren körperlichen Einschränkungen.

Sie können sich sicher vorstellen, dass die Jungs und ich nicht gerade zimperlich miteinander umgehen. Die Lacher sind zwar nicht immer auf meiner Seite, aber ich gebe mir redlich Mühe. Als ich das erste Mal einige verletzte Soldaten auf eine Ranch eingeladen hatte, führte ich sie vor dem Schießtraining auf die Veranda, um ihnen eine kleine Einweisung zu geben.

»Na gut«, sagte ich und nahm mein Gewehr in die Hand. »Nachdem keiner von euch bei den SEALs war, sollte ich euch erst einmal ein paar ganz grundlegende Dinge erklären. Das hier nennt man Abzug.«

»Klappe, du Idiot!«, riefen sie und von da an war das Eis gebrochen und wir zogen gegenseitig über uns her.

Was Kriegsinvalide auf jeden Fall nicht brauchen, das ist Mitleid. Sie müssen als die Männer behandelt werden, die sie sind: als Ebenbürtige, als Helden und Menschen, die der Gesellschaft immer noch viel zu geben haben.

Wenn Sie ihnen helfen möchten, dürfen Sie das nicht vergessen.

14. Ein neuer Lebensabschnitt

Es ist seltsam, aber das gegenseitige Aufziehen und Scherzen bekundet mehr Respekt als ein bedauerndes »Ach herrje, wie geht's dir?«.
Wir haben im Grunde erst mit dieser Art von Arbeit angefangen, aber wir konnten bereits einige Erfolge verbuchen und die Krankenhäuser auf unsere Seite bringen. Wir haben das Programm dahingehend erweitert, dass nun auch die Partnerinnen der Verwundeten an den Veranstaltungen teilnehmen können. Wir planen für die Zukunft, vielleicht zwei Workshops pro Monat anzubieten.
Durch unsere Arbeit habe ich gelernt, in größeren Dimensionen zu denken. Ich könnte mir vorstellen, mit den Jungs eine Reality-Show zu machen, in der wir auf die Jagd gehen – das könnte sicher viele Amerikaner motivieren, mehr für die Veteranen und ihre Familien zu tun.
Füreinander da zu sein – dafür steht Amerika.
Ich finde, dass Amerika seinen Bürgern bereits eine Menge Unterstützung bietet. Das ist wunderbar für all jene Menschen, die wirklich hilfsbedürftig sind. Aber ich denke auch, dass wir andererseits Abhängigkeiten geschaffen haben, indem wir jenen Leuten Geld in den Rachen werfen, die gar nicht arbeiten wollen, und zwar sowohl in anderen Ländern als auch hier bei uns zu Hause. Hilfe zur Selbsthilfe – so sollte es sein.
Ich möchte gerne die Gelegenheit nutzen und auf das Elend all jener Amerikaner hinweisen, die unserem Land treu gedient haben, bevor Millionen verschwendet wurden, um Faulenzern und Nutznießern ein schönes Leben zu machen. Sehen Sie sich nur mal die vielen Obdachlosen bei uns an: Viele von ihnen sind Veteranen. Wir schulden ihnen mehr als nur unseren Dank. Sie waren bereit, ihr Leben für ihr Land zu lassen. Um jemanden, der bereit war, dieses Opfer zu bringen, sollten wir uns besser kümmern.
Ich sage nicht, dass wir den Veteranen Almosen geben sollen, sondern vielmehr moralische Unterstützung – in Form von Chancen und praktischer Hilfe.
Ein Kriegsinvalide, den ich auf einem der Ranch-Workshops kennengelernt habe, hatte eine Idee, wie man obdachlosen Veteranen helfen könnte, wieder auf die Beine zu kommen, nämlich indem man sie eigene

Wohnungen bauen oder renovieren lässt. Ich finde, das ist eine hervorragende Idee. Vielleicht werden sie nicht für immer in dem Haus leben, das sie selbst bauen, aber es wäre zumindest ein Anfang.

Arbeit. Ausbildung – es gibt viel, was wir tun können.

Ich weiß, dass manche Leute sagen werden, dass so manch einer dieses Angebot sicher missbrauchen wird. Dann ist es eben so. Aber deswegen sollte man den anderen trotzdem eine Chance geben.

Es besteht kein Grund, warum jemand, der für sein Land gekämpft hat, obdachlos oder arbeitslos sein sollte.

Wer ich bin

Es hat zwar eine Weile gedauert, aber ich bin an einem Punkt angelangt, an dem ich mich nicht mehr über mein Dasein als SEAL definiere. Ich bin jetzt in erster Linie ein Ehemann und Vater.

Mein Leben als SEAL hat mich maßgeblich geprägt. Ich fühle mich der Truppe immer noch verbunden. Gerne hätte ich beides miteinander in Einklang gebracht – Beruf *und* Familie. Aber es war nun einmal so, dass der Beruf dies nicht zuließ.

Ich bin mir nicht sicher, ob ich es auch zugelassen hätte. Jedenfalls musste ich mich erst gründlich von meinem Beruf distanzieren, um der Mann sein zu können, den meine Familie braucht.

Ich weiß nicht, wo oder wann der Sinneswandel eintrat. In jedem Fall geschah es erst, nachdem ich das Militär verlassen hatte. Aber zunächst musste ich eine Phase der Verbitterung und des Wandels durchlaufen. Ich musste all die positiven und negativen Dinge erfahren, um an den Punkt zu kommen, an dem ich alles hinter mir lassen und etwas Neues beginnen konnte.

Jetzt möchte ich ein guter Vater und Ehemann sein. Ich habe die Liebe zu meiner Frau neu entdeckt. Wenn ich auf Geschäftsreise bin, vermisse ich sie sehr. Ich möchte sie in den Arm nehmen und jede Nacht neben ihr schlafen können.

14. Ein neuer Lebensabschnitt

Taya:
Am Anfang liebte ich an Chris, dass er so offen und ehrlich war. Er spielte keine Spielchen mit mir, weder emotional noch psychisch. Er war sehr direkt und schien seine Gefühle mit Taten zu untermauern, zum Beispiel, indem er etwa anderthalb Stunden Autofahrt in Kauf nahm, nur um mich zu sehen, und dann um 5 Uhr morgens wieder ging, um rechtzeitig auf der Arbeit zu sein; indem er sich mitteilte; indem er meine Launen ertrug.
Sein Humor war ein guter Ausgleich zu meiner Ernsthaftigkeit und er brachte meine verspielte Seite zum Vorschein. Er war zu allen Schandtaten bereit und unterstützte mich in allen meinen Wünschen und Zielen. Er verstand sich hervorragend mit meiner Familie, so wie ich mich mit seiner verstehe.
Als es in unserer Ehe kriselte, sagte ich ihm, dass ich ihn nicht mehr auf dieselbe Weise lieben würde, wenn er seine Dienstzeit verlängerte. Ich liebte ihn zwar, aber sein Entschluss bestätigte das, was meiner Meinung nach immer augenscheinlicher wurde. Am Anfang glaubte ich, dass er mich mehr liebte als alles andere auf der Welt. Aber dann wurden die Teams seine große Liebe. Er schwor mir zwar nach wie vor seine Liebe und sagte mir alles, was ich hören wollte, und was er in der Vergangenheit auch immer zu mir gesagt hatte, um seine Liebe zum Ausdruck zu bringen. Allerdings passten seine Worte und Taten nun nicht mehr zusammen. Er liebte mich zwar noch, aber es war anders. Die Teams hatten ihn völlig vereinnahmt. Während er unterwegs war, sagte er Dinge wie »Ich würde alles tun, um bei dir zu Hause zu sein«, »Ich vermisse dich« und »Du bist mir das Liebste auf der Welt«. Ich wusste, dass sich im Falle einer Neuverpflichtung all diese Sätze als theoretisch gedachte Worte oder Gefühle entpuppen würden – aber keineswegs Gefühle waren, die auf Tatsachen oder Handlungen beruhten.
Wie konnte ich ihn mit derselben Bedingungslosigkeit lieben wie zuvor, wenn ich wusste, dass seine Liebesbekundungen nur leere Worte waren? Ich spielte im besten Fall die zweite Geige.
Er würde sein Leben für wildfremde Menschen und für sein Land lassen. Meine Probleme und Sorgen schienen nichts mit ihm zu tun zu haben. Er wollte sein Leben führen und eine fröhliche Frau haben, zu der er zurückkehren konnte.

> *Damals wurde mir klar, dass sich alles an ihm veränderte, was ich anfangs an ihm geliebt hatte, und dass ich ihn fortan auf eine andere Weise würde lieben müssen. Erst glaubte ich, dass unsere Liebe das nicht überstehen und mit der Zeit verschwinden würde, aber es stellte sich heraus, dass sie sich lediglich wandelte.*
> *Wie in jeder Beziehung änderten sich einige Dinge. Wir änderten uns. Wir begingen beide Fehler und haben viel daraus gelernt. Wir lieben uns vielleicht auf unterschiedliche Weise, aber vielleicht hat das ja auch etwas Gutes. Vielleicht ist unsere Beziehung toleranter und reifer geworden, vielleicht ist sie aber auch nur anders.*
> *Sie ist immer noch wunderbar. Wir stehen uneingeschränkt zueinander und haben gelernt, dass wir auch in schweren Zeiten weder uns noch die Familie, die wir gegründet haben, verlieren wollen.*
> *Je mehr Zeit verstreicht, desto mehr sind wir in der Lage, unsere Liebe auf eine Art und Weise zu zeigen, die der andere versteht und spürt.*

Ich habe das Gefühl, dass die Liebe zu meiner Frau in den vergangenen Jahren intensiver geworden ist. Taya hat mir einen neuen Ehering aus Wolframstahl gekauft – ich denke, es ist kein Zufall, dass dies das härteste Metall ist, das sie finden konnte.

Es ist übrigens mit Kreuzritter-Kreuzen verziert. Sie witzelt immer, dass die Ehe ja auch so etwas wie ein Kreuzzug ist.

Für uns war es auf jeden Fall so.

Taya:
Ich merke, dass er etwas gibt, das ich vorher nicht gespürt habe.
Er ist sicherlich nicht mehr der Mann, der er vor dem Krieg war, aber es sind noch viele derselben Eigenschaften da. Sein Humor, seine Güte, seine Warmherzigkeit, sein Mut und sein Verantwortungsgefühl. Er strahlt eine stille Souveränität aus, die mich immer wieder aufs Neue inspiriert. Wie jedes Paar haben auch wir mit unseren alltäglichen Problemen zu kämpfen, aber das Entscheidende ist, dass ich mich geliebt fühle. Und ich spüre, dass die Kinder und ich ihm wichtig sind.

14. Ein neuer Lebensabschnitt

Krieg

Ich bin nicht derselbe, der ich war, als ich in den Krieg zog.
Das kann niemand von sich behaupten. Bevor man kämpft, ist man gewissermaßen noch unschuldig. Dann sieht man plötzlich eine völlig andere Seite des Lebens.
Ich bereue nichts. Ich würde jederzeit wieder genauso handeln, wie ich es getan habe. Gleichzeitig ändert man sich natürlich auch durch den Krieg.
Der Tod verliert seinen Schrecken.
Als SEAL geht man auf die dunkle Seite. Man ist von ihr umgeben. Wenn man immer wieder in den Krieg zieht, kommt man in Kontakt mit den düstersten Seiten der menschlichen Existenz. Man umgibt sich innerlich mit einem Schutzwall – deswegen lacht man über so grausame Dinge wie abgerissene Schädel und dergleichen.
Als Jugendlicher wollte ich zum Militär und ich fragte mich damals, wie es sich wohl anfühlt, wenn man jemanden tötet.
Jetzt weiß ich es. Es ist keine große Sache.
Ich habe mehr geleistet, als ich je für möglich gehalten hätte – oder was jeder amerikanische Scharfschütze vor mir geleistet hat. Aber ich habe auch das Böse erfahren, und zwar durch die Taten, die die Menschen, die ich erschoss, begangen hatten oder begehen wollten. Und indem ich sie tötete, rettete ich das Leben vieler Kameraden.

Ich verbringe nicht viel Zeit damit, mir den Kopf darüber zu zerbrechen, dass ich Menschen getötet habe. Was meine Rolle im Krieg angeht, habe ich ein reines Gewissen.
Ich bin ein überaus gläubiger Christ. Kein perfekter – nicht einmal ansatzweise. Aber ich glaube an Gott, an Jesus und an die Bibel. Wenn ich sterbe, wird Gott über mich und die Taten richten, die ich begangen habe.
Vielleicht fertigt er erst alle anderen in der Warteschlange ab und stellt mich ganz hinten an, weil es so lange dauert, bis er alle meine Sünden durchgegangen ist.

»Chris Kyle, folgen Sie mir mal ins Hinterzimmer.«
Im Ernst, ich weiß nicht, was am Jüngsten Tag geschehen wird. Aber ich neige dazu zu glauben, dass man alle seine Sünden erkennt, die Gott einem aufzeigt, und dass man angesichts dieser Verfehlungen vor Scham versinkt. Ich glaube aber auch, dass mich die Tatsache erlösen wird, dass ich Jesus als meinen Heiland anerkenne.
Wenn mich Gott aber in jenem Hinterzimmer oder irgendeinem anderen beliebigen Ort mit meinen Sünden konfrontiert, werden die Todesschüsse, die ich seinerzeit im Krieg abgegeben habe, sicher nicht darunter sein. Jeder, den ich erschoss, war böse. Jeder Schuss war gerechtfertigt. Sie haben es verdient zu sterben.

Allerdings bedaure ich, dass ich einige Menschen nicht retten konnte – Marines, Soldaten der Army, meine Kameraden.
Ihr Tod macht mir immer noch zu schaffen. Es belastet mich bis heute, dass ich sie nicht habe beschützen können.
Ich bin weder naiv noch verherrliche ich den Krieg oder das, was ich dort tun musste. Meine schlimmsten Augenblicke im Leben habe ich als SEAL erlebt. Meine Kameraden zu verlieren. Oder mitansehen zu müssen, wie ein jungen Mann auf mir liegt und stirbt.
Ich bin sicher, dass einige der Männer im Zweiten Weltkrieg und auch in anderen Kriegen weitaus Schlimmeres durchgemacht haben als ich. Wie zum Beispiel die Soldaten, die aus Vietnam in ein Land zurückkehrten, das sie mit Füßen trat.
Wenn ich gefragt werde, wie der Krieg mich verändert hat, sage ich immer, dass sich vor allem mein Blickwinkel verändert hat.
Gibt es in Ihrem Alltag auch so viele kleine Dinge, die Ihnen den letzten Nerv rauben? Die lassen mich mittlerweile völlig kalt. Denn verglichen mit diesen lachhaft kleinen Problemen, die einem nicht nur den Tag, sondern vielleicht sogar das ganze Leben vermiesen, gibt es wesentlich größere und schlimmere Dinge, die einem widerfahren können.
Und ich weiß das, denn ich habe sie gesehen.
Mehr noch: Ich habe sie durchlebt!

Danksagung

Dieses Buch wäre niemals ohne meine SEAL-Kameraden möglich gewesen, die mich auf dem Schlachtfeld wie auch im Laufe meiner gesamten Karriere in der Navy stets unterstützt haben. Ohne die SEALs sowie alle anderen Soldaten der Navy, des Marine Corps, der Air Force und der Army, die mir im Krieg zur Seite standen, wäre ich heute nicht mehr am Leben.

Ich möchte auch meiner Frau Taya danken, die mir beim Schreiben behilflich war und das Buch um ihre Erfahrungen und Erlebnisse bereichert hat. Mein Bruder und meine Eltern trugen mit ihren Erinnerungen und ihrer Unterstützung ebenfalls dazu bei. Auch viele meiner Freunde lieferten wertvolle Informationen. Besonders hilfreich waren hierbei einer meiner Leutnants und ein Scharfschützenkollege, die ich in diesem Buch LT und Dauber nenne. Marc Lees Mutter leistete ebenfalls einen bedeutenden Beitrag, indem sie einige wichtige Einsichten beisteuerte.

Mein besonderer Dank und meine Hochachtung gilt Jim DeFelice für seine Geduld, seinen Esprit, sein Verständnis und seine schriftstellerischen Fähigkeiten. Ohne seine Hilfe wäre dieses Buch nicht das, was es heute ist. Ich möchte mich auch bei Jims Frau und seinem Sohn für die Gastfreundschaft bedanken, mit der sie Taya und mich bedacht haben, während wir an diesem Buch saßen.

Um dieses Buch zu Papier zu bringen, arbeiteten wir an vielen Orten. In diesem Zusammenhang möchte ich vor allem Marc Myers Ranch lobend erwähnen, die er uns großzügig als Arbeitsplatz zur Verfügung stellte.

Scott McEwen erkannte das Potenzial meiner Geschichte, lange bevor ich

es tat, und spielte eine wichtige Rolle bei ihrer Veröffentlichung.
Ich möchte ebenfalls meinem Verleger Peter Hubbard danken, der sich wegen des vorliegenden Buchprojekts direkt mit mir in Verbindung setzte und uns mit Jim DeFelice zusammenbrachte. Vielen Dank auch allen Mitarbeitern bei William Morrow/Harper-Collins.

Bonusmaterial

Einblicke, Interviews und mehr ...

Über den Autor:
Das Leben des Chris Kyle 399

Über das Buch:
Etwas anderes als Arbeit: Wie Chris' Geschichte ihren Weg auf die Leinwand fand, von Taya Kyle 401

Aus der Tiefe der Trauer, eine Legende: Wie Tragik das Filmdrehbuch von *American Sniper* prägte, von Jason Hall 409

Über den Autor
Das Leben des Chris Kyle

Chris Kyle (1974–2013), SEAL Team 3 Chief, nahm an vier Langzeiteinsätzen im Ausland teil, unter anderem auch an der Operation Iraqi Freedom. Für seine Tapferkeit wurden ihm zwei Silver Stars, fünf Bronze Stars with Valor, zwei Navy-and-Marine-Corps-Achievement-Medaillen und eine Navy-and-Marine-Corps-Commendation-Medaille zuteil. Darüber hinaus erhielt er den Grateful Nation Award des Jewish Institute for National Security Affairs für seine Leistungen im Kampf gegen den Terrorismus. Nach seinen Kampfeinsätzen wurde Kyle Chefausbilder für Scharfschützen der Sondereinsatzkräfte der Navy sowie der Konter-Scharfschützenteams. Er verfasste die *Naval Special Warfare Sniper Doctrine,* das erste Handbuch für SEAL-Scharfschützen. Nach seinem Ausscheiden aus dem Militärdienst zogen Kyle und seine Familie in seine alte Heimat Texas.

American Sniper, die Geschichte seines Lebens und seiner Dienstzeit, wurde unter Mitwirkung von Jim DeFelice geschrieben, erschien im Januar 2012 und wurde ein internationaler Bestseller. Der Erfolg des Buchs zog zahlreiche Fernsehauftritte und Vortragsengagements nach sich. So war es Kyle möglich, sich weiterhin für die Belange der Kriegsveteranen einzusetzen, und er unterstützte Gruppen und Stiftungen wie das Heroes Project, das er mithilfe von FITCO Fitness gründete, um Veteranen, die im Krieg psychische und physische Verletzungen davongetragen hatten, Sportgeräte zur Verfügung zu stellen.

Kyles zweites Buch *American Gun: A History of the U.S. in Ten Firearms* erschien 2013 und wurde ebenfalls schnell ein New-York-Times-Bestseller. Im Februar 2013, kurz vor Fertigstellung des Buchs, wurde Chris ermordet, nur zwei Monate vor seinem 39. Geburtstag, als er und ein Freund gerade einem traumatisierten Veteranen halfen. Tausende von Menschen nahmen an der Trauerfeier im Cowboys Stadium in Arlington, Texas, teil und weitere Tausende säumten den Highway in stillem Gedenken, als er zu seiner letzten Ruhestätte auf den Staatsfriedhof von Texas nach Austin gebracht wurde.

Das Programm der Trauerfeier zu Ehren von Chris Kyle, die am 11. Februar 2013 im Cowboys Stadium in Arlington, Texas, abgehalten wurde.

Seit seinem Tod setzt Kyles Frau Taya seine gemeinnützigen Tätigkeiten fort, in dem Bemühen, Veteranen und ihren Familien zu helfen. Auf der Webseite chriskylefrog.com finden sich nähere Informationen zu Chris und einigen Projekten, die in seinem Namen fortgesetzt werden.

☙

Über das Buch
Etwas anderes als Arbeit

Wie Chris' Geschichte ihren Weg auf die Leinwand fand von Taya Kyle

Von Anfang an haben mich meine Freunde gefragt, ob ich aufgeregt sei, dass *American Sniper* verfilmt wird. Die Wahrheit ist: Nein, bin ich nicht. Ich habe eine Höllenangst. Ich möchte, dass Chris als die vielschichtige Persönlichkeit dargestellt wird, die er war. Er zeichnete sich durch eine Sanftheit und Güte aus, die ihn von vielen anderen abhob, und dennoch zögerte er nicht, den Feind auszuschalten und seine Mitmenschen zu retten, falls es nötig war. Er musste Dinge tun, zu denen viele andere Leute nicht fähig gewesen wären. Er musste tapfer sein, sich ins Gefecht stürzen und den Feind töten. Er musste andere retten, viele andere. Und dann musste er wieder nach Hause kommen und den Alltag mit uns bestreiten, als Ehemann und Vater, der für seine Güte plötzlich wieder eine andere Ausdrucksform finden musste.
Ich möchte, dass all das im Film erkennbar ist. Ich will, dass klar wird, wie vielschichtig er war, wie vielen anderen Menschen er auch nach dem Krieg half, von den verstörten Kriegsheimkehrern bis hin zu unseren Nachbarn die Straße runter. Er wird nicht hier sein, um die Dinge richtigstellen zu können, falls im Film etwas falsch dargestellt wird. Also finde ich, es liegt an uns, unsere Arbeit so gut wie möglich zu machen,

damit die Zuschauer, die ihn nicht kannten oder die selbst keine Kriegserfahrungen haben, alles auf Anhieb nachvollziehen können. Wie kann man das Leben eines Menschen in einigen Stunden erzählen? Ist das überhaupt möglich?

Das alles war eine große und ziemlich furchteinflößende Aufgabe. Und nach Chris' Tod wurde alles nur noch schlimmer. Wir hatten uns sehr geehrt gefühlt, dass jemand vom schauspielerischen Format eines Bradley Cooper den Film machen wollte. Nicht nur, weil Bradley ein großer Star ist. Chris war von den kleinen Dingen beeindruckt, die Bradley zu dem Menschen machen, der er ist. Sein Sinn für Humor und seine Bescheidenheit – es klingt seltsam, dieses Wort in Verbindung mit einem Filmstar zu verwenden, aber wenn man ihn ein wenig kennt, merkt man, dass es absolut zutrifft.

Ich erinnere mich an eines der ersten Telefongespräche, die Chris und Bradley miteinander geführt hatten, kurz nachdem die Pläne für den Film öffentlich gemacht worden waren. Chris hatte viele Gründe, ihn zu mögen, einschließlich Bradleys eigenem Engagement für Veteranen. Aber es war Bradleys Sinn für Humor, der Chris schließlich überzeugte.

»Vielleicht werde ich Sie fesseln und an einem Seil hinter meinem Truck herschleifen müssen, Sie sehen ja viel besser aus als ich«, sagte Chris während jenes Telefonats. Bradley lachte, und sie verstanden sich auf Anhieb. Aber Filme entstehen nicht über Nacht. Man braucht viele Dinge – einen Regisseur zum Beispiel.

Wir hatten keinen Einfluss auf die Wahl des Regisseurs, aber das hielt uns nicht davon ab, darüber zu reden. Eines Tages fragte ich Chris in der Küche, wen er sich wünschen würde.

»Wäre Clint Eastwood nicht prima?«, schlug ich vor.

»Absolut.«

Wir fanden beide, dass er fantastisch wäre – doch angesichts seines großen Arbeitspensums stand er leider nicht zur Verfügung.

Nach Chris' Tod trat Steven Spielberg als Regisseur auf den Plan und wir waren sehr aufgeregt. Spielberg gab sich große Mühe und redete stundenlang mit dem Drehbuchautor Jason Hall, um mehr über Chris zu

erfahren. Er verstand ihn *wirklich*, und deshalb war ich sehr enttäuscht, als sich – in Hollywood keine Seltenheit – die Dinge nicht so fügten wie geplant und er die Regie letzten Endes doch nicht übernehmen konnte. Aber ehe ich mich versah, wurde Clint Eastwood ins Boot geholt.
»Das warst doch bestimmt du, Chris«, dachte ich. »Wir hatten darüber gesprochen, und hier ist er.«
Durch Chris' Tod musste das Drehbuch umgeschrieben werden, was für den Drehbuchautoren Jason Hall eine Menge Arbeit bedeutete – und für mich selbst, die ich versuchte, Jason Hintergrundinformationen über unser Leben während und nach dem Krieg zu geben. Das Buch zeigte unser Leben zwar hinreichend, aber ein Film braucht andere Details. Da waren etliche Gefühle und Situationen, die ich Jason genauer erklären musste, damit sie auf der Leinwand ihre Wirkung entfalten konnten.
Es war von Anfang an etwas anderes als Arbeit. Wir telefonierten allabendlich bis ein oder zwei Uhr nachts. Ich weiß gar nicht mehr, wie viele hundert Stunden wir auf diese Weise zubrachten. Es war sehr emotional. Einerseits weil Jason sich sehr viel Mühe gab, weil er alles richtig wiedergeben wollte, aber andererseits auch, weil ich trauerte.
Während unserer Gespräche konnte er sich vom Autor zum Freund und schließlich zum Philosophen wandeln. Ich hatte damals keinen Trauerbegleiter, aber ich hatte etwas Besseres: einen Freund in Gestalt eines Drehbuchautors.
Ich erinnere mich, dass ich ihm erzählte, wie ich einmal in der Kirche saß und spürte, wie die Tränen in mir aufstiegen. Ich musste sie unterdrücken, denn wenn ich sie zuließ, würde ich nicht einfach schluchzen; ich würde mich an Ort und Stelle übergeben. Ich wusste aus Erfahrung, dass ich derart die Kontrolle verlieren konnte.
»Was wäre das Schlimmste, das passieren würde, wenn du dich gehen lassen würdest?«, fragte er mich, als ich ihm das erzählte.
»Es gäbe eine Szene. Ich würde unangenehm auffallen. Ich will nicht, dass die Leute mich so sehen.«
»Aber es ist echt; unverstellt. Niemand wertet dich deswegen ab«, sagte er. »Du musst es herauslassen. Sonst wirst du einmal eine dieser alten,

verbitterten Frauen – du weißt schon, wen ich meine, diese Frauen mit dem verkniffenen Gesicht, die das ganze Leben mit verbitterten, bösen Augen betrachten. Du musst es herauslassen.«
Ich denke noch oft an diesen Ratschlag. Nein, so will ich nicht enden.

Als der Drehbeginn näher rückte, fragten Clint und Bradley an, ob sie die Kinder und mich besuchen kommen dürften, um einen Einblick in Chris' Familienleben zu erhalten. Die Leute, die das Treffen organisierten, fragten mich wegen Hotels. Ich war mir nicht sicher, was ich sagen sollte.
»Es gibt ein paar richtig noble Hotels in Dallas und Fort Worth«, sagte ich ihnen. »Das ist nicht so weit weg.«
»Nein, nein«, antworteten sie. »Sie wollen ganz in der Nähe untergebracht werden, Luxus ist ihnen nicht so wichtig.«
»Das nächste Hotel ist ein Holiday Inn.«
»Das ist perfekt. Mehr wollen sie nicht.«
Sie flogen her, ich holte sie an einem nahe gelegenen privaten Flugplatz ab und brachte sie zu unserem Haus. Sie waren sehr respektvoll und freundlich, weder waren sie ungeduldig noch bohrten sie nach, sondern ließen nur auf sich wirken, was für eine Person Chris war. Ich zeigte ihnen seine Kleidung und seine Sammlung an Baseballmützen, sie sollten sehen, dass wir einfache Leute sind und uns Chris' Erfolg nicht verändert hatte. Wir redeten und redeten. Als wir alle eine Pause brauchten, ging Bradley nach draußen und spielte eine ausgelassene Runde Fußball mit meinem Sohn, meiner Tochter und meiner Freundin Karen, die über das Wochenende gekommen war, um mir mit den Kindern unter die Arme zu greifen. Etwas später kam noch mein Freund Matt vorbei, um etwas von der Oryx-Antilope zu kochen, die Chris noch vor seinem Tod geschossen hatte. Oryx ist ein sehr mageres, gesundes Fleisch und Matt, der, vor allem was Wild angeht, ein hervorragender Koch ist, hat das Talent, es so zuzubereiten, dass eine echte Gourmetmahlzeit daraus wird. Nach dem Abendessen hatte Bradley Appetit auf Eiskrem als Nachtisch.
»Gibt es hier in der Nähe eine Eisdiele?«, fragte er.

»Wir haben ein Dairy Queen«, sagte ich. Ich dachte, er wolle vielleicht etwas Gehobeneres.
»Echt jetzt?« Bradley klang wie ein kleiner Junge, der gerade gehört hatte, dass der Nikolaus auf dem Weg nach Texas ist. Es war reizend.
Er nahm Colton mit, während sich der Rest von uns mit Clint unterhielt. Sie waren nicht lange weg, als ich etliche Kurznachrichten von Freunden erhielt, die schrieben, sie hätten auf Facebook Bilder und Gerüchte gesehen: *Bradley Cooper! In unserer kleinen Stadt!*
Bradley Cooper!
Wir redeten in jener Nacht noch stundenlang weiter; es war schon sehr spät, als ich sie zurück ins Hotel brachte. Erst als sie dort durch die Tür gingen, wurde mir klar:
Das sind Bradley Cooper und Clint Eastwood!
Ich hätte gerne Mäuschen gespielt, als sie eincheckten. Sie verwendeten falsche Namen, und es kann gut sein, dass die junge Frau an der Rezeption sie zunächst nicht erkannte, weil Bradley mir später sagte, sie sei ganz ruhig geblieben und habe kein Aufhebens gemacht.
Allerdings hatte sie anderntags eine DVD zur Hand, die sie beim Auschecken signieren sollten.
Am nächsten Morgen fuhr ich wieder zum Hotel, um sie abzuholen. Bradley war als Erster unten. Als er in den Wagen stieg, brach sich plötzlich meine ganze Sorge über den Film Bahn. Ich fing an zu weinen.
»Ich weiß nicht, wie ich euch Chris nahebringen soll«, schluchzte ich. »Wir haben nur so wenig Zeit. Ich schaffe das einfach nicht.«
Ich hatte das Gefühl, dass ich nicht genug für Chris tat. Aber Bradley beruhigte mich und machte mir Mut.
»Nein, nein, nicht doch, das ist schon in Ordnung«, sagte er. »Schon hier zu sein hilft uns sehr.«
Er erklärte mir sein Handwerk. »Ich bin kein Imitator«, erinnerte er mich. »Ich bringe mich in die Rolle ein. Ich muss nur spüren, dass Chris bei mir ist, und das tue ich.«
Das war eine enorme Erleichterung. Hinsichtlich der beiden hatte ich schon vor diesem kleinen Zusammenbruch ein gutes Gefühl gehabt; ich

wusste, dass sie sich große Mühe gaben, die Dinge zumindest oberflächlich gut hinzubekommen. Doch jetzt war mir klar, dass sie mehr als das taten. Ich wusste, dass sie die Materie verstanden.

Wir fuhren wieder zum Haus, unterhielten uns kurz und schließlich wollten wir frühstücken, denn es war schon wieder einige Zeit vergangen. Karen hatte einige wunderbare Dinge zubereitet, aber alle standen nur verlegen herum und warteten – niemand wollte den ersten Teller nehmen.

Clint musste kurz vor dem Verhungern sein, aber er war zu höflich, um als Erster zuzugreifen. Natürlich wollte niemand etwas nehmen, bevor er es tat, und so standen wir alle hungrig herum. Ich forderte ihn auf, sich zu bedienen.

»Nein, nein«, sagte er, höflich wie stets. »Ich warte, bis die anderen anfangen.«

»Bitte, greifen Sie zu«, drängte ich. »Sie sind der Gast.«

Mit einer sehr ruhigen Stimme sagte er schließlich: »Nun, dann bleibt mir wohl nichts anderes übrig. Sonst fange ich noch an, meinen eigenen Arm abzunagen.« Das war nur eine von vielen Situationen, in denen er mich zum Lachen brachte.

So war Clint – selbstironisch, humorvoll, immer ruhig und sehr gelassen. Er erinnerte mich an meinen Großvater – ein kluger und aufmerksamer Mann. Er hat eine Art, einfache Dinge mit einer ungekünstelten Freude zu betrachten, die geradezu ansteckend ist. Man merkt sofort, dass er auf ein langes und gutes Leben zurückblickt, das ihm eine großzügige Weisheit verliehen hat.

Später am Tag trafen sich Bradley und Clint mit Chris' Eltern, seinem Bruder und dessen Frau. Es war Bradley wichtig, dass sie einbezogen wurden, und er war hocherfreut, als sie sich kooperativ zeigten. Eine aufrichtige Wärme war auf allen Seiten spürbar, so als wäre Chris an jenem Tag mit ihnen im Raum gewesen.

Und dann war es plötzlich an der Zeit, sie wieder zum Flughafen zu bringen. Als wir schon fast da waren, schoss ein Auto haarscharf an uns vorbei und hupte wie wild. Ich würde wütend und fragte mich, was der Fahrer wohl tun würde, wenn ich anhielte und Dirty Harry aus dem Auto stiege. Ich musste damals lachen, weil ich mir vorstellte, dass der Fahrer dann bestimmt ganz andere Töne angeschlagen hätte. Und offenbar war mein Lachen zu diesem Zeitpunkt etwas unpassend. Einige Zeit danach erfuhr ich nämlich, dass Clint angesichts dieses Zwischenfalls wohl etwas beunruhigt gewesen war ... und später zum Ausdruck brachte, er sei heilfroh gewesen, dass er die Fahrt zum Flughafen überlebt habe. Es gibt ja bestimmte Klischees über Frauen am Steuer, aber wenn man die Kombination bedenkt – eine trauernde Witwe und ein gereizter Autofahrer ... noch dazu in einer Kleinstadt ... dann ist es wohl verständlich, dass Clint froh war, wohlbehalten am Flughafen angekommen zu sein.

Als ich mit Sienna Miller sprach, der Schauspielerin, die mich im Film verkörpert, war das so, als würde ich mich mit einer alten Freundin unterhalten. Sie ist eine sehr empfindsame Frau, und als ich über meine Ehe und Chris sprach – und zum Beispiel unseren ersten Kuss beschrieb –, verstand sie auf Anhieb, was damals in mir vorging.
Ich komme im Film nicht allzu oft vor, deshalb muss Sienna in unglaublich kurzer Zeit sehr viel vermitteln. Aber ich bin davon überzeugt, dass sie es gut hinbekommt, weil sie so viel in die Rolle einbringt. Als das Casting anstand, fragte man mich, wer mich meiner Meinung nach spielen sollte. Ich sagte, dass ich niemanden wolle, der keine Kinder hat und dem Leiden fremd sind. Ich weiß, dass Schauspieler dafür bezahlt werden, sich zu verstellen, aber es gibt einen großen Unterschied, ob man mit jemandem mitfühlt, über den man nur etwas gelesen hat, oder ob man etwas wirklich selbst durchgemacht hat. Clint und die Produzenten trafen mit der Wahl von Sienna den Nagel auf den Kopf. Sie kennt das volle Spektrum an Emotionen, gute wie schlechte; sie kann gut mitreden. Und abgesehen davon, ist sie einfach eine nette Frau. Einmal skypten wir gerade, als ihre Kinder von der Schule nach Hause kamen – und sie redete so mit ihnen wie jede andere Mutter auch.

Aber nicht nur die Stars arbeiteten hart an diesem Film. Auch alle anderen steckten jede Menge Herzblut in das Projekt. Selbst die Requisiteure überließen nichts dem Zufall.
Eines Tages erhielt ich einen Anruf, weil sie mehr Detailinformationen über

die Dinge benötigten, die Chris und ich besaßen – die Fahrzeuge, unsere Möbel und dergleichen. »Es ist nicht unbedingt meine Aufgabe, alles genau so nachzubilden, wie es bei Ihnen aussah«, sagte der Requisiteur – ich muss zugeben, dass ich seinen Namen vergessen habe. »Aber ich möchte es richtig hinbekommen. Ich möchte, dass Sie sich den Film später einmal ansehen und ihn als einen authentischen Teil Ihres Lebens wahrnehmen.« Und das schafften sie auch, bis hin zu dem alten grünen Yukon, den Chris besaß. Diese kleinen Details verleihen dem Film so viel Tiefe.

Je mehr solcher Rückfragen man mir stellte, umso zuversichtlicher wurde ich. Die Leute, die den Film machten, waren nicht nur talentiert; sie gaben sich offenbar auch die allergrößte Mühe.

Ich werde immer noch gefragt, ob das Buch *American Sniper* für uns eine therapeutische Wirkung hatte. Das war nicht der Fall. Denn während wir daran arbeiteten, durchlebten wir den Schmerz und all die inneren Konflikte noch einmal.

Aber nach seiner Veröffentlichung und dem anfänglichen Medienrummel kamen wir langsam zur Ruhe. In unserem jungen Leben hatten Chris und ich schon viel gemeinsam durchgemacht – den Krieg, die Geburt unserer Kinder, Ehe, Erfolge, Niederlagen, alte Freunde, die von uns gingen, und neue Freunde, die in unser Leben traten. Es war alles dabei, Gutes wie Schlechtes, aber wir liebten uns immer noch sehr. Der letzte Monat seines Lebens war der beste unserer Ehe; und das Jahr davor war das erstaunlichste Jahr, das wir gemeinsam hatten.

Niemand wird jemals unsere ganze Geschichte kennen, aber der Film wird nun wenigstens den Kern davon offenbaren – dank Jason, Bradley, Clint, Sienna und allen anderen, die daran mitwirkten. Ich weiß, dass sie mit Leib und Seele dabei waren und ihr Bestes gaben. Wir hätten uns keine talentierteren Leute aussuchen können, und niemand hätte sich mehr Mühe geben können.

Ich habe wohl keine Angst mehr. Wenn ich ehrlich bin, freue ich mich sogar darauf.

Aus der Tiefe der Trauer, eine Legende

Wie Tragik das Filmdrehbuch von *American Sniper* prägte von Jason Hall

Drehbuchautor und Produzent Jason Hall schrieb das Drehbuch für American Sniper.

Meinen ersten Drehbuchentwurf hatte ich am Freitag, den 1. Februar, fertiggestellt und reichte ihn bei den Produzenten ein. Ich hatte das Gefühl, dass dieser erste Entwurf gut war. Einen Tag später, am Samstagabend, wollte ich gerade zum Abendessen aufbrechen, als ich einen Anruf von Dauber erhielt, einem ehemaligen SEAL-Kameraden von Chris. Er hatte mir bei einigen technischen Fragen geholfen, und wir hatten uns ein wenig angefreundet. Dauber sagte, dass Chris ums Leben gekommen sei. Ich war fassungslos.

Nur wenige Tage zuvor hatte ich mit Chris einige Kurznachrichten ausgetauscht. Wir waren keine engen Freunde, aber ich hatte das Gefühl, ihn wirklich kennengelernt zu haben, und ich hatte gerade einige Monate damit zugebracht, mich für das Drehbuch in ihn hineinzuversetzen.

Es war, als bräche eine Welle über mir zusammen. Ich rief Bradley Cooper und die Produzenten an, und wir waren alle entsetzt. Wir konnten es nicht glauben.

Zwei Wochen später reiste ich zur Beerdigung an und fuhr zu Chris' Haus. Es war seltsam, ihn dort nicht anzutreffen. Ich war der einzige Nicht-SEAL, der bei einer inoffiziellen Feier anwesend war, die ihm zu

Ehren abgehalten wurde und bei der die Anwesenden Ballons steigen ließen. Niemand wollte mit mir reden – die Teilnehmer hatten offenbar das Gefühl, ich sei dort fehl am Platz, und so war es ja auch. Sie kannten ihn alle besser als ich, und für sie war ich nur ein Hollywood-Schreiberling, der sich an einem Ort verirrt hatte, an den er nicht gehörte. Aber spätabends rang ich mit einem von ihnen, was mir ihren Respekt einbrachte und half, einen Zugang zu seinen Freunden zu finden und Vertrauen aufzubauen. Die Männer, die anfangs nicht mit mir hatten reden wollen, gaben mir nun ihre Telefonnummern und erwiesen sich als sehr hilfsbereit. Der Trauerzug von Dallas nach San Antonio war eine tief greifende Erfahrung. So etwas hatte ich noch nie zuvor erlebt. Es war traurig und anrührend zugleich. Menschen säumten den Highway im Regen. Man wusste einfach, dass ein ganz besonderer Mensch von uns gegangen war. Einige Tage nach der Beerdigung meldete ich mich bei Taya und fragte sie, ob wir reden könnten. Sie war sehr freundlich und wir verbrachten im Laufe der nächsten Monate viel Zeit mit Telefongesprächen. Taya war sehr tapfer, gab viel von sich preis und erzählte mir von Chris, obwohl es damals sehr schwer für sie gewesen sein muss. Durch diese Gespräche lernte ich Seiten von Chris kennen, die ich zuvor nicht verstanden hatte, und ich begriff, wie der Film umgeschrieben werden musste.

Von Taya erhielt ich Einblicke in Chris' Persönlichkeit, die ich von ihm nicht bekommen hätte. Wir können uns selbst nicht so sehen, wie andere es tun, und Taya hatte natürlich eine gute Perspektive, ebenso wie eine tiefe Liebe für Chris. In diesen Gesprächen füllte sie eine Menge Leerstellen in meinem Bild von ihm.

Mein erster Drehbuchentwurf hatte damit geendet, dass er von seinem letzten Einsatz im Irak zurückkehrt. Jetzt erfuhr ich, welche Probleme er und die Familie damit hatten, sich wieder an den Alltag miteinander zu gewöhnen. Ursprünglich hatten wir den Film geplant als die Geschichte seiner Militärzeit und des Tributs, den der Krieg im Irak von ihm und seiner Familie forderte; nun wurde er zu einer Geschichte darüber, wie er in einem spirituellen Sinn seinen Weg zurück nach Hause fand. Es wurde einfach runder; sein Werdegang, die Zeit im Irak, sein Aufstieg

zum Scharfschützen, sein Weg zurück – wie er seine inneren Dämonen besiegte, indem er sich gemeinnützig engagierte und verschiedene Initiativen für andere Veteranen ins Leben rief. Er musste einen steinigen Weg zurücklegen, aber schlussendlich war es ein sagenhafter Triumph.
Taya erzählte mir, dass sie einen Monat vor Chris' Tod ein Gespräch mit ihm geführt hatte, in dem sie sich ganz offen darüber aussprachen, was sie alles durchgemacht hatten. Dieses Gespräch habe ich als Szene in den Film übernommen. Sie redeten über alles, was ihnen wichtig war und ihr Leben gewissermaßen auf den Punkt brachte; ihre Probleme, Hoffnungen und Träume. Sie hatte die Gelegenheit genutzt, Chris zu sagen, wie sehr sie ihn schätzte und wie froh sie darüber war, ihn wieder an ihrer Seite zu wissen – als Gefährten, Vater und Ehemann. Es war sehr anrührend, das alles zu hören und ins Drehbuch aufnehmen zu können.
Ich kann nicht in Worte fassen, wie viel es mir bedeutete, dass Taya sich mir gegenüber so öffnete, und das meine ich nicht nur als Drehbuchautor. Man braucht schon großen Mut, um einem anderen Menschen so zu vertrauen wie sie damals mir. Sie gab mir Einblicke in diese wundervolle Ehe – es war in der Tat eine wundervolle Beziehung, auch wenn sie nicht immer leicht war; Taya sprach auch offen über den Schmerz und die dunklen Seiten der menschlichen Seele. Das half mir auch dabei, meine eigene Ehe in einem anderen Licht zu sehen und zu schätzen, was meine Frau und ich aneinander haben.
Es war ein sehr furchteinflößender Prozess, sich hinzusetzen und das alles für mein Drehbuch niederzuschreiben, deshalb kann ich nur ahnen, wie es den Schauspielern ergangen sein muss. Ich denke, die Leute werden von Bradley wirklich beeindruckt sein. Er hat uns eine Seite von sich gezeigt, die wir bislang noch nicht kannten. Seine körperliche Wandlung war schon beeindruckend, aber darüber hinaus glaube ich, dass er Chris auf eine Weise darstellen konnte, die ich, offen gesagt, keinem Schauspieler zugetraut hätte. Als ich das am Monitor mitverfolgen durfte – das war etwas ganz Besonderes. Ich hatte nicht den Eindruck, dass er Chris' Geschichte wiedergab; es schien eher so, als sei er in seine Seele vorgedrungen.
Ich hoffe, dass die Legende von Chris Kyle wächst und durch die Verfil-

mung noch mehr Menschen berührt. Ich hoffe auch, dass der Film der Öffentlichkeit eine Ahnung davon vermittelt, welche enormen Opfer die Männer auf sich nehmen, die in den Krieg ziehen. Es ist schwer, die Veränderungen und die Entbehrungen zu verstehen, die diese Soldaten und ihre Familien durchmachen müssen.

Natürlich steht hinter all dem auch ein enormer Patriotismus, aber darüber hinaus nehmen die SEALS und all unsere Soldaten gewaltige Opfer auf sich. Wenn dieser Film einen kleinen Einblick in diese Welt bietet, wäre ich mehr als zufrieden.

Mit der richtigen Einstellung zum Erfolg

304 Seiten
19,99 € (D) | 20,60 € (A)
ISBN 978-3-86883-537-3

Mark Divine
Der Weg des SEAL
Werde charakterstark, belastbar und instinktsicher wie ein Elitesoldat

Mentale Stärke, unter Druck die Nerven bewahren und wenn es brenzlig oder gar lebensgefährlich wird, die klassischen Stärken eines Navy SEAL einsetzen – das lernen Sie mit diesem Buch. Der ehemalige Navy SEAL Commander Mark Divine erklärt Übungen, Meditationspraktiken und Konzentrationstechniken, mit denen jeder sich geistige Stärke, emotionale Robustheit und eine sichere Intuition aneignen kann. Der Autor hilft dabei, die wichtigsten Ziele zu definieren, um dann die konkreten Schritte einzuleiten, die zur Verwirklichung nötig sind.

Dieses Buch ist ein praktischer Leitfaden für all jene, die herausragende Leistungen erbringen wollen.

riva

Trainieren wie ein Elitesoldat

Auch als E-Book erhältlich

272 Seiten
16,99 € (D) | 17,50 € (A)
ISBN 978-3-86883-520-5

Mark Divine
SEALfit in 8 Wochen
Trainiere wie ein Navy SEAL und erlange außergewöhnliche körperliche und mentale Stärke

Disziplin, Selbstbeherrschung und Mut sowie außergewöhnliche körperliche Ausdauer und Kraft sind nur einige der Eigenschaften, die man den Elitesoldaten der SEALs, einer Spezialeinheit der U.S. Navy, zuschreibt.

Der ehemalige Navy SEAL Commander Mark Divine macht in diesem Buch das Fitnessgeheimnis der SEALs der Öffentlichkeit zugänglich.

Dieses achtwöchige Programm ist für all jene geübten Trainierenden gedacht, die an ihre Grenzen gehen und ihr volles Potenzial ausschöpfen wollen. Schritt für Schritt führt Coach Divine durch verschiedene konsequent aufeinander aufbauende Trainingspläne. Er stellt fünf einfache Regeln für die Ernährung auf, gibt Tipps für die körperliche Entwicklung und bietet Leitlinien und Rituale, mit denen man die Konzentrationsfähigkeit stärken kann, um in jeder Situation sofort reagieren zu können.

Wenn Sie **Interesse** an **unseren Büchern** haben,

z. B. als Geschenk für Ihre Kundenbindungsprojekte, fordern Sie unsere attraktiven Sonderkonditionen an.

Weitere Informationen erhalten Sie bei unserem Vertriebsteam unter +49 89 651285-154

oder schreiben Sie uns per E-Mail an:
vertrieb@rivaverlag.de